KB058774

어떻게 불안의 시대를
대비해야 하는가

IMAGINABLE

세상이 직면한 거대 난제를 집단적으로 해결하는 법

어떻게 불안의 시대를
대비해야 하는가

제인 맥고니걸 지음 | 이지민 옮김

RHK
알에이치코리아

한국 독자들에게

이 책을 여러분과 공유하게 되어 영광입니다.
《어떻게 불안의 시대를 대비해야 하는가》는 더 많은 창의성,
희망, 회복력으로 미래를 맞이할 수 있는 지침서입니다.
한국은 매일매일 미래가 만들어지는 곳입니다.
기술의 미래에서 대중문화의 미래로,
민주주의의 미래로, 과학 연구와 기후 솔루션의 미래로
전 세계가 새로운 사고와 새로운 가능성을 기대하는 곳입니다.
한국어 번역판이 상상할 수 없는 것을 생각하고
더 나은 세상을 상상하도록 영감을 주기를 바랍니다.
보다 희망찬 미래를 기대하는 데 도움이 되기를 바랍니다.
전례 없는 시대에 적응하고 변화할 수 있는 용기를 주었으면 합니다.

미래에서 온 친구,
제인 맥고니걸

목차

| | | | |

| | | | |

PART 1
열린 마음으로 새로운 정보를 받아들여라

PART 2
함께 힘을 합칠 때 새로운 세상이 열린다

PART 3
각자의 영향력이 예측 불가능한 미래를 구한다

| | | | |
| | | | |

상상조차 하기 힘든 사건과
생각조차 하기 힘든 변화의 시대

우리가 사는 세계는 현재 집단 충격 상태에 빠졌다. 2020년과 2021년 만 해도 '상상조차 하기 힘든'이라는 단어가 포함된 뉴스 기사가 250만 건이 넘었다. '생각조차 하기 힘든'이라는 단어가 들어간 뉴스 기사는 300만 건이 넘었다.[1] 우리 모두가 이 같은 사건을 몸소 체험했다. 의료 서 비스 붕괴, 하룻밤 사이에 증발한 수억 개의 일자리, 전 세계적으로 몇 년 단축된 평균 수명 등 팬데믹이 미친 영향은 과거에는 상상조차 하기 힘 들었다. 국경 봉쇄, 외출 제한 명령, 휴교령, 마스크 착용 의무화, 원격 근 무를 비롯해 모든 것이 원격으로 이루어지는 상황 등 팬데믹에서 살아남 기 위해 우리가 취한 변화는 과거에는 생각조차 하기 힘들었다. 기록적인 더위, 엄청난 폭풍우 등 유례없는 기상 악화와 맹렬한 산불, 대기 오염 같은 현상이 내가 사는 동네와 나의 몸에 미치는 영향도 무시할 수 없다.

난생처음 보는 기이한 일들도 일어났다. 기후 변화로 한밤중에 아파트 건물이 무너졌고, 군중들은 대통령 선거 결과를 뒤집으려고 미 국회의사당에 난입했다. 코로나19 백신에 대한 허위정보 유포 때문에 미국인의 20퍼센트가 정부가 백신에 마이크로칩을 심었다고 생각해 무료 백신을 거부하기도 했다.

이 이야기들에 '생각조차 하기 힘든'과 '상상조차 하기 힘든'이라는 단어가 산재해 있다는 사실은 전 세계가 처한 상황을 고스란히 반영한다. 우리는 현실에 기습 공격 당한 기분이다. 가정을 무너뜨리고 신념을 의심하게 만드는 온갖 사건들을 이해하려고 고군분투하는 중이다.

이러한 날이 오리라 예상하지 못한 건 아니다. 이 단어들에는 슬픔이 녹아 있다. 우리는 '애달픈'이라는 단어 대신 '상상조차 하기 힘든'이라고 쓴다. 아무리 애써도 공감하기 쉽지 않은 상상조차 하기 힘든 고통, 상상조차 하기 힘든 상실처럼 우리는 '불공평한', '잔인한', '용납할 수 없는'이라는 뜻을 전하기 위해 '생각조차 하기 힘든'이라는 단어를 사용한다. 생각조차 하기 힘든 대처 실패, 생각조차 하기 힘든 타인에 대한 배려 부족 등 우리가 오늘날 종종 사용하는 이 두 단어는 충격뿐만 아니라 트라우마를 의미하기도 한다.

끝도 없는 충격의 시대에 우리는 어떻게 미래를 계획해야 할까? '상상조차 하기 힘든' 사건이나 '생각조차 하기 힘든' 다음번 변화에 끊임없이 대비해야 하는 상황에서 어떻게 마음의 안정이나 평화를 찾을 수 있을까? 다음 달은커녕 다음 주에 이 세상이 어떻게 변할지 예측할 수 없어 보이는 지금, 어떻게 희망을 품을 수 있을까?

하지만 우리는 보다 근본적인 질문에서 시작해야 할지도 모른다. 최근 몇 년 사이에 일어난 가장 충격적인 사건들은 발생하기 전에는 정말로 상상조차 할 수 없었을까? 이 위기들은 우리가 경험하기 전에는 정말로 생각조차 할 수 없었을까? 이야기를 하나 들려주겠다.

2020년 1월 초, 팬데믹이 처음 감지될 무렵 나는 흥미로운 이메일과 문자를 많이 받았다. 내용은 전부 비슷했다.

"제인, 호흡기 유행병 시뮬레이션 돌려봤어요? 지금 이 사태를 어떻게 생각하나요? 우리가 어떻게 해야 할까요?"

친구들과 가족뿐만 아니라 실리콘 밸리의 굵직한 기술 회사 임원들, 정부 기관, 국제단체 역시 이러한 메시지를 보내왔다. 그들의 예상이 맞았다. 나는 팬데믹 시뮬레이션을 돌려봤다. 나는 게임 연구가다. 미래에 닥칠 가장 큰 글로벌 위기를 상상하는 데 도움이 되는 시뮬레이션 제작이 내 전문 분야다. 2008년, 나는 6주에 걸쳐 진행되는 미래 예측 시뮬레이션, 슈퍼스트럭트Superstruct의 수석 디자이너로 일했다. 시뮬레이션은 캘리포니아 팰로앨토에 위치한 미래 연구소의 10년 예측 그룹이 진행했다. 팬데믹 같은 글로벌 위기의 경제적, 정치적, 사회적, 정서적 파급 효과를 전 범위에 걸쳐 예측하는 것이 우리의 목표였다. 게임은 11년 뒤인 2019년 가을로 설정했다. 만 명에 달하는 전 세계인이 5가지 위기에 노출되는 경험을 시뮬레이션했는데 호흡 곤란 증후군의 약자인 레디에스ReDS라는 가상 바이러스의 전 세계적 발발도 그중 하나였다.

우리의 시뮬레이션은 수학 계산을 바탕으로 하지 않았다. 우리는 그저 사람들에게 질병이 이토록 빠르게 확산된다면 개인적으로 어떠한 기분이 들 것 같으며 어떻게 행동할지 예측해 달라고 했다. 우리가 던진 질문은 다음과 같았다.

일상 습관을 어떻게 바꿀 텐가? 사회적 교류를 피하겠는가? 집에서 일하겠는가? 집에서 일할 수 있겠는가? 자가 격리를 선택하겠는가? 그렇다면 언제, 왜, 얼마나 오래 그렇게 하겠는가? 정부가 시행한 격리 기간에 어떠한 문제를 경험할 것 같은가? 어떠한 종류의 지원과 자원이 필요할 것 같은가? 다른 이들을 어떻게 도울 것 같은가?

우리의 시뮬레이션은 알고리즘이 부족했지만 사회와 정서 지능만은 높았다. 실험 참여자들은 호흡기 팬데믹 기간에 개인적으로 어떻게 행동할지 다양한 이야기를 들려주었고 우리는 온라인으로 수집한 이 이야기들을 분석했다.

2020년 초, 신종 코로나 바이러스가 전 세계의 주목을 받았을 때 나는 우리의 방대한 멀티플레이어 시뮬레이션 결과에서 전 세계인에게 반드시 알려야 할 가장 중요한 부분이 사람들의 예측일 거라 생각했다. 가령 우리가 던진 핵심 질문 가운데에는 다음과 같은 질문이 있었다.

'사람들은 어떠한 상황에서 자발적 격리와 사회적 거리두기를 거부할까?'

자료에 따르면 슈퍼 전파자 역할을 하는 가장 위험한 활동은 종교 예배였고, 그다음에는 결혼식과 장례식이었다. 사람들은 아무리 위험할지라도 이러한 행사에는 계속해서 참석할 확률이 높았다. 또한 아직 결혼하지 않은 젊은 사람들은 모임이 금지되더라도 여전히 나이트클럽과 파티에 가고 싶어 했다.

조사 결과를 바탕으로 2020년 2월 초, 나는 동료 바네사 메이슨과 함께 미래 연구소에서 〈미래학자에게 물어요〉라는 웹 세미나를 열었다. 우리는 아직 이름조차 없는 이 새로운 팬데믹과 관련된 시급한 조언을 제공했다. "종교 모임 같은 집회를 주최하는 당사자라면 온라인 예배 방법을 강구해 보세요."라든지 "결혼식, 전문가 콘퍼런스나 네트워킹 이벤트, 파티를 계획 중이라면 지금 당장 취소하는 편이 좋습니다. 사람들은 건강을 해칠 위험을 무릅쓰고 이러한 행사에 참여할 것이기 때문입니다." 따위의 조언이었다.

그 후 몇 개월 동안 뉴스를 장식한 헤드라인은 우리의 시뮬레이션 결과가 유용하고 현실에서 이루어질 수 있는 일임을 입증했다. 진짜 팬데믹이 닥치자 사람들은 플레이어들이 시뮬레이션에서 예측했던 대로 행동했다. 그들은 금지 조치에도 불구하고 대규모 결혼식을 올렸고 집에 머물라는 긴박한 요청에도 불구하고 나이트클럽으로 향했으며 코로나 양성 판정을 받았음에도 대면 종교 예배에 참석했고 증상 때문에 자가 격리하라는 얘기를 들었음에도 장례식에 참석했다. 이러한 시나리오는 전부 집단 감염을 야기하는 현실적이고 흔한 사건으로 바뀌었다.[2]

2020년 2월에 개최한 웹 세미나와 나에게 연락한 사람들에게 건넨 조언을 통해 나는 사람들이 마스크 쓰는 일을 얼마나 불편하게 여기는지에 관한 자료도 공유했다. 슈퍼스트럭트 게임에서 우리는 사람들에게 일상적인 활동을 하는 가운데 다양한 사회 환경에서 마스크를 착용하는 연습을 하도록 요청했다.

사람들이 이러한 습관에 익숙해져 진짜 팬데믹이 닥쳤을 때 쉽게 적응할 수 있기를 바랐다. 하지만 플레이어가 보고한 결과를 통해 우리는 사람들이 마스크를 향한 거부감을 극복하고 그러한 행동을 정상으로 느끼려면 얼마나 큰 사회 장벽을 극복해야 하는지 알게 되었다. 물론 우리는 그 후 진짜 코로나19 팬데믹이 발발하는 동안 특히 미국에서 이 문제가 훨씬 더 큰 규모로 전개되는 걸 목격했다.

우리는 웹 세미나에서 팬데믹 기간에 학교가 문을 닫으면 워킹맘의 삶이 얼마나 힘들어질지 얘기 나눴다. 게임 시뮬레이션에서 엄마들은 일과 홈스쿨링을 동시에 건사하는 일이 불가능하다고 언급한 적이 있었기 때문이다. 실제로 코로나 사태가 터지면서 학교가 문을 닫자 수많은 엄마가 자녀를 돌보기 위해 자발적으로 직장을 떠나야 했다.[3]

우리는 경제 지원이 충분하지 않을 때 사람들이 공중 보건 지침을 따르고 집에 머물거나 자가 격리를 시행하는 일이 얼마나 어려워질지도 알게 되었다. 웹 세미나에서 우리는 현금 지원의 필요성에 대해 얘기 나눴는데, 오늘날 정부가 계속해서 현금을 지급하거나 급여를 보장하는 국가에서는 확실히 사람들이 지침을 보다 엄격하게 준수하며 바이러스의 확산이 보다 효율적으로 통제되고 있음을 알 수 있다.[4]

나는 우리가 내린 예측의 정확성에 긍지를 느낀다. 하지만 높아지는 위협에 이 사회가 얼마나 늑장 대응을 했는지, 지도자들 상당수가 고리타분한 사고방식과 행동 방식에 얼마나 깊이 갇혀 있었는지 지켜본 지금은 슈퍼스트럭트 같은 대규모 소셜 시뮬레이션에서 가장 중요한 부분이 더 이상 사람들의 행동을 정확히 예측하는 거라고 보지 않는다. 미래 시뮬레이션에서 가장 중요한 부분은 미리 마음의 준비를 하고 집단 상상력을 동원해 '생각조차 하기 힘든' 일이 발생할 때 유연하고 적응력 있으며 민첩하고 탄력성 있게 행동하는 것이다.

슈퍼스트럭트 결과는 미래 시뮬레이션이 이 같은 긍정적인 영향을 미칠 수 있음을 보여준다. 2020년 1월, 나는 팬데믹 시뮬레이션 참가자들에게서 이메일과 페이스북 메시지를 받았다. 습관과 계획을 크게 바꿔야 할 필요성이 중국 이외 지역에서 대중의 의식을 파고들기 몇 주 전 그들은 이렇게 말했다.

"저는 두렵지 않아요. 10년 전 상상했을 당시 그러한 공포와 걱정을 이미 느껴봤으니까요."

"마스크를 씁시다!"

"사회적 거리두기를 시행해야 해요!"

"이제 준비를 하려고 해요."

시뮬레이션 참가자들은 저만의 방식으로 나에게 미래를 앞서 느껴본 경험을 통해 불안감과 엄청난 불확실성, 무기력감을 일찌감치 다스려봤기에 미래가 마침내 당도했을 때보다 신속하게 적응하고 탄력성 있게 행동할 수 있었다고 계속해서 말했다. 시뮬레이션 참가자들의 2020년 초 메시지는 코로나19 팬데믹이 홍콩, 타이완, 싱가포르를 강타했을 때의 모습을 떠올리게 한다.

전문가들의 주장에 따르면 2003년 중증 급성 호흡기 증후군[SARS]이 최초로 대거 발생한 국가에서 정부와 업계는 코로나19 팬데믹 확산을 예방하기 위해 강력한 조치를 취할지 논의하는 데 시간을 낭비하지 않았다고 한다. 그들은 신속하게 행동했다. 상황이 얼마나 안 좋아질 수 있는지 경험으로 알았기 때문이다. 2003년 SARS 팬데믹 때 살아남은 국민들은 마스크 착용과 사회적 거리두기 같은 공중 보건 지침을 서양 국민들보다 재빨리 적극적으로 시행했다.[5]

이 모든 지침 덕분에 이들은 바이러스의 확산을 보다 효과적으로 통제할 수 있었다. 서아프리카 국가들 또한 2014년 에볼라 발병을 경험했기에 유럽이나 미국보다 훨씬 더 강력한 조치를 재빠르게 채택했다. 마스크 착용 준수율도 높았다. 과거 전염병 경험 덕분에 가능했던 신속한 조치는 대부분의 아프리카 국가가 코로나19 팬데믹 처음 두 번의 파동 동안 훨씬 더 적은 자원으로도 서양 국가들보다 위기에 훨씬 더 잘 대응할 수 있었던 주요 이유로 손꼽는다.[6]

시뮬레이션 참가자들은 코로나19 팬데믹이 닥치자 실제로 팬데믹을 겪었던 사람들마냥 의연하게 대처했다. 그들은 민첩하게 행동하고 적응할 준비가 되어 있었다. 충격에 덜 휘청였고 회복력도 뛰어났다. 10년 전 팬데믹 시대를 살아가는 경험을 상상했기 때문만이 아니었다. 시뮬레이션 덕분에 그들은 실제 전염병 뉴스에 주의를 기울이는 습관을 갖게 되었다. 한 참가자는 이렇게 말했다.

"우한에서 일어나고 있는 일을 예의주시했습니다. 슈퍼스트럭트에 참여한 이후 팬데믹 관련 뉴스에 촉각을 곤두세운 거죠. 그냥 습관처럼 계속 관심을 가졌어요."

한편, 시뮬레이션에 철저히 몰입하다 보면 그 미래가 현실화되고 있음을 보여주는 증거를 실제 세상 속에서 습관적으로 찾게 되는 부작용을 흔히 경험한다.

나는 운이 좋아 정확한 시뮬레이션을 돌렸겠지만 여러분이 이 책을 계속해서 읽어나가면서 앞날을 정기적으로 생각하도록 설득하려면 또 다른 얘기를 꺼내야 할 것 같다.

2010년, 나는 세계은행의 의뢰로 또 다른 대규모 미래 시뮬레이션 게임을 진행했다. 이보크EVOKE라 불린 이 게임은 10년 뒤인 2020년으로 설정되었다. 이번에는 거의 2만 명의 플레이어가 글로벌 위기가 발발할 때 다른 이들을 돕기 위해 어떠한 행동을 취할지 예측했다. 여기에는 기후 변화로 인한 극단적인 날씨와 팬데믹이 한꺼번에 찾아오는 상황도 포함되었다. 이보크는 10주 동안 지속되었고 매주 새로운 조합의 위기가 추가되었다.

플레이어들은 중국발 호흡기 팬데믹, 펄 리버 플루가 발발한 미래 세상에 몰입했다. 거기에 소셜 미디어가 야기한 허위정보와 음모론 유포가 더해졌고 기후 변화로 미국 서부 해안 곳곳에서 발생한 전례 없는 규모의 산불이 더해졌으며 낡은 기반 시설과 극단적인 기후로 인한 전력망 붕괴가 더해졌다. '시티즌 X'라는 그룹이 퍼뜨린 허위정보와 음모론 때문에 이 상황과 안전 조치를 이해하려는 개인들은 혼란스러워졌고, 팬데믹을 피해 집에 머물러야 하는 시기에 산불과 전력망 붕괴 때문에 집을 떠나야 했다.

우리가 10년 전에 구상한 줄거리는 2020년과 2021년 초 헤드라인을 장식한 기사 내용과 흡사했다. 우선 2020년 초 코로나 바이러스가 전 세계적으로 확산되었고, 2020년 여름 서부 해안에서 전례 없는 규모의 산불이 수개월 동안 지속되면서 수백만 명이 강제 이주해야 했다. 그다음에는 음모론 단체, 큐어넌이 부상하며 코로나 바이러스는 거짓이고 백신을 맞으면 팔에 마이크로칩이 심어진다며 허위정보를 부추겼다. 그 후에는 텍사스에서 전력망 붕괴가 일어나 3백만 명이 전기와 수도 공급 없이 살아야 했다. 낡은 기반 시설이 감당할 수 없었던 혹독한 추위 탓이었다. 놀랍게도 이보크 시뮬레이션에서 했던 예측이 고스란히 현실이 되었으며 대부분 우리가 예측한 바로 그해에 일어났다.

그리하여 2020년 중반, 나는 이보크 프로젝트에서 교육 봉사와 기술 전략을 이끌었던 세계은행 상무, 로버트 호킨스에게서 한 통의 전화를 받았다. 그는 이렇게 말했다.

"이보크에서 했던 구체적인 예측이 지금 고스란히 현실이 되고 있지 않나! 정말 기묘한 일일세. 어떻게 그렇게 정확히 예측할 수 있었나?"

나는 이 책에서 바로 그 질문들에 답하려 한다.

'PART 1 열린 마음으로 새로운 정보를 받아들여라'에서는 여러분이 생각조차 하기 힘들고 상상조차 하기 힘든 가능성에 마음을 열도록 미래학자들이 실천하는 정신 습관과 자주 하는 소셜 게임을 가르쳐 주겠다. 이 습관과 게임을 활용하면 미래학자처럼 생각하도록 자신의 뇌를 훈련할 수 있다.

미래학자처럼 생각하면 보다 창의적으로 생각하게 된다. 낡은 패턴에 사로잡히거나 과거에 진실로 통했던 것에 얽매이지 않는다. 미래를 생각하는 이 습관과 게임은 우리를 미래에 더 잘 대비시켜줄 뿐만 아니라 오늘날 우리의 기분을 좋게 만들 수도 있다. 연구 결과에 따르면 이 습관과 게임은 미래를 향한 희망과 의욕을 북돋고 우울증과 불안감 같은 증상을 완화해 준다고 한다. 수많은 이들이 그렇듯 팬데믹을 비롯해 최근 몇 년 사이에 발생한 충격적인 사건 때문에 정서적 치유가 필요한 상황이라면 이 기술들이 도움이 될 것이다. 이 기술들은 포스트 팬데믹 세상에서 경험하는 외상 후 성장으로 생각하기 바란다.

여러분이 이 기술들을 신뢰하도록 나는 우리가 미래를 생각할 때 어찌하여 현실적 희망을 품고 창의력을 기르며 스트레스에 보다 탄력적으로 대처하게 만드는 뇌의 주요 경로가 강화되는지 그 과학 원리를 공유하고자 한다. 미래를 생각하는 과정이 여러분의 뇌를 어떻게 활성화시키는지 보여주는 뇌 활동 측정[fMRI] 이미지를 직접 보여줄 수는 없지만 연구진들이 과학 연구에서 미래 사고의 이점을 기록하기 위해 사용하는 채점 방식을 가르쳐 줄 수는 있다. 이 방법을 이용해 나의 발전 상황을 측정해보면 개인적인 성장을 확인할 수 있다.

'PART 2 함께 힘을 합칠 때 새로운 세상이 열린다'에서는 슈퍼스트럭트와 이보크에서 아주 정확한 예측을 하기 위해 미래 연구소에서 이용한 기법들의 사용법을 알려주겠다. 이 기술들은 우리가 모든 변화를 신속하게 감지해 민첩하게 행동하고 적응하며 충격적인 사건에 기습당하지 않도록 도와줄 것이다.

마지막으로 'PART 3 각자의 영향력이 예측 불가능한 미래를 구한다'에서는 여러분이 소셜 시뮬레이션의 힘을 직접 경험할 수 있도록 다 함께 새로운 게임을 해볼 것이다. 나는 2033년으로 설정된 3가지 각기 다른 미래 시나리오로 여러분을 데려갈 것이다. 여러분은 우리가 오늘날 당연하게 생각하는 일들이 하룻밤 사이에 바뀌고 새로운 사회 운동과 기술, 정책이 우리 삶의 모든 측면을 크게 뒤흔드는 세상으로 들어가게 될 것이다.

이 책을 읽고 2033년으로 향하는 정신의 시간 여행에 관해 열흘 연속 일기를 쓰는 것만으로 이 시뮬레이션에 참여할 수 있다. 여러분은 이 시나리오에 개인적으로 어떻게 반응하겠는가? 어떻게 생각하고 느끼고 행동하겠는가? 어떻게 기여하겠는가?

이 시뮬레이션은 우리가 PART 1과 PART 2에서 배운 온갖 기술과 습관을 시험대에 올릴 것이다. 여러분이 마주할 시나리오는 오늘날에는 상상조차 하기 힘든 머나먼 미래처럼 들릴 것이다. 슈퍼스트럭트와 이보크 시나리오 역시 2008년과 2010년 시뮬레이션 참가자들에게 그렇게 보였다. 하지만 여러분이 이 책을 여기까지 읽었다면 그러한 미래를 상상할 준비가 되어 있을 것이다.

그다음에는 여러분이 미래를 구축할 차례다. 나는 내가 미래를 설계하는 과정을 설명하고, 여러분이 원하는 어떠한 미래 주제에 관해서도 자신만의 소셜 시뮬레이션을 구축하고 운영할 수 있도록 모든 정보를 제공할 것이다. 여러분은 앞으로 10년 동안 찾아올 생각조차 하기 힘든 온갖 변화에 관한 예측도 접하게 될 것이다. 교육과 직장의 미래에서부터 음식과 돈의 미래에 이르기까지, 소셜 미디어와 의료 서비스의 미래에서부터 기후 행동과 정부의 미래에 이르기까지. 여러분은 온갖 위기, 기회, 딜레마를 앞서 예측할 수 있을 것이다.

10년 후 예측은 여러분이 미래의 충격에 보다 회복력 있게 대처하는 데 도움이 된다. 정상으로 되돌아가는 일은 없다는 사실을 받아들이는 데 도움이 된다. 또한 혼란과 재창조가 반복되는 이 역사적인 시기를 이용해 우리가 자신의 삶과 커뮤니티, 이 세상을 더 나은 방향으로 바꿀 수 있는 방법에 관한 힌트를 주기도 한다. 향후 10년은 우리 대부분에게 사회가 작동하는 방식을 바꿀 수 있는 가장 중요한 기회가 될 것이다. 우리 모두가 긍정적이고 장기적인 변화를 가져오는 데 기여할 수 있다.

미래 사고방식을 다룬 책은 수없이 많다. 그렇다면 이 책만의 차별점은 무엇일까? 나는 미래학자이자 게임 연구가다. 흔한 경력은 아닌데 내가 알기로 이 세상에서 오직 나 하나뿐이다. 게임 연구가이자 미래학자로서 나의 사명은 가상 세계로, 존재하지 않는 세상으로 사람들을 실어 나르는 거라고 생각한다. 그곳은 가상이기 때문에, 아직 일어나지 않았거나 절대로 일어나지 않을지도 모르는 미래 세상이기 때문에, 사람들이 가상 세계를 떠날 때보다 창의적이고 낙관적으로 변하며, 그 세상을 바꾸는 능력, 즉 행동을 취하고 결정을 내리는 자신의 능력을 믿도록 만드는 것이 나의 목표다.

게임 속에서 우리는 쉽게 강하고 창의적인 사람이 된다. 카드 게임에서든, 스포츠 경기에서든, 보드게임에서든, 비디오 게임에서든 우리가 하는 행동과 내리는 결정은 전부 게임의 상태에 확실히 영향을 미친다. 하지만 미래를 생각할 때 이러한 느낌을 받기란 쉽지 않다. 우리는 자신이 앞으로 일어날 일을 알아내는 데 도움이 되는 행동을 취하거나 결정을 내릴 수 있을 거라 확신하지 못한다. 특히 우리 모두가 공유하는 더 큰 미래,

다시 말해 사회의 미래, 이 행성의 미래에 관해서라면 말이다.

내가 가상 세계를 창조하는 2가지 방식인 게임 설계와 미래 시나리오 작성을 하나로 엮은 건 바로 그 때문이다. 나는 지난 15년 동안 미래 연구소에서 게임 연구 개발 이사로 일했다. 1968년에 설립된 미래 연구소는 세상에서 가장 오래된 미래 예측 기관으로 오늘날 미래학자들이 표준 관행으로 삼는 수많은 방법을 처음 선보였다. 나는 이곳에서 플레이어들에게 우리 연구진들이 활용하는 미래 사고 습관과 기술을 가르치는 게임을 개발하고 있다. 앞서 언급했듯 수천 명의 참여자들이 함께하는 대규모 미래 소셜 시뮬레이션을 개발하는 일이 내 전문 분야다. 이 시뮬레이션은 개인의 상상력을 동원하는 데서 한발 나아가 이 방식이 아니었으면 예측하기 어려웠을 현상과 그로 인한 파급 효과를 드러내 보임으로써 실행 가능한 집단 지능을 구축한다.

"현실의 기습 공격을 받느니 시뮬레이션 결과를 보고 놀라는 게 낫다."

우리의 신조다. 우리는 해당 분야의 전문가가 게임 결과를 얼마나 놀랍게 받아들이는지를 기준으로 시뮬레이션의 성공을 측정한다. 지난 15년 동안 나는 이 연구소에서 수많은 전문가와 지도자를 위해 맞춤식 미래 예측, 교육 프로그램, 시뮬레이션을 개발해왔다. 구글, IBM, 시스코, 디즈니, GSK, 록펠러 재단, 미 국방부, 전미 과학 아카데미, 세계 경제 포럼이 우리의 대표적인 고객이다. 하지만 내가 가장 좋아하는 일은 시뮬레이션이나 강연을 통해 대중들에게 직접 미래 사고를 전파하는 일이다. 미래를 걱정하고 불안해하던 사람들이 강연을 듣고 확신과 희망에 가득 차는 것을 볼 때마다 보람을 느낀다. 이는 내가 스탠퍼드 대학교 평생 교육 프로그램에서 〈미래학자처럼 사고하기〉 워크숍을 실행한 이유다.

이 강의는 지난 5년 동안 이 대학교에서 가장 인기 있는 강의로 이 수업을 들으려고 전 세계 각지에서 학생들이 찾아올 정도였다. 이는 내가 미래 연구소와 함께 온라인 학습 플랫폼 코세라에 〈미래 사고하기〉 자격증 프로그램을 창설한 이유이기도 하다. 현재 3만 명이 이 수업을 듣고 있다. 마지막으로 이는 우리가 코세라 프로그램에서 세계 최초 무료로 제공된 미래 사고하기 공공 교육을 선보였을 때 내가 "예지력은 인권이다."라는 말을 만든 이유다.

가능한 많은 이들에게 게임의 결과뿐만 아니라 미래의 결과를 바꿀 수 있는 기술을 전수하는 것이 나의 미션이다. 여러분과 이 여정을 함께하게 되어 정말 기쁘다. 시작하기에 앞서 한 가지만 더 전달하고 싶다. 다음은 미래 사고와 관련해 내가 가장 좋아하는 경구다.

"미래를 예측할 때에는 100퍼센트 정확한 것보다 상상력과 통찰력을 동원하는 일이 더 중요하다."[7]

이 지혜로운 말의 주인은 앨빈 토플러다. 그는 1970년 오늘날 우리가 알고 있는 전문적인 미래 사고의 시작을 알리는 《미래의 충격》을 썼다. 토플러는 사회는 이따금 이전에는 생각조차 할 수 없는 심오한 변화를 겪는다고 말했다. 그 사회를 살아가는 사람들은 일종의 미래의 충격을 경험하며 갈피를 잡지 못한다고 한다. 행복하고 건강하고 성공적인 삶을 꿈꾸기 위한 그동안의 전략은 더 이상 효과가 없다. 과거의 가정은 더 이상 유효하지 않다. 무슨 일이 일어나고 있으며 그 이유가 무엇인지 파악하기가 쉽지 않다. 집단 트라우마 같은 느낌, 화물 열차에 치인 것 같은 심리 상태다. 토플러가 이 유명한 책을 쓴 1960년대 말은 격동의 시기로 수많은 이들이 미래의 충격을 경험했다. 2020년대인 지금은 더 많은 사람이 미래의 충격을 경험하고 있다.

트라우마에 벗어나려면 미래를 보다 정확히 예측해 다음번 충격을 앞질러야만 한다. 기습 공격을 받지 않도록 미래를 예측하는 일은 당연히 도움이 된다. 하지만 미래 사고에는 단순히 옳은 예측을 하는 것보다 심오한 진실이 숨어 있다.

'옳다'함은 최고의 예측을 한 뒤 일어날 확률이 가장 높다고 예측한 일이 벌어지기를 기다린다는 의미다. 하지만 일어날 확률이 가장 높은 미래가 내가 원하는 미래가 아니라면? 대참사라면? 불공평한 미래라면? 여러분은 올바른 예측을 하겠는가, 나의 예측이 그르다는 사실을 인정한 뒤 가장 있음직한 변화 대신 더 나은 변화를 택하겠는가?

우리는 일어날 법한 미래를 생각하고 싶어 하며 그리하여 자신의 예측이 유용하기를 바란다. 하지만 미래의 위험과 위기를 올바르게 예측하는 과정에서 우리가 오늘날 당면한 문제를 창의적으로 해결하기 위한 힌트를 얻을 수도 있다. 우리는 새로운 예지력을 이용해 미래에 대비할 수 있을 뿐만 아니라 지금 당장 우리 앞에 놓인 새로운 기회를 상상하고 더 나은 세상을 위한 변화에 앞장설 수도 있다.

내 경험을 바탕으로 2가지 사례를 들어보겠다.

나는 내가 진행하는 소셜 시뮬레이션에 늘 참여한다. 통찰력을 제공하는 한편 다른 참여자들처럼 도움을 받기 위해서다. 2008년 슈퍼스트럭트 시뮬레이션 역시 예외가 아니었다. 나는 팬데믹 기간에 다른 이들을 돕기 위해 어떻게 할지 생각해 봤다. 내가 지닌 독특한 기술과 경험을 어떻게 이용할 수 있을까?

나는 게임 연구가가 팬데믹 기간에 도움이 될 만한 새로운 방식을 생각해 보았다. 그러다가 지하실에 틀어박혀 혼자 비디오 게임을 하는 게이머들의 부정적인 이미지가 떠올랐다. 팬데믹 기간에 이는 긍정적인 행동으로 여겨질 터였다. 치명적인 바이러스가 확산될 때 공중 보건 전문가가 사람들에게 하는 말이 "집에 있으세요, 혼자요!" 아니던가.

그리하여 나는 미래의 내가 만들 거라 예상되는 가상 게임 프로젝트에 착수했다. 집에 머물지만 사회적으로 연결될 수 있도록 온라인에서 만나 웹캠 앞에서 다른 사람들과 춤을 추는 일종의 가상 댄스 클럽이었다. 나는 다른 플레이어들이 보태고 싶은 아이디어를 찾을 수 있도록 이 아이디어를 시뮬레이션 데이터베이스에 추가했다. 곧이어 질병관리센터[CDC]의 한 연구진에게서 연락이 왔다. 슈퍼스트럭트에 참여했던 그녀는 나의 댄스 게임 아이디어에 큰 관심을 보였다. 그녀는 실제 팬데믹 기간에 바이러스가 확산되는 이유가 종종 댄스 클럽 때문이라고 말했다.

그녀는 팬데믹 기간에 유행병학자들이 게임 개발자와 협력해 바이러스 전파력이 높을 때 집에서 할 수 있는 게임을 홍보하도록 하자고 제안했다. 슈퍼스트럭트가 계속되는 동안 우리는 공중 보건 담당자와 게임 개발자가 미래에 어떻게 협력할지, 의사들이 환자들을 집에 머물게 하기 위해 어떠한 게임을 처방할 수 있을지 아이디어를 주고받았다. 매력적인 대화였지만 당시만 해도 1년이 채 되지 않아 내가 이를 바탕으로 인생을 바꿀 만한 프로젝트에 착수하게 될지는 까마득히 몰랐다.

시뮬레이션이 끝나고 9개월 후 나는 머리를 부딪쳐 뇌진탕을 입었고 그로 인해 인생이 완전히 뒤바뀌는 경험을 했다. 아무리 휴식을 취해도 브레인 포그, 극심한 두통, 현기증, 기억 상실 같은 증상이 사라지지 않았다. 공황 장애는 물론 심각한 우울증을 경험했으며 심지어 몇 달 동안 자살 충동에 시달리기도 했다. 상태가 극에 달하자 나는 치유에 도움이 될까 싶어 새로운 게임을 만들기로 했다. 게임이 의욕, 낙관주의, 집중력, 창의력, 협동력에 도움이 되는 온갖 방법을 동원해 내 뇌가 다시 희망을 품고 제대로 작동하도록 시동을 걸 만한 퀘스트와 도전 과제를 생각했다. 효과가 있었다. 게임 슈퍼베터는 700만 조회수를 기록한 TED 연설, 같은 제목의 베스트셀러, 백만 명이 건강 문제를 극복하는 데 기여한 앱으로 발전했다.

내가 나를 위해 만든 지극히 개인적인 이 게임에 대해 누구에게나 자신 있게 말하고 다른 이들도 해보도록 앱까지 만든 유일한 이유는 미국 질병통제예방센터 연구진과 아이디어를 공유한 과거 경험 때문이었다. 의료 전문가와 게임 개발자 간의 협력을 구상한 나의 아이디어에 내비친 그녀의 열정, 의사가 비디오 게임을 처방하게 하자는 기이한 생각을 기꺼이 받아들이는 그녀의 의지는 내 안에 씨앗을 심었다. 이 씨앗 덕분에 나는 내 의견이 진지하게 받아들여질지도 모른다고, 한번 시도해볼 만하겠다고 상상할 수 있었다.

이 시뮬레이션은 팬데믹 상황에서뿐만 아니라 보다 일반적인 의료 위기 상황에서도 내가 실제로 어떻게 기여할 수 있을지 미리 살짝 들여다보는 기회가 되었다. 그리하여 기회가 왔을 때 나는 그 기회를 취할 준비가 되어 있었다. 미래 사고 연습을 통해 여러분도 이 같은 선물을 만끽하기를 바란다. 내가 지금 당장 할 수 있는 일, 생각할 수 있는 해결책, 도울 수 있는 커뮤니티에 대해 보다 확신을 갖고 창의적으로 생각할 기회다.

상상 속 팬데믹에 몰입하는 동안 깨달음의 순간이 또 한 번 찾아왔는데 이번에는 보다 개인적인 깨달음이었다. 슈퍼스트럭트 참가자들에게 우리가 가장 먼저 요청한 일은 미래의 소셜 네트워크 프로필을 작성하는 일이었다. 이 프로필은 일상적인 질문들로 채워졌다. 나이가 어떻게 되는지, 사는 곳이 어디인지, 누구와 살고 있는지, 직업은 무엇인지, 어떠한 커뮤니티에 속하는지 따위의 질문이었다. 참여자들은 미래의 내가 되어 10년 후의 나를 상상하며 이러한 질문에 답해야 했다. 내가 작성한 미래 프로필에 나 스스로도 놀랐다. 나는 남편 키야시와 일곱 살 된 딸아이 페퍼와 함께 산다고 적었다. 마음속으로 아이를 생생히 그려볼 수 있었다. 당돌하고 장난기 많은 이 여자아이는 2019년 우리 세상의 중심이었다.

하지만 2008년 이 시뮬레이션을 돌릴 때 남편과 나 사이에는 아이가 없었다. 우리는 결혼한 지 3년이 되었는데 서둘러 가족을 일굴 생각이 없었다. 나는 엄마가 되기를 바란 적이 단 한 번도 없었으며 우리는 임신 계획을 세운 적도 없었다. 그럼에도 이 시뮬레이션에서 상상한 딸은 나에게 너무 생생하게 느껴졌다. 아이는 내가 이끌고 싶은 삶에서 굉장히 중요한 존재처럼 느껴졌다. 딸아이를 머릿속에 너무 선명히 그린 나머지 아직 존재조차 하지 않은 이 아이가 내가 원하는 삶을 완성하는 열쇠처럼 느껴졌다. 단순히 프로필을 작성하는 행위만으로 나는 자신에 대해 진짜 몰랐던 부분을 발견했다. 놀랍게도 나는 엄마가 되고 싶어 했다.

이러한 깨달음은 실제로 엄마가 되기 위한 과정에서 아주 중요한 역할을 했다. 가족을 꾸리기까지 우리는 수년간 불임 치료를 받고 다른 이들로부터 엄청난 도움을 받아야만 했다. 상상 속 딸을 그린 지 7년 후 나는 마침내 쌍둥이 두 딸의 엄마가 되었다. 나에게 일어난 가장 좋은 일이었다. 희망하는 미래를 현실로 만들기 위해 그토록 많은 시간을 투자하지 않았더라면 가족을 만들 수 있었을지 잘 모르겠다.

물론 이 같은 개인적인 통찰력이 코로나19 팬데믹이 발생하는 일을 막을 수는 없었다. 나의 통찰력은 내가 코로나에 걸리는 일을 막을 수조차 없었다. 훌륭한 미래학자답게 나는 일찌감치 그러니까 2020년 초, 이 바이러스가 미국에 퍼졌다는 사실을 아무도 모를 때 코로나에 걸렸다. 하지만 나의 경험을 다른 이들의 경험과 비교해보면 기나긴 팬데믹 기간 나는 대부분의 사람들보다 확실히 불안감을 덜 느꼈다고 할 수 있다. 준비된 기분 덕분이었다. 슈퍼스트럭트 시뮬레이션에서 상상했던 내용이 나의 삶과 미래를 더 나은 방향으로 바꾸었기 때문이다. 그 과정에서 나는 내가 정말로 무엇을 원하는지 미리 상상할 수 있었고, 내가 할 수 있을 거라 절대로 상상하지 못한 방식으로 다른 이들을 도울 수 있겠다는 자신감을 얻었다.

미래가 어떻게 달라질지 생각할 때에는 내가 어떻게 달라질지도 생각하는 편이 좋다. 이 책 제목이 《어떻게 불안의 시대를 대비해야 하는가》인 이유다. 나는 여러분이 우리가 대비해야 하는 '생각조차 하기 힘든' 위험과 우리가 피하고 싶어 하는 '상상조차 하기 힘든 고통'을 상상하여 이를 예방하거나 최소한 해로운 영향을 완화할 수 있기를 바란다. 또한 향후 10년이나 그 이후에 할 수 있을 만한 새롭고 흥미로운 일도 상상할 수 있어야 한다.

포스트 팬데믹 기후 위기라는 역사적인 사건에서 저만의 능력을 발휘해 우리 모두가 겪고 있는 고난에 더 많은 의미를 부여하는 방식으로 다른 이들을 도와야 한다. 이 책을 읽기 전에는 생각조차 하기 힘들고, 상상조차 하기 힘들었을 놀라운 일들을 해내고 만들어가는 자신의 모습을 상상할 수 있기를 바란다.

현실에는 개인의 통제 범위를 벗어나는 미래력이 늘 있기 마련이다. 이책은 위기에 처한 세상을 구하는 슈퍼히어로가 되는 법에 관해 말하지 않는다. 미래 사고는 초능력이 아니다. 우리는 모든 문제를 해결하거나 모두를 구할 필요가 없다. 하지만 미래 사고 연습은 우리의 정신이 새로운 난제에 빠르게 적응하고 낙관적인 태도와 회복력을 기르며 불안하고 우울한 감정을 완화하도록 준비시킬 뿐만 아니라 미래의 행복과 성공을 위해 지금 당장 행동에 나서도록 우리를 고무시키는 굉장히 유용하고 실질적인 방법이다.

집단 상상력을 동원할 경우 우리는 2020년 초반 우리가 경험한 충격에서 빠르게 회복할 수 있을 것이다. 하지만 우리의 예측이 옳아서가 아니다. 우리가 빠르게 치유하고 회복하게 되는 이유는 향후 10년을 가만히 앉아서 기다리지만은 않을 것이기 때문이다. 우리는 향후 10년을 함께 만들어갈 것이다.

코로나19 팬데믹이 발발할 무렵 작가이자 활동가인 아룬다티 로이는 이렇게 말했다.

"역사적으로, 코로나19 팬데믹은 인류가 과거와 결별하고 완전히 새로운 세상을 상상하게 했다. 이번에도 다르지 않다. 팬데믹은 하나의 세상과 다른 세상 사이에 놓인 관문이다."[8]

나는 이 책이 팬데믹 후유증, 극단적인 사회 분열, 증가하는 기후 위기를 극복해야 하는 현 세상에서 어떠한 미래에도 희망을 품고 준비가 된 세상으로 향하는 관문이 되기를 바란다.

본격적으로 상상 훈련을 시작하기 전에 여러분에게 3가지 질문을 던지고 싶다. 이 질문에 대한 답은 여러분의 미래 사고 방식을 알아보는 기준이 될 것이다.

"앞으로 10년 동안 현 상태가 그대로 이어질 거라 보는가?"

"앞으로 10년 동안 이 세상과 나의 삶이 변한다고 생각할 때, 걱정이 되는가 낙관적인 생각이 드는가?"

"앞으로 10년 동안 이 세상과 나의 삶이 변하는 방식을 결정하는 데 개인적으로 얼마나 통제력이나 영향력이 있다고 느끼는가?"

이 3가지 질문을 통해 우리는 이제부터 하게 될 상상 훈련을 가늠할 수 있다. 사실 이 책은 이 3가지 질문의 점수를 1점이라도 높이기 위해 특별히 구성되었다고 할 수 있다.

첫째, 우리는 재고하고 재창조할 기회에 초점을 맞출 것이다. 왜 재고와 재창조일까? 오늘날과 비슷한 미래에 대비하기란 어렵지 않다. 우리의 허를 찌르는 것은 완전히 새로운 일들이다. 따라서 기이하게 느껴지고 익숙하지 않은 미래에 대비하는 연습을 해야 한다. 재고와 재창조에 집중할 경우 미래가 어떻게 달라질지 판단하는 능력을 키울 수도 있다. 코로나19 팬데믹을 겪으며 우리는 모든 것이 하룻밤 사이에 좋은 쪽으로든 나쁜 쪽으로든 변할 수 있음을 알게 되었다. 우리는 이제 살고 일하고 학습하고 서로를 돌보는 방식이 순식간에 바뀌는 일이 가능하다는 걸 안다. 그리하여 인류 역사상 전례 없는 집단 상상력을 갖게 되었다. 이 순간을 전략적으로, 창의적으로 이용해야 한다.

둘째, 나는 여러분이 미래를 향한 희망과 걱정 사이에서 균형 잡힌 태도를 유지하기를 바란다. 미래 연구소에서는 이를 긍정적인 상상과 부정적인 상상이라 부른다. 긍정적인 상상은 다음과 같은 질문을 던진다.

'좋은 일이 뭐가 일어날 수 있을까?'

이 같은 질문은 밝은 미래가 찾아올 거라는 희망을 준다. 부정적인 상상은 다음과 같은 질문을 던진다.

'안 좋은 일이 뭐가 일어날 수 있을까?'

이 같은 질문은 미래의 난제에 대처하는 준비성을 길러준다.

미래를 향한 나의 본능적인 생각이 무엇이든 반대 감정을 조금 느껴보는 편이 좋다. 나는 미래의 양면, 다시 말해 걱정할 만한 위험과 낙관할 만한 기회를 살피는 데 도움이 되는 상상하는 기술을 가르쳐 줄 것이다.

일단은 미래를 바라보는 나의 시각을 아는 것만으로 충분하다. 걱정에 사로잡혀 있든, 굉장히 낙관적이든, 그 사이 어디쯤이든, 희망과 걱정을 동시에 품을 수 있도록 반대 방향으로 상상의 나래를 펼칠 준비를 하자.

긍정적인 상상력과 부정적인 상상력을 기르면, 위험을 제대로 직시하고 걱정거리를 구체적으로 규정할 때보다 희망적인 태도를 품을 수 있음을 깨닫게 된다. 글로벌 위기를 더 잘 예측하게 될수록 우리는 전반적인 상황을 낙관하게 된다. 얼핏 보면 역설적으로 보이는 이 같은 현상에는 타당한 이유가 있다. 우리는 이 과정에서 문제뿐만 아니라 이미 구상하고 시행 중인 대담한 계획과 혁신적인 해결책도 더 잘 인식할 수 있게 되기 때문이다. 미래의 위기를 부인하는 대신 진지하게 상상할 때 우리는 나 자신과 타인을 도울 수 있음을 스스로도 알고 있다.

마지막으로 우리는 다가오는 미래를 결정하는 데 내가 얼마나 큰 영향을 미칠 수 있을지 확신하는 방법에 주목할 것이다. 이 책은 미래를 예측하는 데서 한발 나아가 우리가 바라는 미래를 구축하는 데 도움이 되는 행동까지 살펴본다. 보다 행복하고 건강하고 안전하고 공정하고 지속가능하고 아름답고 공평한 미래 말이다. 나는 더 나은 미래를 구축하는 데 기여할 수 있는 여러분만의 방법을 찾는 과정에 도움이 되는 미래 예측 기법과 지금 당장 이를 시작할 수 있는 방법을 제시하려 한다. 그다음에 미래 변화에 관한 자신의 생각을 공유함으로써 다른 이들이 스스로에게 집중하며 다 함께 행동에 나설 수 있도록 만드는 방법을 가르쳐 주겠다. 미래에 영향을 미칠 수 있는 능력을 키우려면 내가 상상하는 변화를 실현하는 데 도움이 되는 수만 명 혹은 수십만 명의 사람들의 마음에 상상력의 씨앗을 심으면 된다.

재고하고 재창조할 기회에 집중하기, 긍정적인 상상과 부정적인 상상 모두 활용하기, 미래를 형성하는 능력을 기를 실질적인 방법 찾기를 전부 합치면 우리는 상상 훈련에서 얻을 수 있는 가장 큰 이점을 확보하게 된다. 바로 우다다다 낙관론^{urgent optimism}이다.

우다다다 낙관론은 균형 잡힌 감정이다. 엄청난 난제와 위험이 예상된다는 사실을 인정하지만 이 같은 난제를 해결하고 위험에 대처하는 과정에 내가 기여할 수 있는 부분이 있음을 현실적으로 낙관하는 태도다. 무슨 일이 일어날지 걱정하느라 밤을 지새우는 대신 무슨 일이든 해보겠다는 강렬한 의지를 품은 채 다음 날 아침 침대 밖으로 나오는 자세다. 내가 살고 싶은 세상을 창조하기 위해 나만의 독특한 재능과 기술, 삶의 경험을 이용할 수 있음을 아는 것이다.

위 3가지 질문에 대한 나의 점수를 기억하기 바란다. 상상 훈련의 3단계를 거치는 동안 우리는 이 질문을 계속해서 살펴볼 것이다. 이 책의 끝부분에서 여러분은 이 질문들에 다시 한번 답하게 된다. 책을 읽기 전과 후의 점수를 비교하면 자신의 기량이 얼마나 향상되었으며 사고가 얼마나 바뀌었는지 알 수 있다.

나는 교습 경험과 과학 연구 결과를 토대로 반드시 그렇게 될 거라 믿는다. 스탠퍼드 대학교 평생 교육원에서 〈미래학자처럼 사고하기〉 과정을 가르칠 때면 수업 시작과 끝 무렵 이 3가지 질문을 던지곤 하는데 점수는 언제나 향상된다. 나는 코세라에서 다국적 미래 사고 수업을 듣는 5만 명의 수강자에게도 이 질문을 던졌다. 미래 연구소와 함께 이 온라인 훈련을 완료한 학습자들은 미래에 보다 급격한 변화를 예상했고 미래를 보다 낙관했으며 강한 주체 의식을 보였다.

더 믿을 만한 사례가 궁금한가? 세계은행 연구진들은 2026년으로 설정된 새로운 미래 시나리오, 이보크를 이용해 대학생 300명을 상대로 무작위 통제 연구를 수행했다. 이 연구에서 학생들의 절반은 사회 혁신과 글로벌 위기에 관한 전형적인 수업을 들었다. 나머지 절반은 16주에 걸친 이보크 소셜 시뮬레이션에 참석했다. 인신매매와 전쟁 난민과 관련된 미래 위기가 발생할 때 자신이 어떠한 도움을 줄 수 있을지 상상하는 시뮬레이션이었다. 이보크 플레이어들은 전형적인 수업을 들은 학생들에 비해 글로벌 위기의 해결 가능성을 낙관했다. 시뮬레이션이 끝날 무렵 그들은 보다 나은 미래, 평화로운 미래를 구축하기 위해 목소리를 높이고 행동에 나설 수 있다는 데 강한 자신감을 보였다.[9]

이보크 플레이어들은 특정한 상상력이 크게 향상되기도 했다. 16주짜리 게임을 시작할 때와 마칠 무렵의 결과를 비교했으며 연구가 진행되는 내내 동료 평가가 이루어졌다. 그들은 익숙한 것을 다른 관점으로 바라보고, 위험을 취하고 새로운 것을 시도하려는 의지를 발판 삼아 독창적인 아이디어를 제안하고, 마찰이나 문제를 해결하는 창의적인 방법을 상상하고, 미래 지향적인 해결책에 착수하는 능력이 통제 집단에 비해 크게 향상되었다. 근사하지 않은가? 이러한 능력이 향상되기를 바라지 않는 사람이 어디 있겠는가?

가장 중요한 사실은 그들의 기량 향상과 미래에 영향을 미치고자 하는 새로운 주체 의식이 성별, 인종, 연령, 학문 분야에 관계 없이 비슷하게 나타났다는 점이다. 이는 미래 사고 훈련과 소셜 시뮬레이션 참여가 다양한 배경의 사람들이 변화의 긍정적인 대리인이 되도록 힘을 불어넣을 수 있음을 시사한다. 여러분도 예외가 아니다.

이제 페이지를 넘겨 미래로 향하는 첫 여정을 떠나보자.

PART 1 ————

열린 마음으로
새로운 정보를 받아들여라

희망을 품기 위해서는 불확실한 미래를 받아들여야 한다.
가능성에 마음을 열고 마음속 깊이 변화에 전념해야 한다.

리베카 솔닛, 역사학자이자 활동가

변화를 이해하는 유일한 방법은
그 안으로 뛰어들어 함께 움직이고 춤추는 것이다.

앨런 와츠, 철학자

성장은 고통스럽다. 변화는 고통스럽다.
하지만 소속되지 못하는 곳에 꼼짝없이 갇혀 있는 것보다 고통스러운 일은 없다.

맨디 헤일, 작가

앞으로 10년 동안,
현 상태가 그대로 이어질 거라 보는가?

아니면

대부분의 사람이 행동하는 방식을
극단적으로 재고하고 재창조할 거라 생각하는가?

· · · · ·

당신이 생각하는 10년 후의 전망을
1에서 10까지 점수 매겨보자.

거의 모든 것이 그대로일 거라 생각하면 1,
거의 모든 것이 변할 거라 생각하면 10이다.

| | | | | | | |

| | | | | | | |

| | | | | | | |

| | | | | | | |

Chapter 01

10년 후 세상은 무엇이 달라질까

당신은 미치지 않았다. 변할 준비가 되었을 뿐이다.

———

은네디 오코라포르, 작가

"미래는 지금 시작된다."라는 말을 들어봤을 것이다. 흥미를 끄는 말이지만 근본적으로는 사실이 아니다. 미래는 지금, 내일, 다음 달에 시작되지 않는다. 적어도 여러분이 정신의 시간 여행을 최대한 이용하고 싶다면 말이다. 미래 여행의 이득이 온전한 효력을 발휘하려면 그보다 긴 시간이 필요하다. 하지만 정확히 언제 미래가 시작되느냐는 내가 누구인지, 내 삶의 정황이 어떠한지에 달려 있다. 내가 개발한 단순한 게임을 소개하겠다. 나의 미래가 언제 시작되는지 대략 가늠하는 데 도움이 되는 게임이다.

———

당신의 미래는 언제 시작되는가?

미래 사고 수업이나 워크숍을 열 때면 미래는 언제 시작될까라는 짧은 게임으로 시작한다. 나는 모두에게 묻는다.

"삶의 많은 부분이 오늘과는 달라지는 때가 미래라면 당신에게 미래는 언제부터라고 생각하나요?"

학생들은 며칠, 몇 개월, 몇 년 후로 답해야 한다. 답하기 힘든 질문이 아니며 단 하나의 정답도 없다. 이 질문에는 1년 후, 5년 후, 10년 후, 20년 후 등 수십 개의 제각기 다른 답이 존재하기 마련이다. 나는 다른 이들이 볼 수 있도록 모두에게 자신이 쓴 답을 들어보라고 한 뒤 순서대로, 보다 정확히 말하면 시간 순서대로 그들을 세운다. 가장 짧은 시간을 적은 사람을 맨 앞으로 보내고 가장 긴 시간을 적은 사람을 맨 뒤로 보낸다. 나머지 사람들은 그 사이에 순서대로 세운다.

이렇게 세워놓고 보면 각양각색의 답변이 더욱 두드러진다. 나는 가장 앞에 선 사람과 가장 뒤에 선 사람에게 그렇게 답한 이유를 묻는다. 그들의 답은 보통 지극히 개인적이다. 스탠퍼드 대학교 평생 교육 수업에 참여한 한 여성은 이렇게 답했다.

"6개월 후요."

그녀는 말 그대로 하룻밤 사이에 모든 것이 바뀌는 경험을 했다. 그리하여 지금 같은 상태가 오래 지속될 거라 확신하지 못했다. 내 경험에 비추어보아 이는 꽤 흔한 현상이다. "미래는 언제 시작될까?"라는 질문에 가장 짧은 시간을 댄 사람은 최근에 큰 상실이나 충격을 경험한 이들이다.

반면 고등학교 학생들을 대상으로 진행한 워크숍에서 한 청소년은 정반대의 이유로 이렇게 답했다.

"3개월이요."

그 학생은 3개월 후 고등학교를 졸업할 예정이었다. 이 터닝 포인트는 그에게 완전히 새로운 출발처럼 느껴졌다. 연구 결과에 따르면 이 또한 꽤 흔한 현상임을 알 수 있다. 장기적인 목표 달성에 가까워질수록 우리는 변화의 가능성에 보다 개방적인 태도를 보인다.[1] 한 여정의 끝을 예상하며 새로운 시작을 내다본다.

"521일 후요."

한 학생은 꽤 구체적인 답을 내놓기도 했다. 재빨리 셈을 해본 결과 그녀는 자신이 521일 후에 서른 살 생일을 맞이한다는 걸 알아냈다. 앞자리 숫자가 바뀌는 생일이 다가올 때 우리는 자신의 삶뿐만 아니라 주위 세상도 크게 변할 거라 예상한다.[2] 내가 특정한 나이가 되는 순간 세상 전체가 바뀔 거라는 생각은 다소 자기중심적으로 들릴지 모른다. 하지만 극적인 변화를 꾀할 수 있는 삶의 마디가 정기적으로 찾아온다는 건 우리에게 확실히 유용한 일이다.

미래는 또 언제 시작될까?

"2020년 11월 3일, 화요일이요." 2017년 누군가는 이렇게 답했다. "다음번 대통령 선거가 있는 해이지요." 그는 다음번 선거에서는 다른 결과가 나오기를 희망하는 듯 설명을 보탰다.

모두가 그렇게 명확한 티핑 포인트를 염두에 두지는 않는다. 하지만 많은 이들이 극적인 변화를 정기적으로 일어나는 과정으로 보며 곧 새로운 일이 일어나기를 희망한다. 정치 선거, 신인 스포츠 선수 선발, 심지어 예술에 관심이 많은 한 학생의 말처럼 새로운 팬톤 컬러 출시도 여기에 해당된다.

하지만 대체로 사람들은 자신들이 그렇게 답한 이유를 대지 못한다.

"미래는 10년 후에 시작돼요. 그 정도면 멀다는 느낌이 드니까요."

누군가는 이렇게 말할지도 모른다. 그렇다. 미래는 무언가가 정말로 변할 수 있을 만큼 멀게 느껴지는 시간이며, 전적으로 주관적인 사실이다. 미래는 내가 극적인 변화, 다시 말해 큰 변화, 두려운 변화, 고대하던 변화, 말도 안 되는 변화를 맞이할 준비가 되어 있다고 느낄 때 시작된다.

내가 〈미래는 언제 시작될까〉 게임을 좋아하는 이유다. 사람들의 답은 그들의 정신 상태를 반영한다. 5년 미만의 짧은 시간은 그들이 변화에 민감하거나 개방적이거나 지금 당장 변화의 한가운데 있다는 뜻이다. 40년, 50년, 심지어 100년이라는 긴 시간은 다양한 뜻으로 해석될 수 있다.

누군가는 사회나 자신의 인생이 변하는 속도가 못마땅해 극적인 변화를 좀처럼 현실적으로 예상할 수 없을지도 모른다. 누군가는 투지와 결단력이 넘치는 인내심 강한 사람이라 아주 머나먼 길을 계획했을 수도 있다. 아니면 큰 변화의 필요성을 못 느껴 현 상태가 가능한 오래 지속되기를 바랄지도 모른다. 조금 더 긴 대화가 필요하겠지만 "미래는 언제 시작될까?"라는 질문으로 시작되는 대화는 한 번쯤 나눠볼 만한 가치가 있다.

× × ×

흥미로운 답이 많지만 "미래는 언제 시작될까?"라는 질문에 대한 가장 흔한 대답은 10년이다. 만 명의 학생들에게서 취한 답을 보면 10년은 사회와 자신의 삶이 극적으로 변할 만큼 충분히 긴 시간이라는 데 거의 모두가 동의함을 알 수 있다.

그렇다면 10년이라는 마법의 숫자는 어떻게 탄생했을까?

우리 대부분은 자신의 인생 경험과 사회 관습을 통해 10년이 가져오는 변화를 몸소 체험한다. 우리는 자신의 인생을 보통 10년 단위로 바라본다. 20대, 30대, 40대 등 우리는 앞자리가 바뀌는 생일을 맞이할 때 향후 10년 동안 내가 바라는 모습을 생각해 본다. 우리는 10년 단위로 사회의 변화를 말하기도 한다. 1920년대가 1910년대와 어떻게 다른지, 1960년대가 1950년대와 어떻게 다른지, 2020년대가 2010년대와 어떻게 다르게 펼쳐지고 있는지. 10년 넘게 살아본 사람이나 역사를 공부한 사람이라면 10년 안에 얼마나 많은 것이 바뀔 수 있는지 이미 확실히 알고 있다.

근래 역사를 살펴보면 10년은 정말로 마법의 숫자처럼 보인다. 대략 10년이라는 기간에 걸쳐 새로운 아이디어와 활동이 기존에는 상상조차 하기 힘들었던 현실로 이어지는 사례가 무수히 목격된다. 사회 운동이 역사적인 승리를 거두고 새로운 기술이 전 세계적인 영향을 미치는 데에는 10년이 필요하다. 몇 가지 사례만 살펴보자.

- 1955년~1964년: 미국의 인종 차별에 저항하는 인권 운동은 버

스 차별석을 보이콧하는 데서 출발해 10년 후에 연방 공민권법의 성공적인 통과에 이르렀다.

- 1985년~1996년: 남아프리카의 분리주의적 인종 차별 정책에 반하는 최초의 국제적인 경제 제재 조치는 10년 후 남아프리카 흑인을 비롯한 기타 인종에게 선거권을 주는 새로운 헌법 제정으로 이어졌다.
- 2001년~2010년: 동성 결혼은 네덜란드에서 최초로 합법화될 때만 해도 논란의 여지가 있었으나 10년 후 대부분의 국가에서 대부분의 사람들에게 지지를 받게 되었다.
- 2012년~2021년: 마리화나는 콜로라도에서만 전면 사용이 합법화되었지만 10년 후 50개 주 가운데 40개 주에서 기소 제외 대상이 되었다.

또 다른 예도 있다.

- 1991년~2001년: 처음에는 1,600만 명의 사람들, 주로 과학자나 기타 학계 연구자들만 인터넷을 사용했지만 10년 후 인터넷 사용자는 10억 명으로 급증했다.
- 2007년~2017년: 아이폰이 처음 출시된 지 10년 만에 거의 모든 사람이 스마트폰을 이용하면서 상시 커뮤니케이션이 가능한 새로운 시대가 도래했다.
- 2004년~2015년: 한 명밖에 없었던 페이스북 사용자는 10년 후

10억 명으로 증가했고 페이스북은 3명 중 한 명 이상이 사용하는 최초의 서비스가 되었다.

- 2008년~2018년: 과학 잡지에서 논의되던 가상 아이디어였던 비트코인은 10년 후 시가총액 1조 달러에 달했고 미국에서 가장 큰 은행 세 곳의 자산을 합친 것보다도 많은 자산이 거래되었다.
- 2008~2018년: 에어비앤비와 우버가 설립된 지 10년 만에 미국 노동자의 36퍼센트가 '긱Gig 경제 근무'에 몸담았다.
- 2011년~2020년: 최초 사용자의 시험 운영으로 시작된 줌은 10년 후 코로나19 팬데믹 기간에 학습이나 업무 회의 수단, 친구나 가족과 연락할 수 있는 도구로 자리 잡으며 인류의 생명줄이 되었다.

다시 말해 오늘날 작은 실험이었던 것이 10년 후에는 도처에 존재하며 세상을 바꿀 수 있다. 개연성 없어 보이거나 상상조차 하기 힘든 사회 변화도 10년 후면 바뀔 수 있다. 물론 변화가 필요한 것들이 10년 만에 전부 바뀔 수는 없다. 수많은 사회 운동이 그보다 오랜 시간을 필요로 한다. 10년이 지났다고 발전이 멈추지도 않는다. 10년을 내다보는 이유가 그 시간 안에 모든 일이 일어날 거라 기대해서는 아니다. 하지만 거의 모든 일이 그 시간 안에 일어날 수 있다는 증거가 충분하다. 그렇기 때문에 10년은 우리의 마음을 여는 데 도움이 된다.

10년은 우리가 일축해버릴지도 모르는 가능성을 고려하는 데 도움이 된다. 10년은 극적인 변화나 정상의 기준에 대해 완전히 다르게 상상해

볼 수 있도록 우리의 사고를 유연하게 만들어주기도 한다. 10년은 준비 기간으로 충분하기 때문이다. 내가 사람들을 정신의 타임머신에 태울 때 늘 10년 뒤로 보내는 이유다. 미래학자들은 사람들이 오늘날 변화가 불가능해 보이는 일들조차 달라질 수 있다고 믿는 지점으로 가기를 바란다.

10년 후를 생각할 때 이 세상이 극적으로 변할 수 있다고 더욱 확신하게 되는 것만은 아니다. 우리는 노력으로 우리가 바꿀 수 있는 일에 더욱 희망을 품고 낙관하기도 한다. 이는 시간 광활성time spaciousness이라 부르는 심리 현상과 관련 있다. 나에게 정말로 중요한 일인 나의 생각을 정리하고 계획을 세우고 내가 원하는 미래를 구축하기 위해 보다 자신 있게 행동할 시간이 충분하기 때문에 뭐든 할 수 있을 것만 같은 느긋한 기분을 일컫는다. 며칠이나 몇 주 후를 생각할 때에는 시간 광활성을 느낄 수 없다. 하지만 10년 후를 생각하면 아직 시간이 충분하지 않은가!

10년을 생각하면 우리는 조급함을 느끼지 않는다. 우리에게는 새로운 기술을 개발하고 자원을 모으고 협력자를 찾고 실수에서 배우고 실패를 딛고 일어서고 최고의 결과를 얻기 위해 필요한 그 밖의 모든 일을 할 수 있는 기회가 충분하다. 시간이 충분하다는 느낌을 받으면 우리는 위험을 회피하지 않으므로 더욱 창의력을 발휘한다. 우리에게는 아이디어를 이리저리 굴려보고 새로운 것을 시도해보고 효과적인 방법을 찾을 때까지 실험해볼 시간이 넉넉하다.

흥미롭게도 뇌가 풍부한 시간에 반응하는 방식은, 풍부한 공간에 반응하는 방식과 동일하다. 연구 결과에 따르면 우리는 층고가 높은 방이나 널찍한 외부 공간에 있을 때 보다 창의적으로 사고하고 최대한의 목표를 세운다고 한다.[3] 이때 우리는 상한선에 초점을 맞춘다고 한다.

반면 시간에 쫓기는 기분이 들 때면 창문 하나 없는 좁고 우울한 방에 갇혀 있는 것만 같다. 우리는 겁을 먹고 상상력도 고갈된다. 그리하여 최소한의 목표만을 채택한다. 안 좋은 결과를 피하기 위해 할 수 있는 만큼만 시도하는 것이다. 심리학자들은 이렇게 말한다.

"최대한의 목표는 우리가 바라는 최고의 일이며 최소한의 목표는 우리가 반드시 해야만 하는 일 혹은 무리하지 않고 할 수 있는 일이다."[4]

여러분은 매일 아침 일어나 최대한의 목표에 집중하는 기분인가, 최소한의 목표에 집중하는 기분인가? 시간이 넘치는 기분인가, 시간에 쪼들리는 기분인가? 자신을 위해 너무 짧은 기간을 기준으로 목표를 세울 경우 조급한 마음이 들게 된다. 너무 바빠도 마찬가지다. 하지만 그건 우리가 늘 통제할 수 있는 부분이 아니다. 따라서 할 일을 급격히 줄이기보다는 미래를 얼마나 멀리 내다보며 달성하고 싶은 변화를 생각할지 통제하는 편이 훨씬 더 쉽다.

여러분은 10년을 기준으로 목표를 설정하는 일에 익숙하지 않을지도 모른다. 우리는 보통 1년 단위로 개인적인 변화를 생각한다. 새해의 시작에 새로운 결심을 하지 않던가. 하지만 1년 계획은 최대한의 목표를 떠올리는 데 도움이 되지 않으며 1년 만에 큰 목표를 달성하려 할 경우 시간 광활성을 느낄 수 없다. 다음번 1월 1일에는 새로운 전통을 세우면 어떨까? 10년 계획을 세우는 것이다. 여러분에게 10년이 있다면 어떠한 일을 할 수 있을까? 새로운 습관을 10년 동안 연습하면 장기적으로 어떠한 영향을 미칠까? 보다 큰 가능성에 마음의 문을 열어보자. 지금 당장은 이 아이디어가 그다지 매력적으로 다가오지 않을 수 있다. 계획을 세울 때 우리는 10년 후에 달라지기를 바라지 않는다. 가능한 빠른 변화를 원한 다! 그러니 우선 단기 계획을 세우자. 그다음에 상상력을 동원해 10년 후 까지도 생각해 보자.

지금 당장 시간 광활성을 맛보고 싶다면 간단한 방법이 있다. '이 책을 완독하는 것'처럼 작은 목표를 정한 뒤 스스로에게 10년이라는 시간을 줘보자. 그렇게 시간이 많을 경우 미룰 확률이 높다고, 이 책을 집어들지 도 않을 거라 생각할지도 모른다. 하지만 역설적이게도 우리는 시간이 부 족하다고 느낄 때 할 일을 미루곤 한다.[5] 무언가를 수행할 시간이 부족한 기분일 때 우리는 뭐든 덜 하며, 시간이 충분한 기분일 때에는 뭐든 더 많 이 한다.

연구 결과에 따르면 시간 광활성은 할 일이 없는 시간을 얼마나 갖고 있느냐에 오롯이 달려 있다고 한다. 우리의 뇌가 풍부한 시간을 인식하는 지가 중요하다. 그러니 한번 시도해보자. 자신에게 10년이라는 아주 넉 넉한 마감을 줘보자. 시간이 넘치는 기분일 때 그리하여 자신의 시간을 통제할 수 있을 때 그렇지 않았으면 미뤘을 일들을 우리가 얼마나 빨리 기꺼이 해치우는지 보면 놀랄 것이다.

여러분이 이 실험을 정말로 해봤으면 좋겠다. 지금부터 10년 후 이 책 을 끝내거나 기타 작은 목표를 달성할 마감일을 정해 다이어리에 표시하 자. 컴퓨터나 핸드폰의 달력 앱을 이용해도 좋다. 100년 후 일어날 일들 을 상상하고 싶거든 이러한 앱을 이용해 100년 후 일정을 작성해도 좋다.

디지털 달력을 연 김에 정신의 시간 여행을 떠나보자. 10년 후 일어나

보니 흥미로운 일이 우리를 맞이한다. 달력에 특별 이벤트가 설정되어 있다. 무슨 일인가?

미래를 보다 선명하게 상상하기 위해 머릿속 디지털 달력을 10년 후로 넘긴 뒤 빈칸을 채워보자. 10년 후 나는 무슨 계획을 세웠는가? 누구와 함께 그걸 하고 있는가? 무슨 옷을 입을 것인가? 어떠한 준비물이 필요할까? 이 활동이 중요하거나 기대되는 이유는 무엇인가? 그날이 당도할 때 어떠한 기분이 들까? 이 모든 질문에 답한 뒤 그날을 최대한 생생히 상상해 보자. 여러분과 여러분의 인생 정황이 오늘과는 어떻게 다를지, 이러한 차이가 내가 바라는 바와 할 수 있는 바를 어떻게 바꿀지 생각해 보자.

미래로 떠나는 모든 정신의 시간 여행이 그렇듯 뇌가 빈칸을 채우기 시작하는 데에는 시간이 걸릴 수 있다. 이따금 정신에 상상의 씨앗을 심은 뒤 나중에 돌아봐도 좋다. 달력을 열어 가능성을 계속 시험하는 것만 잊지 말자. 지금으로부터 10년 뒤에 달성할 신나는 일 혹은 인생을 바꿀 만한 것도 좋다. 진짜 달력에 적어보자. 우리에게는 실제로 그 일이 일어나기를 바라는지 살펴볼 10년이라는 충분한 시간이 있다.

극적인 변화를 꾀하기 위한 도구로서 10년이라는 시간을 오롯이 받아들인 공동체를 소개한다. 독일의 오싱이라는 농촌에서는 10년마다 엄청난 변화를 감행한다. 4로 끝나는 해마다 이 공동체는 농지 213개를 무작위로 재분배하는 제비뽑기를 한다. 오싱에 사는 사람이라면 지난 10년 동안 어떠한 농지를 소유하고 관리해왔든 향후 10년에는 다른 누군가에게 넘겨줘야 한다. 본인은 새로 할당받은 경지를 갖고 처음부터 다시 시작한다. 어업, 수렵 및 채집 권리 역시 추첨으로 결정된다. 10년에 한 번씩 열리는 이 제비뽑기 전통은 수백 년의 역사를 자랑하며 한 번도 중단된 적이 없다. 오늘날에는 음악과 연회를 비롯한 온갖 축제 활동으로 이 행사를 기린다.

여러분이라면 10년마다 이토록 극적인 변화를 꾀할 수 있겠는가? 10년마다 나의 자산을 이웃과 바꿔야 하는 상황을 상상할 수 있는가? 나의 책, 옷, 집을? 10년마다 내가 소유한 것을 커뮤니티에 돌려준 뒤 다른 누군가의 경지로 다시 시작하는 건 어떠한 기분일까? 여러분은 오싱 주민들이 그런 것처럼 이 무작위 재분배를 두려워하거나 분노하는 마음 없이 기쁜 마음으로 축복할 수 있겠는가? 쉽지 않은 일이다. 하지만 내가 만들어낸 상상이 아니다. 실제로 자발적으로, 그것도 기꺼이 그렇게 하는 사람들이 있다. 그렇다면 대부분의 사람은 그러한 제비뽑기를 왜 상상조차 하기 힘든 일로 생각할까?

이에 대한 답을 알아내기 위해, 떠오르는 온갖 장애물을 나열해보자. 그러한 제비뽑기가 여러분이 사는 곳에서 절대로 시행이 불가능한 이유는 무엇일까? 사람들은 왜 이 행사에 참여하지 않으려 할까? 그다음에는 이러한 질문도 생각해 보자. 여러분은 이 같은 장애물을 얼마나 확신하는가? 바꾸거나 극복할 수 있을 것 같은 장애물이 있는가? 상상조차 하기 힘든 것을 상상할 수 있게 만드는 긴급한 위기, 사회 운동, 기술 혁신, 통념의 변화를 떠올릴 수 있는가?

우리는 앞으로 이 책에서 이렇게 상상력을 동원하는 연습을 함께할 것이다. 오싱의 사례는 우리가 살펴볼 수많은 불가능한 미래 중 하나에 불과하다. 물론 극적인 변화를 꾀하고 준비하려면 10년보다 훨씬 더 긴 시간이 필요하다고 말하는 이들도 있다. 〈미래는 언제 시작될까〉 게임을 할 때 다른 대답들, 20년에서 30년이라고 대답하는 이들도 간혹 있다. 이러한 대답을 하는 이들은 사건이나 상황이 어떻게 바뀔지에 관해 꽤 구체적인 묘사를 하는 경향이 있다. 그들은 세대 변화의 차원에서 이 세상을 바라본다. 젊은 세대가 자라서 기존 세대와는 다른 방식으로 행동할 때 대부분의 변화가 발생한다고 보는 것이다.

변화를 생각하는 합리적인 방식이지만 여기에는 최소한 3가지 문제점이 있다. 첫째, 변화가 간절한 사람에게 20~30년은 너무 긴 시간이다. 둘째, 이는 한 세대, 가장 최근에 성장을 경험한 세대에게 모든 것을 맡기는 셈이다. 여러분이 그러한 그룹에 속하지 않는다면? 셋째, 미래가 어떻게 펼쳐질지 잘 모를수록 상상력으로 미래의 빈자리를 채우기가 힘들어진다. 30년 후에 관해서라면 우리는 유용한 예측보다는 무작위 추측을 내릴 가능성이 높다. 세대 변화 차원으로 세상을 바라보는 사람들을 가르칠 때 나는 그들을 자신의 정신 모형에서 끄집어내려고 하지는 않는다. 그보다는 자신의 미래를 빠르게 시작할 수 있도록 10년을 기준으로 미래 사고 연습을 하도록 장려한다.

안타깝게도 대부분의 사람이 10년 후 상상 연습을 습관으로 만드는 일을 어려워한다. 몇 년 전 미래 연구소에서 진행한 연구의 일환으로 나는 미국인들의 미래 사고에 관해 처음으로 대규모 설문조사를 실시했다.[6] 참여자 2,818명은 한 달, 일 년, 3년에서 30년까지 각기 다른 미래에 달라질 자신의 행동을 얼마나 자주 생각하는지 응답했다. 응답자들은 18세 이상이었으며 이 설문조사의 오차는 2퍼센트 포인트였다. 대부분이 미래학자인 나보다 훨씬 덜 자주 미래를 생각할 거라고는 생각했다. 하지만 얼마나 덜 자주 그렇게 하는지는 예상 밖이었다. 37퍼센트가 10년 후의 세상이나 자신의 삶을 단 한 번도 상상한 적이 없다고 했으며, 15퍼센트가 1년에 기껏해야 한 번 생각한다고 답했다. 이 두 숫자를 더하면 과반수가 10년 후를 상상하는 힘을 이용하지 못함을 알 수 있다.

반면 대부분의 사람이 가까운 미래는 자주 상상한다. 56퍼센트가 1년 후 미래는 매일이나 거의 매일 생각한다고 말한다. 우리가 미래에 대한 생각을 자주 하지 않는 것이 아니다. 대부분 그렇게 먼 미래까지 상상하지 않을 뿐이다.

10년 후 미래를 생각해야 하는 이유

우리가 10년 후 생각을 거의 매일 해야 하는 이유에 관해 보다 과학적인 연구 결과를 들려주겠다. 10년 후로 정신의 시간 여행을 떠날 때 우리의 뇌는 다른 관점으로 사고하기 시작한다. 비유가 아니라 말 그대로 사실이다. 과학자들은 이를 1인칭에서 3인칭 관점으로 상상력을 전환하는 과정이라 부른다.

1인칭 시점에서 우리는 세상을 자신의 관점으로, 자신의 몸 내부에서부터 상상한다. 이는 우리가 일반적으로 삶을 헤쳐나가는 방식으로 우리 자신을 현실의 중심에 둔다. 3인칭 관점에서 우리는 유체 이탈 경험마냥 외부인의 관점으로 자신을 상상한다. 행동 안에 갇히는 대신 행동에서 멀찍이 떨어지거나 그 위를 부유한다. 1인칭 관점으로 생각할 때 우리는 자신의 생각과 감정에 온통 몰입하는 반면, 3인칭 관점으로 생각할 때에는 자아에서 벗어나 보다 객관적이고 폭넓은 관점을 취한다.

가까운 과거나 현재, 가까운 미래를 상상할 때 대부분이 1인칭으로 생각한다. 먼 과거나 먼 미래를 상상할 때에는 거의 대부분이 3인칭으로 전환한다. 과학 논문에서 말하는 먼 과거나 먼 미래는 현재로부터 10년 전이나 10년 후를 의미한다. 정신적 관점의 이 같은 전환 덕분에 우리는 충분한 시간이 흐른 뒤 감정적인 순간들을 돌아보면 보다 초연한 태도로 명확히 사고할 수 있다. 우리의 뇌는 보다 통찰력 있는 관점으로 이 경험을 처리한다. 같은 이유로 10년 후로 정신의 시간 여행을 떠나면 우리는 정서적으로 벗어난 기분을 느낀다. 일반적인 사고나 감정 모드에서 잠시 벗어나 우주를 내려다보는 인공위성처럼 그 위를 떠다닌다.

심리 연구자들은 이 같은 관점 전환 현상을 보여주는 보다 명확한 방식을 개발했다. '글자 쓰기 실험'이라는 기법이다. 파트너와 함께 해보면 여러분도 뇌에서 일어나는 일을 이해할 수 있다. 글자 쓰기 실험의 작동 방식을 보여주는 한 사례를 살펴보자.

실험 참여자들은 눈을 감고 내일이나 10년 후 해안가를 걷는 모습을 상상했다. 20초 후에도 여전히 해안가를 걷는 상상을 하고 있던 그들은 허공에 주로 사용하는 손가락으로 이마 앞에 글자 C를 쓰라는 지시를 받았다. 최대한 빠르게, 최대한 아무 생각 없이 수행해야 했다.

실험 결과 흥미로운 패턴이 발견되었다. 내일 해안가를 걷는 상상을 한 이들은 거의 대부분 자신의 관점에서는 올바르게 보이지만 반대편에 앉아 있는 연구진에게는 거꾸로 보이도록 글자 C를 썼다. 반면 10년 후 해안가를 걷는 상상을 한 이들은 70퍼센트가 반대로, 그러니까 연구진들에게는 올바르게 보이지만 자신에게는 거꾸로 보이도록 글자 C를 썼다. 다시 말해 현재를 생각하는 이들은 여전히 1인칭 시점으로, 자신의 관점으로 세상을 바라봤다. 하지만 먼 미래를 생각하는 이들은 3인칭 시점으로 시야를 확장했다. 그들은 보다 공감적인 관점을 취했다. 다른 이들의 관점에서 올바르게 보이도록 C를 그린 것을 보면 알 수 있었다. 10년 후를 상상하자 흡사 자신의 몸 바깥에서 풍경을 바라보는 듯한 경험을 한 것이다.[7]

친구와 함께 실험을 하면서 이 현상을 경험해보기 바란다. 반드시 같은 공간에서 상대 맞은편에 앉거나 서 있어야 한다. 모두에게 이 실험이 통하지는 않는다. 20~30퍼센트는 주최자 모드에서 관찰자 모드로 전환하더라도 늘 같은 방식으로 글자를 그린다. 하지만 글자 쓰기 실험은 먼 시간을 상상할 경우 자신에게서 멀어지는 데 정말로 도움이 됨을 보여주는 확실한 증거다. 현시점과 살짝 거리를 둘 수 있다면 관점에서도 거리를 둘 수 있다.

글자 쓰기 실험이 보여주듯 1인칭에서 3인칭으로 전환할 때 우리가 누릴 수 있는 가장 큰 이점은 공감력 향상이다. 과학 용어를 빌리자면 자기중심적인 편견에서 살짝 벗어나고 자아 정체성에 덜 갇히게 된다. 자신의 머릿속에서 나와 다른 이들의 관점으로 세상을 바라보기 시작하는 것이다. 우리는 다른 이들이 원하는 바, 소중하게 생각하는 바, 생각하는 바가 우리와는 다를지도 모른다는 사실을 더 잘 이해하게 된다.[8]

우리는 보다 개방적이게 된다. 이는 미래가 어떻게 달라질지, 우리가 어떻게 달라질지 생각하는 과정에서 특히 중요하다. 연구 결과에 따르면 시간과 관점을 확장해서 생각할 때 우리는 기존 믿음에 상충하는 새로운 정보를 취할 확률이 높아진다고 한다.[9] 정신의 초능력을 얻게 되는 셈이다.

자신의 믿음에 반하는 정보를 접하면 보통 이 정보를 차단한다. 우리의 뇌는 다양한 방어 기제를 지녔는데 확인되지 않은 정보에 관심을 덜 기울이며 그러한 정보를 접할지라도 금세 잊는 것도 그중 하나다. 상대가 우리를 설득하려고 할 때 "듣고 싶지 않아."라고 말한 적이 다들 있지 않은가. 우리의 뇌는 믿음에 반하는 정보를 듣고 싶지 않다. 그리하여 우리를 불편하게 만들거나 인지 부조화를 야기하는 정보를 적극적으로 걸러내고 거부한다.

인지 과학자들의 주장에 따르면 이러한 방어기제가 작동하는 데에는 충분한 이유가 있다. 우리의 뇌는 새로운 정보를 들을 때마다 미래를 상상하는 능력을 재평가하는 데 에너지를 낭비하고 싶어 하지 않는다. 우리는 다른 중요한 사고, 계획, 문제 해결을 위해 에너지를 절약해야 한다. 우리는 주위 세상을 이해하는 나의 능력을 믿지 못할 경우 아무런 행동도 취하지 않는다. 비교적 확실한 믿음이 없을 경우 엄청난 심리적 저항을 경험할 확률이 높다.

자기주체성이 낮아지고 주위 세상을 이해할 수 없게 될지도 모른다. 불안해지고 심지어 절망하게 된다. 그러니 우리의 뇌는 우리가 알고 있는 바를 재고하게 만들지도 모를 정보를 마주할 때마다 혼란에 빠지는 일을 피하려 할 수밖에 없다. 하지만 낯선 정보를 늘 거부해서는 배우지도

성장하지도 못하며, 혼란스러운 상황이나 충격적인 사건에 빠르게 적응하지 못한다.[10]

나의 관점에서 조금 멀어질 때 우리는 더 이상 도움이 되지 않는 옛 사고방식에서 벗어날 수 있다. 10년 후로 정신의 시간 여행을 떠날 때 우리는 최소한 일시적으로나마 마음을 열고 우리가 발견한 것을 들여다보게 된다. 신선한 공기를 쐬기 위해 창문을 여는 일과 비슷하다. 10년은 신선한 아이디어를 받아들이도록 마음의 문을 열어준다. 놀랍거나 불편한 정보에 마음을 여는 일은 일종의 선물이다. 이는 우리가 맹점을 극복하고 다른 이들이 생각하지 않는 미래를 상상하는 데 도움이 된다.

✕ ✕ ✕

10년 전쯤 나는 유명한 자동차 회사의 본사에 초대받았다. 자동차의 미래에 비디오 게임 기술을 통합하는 방법에 관해 혁신 팀을 상대로 강연이 예정되어 있었다. 연구소를 둘러보던 중 나는 자율 주행 차량이 사람이 모는 차량 대용으로 인기를 얻을지를 두고 몇몇 임원과 열띤 토론을 벌이게 되었다.

"절대 아니지요."

한 임원이 말했다.

"가능성으로 치부하지도 않고 있어요."

다른 임원이 말했다.

나는 왜 그렇게 확신하는지 물었다.

"자동차는 개인의 자유를 상징해요. 차를 타는 순간 우리는 어디에 갈지 결정하고 모든 것을 통제하죠. 사람들은 그러한 자유와 통제권을 절대로 포기하지 않을 겁니다. 자동차가 직접 운전하게 내버려두지 않을 거라고요."

다른 임원은 운전면허증의 심리적 영향과 문화적 중요성을 언급했다.

"운전면허증을 따는 일이 중요한 통과의례로 여겨지는 데에는 이유가 있어요. 젊은 사람들이 마침내 자신의 삶을 통제하는 기분을 맛보게 되는 순간이죠. 이 사실은 변치 않을 겁니다."

나는 자동차 관련 사망률을 낮춰줄 가능성이 자신의 삶을 책임지는 일보다 강한 동기가 될 거라 보지는 않는지 물었다. 자율 주행 차량이 사람이 운전하는 차량보다 궁극적으로 안전하다면? 매년 전 세계적으로 150만 건에 달하는 차량 관련 사망 사건을 예방할 수 있다면? 그들은 아니라는 데 전부 동의했다. 안전상의 이점은 개인이 느끼는 자유와 통제권을 절대로 이기지 못할 거라 했다. 나는 자율 주행 차량이 일반적인 현상으로 자리 잡을 거라 생각하는 몇 가지 다른 이유를 댔지만 별다른 반응이 없었다. 임원들은 자신들의 생각에 갇혀 있었다. 초대받은 손님 입장에서 논쟁에 휘말리고 싶지 않았던 나는 이렇게 말했다.

"10년 후에 이 대화를 다시 나눌 기회가 있기를 바랍니다."

혼자 있게 되자마자 나는 늘 휴대하는 작은 노트를 꺼내 기억나는 대화 내용을 전부 적었다. 가능한 미래를 그토록 확고히 거부한 그들의 태도가 꽤나 인상적이어서 대화를 기억해두고 싶었다. 물론 그들의 견해를 기업의 공식 입장으로 생각하지는 않았다. 나중에 알게 된 바에 따르면 기업 내에서 이미 자율 주행 차량을 지지하는 이들도 있었다. 하지만 우리가 나눈 대화는 특정한 생각에 어떻게 '생각조차 하기 힘든'이라는 딱지가 붙는지, 그렇게 한 번 인식이 되면 혁신을 담당하는 팀조차 생각을 바꾸기가 얼마나 어려운지 보여주는 확실한 예시로 다가왔다.

정식으로 미래학자가 되기 전에 나의 세계관 역시 이처럼 완고했을 것이다. 하지만 미래 연구소에서 일하면서 나는 특정한 관점에 갇히지 않는 일이 얼마나 중요한지 알게 되었다. 나의 새로운 동료들은 특정한 말을 반복해서 말하곤 한다. 대화가 지나치게 뜨거워지면 그들은 잠시 멈춰서 이렇게 말한다.

"의견은 단호히, 입장은 가볍게."

그러고 난 뒤 자신들이 내린 가정을 면밀히 검토한다. 상상력을 동원하려면 강경한 견해가 필요하다. 생각조차 하기 힘든 사건에 대비하고 기존에는 상상조차 하기 힘들었던 변화를 꾀하려면 굉장히 도발적이고 도전적인 아이디어를 제시해야 한다. 하지만 미래에 무언가가 가능할 수 있다고 상상한다고 그것이 완전히 진실일 거라 믿을 필요는 없다. 우리는 자신의 가정과 믿음이 더 이상 도움이 되지 않을 때 이를 내려놓을 줄도 알아야 한다. 기존 입장을 재고하게 만드는 새로운 정보를 얻을 때면 더욱 그렇다.

이 말에는 겸손한 태도와 배우고자 하는 의지가 담겨 있다. 우리가 아무리 무언가를 확실히 안다고 생각할지언정 미래에는 언제나 놀라운 일이 일어날 것임을 상기시킨다. 나는 특정한 결과에 지나치게 집착할 때면 이 표어를 떠올린다. 미래를 생각할 때뿐만 아니라 의견 충돌을 경험할 때에도 말이다. 이는 유연한 사고를 잊지 말라고 일러주는 나침반인 동시에 대화 상대를 향한 약속이기도 하다.

10년 전 혁신 팀과 나눈 대화 이후 나는 미래 사고에 관해 많이 배웠다. 지금 알고 있는 걸 그때도 알았더라면 다르게 행동했을까? 분명 그들을 정신의 시간 여행에 데리고 가 그들이 완전 자율 주행 차량에 처음 탑승한 장면을 상상하도록 만들었을 것이다.

"최대한 생생하고 현실적으로 상상하세요."

나는 그들에게 말했을 것이다.

"색상은 무엇이죠? 어디에 가고 있나요? 승차감은요? 다른 누군가와 함께 타고 있나요?"

나는 그들에게 미래를 미리 느껴볼 시간을 준 뒤 물었을 것이다.

"첫 시승에서 느낀 감정을 한 단어로 묘사해주시겠어요?"

이런 경험이 분명 그들의 마음을 열었을 거라 확신한다. 특히 정신의 시간 여행을 떠난 경험을 서로 공유할 기회를 가졌다면 말이다.

그 후 나는 수업 시작 전 머리를 말랑말랑하게 하는 차원에서 수천 명의 학생에게 이 같은 상상 여행을 시켜봤다. 나는 모두가 교실 앞에 세워진 거대한 화이트보드에, 온라인으로 진행되는 수업에서는 채팅창에, 자신만의 감정을 설명하는 한 단어를 공유하도록 했다. 학생들은 흥분되고 초조하고 경탄하고 겁에 질리고 호기심을 느끼고 속이 메스껍고 감사하고 스릴 넘치고 혼란스럽고 잔뜩 경계하고 잠이 오고 자유로워질 거라 예측했다. 학생들이 공유한 단어에는 긍정적인 감정과 부정적인 감정이 전부 들어 있었으며 하나의 의견으로 수렴되는 경우는 없었다.

다른 이들이 상상한 미래를 알고 나면 자율 주행 차량에 관해 강경한 입장을 유지하기가 쉽지 않다. 나는 흥분되는데 다른 이들은 왜 초조한지, 나는 속이 메스꺼운데 다른 이들은 왜 자유를 느끼는지, 왜 누군가는 이러한 미래를 원하고 다른 이들은 그렇지 않은지 우리가 정말로 이해하려 노력할 경우 또는 더 바람직하게 대화를 나눌 경우 더욱 그렇다.

다시 말해 미래를 상상하는 일은 다른 이들과 함께할 때 가장 효과적이다. 우리는 다른 이들이 같은 미래를 나와는 어떻게 다르게 느끼는지 알게 된다. 그들이 상상한 바를 구체적으로 살펴보는 과정에서 나만의 상상에 이용할 재료를 얻을 수도 있다. 함께 10년 후를 그려보면 나의 믿음을 상황에 맞게 조절하는 일이 보다 용이해진다.

여담이기는 하지만 내가 12년 전 방문했던 이 기업은 현재 자율 주행 차량을 제조하고 있다. 이 생각에 마음의 문을 연 게 분명하다! 이 특정한 기술이 흔해진 현상과는 별개로 그들 그리고 우리 역시 향후 10년을 재고해야 한다. 미래에는 더 큰 변화가 기다리고 있기 때문이다. 미래에는, 그리고 지금은 더욱, 현대인의 삶에서 차량이 지니는 중요성과 관련해 우리가 강력하게 고수하는 가정이 통하지 않는다. 이제 미래가 어떻게 달라질지 상상해 볼 수 있는 또 다른 단서를 살펴보자.

2020년 팬데믹 당시, 전 세계 도시의 엄청난 면적의 도로에서 차량이 통제되었다. 도로는 보행자, 자전거, 옥외 활동을 위해 개방되었고 사람들은 안전거리를 유지한 채 어울리고 활동할 수 있었다. 큰 인기를 끌었던 이 실험은 차량에 관한 사람들의 생각에 지속적인 영향을 미칠 것으로 보인다. 국제 시장 연구 및 자료 분석 기업, 유고브가 프랑스, 독일, 이탈리아, 스페인, 영국, 벨기에 등 21개 도시에서 실시한 설문조사 결과, 응답자의 78퍼센트가 대기 오염을 낮추고 도시 생활에서 자동차가 지닌 역할을 제한하기 위해 팬데믹 기간에 시행한 차량 제한령을 그대로 유지하고 싶어 하는 것으로 나타났다.

운전면허증을 따지 않으려는 젊은이들이 늘고 있는 현상에도 주목해야 한다. 미국에서는 18세 청소년의 40퍼센트가 운전면허증을 따지 않겠다고 했다. 미시건 대학교 운송 연구소에서 실시한 설문조사에 따르면 주요 이유는 다음과 같았다(중복 선택 가능).

"너무 바빠서 운전면허증을 딸 시간이 없다(37퍼센트)", "차량 구입 및 유지비가 너무 비싸다(32퍼센트)", "다른 이들의 도움을 받을 수 있다(31퍼센트)", "자전거를 타고 다니거나 걷는 편이 좋다(22퍼센트)", "대중교통을 이용하는 편이 좋다(17퍼센트)", "운전이 환경에 미치는 영향이 걱정된다(9퍼센트)."[11]

교통안전재단이 실시한 별도의 설문조사에서 운전면허증을 따지 않겠다고 답한 10대 중 절반에 달하는 이들이 운전이 불안하게 만드는 위험한 활동이라고 말했다.[12] 이 자료에서 내가 취할 수 있는 정보는 무엇일까? 차량과 관련된 자유는 오늘날 젊은 세대에게 다양한 의미를 지닌다는 사실이다. 개인적인 이동성의 자유, 차량을 통제하는 자유뿐만 아니라 빚으로부터의 자유, 환경에 미치는 영향 때문에 느끼는 죄책감으로부터의 자유, 위험한 활동이 미칠 걱정으로부터의 자유다.

자율 주행 기술의 발전과 이러한 단서는 우리가 인류 역사에서 차량의 수가 극에 달하는 순간을 지났을지도 모름을 시사한다. 이는 우리가 사는 곳, 우리가 일하는 방식, 학습하는 방식, 쇼핑하는 방식, 필요한 기반 시설의 종류, 젊은 세대가 독립하고 통과의례를 기념하는 방식을 크게 바꿀 것이다. 이러한 변화를 고려하면 우리가 재고하고 재창조할 수 있는 것들이 많다.

10년 후 나의 삶과 이 세상을 상상할 때 이따금 극소수의 차량과 적은 운전자를 상상해 볼 필요가 있다. 미래에는 무엇이 달라질까? 현재 사는 곳에 살 수 있을까? 내가 속한 공동체에서는 무엇이 바뀔까? 다음번 10년 후 여행을 떠날 때는 차량이 사라진 세상이 개인이나 사회 변화에 관한 창의적인 아이디어에 어떠한 영감을 줄지 생각해 보자. 이는 우리가 이 책에서 함께 상상할 수많은 대규모 사회 변화 중 하나에 불과하다.

10년 후 상상 연습에는 한 가지 주의점이 있다. 누군가에게는 10년이 너무 길게 느껴지기 마련이다. 전국적으로 실시한 미래 사고 여론 조사를 통해 나는 80대나 90대처럼 연로한 이들은 미래를 그리 멀리 내다보지 않는다는 사실을 알게 되었다. 그들은 "10년 후 제가 살아 있을지 모르겠네요."라고 말했다. 아무리 미래학자라도 고령, 질병, 위험한 상황에 처하게 되면 10년 후를 상상하는 것이 의미 없거나 고통스럽게 만들 수 있다는 것을 인정해야 한다. 그러나 자신의 정황을 고려할 때 10년 후가 너무 먼 미래처럼 느껴진다면 일상적으로 생각하는 것보다 조금 더 길게 느껴지는 미래를 상상하라. 마음을 열기가 조금 불편하게 느껴지는 지점, 극적인 변화가 가능할 거라 믿는 지점에서 미래를 시작해보자.

규칙 1 _____ **10년 후로 떠나기**

미래를 생각할 때에는 10년 후에 집중하자. 10년이라는 기간은 상상력의 폭을 넓히며 시간 광활함이라는 마법 같은 느낌을 선사한다. 마음을 열고 새로운 정보를 받아들이며 오류를 줄이고 공감력을 높이며 보다 긍정적인 목표를 세우고 훨씬 큰 그림을 보는 데 도움이 된다. 갇혀 있거나 조급한 기분이 든다면 마감 시한을 10년 후로 잡고 10년 계획을 세워보자. 10년 후 일정을 달력에 표시하거나 10년 후 세상이 어떻게 달라질지 다른 이들과 대화를 나눠보자. 오늘날 생각하고 느끼는 방식이 바뀌게 될 것이다.

Chapter 02

앞으로 경험할 일을
미리 상상하라

| | | | | | |

| | | | | | |

| | | | | | |

| | | | | | |

그건 뒤로만 작동하는 일종의 안 좋은 기억력이지.

———

루이스 캐럴, 작가

이제부터 30초 동안 다음 날 아침 눈을 뜬 나의 모습을 상상해 보자. 장면을 보다 선명하게 상상하는 데 도움이 되는 질문을 던지면 좋다.

- 나는 어떠한 방이나 공간에 있는가?
- 나는 왜 눈을 떴는가? 알람 때문인가, 햇빛 때문인가, 누군가 나를 찌르거나 불렀는가?
- 불이 꺼져 있거나 아직도 어두운가?
- 누군가 곁에 있는가?
- 침대에 누워 있다면 나는 침대 어느 쪽에 있는가? 아니면 아예

———

다른 곳에 있는가?

- 어떤 옷을 입고 있는가?
- 어떠한 기분인가?
- 눈을 뜬 뒤 가장 먼저 무슨 일을 하는가?

상상 가능한 미래로 여행하기

이 모든 질문에 확실히 대답할 수 있을 때까지 나의 내일 아침을 계속해서 상상해 보자. 잘했다. 여러분이 방금 마친 정신의 시간 여행은 충분히 상상 가능한 미래로의 여행이었다. 가까운 미래를 생생하고 구체적으로 그리는 일은 별로 어렵지 않다. 이 같은 미래는 왜 그렇게 쉽게 상상할 수 있을까? 오늘과 내일 아침 사이에는 불확실성이 들어설 여지가 별로 없다. 여러분은 내일 아침 어디에서 일어날지 잘 알고 있다.

우리의 물리적 환경이 내일이 된다고 완전히 새롭게 바뀌지는 않을 것이다. 우리의 습관과 인생 정황이 하룻밤 사이에 극적으로 바뀌지는 않을 것이다. 다시 말해 우리는 내일 아침이 최소한 내가 최근에 경험한 대부분의 아침과 비슷할 거라 합리적으로 예측할 수 있다. 물론 완전히 확신을 갖고 예측할 수는 없지만 최소한 일어날 법한 1가지 가능성을 머릿속으로 시뮬레이션할 때 필요한 정보는 전부 갖고 있다.

이제 보다 힘든 과제를 수행해보자. 1년 후 아침을 상상해 보는 것이다. 최대한 선명히 그려보자. 아까 상상했던 장면에서 마음껏 변화를 주자.

- 1년 후 나는 다른 곳에서 눈을 뜨는가? 아니면 침대나 방이 달라졌는가?
- 다른 사람이 곁에 있는가?
- 어떤 식으로든 나의 신체에 변화가 있는가?
- 내일 아침 일어날 때와는 전혀 다른 기분으로 일어난다고 상상하고 싶은가? 이처럼 새로운 기분이 드는 이유는 무엇일까?
- 1년 뒤에는 아침 습관이 달라져 있는가? 아침에 일어나자마자 하는 일이 현재와는 다른가? 어떠한 습관이 새로 생겼을까?

이 질문들에 전부 답할 수 있을 때까지 계속해서 1년 뒤 아침을 상상해보자. 이 연습을 하는 동안 상상력의 나래를 더 펼쳤는가? 이러한 생각들이 얼마나 쉽고 자연스럽게 떠올랐는지, 혹은 세부 사항을 그리기 위해 얼마나 애썼는지에 주목하자. 현재와 비슷한 순간을 기술하고 싶었는지 자유롭게 변화를 상상했는지에 주목하자. 나의 몸과 뇌가 이러한 노력을 기울일 때 편안한 기분이었는지 활동적인 기분이었는지에 주목하자. 나의 반응을 기억해둔 뒤 이제 또 다른 상상 연습을 해보자.

이번에는 10년 후 아침에 일어난 나의 모습을 상상하기 바란다. 최대한 많은 시간을 들여 나, 내가 있는 공간, 곁에 있는 사람에 대해 생생하고 그럴 듯한 이미지를 떠올려보자.

- 10년 뒤 나는 어디에 있는가?
- 내 주위는 어떠한 모습인가? 무엇이 보이고 무슨 소리가 들리며

어떠한 냄새가 나고 어떠한 기분이 드는가?

- 아침에 일어났을 때 가장 먼저 떠오르는 생각은 무엇인가?
- 이날을 위해 나는 무슨 준비를 했는가? 어떠한 신체 변화가 있는가?

전혀 말도 안 되는 장면을 상상하지는 말자. 진짜 현실적이고 가능하게 느껴지는 미래를 상상하자. 이 연습이 쉽지 않다면 온갖 세부 사항을 머릿속에 담아두는 대신 자신이 상상하는 내용을 글로 적어봐도 좋다. 머릿속으로 이미지를 떠올릴 때보다 글로 써볼 때 미래를 쉽게 상상할 수 있는 이들도 있다.

세부 사항을 최대한 많이 채울 때까지 계속해서 10년 후를 상상해 보자. 나의 10년 후에서 무엇을 보았는가? 오늘날과 대략 비슷할 거라 기대했는가? 아니면 오늘날과는 다른 미래를 그려봤는가? 옳거나 그른 대답은 없다. 나의 상상에 주목하기만 하면 된다. 눈을 떴을 때 맞이하고 싶은 아침을 그려봤는가? 아니면 마주하기 고통스러울 일들을 생각했는가? 긍정적인 상상이든 부정적인 상상이든 둘 다 유용한 상상 연습이다. 내가 먼저 어떠한 상상을 했는지 기억하기만 하면 된다.

가장 중요한 질문은 바로 이것이다. 10년 후를 상상할 때 여러분은 뇌와 신체의 변화를 느꼈는가? 대부분 이러한 활동을 수행할 때면 아직 그곳에 없는 무언가를 향해 손을 뻗는 것과 비슷한 기분을 느낀다.

누군가는 정신적으로, 누군가는 신체적으로 다른 누군가는 2가지 방식 모두 느낀다. 단서를 찾는 것마냥 여러분은 나도 모르게 눈이 움직일지도 모른다. 미래를 상상할 때 흔히 일어나는 일이다. 이러한 행동은 아직 그곳에 있지 않은 것을 보는 데 도움이 된다. 여러분은 손가락을 맞비비거나 정보를 느끼려는 듯 무의식적으로 손을 움직여 무언가를 만지려 할지도 모른다. 감각은 우리가 세상을 이해하는 일차적인 방식으로, 불확실한 상황에 마주할 때면 우리는 감각에 의존한다.[1]

신체 반응이 없었다 하더라도 정신을 기울이는 노력은 느꼈을 것이다. 우리가 미래를 향해 상상의 날개를 펼치면 펼칠수록 우리의 뇌는 더욱 열심히 일한다. 게다가 10년은 1년이나 2년, 5년에 비해 특히 까다로운 과제다.

왜 그럴까? 우선 우리는 지금보다 10년 더 나이를 먹어본 적이 없다. 우리의 뇌는 그곳에 도달한 적이 없기에 무엇을 기대할 수 있을지 알지 못한다. 10년 후에는 나의 신체, 관계, 삶의 정황, 물리적 환경이 바뀔 가능성이 너무 크다.

우리의 뇌는 이 불확실성, 이 알 수 없는 상태를 직관적으로 이해한다. 무슨 일이 일어날지 완벽하게 시뮬레이션하는 데 필요한 자료가 없기에 우리의 뇌는 미래에 일어날 하나의 가능성을 자신 있게 투영하는 대신 우리가 다양한 가능성을 고려할 수 있도록 빈칸을 남겨둔다. 우리는 미래에 상상하고 싶은 것을 의도적으로 선택해야 한다. 빈칸을 채워야 하는 것이다.

빈칸을 채우기 위해 정신은 굉장한 노력을 기울여야 한다. 하지만 바로 이 고된 노력, 안간힘 때문에 이러한 종류의 상상에는 아주 강력한 힘이 있다. 우리의 뇌는 이미 알고 있는 사실을 단순히 기억하는 대신 새로운 가능성을 창조해야 한다.

뇌는 과거 경험, 현재의 희망과 두려움, 미래에 변할 수 있는 것에 관한 우리의 직관을 이용해 아직 존재하지 않은 세상에 무언가를 가져온다. 여러분은 10년 후 아침에 일어난 모습을 상상하는 동안 이러한 정신적 스트레칭이 일어나는 것을 느꼈을지도 모른다. 우리의 뇌는 새로운 신경학적 경로를 만들고 우리가 아직 경험하지조차 않은 무언가에 대한 새로운 기억을 만들어낸다.

이 새로운 기억이 만들어지고 나면 굉장한 일이 일어난다. 기존에 상상조차 하기 힘들었던 일이 이제 상상할 수 있는 일이 된다. 또다시 이 가능한 미래를 생각하려 할 때면 이제는 생생한 정신 이미지나 구체적인 설명이 머릿속에 즉시 떠오를 것이다. 우리는 이 미래의 기억을 이용해 미래를 보다 효과적으로 계획하고 준비할 수 있다. 미래에 어떠한 기분일지 살펴보고 싶을 때마다 이 기억을 다시 들여다볼 수 있다. 이 기억은 긍정적인 감정을 야기하는가, 부정적인 감정을 야기하는가?

이같이 미리 느껴보는 감정은 우리가 다음의 질문에 대답하는 데 도움이 된다. 이 가능한 미래의 가능성을 높이거나 낮추기 위해 오늘의 나를 바꿔야 할까? 게다가 이 기억은 우리가 만든 것이기에 원할 때마다 바꿀 수도 있다. 나의 희망이나 두려움이 달라질 경우, 혹은 미래에 관해 더 많은 정보를 얻을 경우 세부 사항을 바꿀 수 있다.

과학자들은 이러한 상상력을 삽화적 미래 사고[episodic future thinking, EFT]라 부른다. 이는 자신을 미래로 보내 향후에 일어날 사건을 미리 경험해보는 정신 능력이다. 삽화적 미래 사고는 보통 정신의 시간 여행으로 불린다.

삽화적 미래 사고를 할 때 우리의 뇌는 우리가 이미 미래에 당도한 것처럼 미래를 선명하고 확실하게 보고 느끼도록 애쓰기 때문이다. 하지만 삽화적 미래 사고는 단순한 미래 사고가 아니다. 이는 머릿속으로 미래를 시뮬레이션해 보는 것이다.

내일 비가 올 거라는 사실을 아는 것 즉, 미래에 관한 사실이나 추상적인 생각과 빗속에 있는 나 자신을 생생히 상상하며 비가 피부에 닿는 느낌을 미리 느껴보려 하고 내일에 관해 아는 온갖 정보를 동원해 이 시나리오를 보다 구체적이고 현실적으로 만드는 것은 다르다. 삽화적 미래 사고를 하는 동안 우리는 비가 내리기 시작할 때 내가 정확히 어디에 있을지, 무슨 옷을 입고 있을지, 곁에 누가 있을지, 비 때문에 짜증이 날지, 기분이 좋을지, 비를 피할 만한 곳으로 달려갈지, 비를 맞으며 한가하게 걸을지 따위를 상상하게 된다.

머릿속으로 내가 주인공인 다큐멘터리나 리얼리티 TV 프로그램의 에피소드를 재생한다고 생각해 봐도 좋다. 미래에는 내가 보는 에피소드만이 등장한다. 이 비유는 삽화적 미래 사고의 시각적이고 서술적인 특징을 잘 포착한다. 우리는 미래에 일어날 수 있는 사건들이 이미 영상에 담긴 양 마음의 눈앞에 펼쳐지는 것을 본다.

더욱 중요하게도, 이 같은 방법은 삽화적 미래 사고가 그럴듯하며 현실에 기반하고 있음을 확실히 보여준다. 삽화적 미래 사고는 전혀 다른 삶, 혹은 모든 문제가 마법처럼 해결된 세상을 꿈꾸는 몽상이나 현실로부터의 도피가 아니다. 지금의 나를 미래의 내가 할 행동과 감정에 연결하는 방식으로 기존에는 생각하지 않았던 위험과 기회를 발견하기 위해 현실을 이리저리 굴려보는 방식이다.

삽화적 미래 사고는 우리가 다른 미래를 미리 느껴보도록 해주기 때문에 의사 결정, 계획 및 동기부여를 위한 꽤 효율적인 도구다. 삽화적 미래 사고는 우리가 결정을 내리는 데 도움이 된다. 이것이 내가 맞이하기를 바라는 세상인가? 이 미래에 준비가 되어 있으려면 어떻게 해야 할까? 이 미래를 맞이할 확률을 높이거나 낮추기 위해 지금의 나를 바꿔야 할까? 이는 말도 못하게 고된 인지 과제이기도 하다. 우리의 뇌는 아직 존재하지 않지만 일어날 가능성이 있는 무언가를 떠올리기 위해 엄청나게 노력해야 한다.

뇌 활동 패턴을 살펴본 뇌 활동 측정 연구에 따르면 삽화적 미래 사고를 하는 동안 11개의 각기 다른 뇌 영역이 활성화되며 상호 연결성이 강화된다고 한다.[2] 이를 과거를 회상하거나 다른 누군가가 지금 무슨 일을 할지 몽상하는 일과 비교해보자. 이러한 형태의 상상을 할 때에는 삽화적 미래 사고를 할 때 활성화되는 11개의 뇌 영역 중 6개만이 활성화된다. 미래를 향한 정신의 시간 여행을 떠나려면 5개 영역에 더 불을 지펴야 하는 것이다.

그렇다면 삽화적 미래 사고는 왜 몽상이나 회상보다 훨씬 더 많은 정신적 노력을 요할까? 삽화적 미래 사고를 하는 동안 우리는 바로 앞에 있지 않은 무언가를 머릿속으로 시뮬레이션하는 데 그치지 않는다. 우리는 이를 이해하려고 적극 노력하기도 한다.

미래 여행을 떠날 때 뇌에서 벌어지는 일들

미래를 향한 정신의 시간 여행을 떠날 때 뇌는 3가지 주요한 이해 과정을 거친다.

첫 번째 단계는 장면 구성이다. 우리의 뇌는 인지 과학자들이 장면 구성 즉, 미래 세상을 정신적으로 구축하는 일이라 부르는 일을 해야 한다. 나는 어디에 있는가, 무엇을 보는가, 무슨 일이 일어나고 있는가, 곁에 누가 있는가? 연극 무대 세트와 출연진, 소품을 마련하는 일처럼 생각해 보자. 미래에 무엇을 하고 어떠한 기분이 들며 무슨 말을 할지 상상하기 전에 우리는 어디에서 이 일이 벌어질지, 곁에 누가 있을지, 어떠한 사물들이 주위에 있을지 알아야 한다.

장면 구성은 그 세상의 기본적인 사실, 과학자들의 용어를 빌리면 의미론을 구축하는 일이기도 하다. '……한 세상', '……한 땅', '……한때' 같은 보이스오버로 시작되는 영화 예고편을 본 적이 있는가? 삽화적 미래 사고를 시작할 때에도 뇌에 이 같은 순간이 찾아온다. 여러분이 상상력을 별로 동원하지 않는다면 보이스오버는 '오늘날과 거의 비슷한 세상에서'라고 시작할지도 모른다. 하지만 삽화적 미래 사고를 이용해 나의 삶과 사회의 변화를 상상하기 시작하면 우리의 장면 구성은 놀라운 묘사로 시작될지도 모른다. 대학교 수업이 무상으로 제공되는 세상, 자동차 이용이 금지된 지역, 아이들이 완전히 성장해 집을 떠나거나 집으로 다시 돌아올 때 등 미래의 의미론이나 규칙을 다양하게 시도하는 일은 삽화적 미래 사고에서 가장 중요하고 창의적인 부분이다. 보다 자유롭게 여러 가능성을 시도할수록 더 많은 난제에 대비할 수 있으며 더 많은 기회를 발견할 수 있다.

물론 이 장면 구성은 전부 가상적이다. 미래는 아직 일어나지 않았기에 우리는 무엇으로도 상상 속의 무대를 채울 수 있으며 자신이 원하는 어떠한 규칙이라도 세울 수 있다. 그렇다면 우리가 상상하는 미래의 모습은 정확히 어디에 기인할까? 우리의 뇌는 무엇을 상상할지 어떻게 결정할까?

삽화적 미래 사고를 하는 동안 우리의 뇌는 현실적인 정보와 가능한 아이디어를 얻기 위해 일종의 물건 찾기 게임에 돌입한다. 기억과 학습을 관장하는 해마를 활성화한 뒤 우리의 기억을 비롯해 우리가 저장한 사실과 아이디어를 뒤지기 시작한다. 희망적인 미래, 불안한 미래, 익숙한 미래, 낯선 미래 등 우리가 어떠한 미래를 상상하느냐에 따라 해마는 가장 연관성 있는 경험을 찾아 회수한 뒤 이를 새로운 장면에 다시 연결한다.

다시 말해 미래에 우리가 무엇을 보든 이는 우리의 뇌가 이미 인지하고 처리한 정보에서 오기 마련이라는 뜻이다. 오늘날과 꽤 비슷해 보이는 미래는 누구나 상상할 수 있다. 하지만 상상조차 할 수 없는 미래를 더 잘 상상할수록 우리는 변화를 예측하는 안목을 가진 채 장면을 구성할 수 있다. 과거에 나에게 중요했던 확실한 생각과 일들뿐만 아니라 미래에 중요할 수 있는 놀라운 생각과 일들을 상상에 포함할 수 있는 것이다.

이 책에서 하게 될 상상 연습의 가장 중요한 요소는 자신의 뇌를 미래 단서로 채우는 것이다. 미래 단서란 미래를 형성할 새롭고 기이한 아이디어의 구체적인 예시다. 미래 단서를 살펴보려면 오늘날 이미 일어나고 있는 변화의 증거를 찾아야 한다. 해마가 단서로 가득 찰 때 우리의 뇌는 이용할 자료가 더욱 풍부해지고 우리가 구성할 장면은 훨씬 흥미로워질 것이다. 이 책에서 그 단서들을 찾을 수 있다.

이제 우리의 해마가 활성화되었다. 미래의 규칙을 세웠고 무대를 마련했다. 삽화적 미래 사고의 다음 단계에서는 무슨 일이 일어날까?

두 번째 단계는 기회 감지다. 우리의 뇌는 인지 과학자들이 기회 감지라 부르는 과정을 시작한다. 자신의 욕망을 충족하고 목표를 달성하기 위한 방법을 찾는 것이다. 예를 들어 10년 후 아침에 일어났을 때 배고플 거라 예측한다면 미래의 나는 무엇을 먹을까? 아침에 일어났을 때 외로울 거라 상상한다면 미래의 나는 누구에게 연락하려 할까? 기회 감지는 배우가 리허설을 하러 와서 스스로에게 "나의 동기는 무엇인가요?"라고 묻는 것과 같다. 다시 말해 이 장면에서 나는 무엇을 원하는지를 묻는 것이다.

나의 동기를 파악하기 위해 우리의 뇌는 복내측시상하핵 전전두엽 피질vmPFC을 활성화시킨다. 우리가 목표를 세우고 달성 수준을 가늠할 때마다 자주 이용하는 부위다. 자신이 원하는 기억이나 사실을 이용하는 해마처럼, 복내측시상하핵 전전두엽 피질은 우리가 세웠거나 과거에 고려해봤던 어떠한 목표라도 제안할 수 있다. 가용할 수 있는 원자재는 차고 넘친다. 그렇다면 복내측시상하핵 전전두엽 피질은 어떠한 동기를 제안할지 어떻게 결정할까?

삽화적 미래 사고에서 가장 흥미로운 부분은 우리 마음속에 가장 먼저 떠오른 동기는-특히 미래를 생각할 때-우리가 가장 중요하게 생각하는 가치, 우리의 가장 필수적인 욕구와 긴밀하게 연결되어 있다는 사실이다.[3] 삽화적 미래 사고를 하는 동안 우리의 뇌는 현실적인 문제나 의무에서 자유롭다. 지금 여러분의 할 일 목록에는 하고 싶지 않거나 장기적으로 크게 중요하지 않은 일들이 있을 수 있다. 하지만 10년 후 해야 할 일을 생각할 때 우리는 백지에서 시작한다.

할 일 목록이 비어 있기 때문에 우리는 정말로 원하는 일들을 하는 자신을 상상할 수 있다. 이는 복내측시상하핵 전전두엽 피질 입장에서 정말 신나는 일이다. 이제 이 부위는 내가 가장 중요하다고 결정하는 일을 바탕으로 완전히 자발적인 목표를 세울 수 있다. 새로운 배움에 도전하거나 다른 이들을 돕거나 스스로를 채찍질해 용기 있는 일을 하거나 가족을 돌보거나 창의적이고 새로운 아이디어나 예술을 세상에 선보일 수 있다.

미래에 어떠한 목표를 세웠든, 미래의 내가 그 목표를 달성할 수 있는 최선의 방법을 찾는 일이 남아 있다. 바로 이때 복내측시상하핵 전전두엽 피질의 가장 큰 조력자가 등장한다. 동기부여와 보상 시스템에 관여하는 피각이다. 대뇌핵의 하나인 피각은 어떠한 활동과 행동이 긍정적인 결과를 낳는지 추적하는 데 도움이 된다.

"나는 신선한 공기를 마실 때 기분이 좋아."

"내가 엄마 문자에 곧바로 답할 때 엄마는 행복을 느껴."

"안 좋은 하루를 보낼 때는 요리를 하면 좋아."

"연습 없이 하프 마라톤을 다시 뛰면 분명 또 후회할 거야."

"그 순간 나서지 않았다면 나중에 후회했을 거야."

이런 사실을 아는 뇌 부위로 미래 상상의 현실 자각과도 같다. 피각은 우리가 구상한 활동이 우리가 원하는 결과를 얻는 데 도움이 될지 보다 비판적이고 전략적으로 사고하는 데 도움이 된다.

피각은 우리의 실제 경험을 이용하기 때문에 피각이 제안하는 미래 활동은 뭐가 되었든 과거에 효과가 있었던 전략에 큰 영향을 받는다. 따라서 이 책에서 할 상상 연습 가운데 일부는 미래에 유용할지도 모르는 새로운 행동을 시도하는 연습이 될 것이다. 나는 이를 마이크로 행동이라 부른다. 전에 한 번도 해본 적 없는 일이되 5분 넘게 걸려서는 안 된다. 이러한 새로운 행동을 조금씩 시험하면 피각이 유용하고 현실적인 행동으로 여기는 행동이 늘어난다. 이 연습을 하다 보면 똑똑한 나, 도움이 되는 나, 용감한 나, 배려심 있는 나, 창의적인 나를 비롯해 미래에 원하는 어떤 모습을 상상하든 더 많은 아이디어를 얻을 수 있다.

마지막 세 번째 단계는 감정 미리 느끼기다. 우리의 뇌가 우리를 미래로 보내면 감정이 생기기 마련이다. 뇌의 감정 센터인 뇌섬엽과 편도체가 활성화되면서 우리는 상상 속 장면에서 어떠한 감정이 들지 미리 느끼게 된다. 흥분할지, 실망할지, 희망할지, 두려울지, 자랑스러울지, 질투가 날지, 즐거울지, 슬플지, 호기심 넘칠지, 지루할지, 당황할지, 안도할지, 사랑받는 기분일지, 외로울지, 감탄할지, 혼란스러울지, 스트레스받을지, 자유로울지. 긍정적인 감정이든 부정적인 감정이든 이 감정은 우리에게 중요한 정보를 제공한다. 이 정보는 우리가 결정을 내리는 데 도움이 된다. 이는 내가 눈을 떴을 때 맞이하고 싶은 미래인가? 나는 이 미래를 맞이할 확률을 낮추거나 높이기 위해 지금 행동에 나서야 할까?

이는 예측된 감정이 아니다. 진짜 감정이다. 연구 결과에 따르면 우리가 삽화적 미래 사고를 하는 동안 경험하는 감정은 현재 경험하는 감정만큼이나 심리적으로 강렬할 수 있다고 한다.[4] 많은 이들이 가장 좋은 상황의 미래를 상상하는 것을 선호하는 이유이자 우리를 겁먹게 만드는 미래, 즉 기후 변화에서부터 경제 버블 붕괴, 새로운 팬데믹, 사랑하는 사람을 잃을 가능성에 이르기까지를 상상하고 싶어 하지 않는 이유다. 이는 지극히 자연스러운 일이다. 하지만 우리를 두렵게 만드는 미래를 의도적으로 꼼꼼하게 상상하는 일은 실질적인 이득을 안겨 준다.

무슨 일에든 준비 태세를 갖추다 보면 부정적인 감정을 경험하게 되지만 이 책에서 하게 될 상상 연습을 통해 여러분은 부정적인 감정을 인식하고 치환하는 기술을 습득할 수 있을 것이다.

장면 구성에서 기회 감지, 감정 미리 느끼기에 이르기까지 이제 여러분은 미래의 빈칸을 채울 때 왜 상상력을 최대한 동원하는 기분이 드는지 알게 되었다. 해마, 복내측시상하핵 전전두엽 피질, 피각, 뇌섬엽, 편도체를 비롯해 이 과정을 지원하는 열한 곳의 뇌 부위는 서로를 향해 뻗어나면서 새로운 신경학적 통로를 구축한다. 복잡한 과정이지만 훨씬 단순하게 요약할 수 있다. 삽화적 미래 사고, 다시 말해 미래를 향한 정신의 시간 여행은 스스로에게 4가지 질문을 던지는 일이다.

1. 미래의 나는 정확히 어디에 있는가? 곁에 누가 있으며 주위에 무엇이 있나?
2. 이 버전의 현실에서 오늘날과 다른 부분은 무엇인가?
3. 이 미래의 순간에 내가 정말로 원하는 것은 무엇이며 그것을 어떻게 얻을 것인가?
4. 미래에 당도할 때 어떠한 기분인가?

과학자들이 삽화적 미래 사고를 연구하는 이유

여러분은 삽화적 미래 사고와 뇌에 대해 우리가 어떻게 그렇게 잘 아는 지 궁금할지도 모른다. 지난 20년 동안 이 주제와 관련해 출간된 동료 평가 과학 논문이 5천 건이 넘는다.[5] 그렇다면 과학자들은 이 분야를 왜 연구할까? 4가지 주된 이유는 다음과 같다.

첫째, 삽화적 미래 사고는 정신 건강과 밀접한 관계가 있다.[6] 삽화적 미래 사고를 할 때 사람들은 긍정적이고 의욕이 넘치며 자신의 미래를 통제하는 기분이 들 가능성이 높아진다. 걱정하거나 우울해질 가능성은 낮아진다. 연구진들은 우리가 삽화적 미래 사고를 할 때 자신의 상상을 통제하는 법을 배우기 때문에 그렇다고 본다.

삽화적 미래 사고를 연구하는 과학자들은, 우울증에 시달리는 이들은 자신의 미래를 상당히 희미하게 상상하는 경향이 있음을 알아냈다. 그들은 긍정적인 미래를 좀처럼 상상하지 못한다. 그들의 뇌는 정신의 빈칸을 채우는 데 취약하기 때문이다. 그들은 즐거운 일을 생생히 예측할 수 없다. 가능한 미래의 사건에서 의욕을 느끼지 못하며 현재와는 다른 미래를 설득력 있게 그리지 못한다. 그들의 상상은 고여 있고 사실상 기대할 것이 거의 없는 상태다.

불안에 사로잡힌 이들은 정반대 문제를 겪는다. 그들의 뇌는 일어날 수 있는 부정적인 사건을 굉장히 세부적으로 생각하는 데에만 골몰한다. 그들은 자신을 두렵게 만드는 온갖 미래를 꽤 설득력 있게 그린다. 빈칸을 전부 채우는 것이다. 하지만 그들은 뇌가 그들이 가장 소중하게 생각하는 가치와 동기부여에 집중한 뒤 그들이 원하거나 필요한 것을 얻어내는 방법을 계획하는 삽화적 미래 사고 단계를 건너뛴다.

삽화적 미래 사고는 이 두 그룹이 마음의 눈으로 보는 장면을 통제하는 데 도움이 된다. 연구 결과에 따르면 우울증을 앓고 있는 이들은 굉장히 구체적인 장면을 그리도록 상상 연습을 하고 정말로 그럴 듯하게 느껴지는 긍정적인 가능성으로 상상을 채우는 데 삽화적 미래 사고를 이용할 수 있다고 한다. 이 방법은 우울증 증세를 현저히 낮춰준다. 한편 불안감에 시달리는 이들은 긍정적인 동기부여 예를 들어, 부정적인 결과가 발생할 수 있는 상황에서도 용감하게 시도해보게 만드는 소중한 가치를 늘 기억하도록 상상 연습을 할 수 있다. 그들은 미래를 통제하는 데 도움이 되는 익히 알고 있는 효과적인 행동들을 보다 쉽게 떠올리는 데 삽화적 미래 사고를 이용할 수 있다. 이 방법은 불안 증세를 현격히 낮춰준다.[7]

둘째, 노화에 따른 치매, 외상 후 스트레스 장애, 뇌진탕, 만성 질환이나 통증으로 인한 뇌 흐림 등 인지 건강에 영향을 미치는 온갖 건강 문제가 삽화적 미래 사고 기술을 약화시킬 수 있기 때문이다. 삽화적 미래 사고 기술이 부족하면 사람들은 미래를 계획하고 준비하며 스스로를 효과적으로 동기부여하는 데 어려움을 겪을 수 있다. 그렇게 되면 집을 나설 때 무엇을 챙겨야 할지 파악하거나 참석할 행사 티켓을 구매하는 일 같은 일상 활동이 힘들어질 수 있다. 극단적인 경우 특히 외상성 뇌손상을 앓은 사람은 미래를 생생히 상상하지 못하는 탓에 자살 충동을 경험할 수 있다. 뇌가 긍정적인 미래는 고사하고 그 어떠한 미래도 상상하지 못하기 때문이다.

삽화적 미래 사고와 심리 건강 및 인지 건강과의 상관관계를 보여주는 증거가 늘어난 덕분에 연구진들은 삽화적 미래 사고 기술 향상에 도움이 되는 훈련 기법을 성공적으로 실험할 수 있었다.

여러분이 이 책에서 살펴볼 미래 사고 게임과 습관은 상당수가 임상 환자들이 정신 건강을 향상시키고 인지 능력을 회복하기 위해 사용하는 기법에서 영감을 받았다.

셋째, 삽화적 미래 사고가 행동 변화를 야기하는 꽤 효과적인 수단처럼 보이기 때문이다. 연구 결과에 따르면 자신의 미래를 보다 생생하게 상상하는 법을 배우는 이들은 건강한 식습관을 유지하고 새로운 운동이나 명상 습관을 시도하며 장기적인 목표를 위해 저축을 하고 공부를 마치며 투표권을 행사하고 보다 지속가능하고 친환경적인 제품을 구매하며 중독에서 벗어나고 장기적인 변화 계획을 고수한다고 한다.[8]

이 모든 행동의 공통점은 훗날의 이익을 위해 지금 당장 노력을 기울이고 선택을 내려야 한다는 점이다. 우리는 아무리 먼 미래일지라도 자신이 장기적으로 누릴 대가를 상상할 수 있어야 한다. 삽화적 미래 사고가 도움이 되는 지점이 바로 이 부분이다. 미래를 더욱 자주 상상할수록 이 같은 장기 투자가 용이해진다. 긍정적인 미래 감정을 미리 느껴볼 경우 의욕이 샘솟는다.

삽화적 미래 사고에서 특히 매력적인 부분은 특정한 행동을 하고 싶다는 의욕을 느끼기 위해 지금 당장 그러한 행동이 가져올 결과를 상상할 필요가 없다는 사실이다. 다시 말해 우리는 운동하고 열심히 공부하고 지속가능한 물건을 구매하기 위해 건강한 나, 졸업한 나, 만족스러운 삶을 살고 안정적인 날씨를 누리는 나를 구체적으로 상상할 필요가 없다.

먼 미래에 할지도 모르는 무슨 경험이든 최대한 생생하고 현실적으로 상상할 경우 의욕이 높아지며 장기적인 이익을 안겨줄 무슨 일이라도 당장 시작할 가능성이 높아진다. 이는 전적으로 일반화 가능한 이득이다. 따라서 이 책에서 살펴볼 다양한 미래에 몰두하는 동안 우리가 바로 그 특정한 미래에 대비하는 것만이 아님을 명심하기 바란다. 우리는 어떠한 미래에든 더 행복하고 건강한 내가 될 수 있도록 지금 행동에 나서는 것이기도 하다.

넷째, 삽화적 미래 사고가 많은 이들이 키우고 싶어 하는 창의력과 관련 있기 때문이다.[9] 여러 연구를 보면 "1년 후 친구들과 아침식사를 하는 나의 모습을 상상해 보세요.", "10년 후 산책하는 나의 모습을 상상해 보세요."처럼 삽화적 미래 사고 연습을 완수할 때 사람들은 다양한 창의력 실험에서 훨씬 더 높은 점수를 받은 것을 알 수 있다. 더 먼 미래를 상상할수록 효과는 강력했다. 연구 결과에 따르면 1년 후를 상상할 때에는 내일을 생각할 때보다 창의력이 더 많이 향상되었고 10년을 상상할 때에는 창의력이 그보다 더 많이 향상되었다.

삽화적 미래 사고와 창의력 간의 상관관계는 아주 강력해 연구진들은 삽화적 미래 사고를 연구하지 않을 때에도 실험 참여자들이 보다 창의적인 태도를 보이도록 만드는 데 삽화적 미래 사고를 이용한다. 이는 창의력 자체를 연구하고 싶은 과학자들이 자주 이용하는 방법이다. 여러분의 삽화적 미래 사고 기술이나 창의력이 어떠한 수준이든, 삽화적 미래 사고를 연습해 더 잘하게 되면 전반적인 창의력 역시 향상시킬 수 있다.

삽화적 미래 사고와 정신 건강, 인지 능력, 행동 변화, 창의력에 관해 가르치거나 강의를 할 때면 부모나 교육자들에게서 이러한 질문을 받곤 한다.

"학교에서 삽화적 미래 사고를 가르쳐야 할까요?"

"자녀에게 삽화적 미래 사고 연습을 시켜야 할까요?"

"얼마나 어릴 때부터 이러한 연습을 할 수 있을까요?"

나는 학교에서 삽화적 미래 사고를 가르쳐야 한다고 생각하며 꽤 어린 나이에도 시작할 수 있다고 본다. 연구 결과에 따르면 아이들은 네 살이나 다섯 살 무렵 이미 삽화적 미래 사고에 필요한 기본적인 인지 능력을 전부 갖춘다고 한다.[10] 10대 학생들은 당연히 이 책에서 다루는 상상 연습을 전부 시도해볼 수 있다. 어린 자녀의 미래 상상 능력을 키워주고 싶다면 아이들에게 이렇게 물어보자.

"(내일, 다음 주, 생일, 내년 여름에) 뭘 하고 싶어?"

이러한 질문은 삽화적 미래 사고 기술을 향상하는 데 도움이 된다. 아이들에게 이러한 미래 기억에 관한 그림을 그리거나 관련 이야기를 적어 보라고 하거나 심지어 아이들이 상상하는 미래 사건에 관해 보다 구체적이고 생생한 세부 사항을 공유하도록 장려하는 질문을 몇 가지 던지면 더욱 좋다.[11]

나의 경우 가능한 미래 사건을 상상하는 대규모 시뮬레이션에 대중을 참여시키는 일에 주력하지만, 미래 연구소 동료들은 시리아 난민에게 심리 지원을 제공하는 국제 구호원, 수감자들이 또 다른 범죄로 체포되지 않도록 돕는 사회 복지사, 아프리카 수단 같은 곳에서의 내전 종식에 힘쓰는 평화 봉사자와의 삽화적 미래 사고 협력처럼 대상이 보다 명확한 중재를 수행하고 있다. 그들은 삽화적 미래 사고가 변화를 상상하기 힘들고 미래가 보장되지 않는 환경에서조차 희망을 불러오는 강력한 도구가 될 수 있음을 직접 목격하고 있다.

삽화적 미래 사고는 생각조차 하기 힘든 사건에 대비하고 상상조차 하기 힘든 미래를 계획하는 일의 핵심 활동이다. 삽화적 미래 사고가 무엇인지 설명했으니 이 책의 나머지 부분은 여러분이 어떠한 미래 위험에 대비하고 싶은지, 사회와 자신의 삶에서 어떠한 긍정적인 변화를 원하는지 살피는 가운데 삽화적 미래 사고 기술을 향상할 수 있도록 도움을 주는 방향으로 구성했다.

현재 나의 삽화적 미래 사고 능력이 얼마나 뛰어난지 알고 싶은가? 과학자들이 개발한 삽화적 미래 사고 기술 및 역량 측정 도구가 굉장히 많다. 상상 연습을 하는 동안 이 도구들의 도움을 받아 나의 기술이 얼마나 향상되었는지 측정해보자. 맨 처음 측정한 여러분의 삽화적 미래 사고 기술이 몇 점이든 각 장을 마칠 때마다 분명 향상되어 있을 거라 본다.

이제 나와 함께 또 다른 시간 여행을 떠나보자. 상상은 양방향으로 가능하다. 그러니 이제 반대 방향으로 10년 여행을 떠나보자. 10년 전의 나로 돌아가 보는 것이다. 미래의 극적인 변화를 상상하는 연습을 할 때에는 내 삶이 이미 얼마나 바뀌었는지 상기해보면 좋다. 준비되었으면 마음의 눈으로 10년 전 오늘을 그려보자.

이 평범한 날 여러분은 어디에 있었을까? 무엇을 하고 있었을까? 무슨 옷을 입었는지 떠올릴 수 있나? 곁에 누가 있었나? 10년 전 나는 무엇에 기뻐했었나? 무엇을 걱정했었나? 어떠한 인생 목표가 있었으며 어떠한 문제를 해결하려고 했나?

처음부터 온갖 세부 사항을 떠올리기란 쉽지 않다. 그래도 계속해보자. 삽화적 미래 사고와 마찬가지로 삽화적 기억에서도 우리는 상상력을 동원해야 한다. 한동안 사용하지 않은 기억을 끄집어내고 사고 패턴을 재가동해야 하는 일이기 때문이다.

10년 전 장면 구성을 하는 동안 오늘날과는 다른 부분에 특히 주목해보자. 지난 10년 동안 나의 삶은 어떻게 바뀌었는가? 과거의 내가 보면 놀랄 만한 변화가 있는가? 10년 전과는 깜짝 놀랄 만큼 달라진 부분을 최소한 2~3개는 떠올릴 수 있는가? 미래 연구소에서는 이러한 기법을 '뒤돌아봄으로써 앞날 생각하기'라고 부른다. 이는 우리의 마음을 여는 또 다른 훌륭한 전략이다. 역사학자이자 활동가인 리베카 솔닛은 이렇게 말했다.

"얼마나 바뀌었는지 모를 경우 변하고 있거나 변할 수 있다는 사실을 알지 못한다."

먼 미래를 내다봐야 하는가? 지금껏 얼마나 멀리 왔는지 돌아보자.

정신의 시간 여행 능력 측정하기

미래로 정신의 시간 여행을 떠날 때마다 과학적으로 입증된 질문지로 사고와 감정을 측정하는 데 이용되는 다음 목록들을 이용해 나의 상상력을 측정할 수 있다. 이 목록들은 상상력의 4가지 특징을 측정한다. 얼마나 생생하고 구체적인지, 얼마나 몰입할 수 있는지, 감정을 얼마나 환기하는지, 얼마나 유연하고 창의적인지. 점수가 높을수록 삽화적 미래 사고 기술과 능력이 높다는 뜻이다.[12]

이 목록들을 자주 사용하지 않아도 좋다. 최소한 한 번이나 두 번 정도만 시도하자. 이 방법은 정신의 시간 여행을 잘 떠나는 것이 무엇을 의미하는지 감을 높이는 데 도움이 된다. 상상력을 마음껏 동원하거나 상상의 나래를 활짝 펼치는 순간과 관련된 내부 감각을 기르는 데에도 도움이 될 것이다.

도구 1~4 항목의 질문에 1부터 7까지 점수를 매겨 보자. 점수가 높을수록 삽화적 미래 사고 능력이 뛰어나다는 의미다.

도구1   나의 상상력은 얼마나 생생하고 구체적인가?

(1 = 매우 모호하다, 7 = 굉장히 생생하다)

- 내가 상상한 미래 장면은 전반적으로 얼마나 생생했나? ⬜
- 나는 상상 속 장소나 물리적 환경을 얼마나 선명하게 그렸나? ⬜
- 나는 물리적 자아, 즉 신체 변화나 외모를 얼마나 생생히 그렸나? ⬜
- 나는 상상한 장면에 있는 다른 사람들이나 사물을 얼마나 생생히 그렸나? ⬜
- 나는 소리나 냄새, 신체 감각 같은 다른 구체적인 감각들을 얼마나 많이 상상했나? ⬜

도구 2 나의 상상은 얼마나 몰입 가능한가?

(1 = 전혀 동의하지 않는다, 7 = 전적으로 동의한다)

- 다음 질문에 얼마나 동의하는가? ⬚

"미래 장면을 상상할 때 나는 그 사건을 미리 경험하는 기분이었다."

- 다음 질문에 얼마나 동의하는가? ⬚

"나는 상상 속 장면에 완전히 몰입했다. 매우 몰입적인 경험이었다."

도구 3 나의 상상은 감정을 얼마나 환기하는가?

(1 = 감정적인 반응이 전혀 없었다, 7 = 감정적인 반응이 격렬했다)

- 미래 장면을 상상할 때 현재 감정적으로 얼마나 강한 반응을 보였는가? 감정은 긍정적이거나 부정적일 수 있으며 2가지가 섞여 있을 수도 있다. ⬚

- 미래에 느낄 감정을 현재의 몸과 마음으로 얼마나 미리 느꼈는가? ⬚

도구 4 나의 상상은 얼마나 유연하며 창의적인가?

(1 = 매우 그렇다, 7 = 전혀 아니다)

- 동일한 미래 장면을 다시 상상해 보자. 하지만 이번에는 그럴듯하고 현실적인 상상을 하되 세부 사항을 최대한 많이 바꿔보자. 가령 오전 8시에 일어나는 대신 새벽 5시에 일어난다고 상상해 보자. 이 같은 변화는 나머지 장면과 스토리를 어떻게 바꿀까? 이 방법을 가장 잘 사용하려면 우리가 이미 상상한 미래 장면을 묘사하는 내용을 적은 뒤 그

안에 포함된 세부 사항의 개수를 세보면 좋다. 새롭게 다시 상상한 장면은 전에 상상한 장면과 거의 동일한가? ··· ☐

• 새롭게 다시 상상한 장면은 얼마나 현실적이며 그럴듯한가? 즉 이러한 일이 일어날 거라 믿을 수 있겠는가? ··········· ☐

상상력 트레이닝

규칙 2 _____ **시간 여행하는 법 배우기**

미래에 경험할 일들을 머릿속으로 최대한 생생하고 현실적으로 시뮬레이션해보자. 이 같은 정신의 시간 여행 혹은 삽화적 미래 사고는 상상력에 날개를 달아주며 가능한 미래에 관한 새로운 기억을 만듦으로써 우리가 미래에 대비하는 데 도움이 된다. 상상력을 동원하는 데 도움이 되는 질문은 다음과 같다.

1. 장면 구상하기: 미래의 나는 정확히 어디에 있는가? 곁에 누가 있으며 주위에 무엇이 있나?
2. 규칙 정하기: 이 버전의 현실에서 오늘날과 다른 부분은 무엇인가?
3. 기회 감지하기: 이 미래의 순간에 내가 정말로 원하는 것은 무엇이며 그것을 어떻게 얻을 것인가?
4. 미래 미리 경험하기: 미래에 당도할 때 어떠한 기분인가?

정신의 시간 여행을 떠날 때 현재와 달라질 수 있는 모든 일에 특히 주목하자.

Chapter 03

해결 불가능한
미래의 사건은 없다

| | | | | | | |

| | | | | | | |

| | | | | | | |

| | | | | | | |

최고의 시나리오와 최악의 시나리오가 있다.
하지만 둘 다 실제로 일어나는 법은 없다.
실제 세상에서 일어나는 일은 늘 예상 밖의 시나리오다.

———

브루스 스털링, SF 소설가

10년 후는 가이드 없이 가기에는 먼 길이다. 따라서 다음번 정신의 시간 여행에서는 여러분이 낯선 미래를 찾아가는 데 이용할 수 있는 자원을 제공하려 한다.

미래 시나리오는 우리가 맞이할 특정한 미래, 오늘날과는 최소한 한 가지 사실이 극적으로 다른 미래를 구체적으로 그린 것이다. 미래 시나리오에서 여러분은 먼저 다음과 같은 사실을 알게 될 것이다. 정확히 무엇이 바뀌었는가? 지금 상황은 어떠한가? 뉴 노멀은 무엇인가? 우리의 목표는 삽화적 미래 상상 기술을 이용해 이 기이한 세상에서 눈을 뜨는 모습을 최대한 생생하고 현실적으로 그려보는 것이다.

———

미래 시간 여행을 위한 규칙

미래 시나리오에 있는 나를 상상해 보자. 나는 정확히 어디에 있으며 곁에 누가 있는가? 이 미래에서 내가 정말로 하고 싶은 일은 무엇인가? 이 미래에서 나는 어떠한 기분인가? 상상의 날개를 펼쳐 이 같은 질문들에 답한 뒤에는 선택을 내려야 한다.

"미래에 있는 지금, ……한 일이 벌어진다면 나는 어떠한 결정을 내릴 것인가?"

이 의사 결정 지점, 다시 말해 선택의 순간은 시나리오마다 다를 것이다. 이 경험은 우리가 가능한 미래에 내제한 문제와 기회에 개인적으로 어떻게 반응할지 생각해 볼 기회를 준다. 내가 시행하는 소셜 시뮬레이션은 전부 미래 시나리오로 시작된다. 이 시나리오는 가능한 미래를 모두가 동시에 상상하는 데 도움이 된다.

이번 챕터에서 할 상상 연습은 시나리오를 세우는 법을 익히는 것이다. 이렇게 생각해 봐도 좋다. 여행을 떠나기 전에 어디로 가는지 알아두면 도움이 된다고 말이다. 미래 시나리오는 우리의 상상력에 구체적인 목적지를 제공한다.

미래 시나리오를 세울 때는 다음 2가지 규칙을 명심하자.

첫 번째 규칙, 불신하는 마음을 버린다. 시나리오가 아무리 어색하게 느껴지더라도 실현될 가능성이 있는 미래며 설명한 대로 펼쳐질 것임을 받아들이자. 이러한 시나리오가 왜 절대로 일어나지 않을 것인지 일일이 따지지 말자. 이 시나리오에서 기술한 변화가 일어날 가능성이 낮다고 생각할지도 모른다. 그러한 시나리오가 곧 죽어도 마음에 들지 않아 왜 절대로 일어날 수 없는지 반박하고 싶을지도 모른다.

그래도 그런 시나리오에서 어떻게 할지 마음껏 상상해 볼 수는 있다. 생각조차 하기 힘든 일을 생각하도록 뇌를 훈련하려면 뇌가 당연히 거부할 사실들을 적극 집어넣어야 한다. 상상조차 하기 힘든 일을 거부하는 바람에 무언가를 상상조차 할 수 없게 되기를 바라는가? 내가 일상적으로 불가능하다고, 비현실적이라고, 심지어 위험하다고 치부하는 아이디어들을 골똘히 생각해 보자. 시나리오가 나를 조금 불편하게 만든다면 이 시나리오가 효과가 있다는 뜻이다.

두 번째 규칙, 나만의 유일무이한 관점으로 미래 시나리오를 바라본다. 언젠가 새로운 세상에서 눈을 뜬다 할지라도 나는 여전히 나일 것이다. 시나리오는 허구 상황에서의 연습이 아니다. 이는 개인적인 탐사를 할 수 있는 기회다.

미래의 나 역시 지금과 엇비슷한 가치, 자질, 재능, 장점, 단점을 지니고 있다고 생각해 보자. 내가 어떻게 반응할지, 어떠한 기분이 들지 솔직히 답해보자. 긍정적인 감정, 부정적인 감정, 도움이 되는 행동, 이기적인 행동을 전부 살펴보자. 뉴 노멀이 얼마나 먼 미래로 느껴지든 스스로에게 솔직히, 현실적으로 답해보자.

이제 미래 시나리오에서 지켜야 할 규칙을 알아봤으니 미래로 떠나보자. 우리는 10년 후의 특정한 날로 갈 것이다. 바로 새롭게 공휴일로 지정된 '감사의 날'이다. 그곳에 간 우리는 아주 중요한 결정을 내려야 한다.

지금으로부터 10년 후 2월 2일.

오늘은 감사의 날이다. 매년 감사의 날에 우리는 정부로부터 2,000달러를 받는다. 절반은 내가 가지고 나머지 절반은 24시간 내에 다른 누군가에게 줘야 한다. 아무에게나 돈을 줄 수는 없다. 감사의 날은 최전방에서 활동하는 필수 노동자를 기리기 위한 날이다. 의료계 종사자, 교사, 공공도서관 사서, 공원 관리자, 버스 운전사, 농부 등 정부 지원 자금을 받을 자격이 되는 이들이다. 이들은 국가 등록부에 등록되어 있고 전부 타인을 위해 일하지만 사회에 기여한 가치에 비해 급여가 낮다.

우리는 존경하는 고등학교 교사든, NICU에서 미숙아로 태어난 아이를 돌봐준 간호사든, 동네 공원 관리자든 나의 삶에 긍정적인 영향을 미친 이들을 기릴 기회를 얻는다. 한 번도 본 적 없는 이에게 감사를 전할 수도 있다. 감사의 날 데이터베이스는 요청에 따라 우리를 적절한 인물과 연결시켜준다. 유례없는 산불 시즌에 일하는 소방관이나 팬데믹 기간에 일하는 식료품점 노동자처럼 새로운 수요에 맞춰 등록부는 매년 업데이트된다.

감사의 날은 경제 보장과 사회 복지를 개선하기 위한 일종의 경제 활성화 정책으로 시작되었다. 열여섯 살이 넘는 성인이라면 모두 1,000달러를 받으며 커뮤니티 내 사회적 유대감을 공고히 한다는 목적으로 나머지 1,000달러로 다른 누군가에게 선행을 베풀 기회를 얻는다. 익명으로 선물을 보낼 수도 있지만 대부분 돈을 보내는 사람에게 감사 편지를 쓰거나 영상을 찍어 보내며 감사의 날을 축복한다. 편지와 영상은 상당수가 온라인으로 공유되고 감정을 자극하는 편지나 영상이 소셜 미디어를 통해 번진다.

감사의 날이 추구하는 또 다른 목표는 최전방에서 일하는 이들의 최저 임금 향상을 의무화하지 않고도 저임금 필수노동자의 일을 재정적으로 매력적으로 만드는 것이다. 감사의 날이 가져오는 효과는 예측할 수 없지만 많은 이들이 1년에 한 번씩 찾아오는 횡재로부터 이득을 취한다.

이 행사에 참여하고 싶지 않으면 "감사하지만 저는 괜찮습니다."라고 말하면 된다. 그러면 우리에게 할당된 2,000달러와 당신이 받게 될 익명의 선물은 정부에 반납된다.

✖ ✖ ✖

┌───┐
│ **선택의 순간 >>** 10년 후 감사의 날에 눈을 떴다고 상상해 보자. "감사합니다."라
│ 고 말할 것인가, "감사하지만 저는 괜찮습니다."라고 말할 것인가? 참여하겠다
│ 고 결정할 경우 이 돈을 누구에게 보낼 것이며 그 이유는 무엇인가?
└───┘

현재로 돌아와 보자. 어떠한 선택을 내릴지 결정했으니 가능한 미래를 계속 생각해 보기 바란다. 다음은 생각해 볼 질문들이다.

- 감사의 날이라는 아이디어를 보고 가장 먼저 어떠한 생각이 들었는가? 이 아이디어가 마음에 드는가? 싫은가? 그렇게 생각하

는 이유는 무엇인가?

- 감사의 날을 생각할 때 미래의 내가 느낀 감정을 한마디로 요약한다면 뭐가 될까?
- 어떠한 노동자나 자원봉사자를 등록하자고 지지하겠는가? 미래에 또 누군가에게 감사하고 싶은가?
- 이 경제 정책이 공정하다고 생각하는가, 그렇지 않다고 생각하는가? 보다 공정하게 만들기 위해 어떠한 변화를 꾀하겠는가?
- 이 제도가 시행되면 나의 삶이나 경력을 바꾸겠는가? 이 제도가 다른 이들의 진로 선택에 영향을 미칠 거라 보는가?
- 감사의 날이 다른 이들, 특히 우리가 감사하거나 우리에게 감사하는 이들과 나의 관계에 어떠한 영향을 미칠 거라 보는가?
- 사람들이 이 제도를 악용하거나 부당한 이익을 취할 거라 생각하는가? 사람들은 어떠한 행동을 통해 이 공휴일의 원래 의도를 저해할까? 이 같은 허점 때문에 이 아이디어를 지지하지 않는가, 아니면 그 정도 부작용은 눈감아 줄 수 있는가?
- 감사의 날이 달갑지 않거나 이 날을 기리지 않는 이들은 누구일까? 그들을 끌어들일 방법을 생각할 수 있는가?
- 감사의 날에 친구나 가족과 또 무슨 일을 할 수 있을까? 추가하고 싶은 개인적인 의식이나 전통이 있는가?

미래 시나리오를 굴려볼 때 내가 가장 좋아하는 부분은 다른 이들이 보이는 놀라운 반응이다.

"미래의 내가 자랑스러울 거예요. 평생 처음으로 다른 누군가에게 도움을 줄 수 있을 테니까요."

한 여성이 감사의 날에 대해 이렇게 말했다.

"미래에는 마음의 평화가 찾아올 거예요."

또 다른 사람이 말했다.

"나를 도운 이들에게 되갚을 수 있을 테니까요. 그럴 만한 자격이 되지 않는데 그들의 도움을 받은 것 같아 이따금 죄책감이 들거든요."

"누가 감사의 돈을 받을 자격이 되는지를 두고 엄청난 논쟁이 벌어질 거예요."

활동가 친구는 이렇게 예측했다.

"저는 간과될지도 모르는 이들을 지지하고 싶네요. 기꺼이 그 일을 하겠고요."

이 미래 시나리오에서 감사의 돈을 받을 자격이 될지도 모르는 이들은 이렇게 말했다.

"아무도 나에게 감사하지 않으면 소외된 기분이 들 것 같아요. 감사의 날에 잊힐까 봐 걱정하겠죠."

"너무 민망해서 2,000달러와 선물을 받지 못할 것 같네요. 다른 사람 대신 나를 택해달라고 요청하고 싶지는 않습니다. 애걸하는 기분이에요."

"초조하겠죠. 얼마나 감사를 받게 될지 기다리기보다는 높은 연봉을 받는 편이 아무래도 나을 테니까요. 하지만 감사하고 싶은 이들, 저를 행복하게 하는 수많은 사람이 떠오르기도 하네요. 이 아이디어가 좋기도 싫기도 합니다."

미래 시나리오를 향해 강한 애증을 느끼는 건 좋은 신호다. 긍정적인 상상과 부정적인 상상을 둘 다 하고 있다는 뜻이기 때문이다. 우리는 묻는다. 이 시나리오에서 일어날 좋은 일은 무엇인가? 이 시나리오에서 일어날 나쁜 일은 무엇인가? 우리는 한 가지 이상의 관점에서 이 아이디어를 살펴본다. 더 많은 사람과 함께 이 시나리오에 대해 얘기 나눠볼수록 더 많은 각도에서 바라보게 된다. 내가 이 시나리오를 공유한 한 친구는 이렇게 답했다.

"처음에는 모두가 한 사람에게 감사의 돈을 보내는 깜짝 파티 같은 감사 샤워 파티를 열고 싶다고 생각했어. 그 사람의 인생을 바꿀 수 있도록 말이야. 그러다가 누군가를 위해 정말로 감사 샤워 파티를 열면 어떨까 하는 생각이 들었지. 1,000달러짜리 수표가 아니라 감사 편지를 아낌없이 보내는 거야. 정말로 해보면 어떨까 생각하고 있어!"

"이 미래에서 나는 바빠지겠지."

기업가 친구는 이렇게 말했다.

"고땡크미 닷컴이라는 새로운 사업을 차릴 테니까. 고펀드미처럼 운영되겠지만 사람들이 감사 이야기를 전하고 자격이 되는 노동자에게 스포트라이트를 비추도록 돕는 거야. 우리는 감사의 돈 가운데 아주 일부를 서비스 비용으로 청구할 거고. 2억 명의 성인이 각자 1,000달러를 보내면 3퍼센트를 가져가. 그러면 잠재적인 연간 수익은 대략 5억 달러야."

또 다른 친구는 이렇게 말했다.

"이 시나리오를 보면서 나는 이 사회가 사람들에게 왜 보다 공정한 보수를 제공하지 않는지 생각했어. 감사의 날이 정말 시행된다면 나는 기꺼이 참여할 테고 친구나 가족이 감사를 전한 이들이 누구일지 궁금할 거야. 하지만 지금 당장은 사회에 봉사하는 이들이 낮은 급여를 받는 문제를 시정하기 위한 다른 방법을 찾아보고 싶어."

미래 시나리오를 세울 때에는 다른 이들도 초대하기 바란다. '감사의 날' 시나리오를 공유하고 싶은 이들이 있다면 제발 그렇게 하자. 대화를 나눠보고 가능성을 논의해보자. 다른 누군가와 함께 정신의 시간 여행을 떠나면 그들의 관점에서 세상을 바라볼 수 있으며 그들에게 가장 중요한 것이 무엇인지 알게 된다. 어떠한 반응을 보이든, 우리의 뇌는 다른 관점에서 미래를 상상하는 데 도움이 되는 아이디어와 자료를 더 많이 얻게 된다. 상상력의 날개를 활짝 펴고 싶거든 이 시나리오를 소셜 미디어에 올린 뒤 나의 네트워크에 있는 이들이 어떻게 반응하는지 보자. 미래 자료를 수집할 때 내가 가장 자주 사용하는 방식이다.

감사의 날은 정말로 미래에 시행될 수 있을까? 이 책에서 제시하는 모든 시나리오는 오늘날 이미 이루어지기 시작한 변화를 바탕으로 한다. 그렇다면 감사의 날 시나리오를 그럴듯하게 만드는 변화부터 살펴보자.

현재 각국 정부는 경제 활성화 정책의 일환으로 점차 더 많은 현금 지급 제도를 실험하고 있다. 미국인이라면 팬데믹 지원금이나 아동 수당을 받아봤을지도 모른다. 보편적 기본 소득을 제공하기 위한 파일럿 프로그램도 더욱 많아지고 있다. 이러한 프로그램은 한국 시골 동네에서부터 리우데자네이루, 스톡홀름, 캘리포니아에 이르기까지 다양한 곳에서 현재 시행 중이다. 2021년 일리노이, 에번스턴은 미국 도시 최초로 주택 차별 때문에 주택 가격 상승으로 인한 재정 혜택을 누리지 못한 흑인 거주민들에게 현금 배상금을 제공했다.

적기에 공급되는 지원금이든, 보편적 기본 소득이든, 현금 배상금이든, 기존에는 생각조차 할 수 없었던 개방적인 경제 정책 덕분에 우리는 정부가 지급하지만 개인이 나눠주는 '감사의 날' 시나리오 같은 새로운 종류의 활성화 정책을 상상해 볼 수 있게 되었다.

필수 노동자라 불리는 이들과 이들이 받는 급여 사이의 간극이 갈수록 큰 분노를 낳고 있기도 하다. 코로나19 팬데믹 기간에 중단될 수 없었던 중요한 일들을 하는 이들은 고액 연봉자가 아니었다. 이 문제를 해결하기 위해 보다 전통적인 방법을 상상해 볼 수 있다. 가령 주 정부나 연방 정부가 낮은 연봉을 받는 필수 노동자들의 수입을 비과세로 일정 수준 높이자는 결정을 내릴 수 있다.

최전방에서 일하는 이들을 위한 지방, 주, 연방 최저 임금을 아주 높게 설정할 수도 있다. 이것은 우리가 방금 고려한 시나리오보다 더 나은 해결책이다. 하지만 급진적으로 보일 수 있는 감사의 날이 흥미로운 건 또 다른 이유 때문이다. 정부가 지급하지만 개인이 나눠줌으로써 수입 격차를 메울 경우 사회에 내제된 또 다른 문제를 해결할 수 있다. 낮은 사회적 신뢰 및 정치 분열이다.

퓨 리서치 센터에 따르면 미국인의 80퍼센트가 자신의 핵심 가치와 다른 미국인들의 핵심 가치가 근본적으로 다르다고 생각하는 것으로 나타났다. 정당이 나뉘는 이유이기도 하다.[1] 당파 저널리즘과 소셜 미디어가 충돌하고 문화적 간극에 깊이 뿌리 내린 이 같은 양극화 현상은 다른 이들을 의심하거나 다른 이들에게 분노하는 이들이 많으며 공통된 정체성과 온정으로 타인에게 다가가는 이들이 적음을 의미한다.

우리는 감사의 날을 화해의 과정으로 생각할 수 있다. 정치 견해에 관계없이 공통의 가치, 필수 노동자와 최전방 근로자들에게서 받은 도움을 생각해 보는 계기다. 사회적으로 굉장한 치유 효과를 불러오지는 않을지 몰라도 우리는 이 정책이 애초에 왜 수립되었을지, 미래에는 이 정책이 왜 정말로 현실이 될지 그 이유들을 살펴볼 수 있다. 보수당과 진보당의 두뇌 집단들은 이미 양극화를 낮추는 실험적인 방법을 지지하기 시작했다.[2] 그렇다면 위대한 미국인 화해 계획의 일환으로 감사의 날 같은 아이디어를 시행해볼 수도 있지 않을까.

마지막으로 다음과 같은 사실을 생각해 보자. 정부의 현금 지급에 반대하는 사람들이 언급한 대표적인 이유는 돈이 정말로 필요하지 않거나 받을 자격이 되지 않는 사람들에게 돈이 돌아갈지도 몰라서다. 가령 로이터 통신 조사에 따르면 응답자의 52퍼센트가 정부가 경제적 어려움을 겪고 있는 이들을 충분히 돕지 않고 있다고 답했지만 더 많은 정부 보조를 지지한 이들 가운데 40퍼센트가 이미 현금 보조를 받는 이들이 대부분 그럴 자격이 되지 않는다고 말했다.[3]

사람들이 경제적 불안을 겪는 다양한 이유를 알지 못하는 것에서부터 소수 인종이 백인보다 지원을 받을 자격이 부족하다고 보는 인종 차별주의적 견해에 이르기까지 수많은 요소가 이 같은 양가 감정을 야기한다. 미래학자인 나는 정부 현금 보조를 지원하는 이들 가운데 절반에 이르는 이들이 누가 그러한 자격이 되는지 선택할 수 있기를 바란다는 사실을 알고 있기에 '감사의 날' 같은 시나리오가 그럴듯할 뿐만 아니라 인기 있을 거라 상상할 수 있다. 한편 감사의 날 같은 시스템에 스며들어 악화될 소지가 있는 해로운 편견이 어떠한 것일지 궁금하기도 하다.

그렇다면 이 시나리오에는 우리가 정말로 바라는 미래가 반영되어 있을까? 이 시나리오에는 긍정적인 부분과 부정적인 면이 둘 다 존재한다. 다행히 지금 논의 중인 정책처럼 이 시나리오의 장점을 시급하게 논할 필요는 없다. 이 역시 10년 후 여행을 떠나는 상상의 장점이다. 의견은 단호히, 입장은 가볍게, 재고의 여지를 두면 된다. 지금 당장 법적 구속력이 있는 중요한 의사 결정을 내려야 하는 건 아니기 때문이다.

감사의 날을 기리는 기분이 어떨지 아주 잠시만이라도 진지하게 상상해 볼 경우 새로운 방식으로 감사를 표하는 방법과 관련해 현실에서 실행 가능한 진짜 아이디어로 자랄지도 모른다. 이러한 상상은 필수 노동자들이 겪는 경제 불안처럼 집단 상상력이 더 필요한 현 문제에 우리의 주의를 집중시킬 수도 있다. 10년 시나리오의 통찰력을 이용하기 위해 10년을 기다릴 필요는 없다.

감사의 날은 미래가 어떠할지 예측하거나 미래가 어떠해야 한다고 주장하는 것이 아니다. 이는 오늘날 이미 펼쳐지고 있는 일들을 바탕으로 미래가 어떠할 수 있는지 탐사하는 것이다. 이 둘의 주요한 차이점에 대해 앞으로 계속해서 살펴볼 것이다. 미래 시나리오는 그럴듯해야 하지만 창의적인 사고와 중요한 대화를 촉발하는 데 유용하거나 심지어 바람직할 필요는 없다.

이제 첫 번째 미래 시나리오를 살펴봤으니 시나리오가 상상력을 펼치는 데 왜 그렇게 유용한지 조금 더 알아보자.

이미 채워진 필수적인 사실로 미래를 생생히 그리는 일은 대부분의 사람에게 그리 어렵지 않다. 시나리오가 하는 일이 바로 그것이다. 시나리오를 굴려볼 때 우리의 뇌는 장면 구성의 의미론에 관여하지 않아도 된다. 오늘날 사실이 아니지만 미래에는 사실일 부분이 무엇일까, 라는 질문에 해마가 대답하는 과정이다. 사람들은 정신의 시간 여행을 떠날 때 보통 이 부분에서 진도가 나가지 못한다. 그들은 구체적인 미래를 상상하는 방법을 모른다. 시나리오는 우리 대신 이 일을 한다. 시나리오가 새로운 현실을 기본적으로 그려주기 때문에 우리는 미래의 내가 무엇을 하고 어떠한 기분이 들지 생각하는 단계로 곧장 이동할 수 있다.

시나리오 마지막 단계인 의사 결정 과정, 다시 말해 선택의 순간은 삽화적 미래 사고의 또 다른 중요한 빈칸을 채우는 데 도움이 된다. 나의 핵심 가치와 일치하는 행동을 취하고 가장 중요한 목표를 달성하는 데 도움이 되는 기회를 찾는 기회 감지다. 시나리오에서 결정을 내려야 하는 지점은 우리가 행동을 취할 최초의 기회를 규정해준다. 우리가 새로운 아이디어 앞에 갈팡질팡하는 대신 곧장 행동에 뛰어들도록 도와주는 것이다.

모든 미래학자가 시나리오에 의사 결정 지점을 포함하지는 않는다. 내가 그렇게 하는 이유는 비디오 게임 산업에서 배운 사실 때문이다. 게임 개발자들은 플레이어가 게임에 집중하게 하려면 처음 몇 분 동안 게임에 성공할 수 있는 기회를 줘야 한다는 걸 안다. 특별한 목적 없이 새로운 게임을 설렁설렁하는 이들은 목표가 있는 사람보다 게임을 덜 즐긴다. 또한 해당 게임에서 어떠한 행동을 취할 수 있을지 모를 경우 해당 게임을 그리 오랫동안 하지도 않는다. 내가 발견한 바에 따르면 미래 사고에서도 동일한 일이 일어난다.

미래 사고를 하는 처음 몇 분 동안 올바른 선택을 하겠다는 확실한 목적이 있을 경우 우리는 이 과정에 보다 깊이 관여한다. 우리는 "기분 좋은 결정이야."라든지 "그래, 나는 정말로 이러한 행동을 취할 거야."라고 깨달을 때 잠시나마 주최적인 순간을 경험한다. 이 순간은 가능한 미래와 나의 관계를 바꾼다. 미래가 나의 방식을 찾고 새로운 것을 발견하며 타인을 돕고 목표를 달성하는 장소처럼 보다 가깝게 느껴지기 시작한다. 다시 말해 미래가 재미있는 게임처럼 느껴지기 시작한다.

내가 새로운 시나리오를 작성할 때마다 새로운 게임처럼 테스트해보는 이유다. 나는 가능한 많은 사람을 대상으로 시나리오를 돌려봐 이 시나리오가 합리적인지 그들을 끌어들이는지 테스트한다. 나는 사람들에게 묻는다. 이 시나리오는 재미있는가? 이 미래에서 가장 먼저 마주하는 난관이나 장애물, 선택이 명확한가? 기분 좋은 전략을 떠올릴 수 있었는가?

나는 사람들이 굉장히 다양한 선택을 내리고 굉장히 다양한 전략을 떠올리는지 지켜보기도 한다. 취할 수 있는 조치와 전략의 다양성은 모든 시뮬레이션에서 필수적인 요소다. 반응이 다양할수록 미래가 어떠할 수 있는지, 어떠해야 하는지에 관해 서로에게서 더 많은 것을 배울 수 있다.

시나리오를 테스트할 때 나는 누군가 놀라운 반응을, 나의 허를 찌르는 반응을 보이는지 보고 싶어 하기도 한다. 게임에서는 이를 '비의도적인 출현'이라 부른다. 마인크래프트 플레이어들이 가상 세계에서 고대 도시를 다시 세우고 롤러코스터, 기타, 심지어 퀀텀 컴퓨터를 만드는 것처럼 플레이어들이 예상치 못한 일을 수행하는 것이다.

게임 개발자는 이러한 순간을 고대한다. 사람들이 창의력을 표출하고 기르는 데 도움이 되기 때문이다. 미래 시나리오를 향한 반응을 수집할 때 나는 게임의 규칙을 미세 조정하는 것과 마찬가지로 놀라운 반응에 주시해 시나리오의 세부 사항을 계속해서 조정한다. 사람들이 굉장히 몰입해 창의력의 불꽃이 튀는 모습을 확실히 볼 때까지 말이다. 이는 미래 시나리오가 상상할 만한 가치가 있는 미래로 사람들을 안내하고 있음을 보여주는 증거다.

미세 조정 이야기가 나와서 말인데 이 책에서 언급하는 시나리오를 굴려볼 때 명심할 사항이 한 가지 더 있다. 보다 그럴듯하고 바람직한 방향으로 미래를 기술하는 방식을 바꾸고 싶다면 언제든 그렇게 해도 좋다. 예를 들어 '감사의 날' 시나리오의 세부 사항에서 이 정책이 실패하거나 의도치 않은 해를 가져온다고 생각한다면 더 가능성 있는 미래를 다시 쓰기 바란다. 시나리오는 미래와 마찬가지로 절대 고정적이지 않다. 미래 시나리오를 다시 쓰는 일은 현실 자체를 바꾸기 위한 리허설이다.

이제 또 다른 여행을 떠날 준비가 되었는가? 그렇다면 두 번째 미래 시나리오를 살펴보자.

<hr>

미래 시나리오 #2 소행성 예측 확인했어?

10년 후 월요일 아침.

일어나 보니 깜짝 놀랄 만한 소식이 우리를 기다리고 있다. 유엔 우주업무사무소가 최신 소행성 예측 결과를 내놓았다. 대재앙이 일어날 확률이 5퍼센트로 증가했다. 지난달에는 1퍼센트에 불과했다. 대망의 날은 동일하다. 지금으로부터 3년 후 5월 1일이다. 준비할 시간은 충분하다. 우리가 준비할 게 있다면 말이다. 아무 일도 일어나지 않을 확률도 95퍼센트나 된다.

과학자들이 확신하는 바는 다음과 같다. 다양한 항공 우주국에서 지구로 접근하는 소행성을 감지했다. 소행성의 정확한 크기는 밝혀지지 않았다. 소행성의 지름은 50미터에서 1킬로미터에 이를 수 있다. 희소식은 1킬로미터라 봤자 66백만 년 전 공룡을 멸종시킨 소행성 크기의 1/10밖에 되지 않는다는 사실이다. 인류는 이 충격에서 살아남을 것이다.

문제는 아무리 작을지언정 50미터일 경우 도시 전체를, 1킬로미터일 경우 국가 전체를 말살시킬 수 있다는 사실이다. 소행성이 언제 지구와 충돌할지 아무도 모른다. 하지만 현재 궤도를 바탕으로 과학자들은 지구에 미칠 잠재적 충격의 고리를 파악했다. 소행성이 충돌할 때 지구의 자전 상태에 따라 이 고리 안에 위치한 어떠한 도시나 나라도 피해 범위 안에 들게 된다.

여러분이 살고 있는 지역이 충격의 고리 안에 있다. 과학자들과 각국 정부는 레이저와 우주선, 핵폭탄을 이용해 소행성의 방향을 바꿀 계획을 세우고 있다. 이 계획이 효과가 있을까? 한 번도 시도해본 적 없는 계획이다. 자신만만해하는 전문가도 있지만 충돌 가능성이 높아질 경우 충격의 고리 안에 위치한 마을 사람들이 집단 대피와 이주를 준비해야 한다고 촉구하는 이들도 있다.

우리는 궁금해진다. 이 예측을 얼마나 심각하게 받아들여야 할까? 국가 전체는 고사하고 도시 전체를 3년 내에 집단 대피나 이주시키는 일이 가능할까? 사람들이 충돌하기 몇 달, 몇 주, 며칠 전까지 대피를 시작하지 않는다면? 떠나기 위해서는 어떠한 자원이 필요할까? 사람들이 떠나기 싫어한다면? 나는 떠날 준비가 되어 있어야 할까? 어디로 갈 것인가? 최신 소행성 예측 결과를 들고 하루를 시작하려는 우리의 머릿속을 파고드는 생각이다.

10년 후 아침에 일어나 이러한 예측 결과를 맞이했다고 생각해 보자. 이 장면을 최대한 선명히 그려보자. 어디에서 일어났으며 곁에 누가 있는가? 어떻게 이 소식을 접하는가? 핸드폰 알람인가, 소셜 미디어에서 유행하는 이야기인가, 생방송 영상인가, 가족 중 누군가가 보낸 링크인가? 어떠한 기분인지 한 단어로 표현할 수 있는가? 세부 사항을 구체적으로 채울수록 미래를 향한 정신의 시간 여행은 더욱 효과적이다. 마음속으로 이 장면을 확실히 그렸으면 이 미래에서 처음으로 결정을 내릴 차례다.

✕ ✕ ✕

선택의 순간 >> 소행성 예측이 나에게 무엇을 의미하는지 누구와 얘기 나누고 싶은가? 가족 모임을 열겠는가? 아니면 회사 사람들과 회의를 하겠는가? 신뢰할 만한 친구나 믿을 만한 조언자가 있는가? 동네 모임이나 캠퍼스 모임을 소집하겠는가? 어떠한 생각을 나누겠는가? 어떠한 선택 사항을 논의하겠는가?

현재로 돌아와 보자. 어떠한 선택을 내릴지 결정했으니 가능한 미래를 계속 생각해 보기 바란다. 다음은 생각해 볼 질문들이다.

- 정말로 소행성이 충돌하는 일이 일어나면 소행성 예측을 더 자주 생각할 것인가, 아니면 이 생각을 잊으려고 노력하며 평소와 다름없이 살아갈 것인가?
- 이 같은 예측이 광범위한 공포를 야기할 거라 생각하는가, 아니면 대부분 대수롭지 않게 취급할 거라 생각하는가?
- 소행성 감지와 예방 과학에 대해 더 많이 알아보려고 개인적으로 노력하겠는가, 아니면 전문가들에게 맡기겠는가?
- 이 소식을 들은 뒤 몇 주 혹은 몇 달 동안 나 자신이나 다른 이들이 어떠한 행동을 취할 거라 상상할 수 있는가?
- 대부분의 사람이 충돌에 대비할 행동에 나서게 하려면 예측 가능성이 얼마나 높아야 한다고 보는가?
- 대중에게 소행성의 영향을 알리는 일은 위험할까?
- 이 같은 예측의 긍정적인 결과가 뭐라고 생각하는가? 자신의 삶이나 사회에 긍정적인 영향을 미치는 부분을 상상할 수 있는가?

더 읽어나가기 전에 이 질문들을 충분히 생각해 보거나 다른 사람들과 짧게 논의를 해보기 바란다. '소행성 예측 확인했어?' 같은 시나리오가 정말로 일어날 수 있을까? 물론이다. 유엔우주업무사무소는 정말로 존재하며 유럽 항공 우주국과 국제우주아카데미와 함께 격년으로 행성 방위 회의를 주최한다. 나는 운이 좋게도 2021년 이 회의에 참석했다. 전 세계 전문가들이 한 자리에 모여 소행성과 혜성이 지구에 가하는 위협을 논의하고 위협적인 물체를 피하기 위해 어떠한 조치를 취해야 할지 의견을 나누는 자리다. 참여자들은 잠재적인 위협에 관한 정보와 연구 결과를 대중에게 공유할 가장 좋은 방법을 논의한다.

이 콘퍼런스에서 가장 흥미로운 부분은 여러분이 방금 상상한 것과 비슷한 시나리오를 바탕으로 진행하는 일주일짜리 소셜 시뮬레이션이다. 참여자들은 가상의 소행성에 관해 계속해서 업데이트되는 자료를 분석하고 지구가 이에 어떻게 대응해야 할지를 둘러싼 다양한 권고안을 논의한다.

이 시나리오의 모든 내용은 항공 우주국들이 이미 추적하고 연구하고 분석하고 대중에게 공개한 자료를 바탕으로 한다. 원한다면 NASA의 100년 소행성 충돌 예측을 직접 확인해볼 수 있다. 이 글을 쓰고 있는 지금, 그들은 지구와 충돌할 수 있는 인근 21개 물체를 추적하고 있다.[4] 다행히 NASA에 따르면 도시를 파괴할 수 있는 소행성이 지구와 충돌할 가능성은 아주 낮다고 한다. 매해 0.1퍼센트에 불과하다.

정말로 소행성이 지구와 충돌한다면 대양에 착륙할 확률이 70퍼센트, 인구가 비교적 드문 곳에 착륙할 확률이 25퍼센트로 도시가 영향을 받을 확률은 5퍼센트에 불과하다. 우리가 평생 듣게 되는 소행성 예측은 방금 상상한 것만큼 극단적이지 않을 것이다. 하지만 NASA가 정말로 경보를 울리는 순간 얼마나 충격적이고 혼란스러울지 생각한다면, 얼마나 걱정이 될지 미리 느껴보고 미리 전략을 생각해 볼 시간을 조금 갖는 편이 좋지 않을까? 어쨌든 이는 상상력 연습에 도움이 된다.

이 시나리오에는 일어날 확률이 조금 더 높은 또 다른 미래 시나리오가 도사리고 있다. 대부분의 기후 과학자들의 주장에 따르면 이 시나리오는 사실상 거의 피할 수 없다고 한다. 날로 증가하는 기후 위기 때문에 많은 도시와 국가가 향후 50년 동안 전체 인구를 이주시켜야 하는 시나리오다. 소행성을 증가하는 해수면, 연중 그치지 않는 산불, 인류가 살 수 없는 극단적인 기후로 바꾸면 이 시나리오의 가능성은 1/20에서 1/2로 높아진다. 하지만 이토록 높은 과학적 확실성에도 불구하고 인류는 안전하고 평화로우며 공평한 집단 이주 계획을 빠르게 시행하고 있지 않다. 이 부분에 관해서는 뒤에서 살펴볼 것이다.

대규모 기후 이주 방법과 관련된 창의적인 사고가 시급한 상황이기 때문이다. 유엔은 1.5억에서 10억 명 사이의 인구가 자신의 거주지에 계속 머물며 기후 위기로부터 자신들의 영토를 보호하려 할지 기후 난민이 될지 선택 앞에 마주하게 될 거라고 예측한다.[5]

마이애미, 뉴올리언스, 코펜하겐, 상하이 같은 저지대 도시는 해수면 상승과 함께 사라질 수 있다. 고고학자, 생태학자, 기후 과학자로 이루어진 국제 연구 팀이 수행한 2020년 연구 결과에 따르면 북아프리카, 중동, 남아메리카 북부, 남아시아, 호주 일부는 인류가 살기에 불가능할 만큼 뜨거워질 수 있다고 한다. 우리는 자신의 커뮤니티가 대량 이주하는 경험을 미리 해보고 그때의 기분을 미리 느껴봐야 한다. 그래야 우리가 오늘날 이미 경험하고 있는 이주와 난민 위기보다 훨씬 큰 사건에 대비할 수 있다.

소행성 시나리오는 장기적인 기후 위기라기보다는 할리우드 블록버스터 영화에 등장하는 장면처럼 느껴질지도 모른다. 이는 의도적인 것으로 시나리오를 굴려볼 때 얻을 수 있는 또 다른 혜택이다. 상상하기 힘든 미래를 상상하는 이 힘든 과제를 수행하도록 뇌를 설득하려면 우리는 지루한 상태, 주의 산만, 무관심에서 벗어나 높은 관심과 호기심, 주의력을 장착해야 한다. 소행성 시나리오는 대규모 기후 이주보다는 덜 있음직하지만 훨씬 더 생생하게 상상할 수 있다. 불타는 거대한 물체가 우주를 돌진하는 모습을 상상해 보아라.

해수면이 1년에 0.31센티미터로 느릿느릿 상승하는 것에 비하면 소행성은 훨씬 더 빨리 움직인다. 1시간에 자그마치 64,373킬로미터를 이동한다. 수많은 이들이 이미 무시하기 시작한 일상적인 기후 변화에 비하면 이는 대부분의 사람들이 더 상상할 수 있는 주제다. 소행성은 우리가 보다 시급하게 해결해야 하는 문제처럼 들린다.

이 책에서 살펴볼 시나리오는 대부분 우리가 실제로 준비하게 될 미래보다 훨씬 극적으로 들릴 것이다. 일부러 그렇게 연출했다. 보다 극단적인 상황이 닥칠 때 우리는 보다 창의적으로 반응하고 적극적으로 다른 행동을 취할 것이다. 극적인 상황을 상상하는 과정은 뇌의 행동 의지를 자극한다. 하지만 소행성 시나리오를 이용해 기후 위기를 생각해 보는 것이 드라마를 연출하기 위해서만은 아니다.

이는 기후 변화라는 실제 주제로부터 어느 정도 심리적인 거리를 형성해 주기도 한다. 기후 변화 문제라면 많은 이들이 심각한 위험이 아니라고 생각해 완전히 무시하거나, 막을 힘이 없다고 생각해 감정적으로 지친 상태다. 대부분의 사람이 소행성이라는 주제와 관련해서는 자신만의 생각에 갇혀 있지 않다. 확실한 의견을 지닐 만큼 행성 방위에 대해서는 아직까지 깊이 생각해 보지 않았기 때문이다. 기후 변화와는 달리 우리는 소행성 피로를 느낄 만큼 소행성에 대해 수많은 강의를 듣거나 로비를 받은 적이 없다. 소행성 위기는 충분히 환상적으로 느껴지며 현실과 멀찍이 떨어져 있다. 따라서 우리는 걱정하는 마음이나 압도되는 느낌 없이 안전하게 상상할 수 있다.

사람들이 생각하지 않으려는 일을 생각하게끔 속이려는 것이 아니다. 물론 진정으로 시급한 글로벌 난제의 경우 그것만이 사람들을 행동하도록 만드는 유일한 방법이라면 정당한 행동이라 하겠다. 수업에서 소행성 시나리오를 사용할 때 나는 학생들이 이 시나리오를 상상하기 전에 설명을 보탠다. 이 시나리오는 기후 위기에 대한 우리의 반응을 생각하는 데 도움을 주기 위해 설계되었다고 주의를 준다. 학생들은 이 시나리오와 심리적인 거리를 두지만 여전히 이득을 취할 수 있다.

시나리오는 우리가 절대로 살지 않을 미래에 관한 것일 수 있지만 여전히 매우 유용할 수 있다. 하지만 나에게 소행성 시나리오는 남의 일 같지 않다. 우리 가족은 현재 기후 이주에 관한 대화를 나누고 있기 때문이다. 우리 가족은 산불 발생 위험이 높은 캘리포니아 지역에 살고 있다. 우리가 산불 트라우마를 겪는 시기가 매년 길어지고 있다. 2개월에서 3개월 동안 거의 계속해서 대피 경고를 들어야 한다. 재빨리 달아나야 할 때 갖고 갈 수 있도록 현관에 놓은 상자에 귀중품을 보관해두고 있다. 산불의 위험을 낮추기 위해 예방 차원에서 전기 공급을 중단하는데 최악의 경우 한 번에 며칠 동안 인터넷이나 전기 없이 살아야 할 때도 있다. 대기질이 너무 안 좋고 독가스와 오염물질이 가득해 창문과 통풍구마다 은박 알루미늄 테이프를 붙여야 할 정도다. 건강을 해치지 않고는 1분도 야외 활동을 할 수 없다.

솔직히 말해 이렇게 살 수 있을까 싶다. 하지만 산불이 나지 않는 시기에는 이 집과 커뮤니티가 정말 좋다. 인근에 일가친척이 살고 있기도 하다. 지금까지는 떠나는 것을 상상조차 할 수 없다. 우리 가족은 상상해 보려 한다. 우리 가족뿐만 아니라 마을 전체가 극단적인 산불 위험 때문에 살 수 없는 곳이 될 진짜 가능성을 고려하기 시작했다. 여력이 된다면 캘리포니아 거주민들에게 매년 발생하는 재앙을 피하기 위해 몇 달 동안 다른 나라로 이주할 것을 제안하는 미래학자들도 있다.

나는 매년 다른 나라로 이주하는 모습을 상상해 보았다. 아직까지는 우리 가족에게 현실적으로 느껴지는 아이디어를 떠올리지 못했으며 우리와 함께 이주하도록 친척들을 설득할 수 있을지 잘 모르겠다. 원격 근무와 원격 수업이 이루어지는 지금이라면 가능할지도 모른다. 지금 당장은 야생과 도시 접점 내에서의 생활을 가능하게 만드는 일들을 옹호하고 있다. 필요할 때 더 많은 사람이 안전하게 대피할 수 있도록 마을로 들고 날 때의 도로 진입을 원활하게 만드는 일처럼 말이다.

우리는 고위험 지역과 주택지 간에 완충지대를 설정하는 통제발화진화 같은 적극적인 산불 완화 정책을 채택하고 기금을 조성하려는 후보자에게 투표한다. 또한 천연재료로 만든 뿌릴 수 있는 젤을 고위험 식재의 연간 산불 백신처럼 사용하는 미래에 희망을 주는 기술을 개발하는 스탠퍼드 환경 목재 연구소 같은 곳에 기부를 한다.

우리가 이러한 일을 하는 이유는 최악의 시나리오를 더욱 생생하게 상상할수록 이를 예방하기 위해 더욱 적극 나서게 되기 때문이다. 더불어 우리 모두가 언젠가 정말로 떠나야 한다면, 우리 가족은 어려운 결정을 내리기 위한 마음의 준비가 더 잘 되어 있을 것이며, 같은 선택을 내려야 하는 다른 이들을 더욱 잘 도울 수 있을 것이다.

✕ ✕ ✕

코로나19 팬데믹이 펼쳐지는 양상은 기후 변화보다는 소행성 시나리오에 가까웠다. 이 위기는 인류 역사상 발생한 그 어떤 사건보다도 사회적 희생과 세계적인 과학적 협의를 빠르게 이끌어냈다. 이 위기가 처음 발생한 데다 어느 곳에서도 급증할 수 있다는 사실 때문에 긴박감이 조성되었고 사람들은 자발적으로 극단적인 집단 행동에 들어갔다. 우리에게는 잠재적인 위험이나 고통을 정상화할 시간이 없었다. 인류는 펼쳐지는 위급 상황에 실시간으로 대응했다.

하지만 코로나 바이러스보다 매년 훨씬 더 많은 이들의 목숨을 앗아가는 예방 가능한 글로벌 위협이 있다. 우리는 이 위협을 무시하다시피 한다. 숯불, 휘발유, 디젤에서 나오는 공기 오염으로 매년 870만 명이 사망한다. 2020년 코로나로 사망한 사람보다 4배나 많은 숫자로 전 세계 사망자 중 거의 1/5에 해당된다.[6] 오염된 식수 때문에 매년 150만 명이 사망하며 도로 사고로 매년 같은 수의 사람이 목숨을 잃는다.[7] 시급하며 합의된 전 세계적인 반응은 찾아볼 수 없다.

이 위협들은 지난 수십 년 동안 전 세계적으로 퍼져나가고 있으며 많은 이들이 이 위협이 미치는 영향을 일상처럼 받아들인다. 우리는 대기 오염이나 자동차 사고로 매해 수백만 명이 사망하는 세상을 굳이 상상하려고 하지 않는다. 대기 오염 관련 사망의 92퍼센트가 저소득 국가에서 발생한다는 사실은 더욱 비극적이다.[8] 부유한 국가들은 자신들이 이 지속적인 위기의 영향의 고리에서 벗어나 있다고 생각한다. 마음을 열고 팬데믹이 닥쳤을 때 보여준 시급함과 하나된 마음으로 이 위기들에 대응한다면 해결이 불가능해 보이는 수많은 문제가 사실 해결 가능하며 그것도 빠르게 해결할 수 있음을 알게 될지도 모른다.

인류가 코로나 때 보였던 다급성, 창의성, 통일성, 희생 의지로 다양한 글로벌 난제를 해결한다면 우리가 어떤 일을 해낼 수 있을지 상상할 수 있는가? 최소한 상상이라도 해보려고 노력하자.

지금까지 총 2개의 미래 시나리오를 살펴보았다. 우리는 앞으로 12개의 미래 시나리오를 더 살펴볼 것이다. 일부는 많은 이들이 더 이상 걱정하지 않는 듯한 위기를 생각해 보도록 소행성 충돌 수준의 시급성이나 코로나 수준의 단합성을 촉구하도록 설계되었다. 이 시나리오들이 10년 후 우리가 얼마나 빠르고 극적으로 더 나은 세상을 만들 수 있을지 재고하는 데 도움이 되기를 바란다.

규칙 3 ———— **시나리오 굴려보기**

최소한 한 가지 사실이 지금과는 극적으로 다른 구체적인 미래로 정신의 시간 여행을 떠나보자. 이 시나리오를 상상할 때에는 불신하는 마음을 잠시 내려놓고 현실적으로 생각하며 자신에게 솔직하게 다가가야 한다. 창의력을 향상시키고 마음을 활짝 열도록 극단적인 시나리오의 극적인 사건들을 받아들이자. 내가 절대로 생각하지 않을 미래를 상상하기 위해 조금은 다른 관점으로 다가가 보자. 다른 이들을 초대해 함께 이 시나리오를 상상해 보면 상상력을 넓히고 다른 이들의 관점에서 미래를 느낄 수 있을 것이다.

Chapter 04

| | | | | | |

| | | | | | |

| | | | | | |

| | | | | | |

미래 상상력을
새로운 차원으로 이끌어라

**우리의 정신이 이따금 새로운 생각이나 감각에 의해 팽창하면
이전 차원으로는 절대로 돌아가지 못한다.**

─

올리버 웬델 홈즈 경, 시인이자 물리학자

미래 시나리오에 관한 생각은 어디에서 올까? 여러분이 아직 존재
하지 않는 세상을 그린다면 어떻게 시작하겠는가? 미래학자들이 떠먹여
준 시나리오를 상상할 때와는 달리 나만의 생각조차 하기 힘든 미래를
만들 때는 전혀 다른 차원의 창의력이 필요하다. 여러분을 위해 이 창의
적인 과정을 낱낱이 분해해 보이겠다.

이는 미래학자들이 데이토의 미래 법칙이라 부르는 것에서 시작된다.
짐 데이토는 미래 사고 분야의 창시자이자 권위자로 하와이 마노아 대학
교 정치 과학부에 세계 최초로 미래학 박사 과정을 창설했다. 40년 동안
미래학을 가르치고 미래 연구를 한 뒤 2007년 자비 출판 에세이 《미래학

이란 무엇이며 무엇이 아닌가?》를 통해 '데이토의 미래 법칙'을 공식화했다.

말도 안 되는 것이 가능한, 데이토의 미래 법칙

데이토의 미래 법칙은 미래 사고의 기본이다. 캘리포니아 팰로앨토에 위치한 미래 연구소를 방문하면 건물 정면 창문에 다음과 같이 쓰여 있는 것을 볼 수 있다.

"미래에 관한 모든 유용한 진술은 처음에는 말도 안 되는 것처럼 보이기 마련이다."

이 문장을 잠시 곰곰이 들여다보자. 미래에 관한 모든 유용한 진술은 처음에는 말도 안 되는 것처럼 보이기 마련이다. 무슨 뜻일까?

오늘날과 비슷한 이해 가능한 미래, 정상적이고 합리적으로 보이는 미래에 대비하기란 어렵지 않다. 우리의 허를 찌르는 것은 기이한 일들이다. "말도 안 돼, 그런 일은 절대로 일어나지 않을 거야."라든지 "상상도 할 수 없어."라고 말하게 만드는 가능성, 진지하게 받아들이는 데 시간이 걸리는 가능성이다. 이는 충격적이고 파괴적이며 받아들이기 힘든 미래이기 때문이다.

2019년 말, 다음과 같은 미래를 상상하라는 요청을 받았다고 생각해보자. 근미래에 거의 모든 국가가 국경을 봉쇄할 것이다. 10억 명의 아이들이 학교에 가지 못해 집에서 학습할 것이다. 4억 개의 일자리가 비필수적인 것으로 간주되어 사실상 하룻밤 사이에 사라질 것이다. 할머니를 껴안는 것이 법으로 금지될 것이다. 내가 살고 있는 캘리포니아에서는 거리 두기 시행령 때문에 2020년 내내 정말로 그랬다. 2019년에 이 아이디어는 처음에는 말도 안 되는 것처럼 보이지 않았겠는가? 하지만 몇 개월 후 이 상황은 현실이 되었다. 팬데믹 봉쇄가 우리에게 어떠한 영향을 미칠지 몇 개월 전에 미리 상상해 보았더라면 우리는 어떠한 준비를 했을까? 누구를 더 잘 도울 수 있었을까?

우리는 바로 그러한 상상조차 하기 힘든 가능성들에 집단 상상력을 발휘할 준비를 해야 한다. 그러한 일이 실제로 일어날 때 걱정에 사로잡히거나 예전 같은 방식에 갇히지 않도록 말이다. 다행히 우리는 내가 무엇을 바꿀 수 있고 바꿀 수 없는지에 관한 나의 가정에 반하는 정보를 적극 받아들이기만 하면 된다. 데이토의 미래 법칙이 우리에게 권장하는 바가 바로 이것이다.

역설처럼 보일지 모르지만 미래 시나리오는 말도 안 되는 것처럼 보이기 때문에 유용할 수 있다. 우리가 불가능하거나 말도 안 된다고 본능적으로 치부하는 시나리오는 전부 우리의 상상력에 존재하는 잠재적 맹점을 드러낼 수 있다. 일어날 가능성이 있을지도 없을지도 모르는 일들에 대비하기 위해 모든 시간을 쏟아부으라는 뜻이 아니다. 유용한 미래 시나리오는 처음 접했을 때 놀랍거나 사실 같지 않거나 불가능해 보인다. 처음에는 말도 안 되는 것처럼 보이지만 생각하면 할수록 가능해 보이는 시나리오다. 유용한 미래 시나리오는 더 깊이 조사하기 위해 사용하는 제보와도 같다. 뉴스를 보고 자신의 커뮤니티를 둘러보면 이미 일어나고 있는 변화, 대부분의 사람이 과소평가하거나 간과하기 쉬운 변화의 증거를 찾을 수 있다.

미래에 관한 처음에는 말도 안 되어 보이는 아이디어를 떠올리려면 새롭고 놀라운 가능성의 증거를 수집할 수 있도록 촉각을 곤두세워야 한다. 다가오는 변화를 빠르게 감지해 다른 이들에게 경고할 수 있도록 땅에 귀를 갖다 대야 한다. 그러려면 일상적으로 간과되는 것들을 알아채도록 뇌를 속이는 방법을 찾아야 한다. 그렇다면 이러한 역량은 어떻게 기를 수 있을까?

미래 연구소에서 나는 사람들이 처음에는 말도 안 되는 아이디어를 떠올리도록 돕는 수많은 방법을 설계하고 시험해왔다. 가장 효과적인 2가지 훈련 연습은 둘 다 브레인스토밍 게임으로 다른 이들과 함께할 때 최적의 효과를 낼 수 있다. 이 게임을 배워 처음에는 말도 안 되는 아이디어를 직접 떠올리게 하는 것이 나만의 미래 시나리오를 완성하는 첫 단계다. 이 법칙에 익숙해지면 다른 이들을 초대해 함께 미래를 브레인스토밍해보자.

이번 챕터에서 우리는 〈미래학자 당황하게 만들기〉 게임을 할 것이다. 내가 미래학자 역할을 할 테니 여러분은 나를 쩔쩔매게 만들면 된다.

여러분의 목표는 10년 후 변할 수 없는 것들, 변하지 않을 것들의 목록을 작성하는 것이다. 오늘, 일이 돌아가는 방식 중 10년 후에도 절대로 변하지 않을 것들을 생각할 수 있는가? 예를 들어 10년 후에도 정부는 시민들에게 세금을 매길 것이다. 10년 후에도 자동차에는 바퀴가 달려 있을 것이다. 10년 후에도 개는 가장 인기 있는 애완동물일 것이다. 10년 후에도 대부분의 사람들은 여전히 핸드폰을 소유하고 사용할 것이다. 계속해서 읽어나가기 전에 잠시 시간을 갖고 변하지 않을 사실을 최소한 한 가지만 적어보자. 가능하면 어딘가에 적어두기 바란다. 우리가 틀렸음을 나중에 입증할 것이기 때문이다.

나는 〈미래학자처럼 사고하기〉 수업 첫날 학생들에게 이 같은 질문을 던진다.

"생각해 보세요. 10년 후에도 지금과 변함없을 거라 절대적으로 확신하는 한 가지 사실은 무엇이죠?" 이러한 질문에 학생들이 가장 많이 내놓는 답은 다음과 같이 두 가지다. "바로 아기를 가지려면 남자와 여자가 필요하다."와 "인간이 숨을 쉬려면 산소가 필요하다."다.

나는 미래 연구소 동료들에게 학생들의 답을 전달한 뒤 학생들이 틀렸다는 사실을 입증하기 위해 다 같이 노력한다. 우리는 변하지 않을 것처럼 보이는 이 사실들이 사실 이미 변하고 있다는 단서를 찾는다. 〈미래학자 당황하게 만들기〉 게임을 시작한 지 몇 주 후 나는 〈단독 보도: 세계 최초로 '세 부모 기술'로 탄생한 아기〉[1]라는 뉴스 기사를 접했다. 영국에서 들려온 이 기사는 '전핵 이식'이라 불리는 실험적인 불임 치료에 대해 전했다. 두 여성과 한 남자의 유전 형질을 합쳐 아기를 만드는 기술이었다. 오늘날 이 기술은 유전 질환을 물려주지 않으려는 부모를 돕기 위해 주로 사용되며 일부 국가에서만 합법이다. 하지만 이미 이 기술을 이용해 아기들이 탄생하고 있다. 인류 번식의 가장 기본적인 사실, 즉 두 사람의 유전 형질만을 합친다는 사실이 달라질 수 있는 것이다.

미래학자로서 나는 이 단서가 지닌 숨은 뜻을 생각해 보지 않을 수 없었다. '세 부모' 불임 치료는 오늘날 매우 드물다. 우리는 아기를 만들기 위한 기본 설정이 두 명이 아니라 세 명의 부모인 미래를 상상할 수 있을까? 아니, 나는 이러한 시나리오가 그럴듯하다고 생각하지 않는다. 하지만 이 시나리오가 내 상상의 문을 활짝 열어젖힌 방식이 정말 마음에 든다.

나는 미래 가족들이 왜 세 명이서 아이를 만들고 싶어 할지 그 이유에 주목하고 싶다. 전통적인 세 부모 가정이 존재하는 세상은 어떠한 모습일까? 세 명이서 하게 되면 일과 육아, 부모로서의 역할은 어떻게 돌아갈까? 한부모에서 비혼 부모, 공동 육아, 혼합 가족에 이르기까지 가족 구조는 이미 놀라울 정도로 다양해지고 있다. 번식 구조를 세 부모로 바꿀 경우, 수많은 아기가 두 명의 생물학적 엄마와 한 명의 생물학적 아버지를 갖는 것과 같은 새로운 가능성이 하나 더 추가될 것이다.

세 부모 사이에서 태어난 아기라는 가능성에 도덕적, 윤리적으로 염려가 되어 여러분의 뇌가 강하게 거부하는 기분이라면 좋다. 여러분을 불편하게 만드는 정보를 받아들이는 연습을 하는 데 도움이 되는 시나리오를 찾은 것이다. 이는 중요한 상상 연습 기술이다.

수업 시간에 두 번째로 〈미래학자 당황하게 만들기〉 게임을 하려할 때 또 다른 단서가 등장했다. 케임브리지 대학교 연구진들이 동성 부모의 유전 형질을 이용해 아기를 만드는 법을 연구하고 있었다.[2] 당시에는 굉장한 뉴스였다. 그러한 방식으로 아직 아기가 태어난 적은 없었지만 과학자들은 10년 내에 가능할 거라 내다봤다. 줄기세포와 유전자 편집을 이용한 이 방법에서는 두 명의 남성 혹은 두 명의 여성만으로 배아를 만들 수 있었다. 이성 유전 형질은 필요 없었다. 가족을 꾸리고 싶어 하는 성소수자 커플에게 중요한 전환점이 될 터였다.

이 게임을 세 번째로 진행할 무렵 일어난 일은 다음과 같다. 중국 과학자들이 줄기세포와 유전자 편집을 이용해 동성 부모 사이에서 건강한 아기 생쥐를 탄생시켰다.[3] 이 아기 생쥐들에게는 여성 유전자를 지닌 부모만이 있었다. 자손을 번식하는 데 남성 쥐는 유전적으로 아무런 기여도 하지 않았다. 이 변하지 않을 미래는 내 예상보다 빠르게 펼쳐지고 있었다.

가장 최근에 〈미래학자 당황하게 만들기〉 게임을 할 때에는 더 많은 변화가 일어났다. 과학자들은 이제 인공 자궁을 이용해 무에서 생명을 창조하는 이야기를 하고 있었다. 난자도, 정자도, 유전자를 물려줄 부모도 필요하지 않았다.[4] 2021년 초, 이스라엘 와이즈만 과학 연구소의 연구진들은 쥐 임신 기간의 1/4을 넘긴 지점인 임신 5일째에 쥐의 자궁에서 배아를 제거해 인공 자궁에서 6일을 더 자라게 할 수 있었다고 밝혔다.[5] 출생 때까지 배아를 배양하는 일은 윤리적인 이유에서 중단되었다. 그들이 달성한 업적은 인간이 짧은 기간 아이를 임신한 뒤 나머지 기간은 인공 임신을 선택할 수 있을지, 그렇다면 언제, 왜 그렇게 할지에 관한 심오한 질문을 던진다.

인공 자궁이 자연 질서를 침해한다고 생각하는 많은 이들에게 인공 자궁은 두렵게 느껴진다. 여러분이 그렇다면, 이 기술을 개발 중인 연구진들의 공식 입장을 들으면 안심할지도 모르겠다. 그들은 이 기술이 미숙아를 돕기 위해 개발되고 있을 뿐 전통적인 임신을 대체할 보편적인 방법이 아니라고 말한다. 하지만 인류 역사에서 알 수 있듯 기술은 종종 이를 개발한 사람이 의도하거나 예상하지 못한 방식으로 사용된다. 게다가 극소수이기는 하지만 일부 연구진은 여성들이 9개월의 임신 기간 동안 겪는 신체적, 심리적, 경제적 압박에서 자유로울 때 어떠한 이득을 누릴지 공공연하게 논하고 있기도 하다.[6]

처음에는 말도 안 되는 생각처럼 보이는 이 아이디어를 적극 받아들이고자 하는 이들에게 이러한 대화는, 아이를 체외에서 배양하는 방법을 얼마나 많은 여성이 원할지, 그러한 여성이 있기나 할지, 그렇다면 그 이유는 무엇일지를 둘러싼 대화의 물꼬를 트는 중요한 역할을 한다. 우리는 이 기술을 인간에게 적용하기 전에 우리가 누릴 혜택에 수반될 피해를 예측해 볼 수도 있다.

예를 들어 다음과 같은 질문을 생각해 볼 수 있다. 마약 남용이나 알코올 중독 내력이 있어 고위험군으로 간주되는 엄마들은 아기를 보호하기 위해 자신의 의지와는 관계없이 체외 배양을 강요당하게 될까? 낙태를 고려 중인 여성은 배아를 끝까지 배양한 뒤 아이를 입양 보내게 될까? 정책과 규제에 영향을 미치기까지 최소한 10년은 남은 지금이야말로 이러한 결과를 논의하기 좋은 시점이다.

인류 번식의 미래에 관한 이 같은 단서를 수집하는 동안 학생들과 나는 이러한 연구를 하는 동기가 점점 더 궁금해졌다. 인류는 왜 난자와 정자 없이 무에서 생명을 창출하고 싶어 할까? 과학자들이 이 같은 기술을 개발하도록 만드는 욕망이나 욕구는 무엇일까? 우리가 알아낸 바에 따르면 수많은 연구진이 10년 후에는 인간의 번식력이 급감할 거라 예측했다.

인류 번식을 연구하는 유행병학자들은 지난 50년 동안 전 세계 남성의 정자 수가 50퍼센트 넘게 감소했으며 정자에 담긴 DNA가 점차 오염되고 있음을 밝혔다. 여성들의 유산율은 지난 20년 동안 매해 증가하고 있다.[7] 이유는 무엇일까? 플라스틱, 전자기기, 식품 포장 용기를 비롯한 일상용품 안에 들어 있는 호르몬 분열 화학물질이 체내 테스토스테론과 에스트로겐의 자연적인 수치를 바꾸기 때문이다. 산업 배출물에서부터 산불 연기에 이르기까지 온갖 종류의 대기 오염에 노출되는 상황 또한 출산율 하락에 영향을 미친다.[8] 남성들이 특히 큰 영향을 받는 듯하다. 이러한 트렌드가 지속될 경우 10년 후 쯤에는 인공 재생 기술이 특수한 사례가 아니라 반드시 필요한 일이 될지도 모른다.

처음에는 말도 안 되는 것처럼 보이는 이 아이디어, 미래에는 아기를 만들기 위해 남자나 여자가 필요 없을 거라는 이 아이디어는 유용한 아이디어였다. 이는 인류의 건강을 해치는 트렌드로 우리의 이목을 집중시켰다. 호르몬을 바꾸는 화학물질을 금하거나 최소한 우리 몸 안이나 집에서 이러한 화학물질을 없애고 독성 대기 오염을 낮추기 위한 조치를 취함으로써 우리는 이러한 트렌드를 거스를 수 있다.

이 아이디어는 전통적인 양육과 가족 구조의 대안을 살피도록 만들었다. 이 대안은 번식 방법 외에도 우리가 누릴 사회적, 심리적, 경제적 이득을 살피는 데 도움이 될지도 모른다.

이 아이디어는 새로운 기술이 널리 퍼져서 통제하기 어려워지기 전에 이 신기술을 둘러싼 윤리적 문제를 해결할 기회를 준다. 미래에 관한 다른 유용한 아이디어들처럼, 오늘날 우리가 내려야 하는 결정들에 대한 명쾌한 답을 제시해줄지도 모른다.

수업이 끝날 때면 나는 학생들이 느낀 가장 큰 깨달음의 순간을 묻곤 한다. 브라질에서 공무원으로 일하는 테레사는 2021년 온라인 수업을 들었다. 우리가 번식의 미래에 관해 발견한 단서에서 그녀에게 깊은 인상을 받았다. 테레사가 느낀 깨달음의 순간을 그녀의 동의를 얻어 싣는다.

"저는 굉장히 종교적인 가정에서 자랐어요. 세 번이나 유산을 하자 가족들 모두가 신의 뜻이라고 했죠. 저는 그렇게 생각하지 않았어요. 남편과 저는 체외 수정을 하고 싶었어요. 하지만 저희 교회에서 체외 수정은 허락되지 않았죠. 저희는 어떻게 해야 할지 망설였어요. 그 무렵 일 때문에 미래 사고 수업을 들었는데 그게 아마도 신의 계획 아니었을까 싶네요. 덕분에 도움을 받아 아기를 갖는 일이 정상인 미래를 상상해 볼 수 있었죠. 저는 그럴 기회가 있음에도 체외 수정을 하지 않기로 선택한 10년 후의 저를 그려봤어요. 저희에게는 아이가 없었죠. 미래의 저는 다른 사람의 말을 듣고 제가 원하는 일을 하지 않았다는 사실에 정말 화가 나 있었어요. 저는 체외 수정조차 시도해보지 않은 저를 발견하고 싶지 않다는 걸 깨달았어요. 제가 얼마나 후회할지 정말로 느낄 수 있었죠. 미래에는 이러한 선택을 내린다고 비난받지 않을 것이며 이러한 선택이 더 이해받고 수용될 거라는 걸 확실히 느꼈어요. 그래서 우리는 체외 수정을 해보기로 했어요. 미래가 저를 허락할 때까지 기다릴 필요가 없어요. 이제 제가 스스로를 허락할 거니까요."

여러분은 세 부모에게서 태어난 아이, 무에서 생성된 아기, 혹은 체외 배양된 아기는커녕 아이를 갖는 일조차 생각하지 않을지도 모른다. 하지만 이러한 단서들에 주목하는 일은 중요하다. 달라질 수 있거나 달라질 수 없다고 생각하는 것들에 언제나 이의를 제기하고 온갖 혁신적인 역사에서 사실로 여겨진 것들조차 변할 수 있다는 증거를 적극 찾아나서는 정신 습관은 온갖 종류의 변화를 빠르게 감지해 변화에 신속하게 적응하고 다른 이들을 보다 효과적으로 도울 준비를 할 수 있는 강력한 기반을 마련해준다.

이 게임에는 중요한 규칙이 하나 더 있다. 나는 수집한 증거를 학생들과 전부 논의한 뒤 내가 그들을 확신시켰는지 표결을 해달라고 요청한다. 바뀔 수 없는 사실이 10년 후에는 달라질 수 있을까? 내 자랑 같지만 나는 절대로 변할 수 없는 사실 앞에서도 웬만해선 쩔쩔매지 않는다. 10년 후에는 거의 모든 것이 달라질 수 있다는 가능성을 받아들이도록 대부분의 학생을 설득할 수 있다. 여러분 역시 이러한 기술을 습득하게 될 것이다.

이제 또 다른 사실을 살펴보자. 10년 후에는 또 무엇이 달라질 수 있을까? 나를 정말로 당황하게 만든 학생의 진술이 하나 있긴 했다.

"태양은 동쪽에서 뜨고 서쪽에서 진다."

그렇다, 그러한 사실이 바뀔 거라 상상하기는 정말 어렵다! 하지만 특정한 미래가 어떠한 모습일지 알 수 없을 때 훌륭한 미래학자들이 하듯, 나는 구글에 '일몰의 미래'라고 쳐봤다. 최근 기사, 과학 논문, 이 주제에 관해 전문가들이 소셜 미디어에서 한 말들을 찾아봤다.

그러다가 누군가에게는 일몰이 지금과는 다를 수 있다는 증거를 발견했다. 어떠한 사람들은 일출과 일몰이 매일 일어나지는 않는 세상에 살게 될 수 있었다. 최소한 지구에서의 '하루'라는 기준에 따르면 그랬다. 화성에 살게 될 이들은 지구의 하루보다 긴 시간을 기다려야 일몰이나 일출을 맞이할 수 있을 것이다. 화성에서의 하루는 지구에서의 하루보다 살짝 길기 때문이다. 나는 NASA의 화성 탐사 로봇이 포착한 화성에서의 일출과 일몰을 기록한 영상과 사진을 수업 시간에 보여주었다. 짠! 일몰의 미래가 다를 수 있다는 증거였다.

그런데 이 영상을 본 학생들이 질문을 던졌다. 10년 후 화성에서 달라질 일출을 목격할 사람이 정확히 누가 될 것인가? 이는 처음에는 말도 안 되는 것처럼 보이는 생각인가? 아니면 단순히 말도 안 되는 생각인가?

우리는 더 자세히 알아봤다. 최대한 빠른 시일 내에 화성에 인류 정착지를 마련하려는 기술을 개발 중인 우주 기업가들이 넘쳐났다. 일론 머스크와 그가 설립한 스페이스X가 가장 유명했지만 NASA와 협력해 화성 정착지를 보다 실현 가능하도록 만들려는 기업이 최소한 열세 곳은 더 있었다. 사람들이 농작물을 경작해 우주에서 자급자족할 수 있도록 돕는 자동 로봇을 개발 중인 록히드 마틴도 그중 하나다.[9]

한편 미국, 중국, 일본, 러시아, 인도, 아랍에미리트는 2030년대에 인류를 화성에 보내겠다는 목표로 무인 연구 프로그램을 진행하고 있다. 머스크는 2019년 이렇게 예측했다.

"5년 후에 시작하면 2050년이면 화성에 자급자족하는 도시를 설립할 수 있습니다."[10]

아랍에미리트는 2117년까지 60만 명이 거주하는 거대한 도시를 화성에 짓고 싶다고 말한다. 10년보다 훨씬 먼 미래다. 하지만 2030년대에 화성 무인 미션을 시작한다면 비교적 빠른 미래에 최소한 누군가는 다른

일몰 속에 살게 될 수 있다.[11]

　화성은 일몰뿐만 아니라 모든 것이 다를 수 있는 장소다. 화성에서 살아남으려면 사회를 재창조해야 한다. 먹는 방식, 조직하는 방식, 투표하는 방식, 생활하는 방식을 말이다. 머스크와 아마존을 창립한 제프 베이조스는 화성에서의 통치 방식과 법 같은 것들을 재고하는 일이 신이 난다고 공개적으로 밝힌 바 있다.

　우주 기업가뿐만 아니라 평범한 우리들이 화성에서의 삶을 진지하게 생각하기 시작할 이보다 좋은 이유가 어디 있겠는가? 우리는 미래 세대를 위한 문명을 다시 상상하고 다시 창조하는 일이 누구의 몫이기를 바라는가? 이는 화성 정착지를 진지하게 고려할 여유가 되는 운 좋은 소수가 되어야 할까, 우리 모두가 되어야 할까?

　나는 개인적으로 화성 정착민이 될 생각이 없으며 내 아이들이 우주 정착민이 되겠다고 지원하고 나설 경우 이를 기꺼이 받아들일 수 있을지 모르겠다. 하지만 내가 이 아이디어로 다음번 사회를 형성하는 데 도움이 될 수 있다고, 보다 공평한 미래를 상상하는 데 기여한 조상이 될 수 있다고 생각하고 싶다. 내 두 다리가 화성에 닿지 않을 거라는 이유로 손을 빼지는 않을 것이다. 온갖 불평등한 상황이 지금 이곳 지구에서 훨씬 더 많은 사람들에게 영향을 미치는 가운데 수세대 후 다른 행성에서의 평등성, 안전, 기회를 걱정하는 일은 터무니없어보일지 모른다.

　하지만 화성 정착지 아이디어가 오늘날 우리가 새로운 방식으로 무언가를 시도하도록 영감을 줄지 누가 알겠는가? 미래 연구소에는 통치의 미래를 연구하기 위한 목적으로 설계된 실험실이 있다. 이곳에서 진행된 실험에 따르면, 사람들은 바뀌지 않을 현 제도라는 현실에서 멀찍이 떨어질 때 변화를 보다 창의적으로 바라봄으로써 상상 속 미래 국가나 다른 행성에서 새로운 헌법을 만드는 일을 상상할 수 있었다.[12]

지난해 나는 '외계 생명체 제도'라는 주제로 나흘 간 진행된 온라인 콘퍼런스에 참석했다. 인류의 자유를 가장 잘 지키고 인권을 증진시키는 데 도움이 되는 우주 통치 방식을 논하기 위해 천체물리학자, 경제학자, 정치 과학자가 한 자리에 모였다. 이 콘퍼런스는 무료였고 그다지 홍보가 잘 되지는 않았지만 대중에게 공개되었다. 미래 단서를 정기적으로 찾아나서지 않는 사람이라면 이처럼 신나는 대화에 참여할 수 있는 기회가 얼마나 많은지 알지 못할 것이다. 10년 후에는 뭐든 달라질 수 있다는 증거를 찾는 일의 긍정적인 부작용이라면 오늘날 내가 도움을 받을 수 있고 참여할 수 있는 커뮤니티, 변화를 겪고 있는 커뮤니티를 찾게 된다는 것이다.

화성에서의 삶이라는 새로운 아이디어를 떠올릴 만한 사람이 또 누가 있을까? 중국에서는 C 스페이스라는 기업이 지구에서 화성과 가장 비슷한 장소 중 하나인 고비 사막에 모의 화성 식민지를 구축했다. 이 교육 시설을 방문하는 사람들은 이 환경에 직접 들어가 식품 공급이나 전력 생산처럼 화성에서 마주하게 될 문제를 해결해볼 수 있다.[13] 지금 태어난 세대는 다른 행성에서 살 기회를 현실적으로 기대해볼 수 있다는 사실이 나는 흥분된다. 지구 밖에서 살 수 있다고 믿는 일이 미치는 사회적, 심리적 영향은 무엇일까?

화성에 가지 못할지라도 그곳에 도달하기 위해 우리가 펼치는 노력 자

체만으로도 인류에게 화성이 의미하는 바는 달라질지도 모른다. 연구진들은 인류가 화성에 적합하도록 우리의 유전자를 편집하는 일에 이미 착수하고 있다. 그들이 가장 먼저 달성하고 싶은 업적은 체취를 없애고 방사선 위험에서 세포를 보호하며 사람들이 아주 적은 음식과 낮은 산소 수치에 의존해 살도록 돕는 것이다.[14]

과학자들이 화성에 준비된 인류를 유전자 조작하는 동안 우리는 정기적인 음식이나 산소 공급 없이도 살 수 있을 경우 지구에서의 경제와 생활 방식이 바뀔 거라 상상해 볼 수 있지 않을까? 다시 말해 매일 음식을 먹지 않아도 되거나 산소로 호흡하지 않고도 오랜 시간을 버틸 수 있다면 여러분은 화성에 가는 일 외에 또 무슨 일을 하겠는가? 말하자면 미래에는 모든 것이 달라질 수 있다. 태양이 얼마나 자주 떠오르는지, 인류가 숨을 쉬기 위해 지속적인 산소 공급이 필요한지조차 말이다.

미래에 관한 아이디어는 유용하다. 미래가 다가오기 전에 미리 난제에 대비하는 데 도움이 되기 때문이며, 위기를 예방하기 위해 힘쓸 시간을 주거나 열린 마음으로 나의 삶과 내가 속한 커뮤니티에서 변화를 시도하도록 영감을 주기 때문이다.

처음에는 말도 안 되는 것처럼 보이는 아이디어는 창의력과 혁신을 불러일으킨다는 점에서도 유용하다. 이러한 아이디어는 우리가 한 번도 생각해 본 적 없는 것들을 생각하도록 도와준다. 내가 화성의 미래에 대해 얘기하는 걸 좋아하는 가장 큰 이유다. 나는 화성의 미래가 연구나 경력, 예술 작업에서 도통 진도가 나가지 않는 사람들에게 엄청난 창의력을 선사하는 걸 목격했다.

가자 엔틀레이가 대표적인 예다. 가자는 호주 디킨대학교 공학 및 산업 디자인 교수로 그녀의 전문 분야는 가상 현실과 3D 음식 프린팅 같은 신기술을 이용해 박물관을 찾는 이들에게 상호교류적인 경험을 선사하는 것이다. 나와의 수업 시간에 화성 아이디어를 살펴본 그녀는 우주 여행과 정착지의 미래를 개발하는 데 이 기술을 적용할 수 있음을 깨달았다.

"오늘날 저는 박물관에서 상호교류적인 경험을 설계하지만 차후에는 우주에서 상호교류적인 경험을 설계할 수 있을 거라 봐요."

그녀는 최근에 나에게 이렇게 말했다.

"저는 호기심과 창의성을 발휘하는 플랫폼이 장기 미션을 수행 중인 우주비행사와 우주 여행객의 정서, 정신, 정체성 욕구를 지지하는 방식에 관심이 많습니다."

우주 여행 기간에 극단적인 단절과 물리적 제한을 경험하는 사람들의 특정한 사회적, 심리적 욕구를 충족시키기 위해 미디어, 게임, 커뮤니케이션을 설계하자니 얼마나 독창적인 생각인가! 만성 질환 때문에 집이나 침실에서 많은 시간을 보내는 이들, 생활 지원 시설에 거주하는 이들, 구금된 이들처럼 움직임이 제한되거나 제한된 공간 속에서 생활하는 이들의 정신 건강과 정서 건강을 개선하는 데 이와 비슷한 생각들을 어떻게 적용할 수 있을지 궁금해진다.

가자는 완전히 새로운 분야의 디자인이나 예술 작업에 착수할 수 있다. 여러분도 이러한 방식으로 개척자가 될 수 있다. 나는 이러한 사례를 수없이 목격했다. 처음에는 말도 안 되는 것처럼 보이는 아이디어를 굴려보면 새로운 혁신을 창출하고 새로운 제품과 서비스, 비즈니스, 예술 형태를 상상하기가 훨씬 더 용이해진다. '생각조차 하기 힘든' 미래를 생각하고 준비하는 이들은 극소수이기 때문이다. 우리가 그 아이디어를 선점하는 것이다. 가자는 이 가능성을 생각했을 뿐만 아니라 행동에 옮기기도 했다.

"저는 가상 공간 콘퍼런스에 참석해 국제 우주 대학에서 진행하는 5주짜리 남반구 우주 연구 집중 프로그램을 완수했습니다."

그녀는 자신의 창의적인 여정에 학생들을 참여시키기도 한다.

"저는 우주 공간 프로젝트를 학생들에게 나눠줘요. 이제 학생들은 달과 화성에 우주 정거장 호텔과 거주 공간을 설계하고 있답니다."

짧은 정신의 시간 여행을 떠나는 것만으로 어떻게 학습과 혁신을 꾀하는 완전히 새로운 경로가 탄생할 수 있는지 듣는 일은 즐겁다. 미래가 어떻게 달라질 수 있는지를 보여주는 단서가 나의 미래가 어떻게 달라질 수 있는지를 보여주는 단서로 언제 바뀌게 될지는 아무도 모른다. 또다시 상상력을 펼칠 준비가 되었는가? 이제 처음에는 말도 안 되어 보이는 아이디어를 하나 더 살펴보자.

10년 후 인류가 극단적인 번식 위기를 겪게 될 거라 상상해 보자. 그러한 위기를 상상하는 데 도움이 되는 디스토피아 소설이 넘친다. 마거릿 애트우드의 《시녀 이야기》에서부터 올더스 헉슬리의 《멋진 신세계》, 블록버스터 영화 〈칠드런 오브 맨〉에 이르기까지 인류는 대규모 번식 위기의 가장 악몽 같은 결과를 충분히 그려봤다. 젊은 여성을 노예로 만들고 완벽하게 똑같은 사람들로 이루어진 사회를 유전자 조작하고 폭력적인 경찰 국가를 만드는 세상이다. 부족해 보이는 것이 있다면 긴급한 번식 위기에 관한 신중하고 윤리적인 세계적 대응 방안을 현실적으로 상상하려는 노력이다.

나는 인류 번식을 연구하는 유행병학자들의 경고를 심각하게 받아들이고 싶다. 그중 한 명인 뉴욕 마운트 시나이 병원 아이칸 의과대학의 환경 의학 및 공중 보건 분야 교수, 샤나 스완의 말을 들어보자.

"출산율이 지금처럼 계속 낮다면 머지않아 인류는 생존 위기를 맞이할 것입니다. ……이러한 현실과 이 사안의 중대성을 부인하는 이들도 있고 지구에는 인구가 지나치게 많다고 대수롭지 않게 취급하는 이들도 있습니다. ……정자 수가 감소하는 현상은 40년 전 지구 온난화가 그랬듯 보고는 되었지만 부인하거나 무시되고 있습니다. ……이제 기후 위기는 최소한 대부분의 사람들에게 진짜 위협으로 받아들여지고 있습니다. 이 사회의 출산율 문제 역시 그렇게 되기를 바랍니다. 과학자들은 이 위기에 점차 동의하고 있습니다. 이제 대중들 역시 이 사안을 심각하게 받아들여야 합니다."[15]

미래 위기를 심각하게 받아들이기 위한 첫 번째 단계는 이를 진지하게 상상하는 것이다. 이 문제를 정말로 해결해야 한다면, 그리고 디스토피아적인 이야기를 전하는 데 그치지 않으려면 어떠한 행동을 취할 수 있을까? 어떠한 기술적인 해결책을 시도할 수 있을까? 어떠한 사회적 개입을 받아들일 수 있을까?

우리가 굳이 알아내지 않아도 될지 모른다. 정자 수와 질의 감소가 미치는 장기적인 함의와 이것이 진짜 위기에 해당하는지를 둘러싸고 과학 커뮤니티 내에서 지속적으로 열띤 토론이 진행되고 있기 때문이다. 일부 연구진은 남성 대부분의 정자 수가 수천만 개나 줄어들지 않는 한 문제가 되지 않을 거라 주장한다. 아기를 만드는 데에는 그렇게 많은 정자가 필요하지 않기 때문이다.[16] 다른 이들은 50여 년 전 과학자들이 처음으로 정자 수를 추적하기 시작했을 때 정자 수가 비정상적으로 높았을지도 모른다고, 이제 수백 혹은 수천 년 전의 정상 수치로 돌아가고 있을 뿐일지도 모른다고 말한다.[17] 이 위기가 과장된 것으로 밝혀질 경우 우리는 가상의 글로벌 번식 위기를 상상하는 데 오늘날 얼마나 많은 정신의 에너지를 쏟아야 할까?

미래학자들은 일어날 가능성이 낮지만 실제로 일어날 경우 사회에 엄청난 영향을 미칠 시나리오를 일컬어 고충격 저가능성 사건^{high-impact low-probability}, 줄여서 HILP 사건이라 부른다. 미래학자라면 대부분 소행성이 지구와 충돌하는 것처럼 정말로 고충격 저가능성 사건을 상상해야 한다고 말할 것이다. 바로 그 낮은 가능성 때문에 무시되며 끔찍할 정도로 준비가 불충분한 상태이기 때문이다. 2020년 이전, 전략적 통찰력 사전과 교과서에 등재된 고충격 저가능성 사건의 대표적인 예가 뭐였는지 아는가? 바로 팬데믹이었다.[18]

아래 시나리오는 일어날 일을 예측한 것이 아니다. 무슨 일을 해야 할지에 관한 권고 사항도 아니다. 충격은 크지만 일어날 가능성은 낮은 사건에 대한 집단 상상력을 열어젖히는 예시일 뿐이다. 현재의 번식 위기가 코로나19 팬데믹처럼 전 세계적으로 심각한 문제로 부상할 경우 우리는 어떠한 급진적인 조치를 취해야 할까?

10년 후 오늘.

드디어 그날이다. 과학자들이 긴급 조치를 촉구한 지 몇 개월이 지난 지금, 글로벌 긴급 정자 드라이브가 오늘부터 시행된다. 60세 이하의 전 세계 남성들은 유전 형질을 기부하도록 장려된다. 지금 당장 아기를 만들기 위해서가 아니라 30년, 40년, 50년, 심지어 100년 후에 아기를 만들기 위해서다.

예상 밖의 일이다. 물론 지난 몇십 년 동안 전 세계적으로 정자 수가 감소하고 있다. 하지만 지난 몇 년 동안 대부분의 국가에서 호르몬 분열 화학물질이 금지되고 있다. 과학자들은 번식력 저하 트렌드가 곧 뒤집힐 거라 예측했다. 그럼에도 정자 수와 질은 계속해서 감소하고 있고 유산율은 여전히 증가하고 있다. 출생률은 거의 대부분의 국가에서 적어도 30퍼센트 감소했다.

인류 번식을 연구하는 유행병학자들은 최악의 시나리오에 대비하기 위해 인류는 가능한 많은 정자를 모아서 얼려야 한다고 경고한다. 그들은 긴급 정자 은행을 시행하지 않을 경우 이 행성은 아이들 하나 없이 급속도로 인구 고령화를 겪게 될 거라 주장한다.

기부자 수를 추적하고 있는 페이스북에 따르면 지금까지 5천 명이 넘는 남성이 글로벌 긴급 정자 드라이브에 등록했다. 하지만 과학자들은 미래 세대를 보호할 만큼 고품질의 정자를 확보하려면 최소한 2억 5천 명의 남성이 필요하다고 말한다.

중요한 선거 날이 된 기분이다. 직원들은 정자 드라이브에 참여하도록 유급 휴가를 장려 받는다. 사람들은 자진해서 기부 센터에 다른 이들을 데려다준다. 유명한 운동선수, 배우, 음악가를 비롯한 기타 유명 인사들은 지역 사회의 기부자 수를 높이기 위해 '기부 완료', '미래 아버지' 스티커를 단 뒤 셀카를 찍어 올린다. 운영진들은 공정한 참여와 충분한 유전적 다양성을 확보하기 위해 노력할 것을 약속했다.

"인류의 다양한 유전적 특징을 확보하는 것이 중요합니다."

커뮤니티 봉사자는 이렇게 말한다. 하지만 기부에 구조적 어려움을 겪거나 역사적인 차별이나 학대 때문에 정부나 의료계를 믿지 못할지도 모르는 다양한 인종을 대변하지 못한다는 우려도 높아지고 있다. 과학자들은 정자 보존 과정에서 신뢰를 구축하기 위해 최선을 다하고 있다. 그들은 전 세계 인구대체수준이 가임기 여성 한 명당 0.5보다 낮아지지 않는 한 비축된 정자를 사용하는 일은 없을 거라 말했다. 이 비율대로라면 전 세계 인구는 몇 세대 만에 90억 명에서 15억 명으로 줄어들 것이다. 소셜 미디어에서는 음모 이론이 나돌고 있다. '가짜 긴급'이 유행이며 '이 유전 물질은 정말로 어디에 이용될까?' 같은 제목의 영상이 급속도로 퍼지고 있다. 이 위기의 타당성을 인정한 이들 역시 기부자 동의서에 실린 세부 사항 때문에 의문을 품는다. 동의서에 따르면 기부자는 전 세계 어디에서든 아무런 제한 없이 새로운 생명을 탄생시킨다는 목적하에 글로벌 긴급 정자 은행이 자신의 유전 형질을 사용하거나 복제할 수 있는 영구적이며 취소 불가능한 권리를 승인해야 한다. 이 모든 조항을 보면 의문이 들 수밖에 없다. 우리는 생물학적 아버지가 될 수 있는 마지막 세대일까?

내가 인류 역사의 이 순간에 있다고 상상해 보자. 최초의 글로벌 긴급 정자 드라이브가 현재 시행 중이다. 나는 이 위기에 어떻게 반응할 것인가? 믿을 만한 정보와 조언을 어디에서 얻을 것인가?

× × ×

선택의 순간 >> 생물학적으로 정자를 기부할 수 있다면 글로벌 긴급 정자 은행에 유전 물질을 기부하겠는가? 왜 그러겠는가, 혹은 왜 그러지 않겠는가? 생물학적으로 정자를 기부할 수 없다면 조언을 바라는 친한 이성 친구나 가족에게 뭐라고 말하겠는가? 기부하라고 장려하겠는가, 하지 말라고 촉구하겠는가? 그 이유는 무엇인가? 확신이 들지 않는다면 어떠한 정보나 누구의 의견을 참고로 결정을 내리겠는가?

현재로 돌아와 보자. 어떠한 선택을 내릴지 결정했으니 가능한 미래를 계속 생각해 보기 바란다. 다음은 생각해 볼 질문들이다.

- 10년 후 번식 위기는 나와 사랑하는 사람들에게 어떠한 영향을 미칠까?
- 정자, 난자, DNA 등 나의 유전 형질을 저장할 이 같은 단체를 신뢰하려면 무엇이 필요할까? 이 물질이 사용되는 방법에 관해 어떠한 확신이 필요할까?
- 이 시나리오에서 도덕적, 윤리적으로 우려되는 부분은 무엇인가? 이 문제를 해결할 방법을 생각할 수 있는가?

- 50년 후 긴급 정자가 필요해진다면 이는 어떠한 식으로 분배될까? 오늘날처럼 여성들이 기부자를 선택할 수 있을까? 여성들은 기부자에 대해 얼마나 많은 정보를 얻게 될까? 그러한 규칙은 누가 만들어야 할까? 정부, 과학자, 의사, 독립적인 윤리 단체가 결정해야 할까, 전 세계 투표로 결정되어야 할까?
- 수세대의 남성이 자신의 정자로 아기를 만들 수 없게 되면 가족의 삶이 크게 변할까? 생물학적 어머니는 있지만 아버지는 없는 미래에 짝짓기와 부모되기는 어떠한 모습일까?
- 이 시나리오가 얼마나 편안하게 느껴지는가? 1부터 10까지 점수를 매겨보자. ⬜

  (1 = 굉장히 불편하다, 10 = 굉장히 편안하다)

이 시나리오는 정말로 일어날 수 있을까? 과학자들은 미래 유전 형질을 보존하기 위한 지하 은신처를 구축하는 등 이미 장기적인 차원에서 생물학적 다양성 손실을 예방하기 위한 작업을 시행하고 있다. 성경에 나오는 노아의 방주를 따 이름 지은 프로즌 아크는 2004년에 설립된 자선 단체다. 영국에 기반한 이 단체는 전 세계 동물학자와 환경 보호 활동가들과 협력해 멸종 위기에 처한 동물 종의 DNA를 수집하고 보존한다. 현재 이곳에 등록된 동물은 35,000종이 넘는다.[19] 이러한 활동은 멸종 위기에 처한 동물 바이오 뱅킹이라 알려져 있다.

2021년, 바이오뱅킹은 네이처가 '멸종 위기에서 동물을 구하자'의 약자인 세이프SAFE, Save Animals from Extinction를 설립하면서 큰 도약을 했다. 영국

슈롭셔에 위치한 이 단체는 멸종 위기에 처한 동물의 난소와 고환 조직을 보관한다. 네이쳐의 세이프에서 활동하는 과학자들은 이 바이오뱅킹의 목적이 종들의 완벽한 유전 역사를 보존하는 것만은 아니라고 명시한다. 그들은 언젠가 이 물질을 녹여 임신을 시도하는 데 사용하고자 한다. 멸종 위기에 처하거나 멸종된 종들을 재생산하는 일을 가능케 하는 것이다.

바이오뱅크에 저장하는 것이 동물만은 아니다. 역시 영국에 기반하고 있으며 2000년에 설립된 밀레니엄 시드뱅크는 미래에 대비해 전 세계적으로 240억 개의 씨앗을 보존하고 있다. 이 씨앗들은 홍수, 폭탄, 방사선이 차단된 지하 납골당에서 영하의 온도에 저장된다. 그들은 지금껏 전 세계 식물 종의 10퍼센트 이상을 성공적으로 바이오뱅크 했다.

그중 12개 종은 시드뱅크에 저장된 이후 전 세계적으로 멸종했다. 극단적인 기후 재앙이 찾아와 인류가 정말로 지구의 야생동물을 다시 살려야 한다면 시드뱅크가 유전 형질을 제공할 수 있을 것이다. 한편 2021년, 비영리 단체인 그레이트 배리어 리프 레거시는 800개의 단단한 산호 종을 보존하는 산호 방주, 리빙 산호 바이오뱅크를 위한 디자인 계획을 공개했다. 이로써 대양 역시 우리가 아는 모습으로 되살릴 수 있을지도 모른다.[20]

멸종 위기를 막기 위한 바이오뱅킹 기술은 아직까지는 동물이나 식물만을 대상으로 한다. 그렇다면 인류의 생물학적 다양성 역시 이와 비슷한 방식으로 보존될까? 사회가 '글로벌 긴급 정자 드라이브' 시나리오에서처럼 번식 위기에 극단적으로 대응하는 일은 절대로 일어나지 않을지라도 최소한 안전하고 공정한 바이오뱅킹 방법을 생각해 두는 편이 좋다. 이 시나리오가 오늘날에는 말도 안 되어 보일 수 있다. 하지만 인류의 지속적인 생존에 필요한 유전 형질을 확보하기 위해 전 세계적으로 협력적인 행동을 취해야 할 때 집단 상상력이 메말라서는 안 될 것이다.

위기 때문이든 다른 이유 때문이든 인류 바이오뱅킹으로 인해 우리가 어떠한 문제에 직면하게 될지 확신할 수 없다. 하지만 그러한 가능성을 미리 상상해 볼 경우 미래에 더 잘 대응하게 되리라 확신한다. 얼마나 기이한 일들이 일어날 수 있는지 생각해 보는 것만으로 미래에 충격을 덜 받게 되며 미래를 구축하는 능력이 향상된다.

2021년 초, 2008년 슈퍼스트럭트 팬데믹 시뮬레이션 참가자 한 명이 나에게 인상적인 메일을 보내왔다.

"지난해 팬데믹 때 일어날 일들은 저에게 새로운 경험이라기보다는 옛 기억처럼 느껴져요. 다른 이들이 두려워하는 일들에 기이하게도 충격을 덜 받은 기분입니다."

충분히 납득할 만한 일이다. 가능한 미래를 생생하게 상상하면 아직 경험해보지 않은 것에 대한 기억을 생성할 수 있기 때문에 그에게는 팬데믹이 익숙하게 느껴졌던 것이다. 연구 결과에 따르면 미래 기억은 우리가 상상한 충격적인 미래가 현실이 될 때 심리적 이점을 가져다준다고 한다. 이 미래가 덜 놀랍게 느껴지기 때문만은 아니다. 미래를 '옳게' 상상한 데서 오는 자신감 향상 효과도 크다. 자신감은 우리가 행동을 취하고 타인을 도울 가능성을 높여준다.

이유를 살펴보자. 미래가 펼쳐지기 전에 그 미래를 상상했다는 사실은 우리 뇌에 특정한 반응을 가져온다. 우리가 처음을 느끼는 감정은 충격이 아니라 인지다. 우리는 이 기이한 신세계를 인지한다. 상상 속에서 이미 그곳에 가봤기 때문이다. 뇌는 우리에게 말한다. "너는 이 세상을 알잖아. 여기 와 봤잖아." 이는 무기력과 공포라는 감정을 물리치는 강력한 해독제다. 일어난 일을 예지할 경우 우리는 상황에 덜 압도되고 통제력이 높아지며 타인을 더 잘 도울 수 있게 된다.

스토리텔링이 뇌에 미치는 영향을 연구하는 신경학자, 앵거스 플레처는 이렇게 말한다.

"예지 상태는 뇌 전두엽 피질의 '관점 수용 네트워크'에서 우주적 아이러니라는 강력한 감각을 자극한다. 이는 사건을 신처럼 위에서 내려다보는 경험을 선사한다."

10년 후를 멀리 내다보며 제3자의 관점을 취하는 연습이 가져다주는 이득이 떠오를지도 모른다. 예지는 이와 똑같은 태도 변화를 야기한다. 전에 전부 본 거라는 감정이 유발했다는 점만 다를 뿐이다. 플레처는 "이 전지적 관점은 깊은 감정을 담당하는 뇌 부위의 활동을 낮춰준다. 우리 앞에 놓인 충격적인 사건의 중립적인 완충제로 작용하는 것이다."며 이렇게 덧붙인다.

"이 중립적인 감정은 치유 효과가 상당하다. ……이는 무기력이라는 비극적인 감정을 자기효능감이라는 심리 감각으로 바꿔준다."

플레처는 소설, 연극, 영화가 독자와 관중에게 예지라는 유용한 감정을 안겨주는 방식에 관심이 많다. 그는 이야기의 끝 부분에 일어날 끔찍한 일들을 관중에게 경고하면서 막을 여는 그리스 비극을 권유한다. 그는 참

전 용사의 외상 후 스트레스 장애 치료에 이용되는 그리스 비극 공연을 다룬 연구를 언급하기도 한다. 연구 결과에 따르면 참전 용사들은 이 스토리에서 예지력을 경험할 때 불안감이나 무기력감이 감소했다고 한다.

"우리는 오이디푸스만큼이나 불가피한 일을 막을 수 없지만 이 예지력은 불가피한 일이 일어날 때 이를 관리할 수 있는 역량을 길러준다."

플레처는 미래 트라우마의 예언으로 시작하는 가장 유명한 그리스 비극을 언급하며 이렇게 말한다.[21]

직접 미래 시나리오를 작성하든, 해당 시나리오를 진지하게 받아들이든, 충격적인 시나리오를 상상할 때에도 마찬가지 일이 일어난다. 적극적인 상상은 불안이나 외상 후 스트레스 장애를 해결하기 위한 노출 치료와 마찬가지로 받아들이기 힘든 미래의 사전 노출 치료 효과가 있다. 이러한 치료는 감정을 유발하는 사건의 반복적인 상상과 떠올리기를 통해 뇌의 충격과 공포 반응을 둔감하게 만드는데, 받아들이기 힘든 미래를 시뮬레이션해보는 일 역시 미래 충격에 대항하는 일종의 백신처럼 작용한다.

뉴질랜드에 위치한 영국 고등 법무관 사무소에서 과학 혁신 수석으로 일하는 제임스 아라시는 최근 나에게 놀라운 이야기를 들려주었다. 제임스는 2019년 미래 사고 프로그램의 일환으로 시뮬레이션 스킬이라는 내 온라인 수업을 들었다. 이 수업의 대표적인 과제는 슈퍼스트럭트 시뮬레이션의 간략한 재연이었다. 학습자는 다음 질문에 대한 답을 제출해야 했다.

"이 세상이 백신도 치유 방법도 없는 상태로 위험한 호흡기 팬데믹에 대처하고 있다. 자신만의 유일무이한 기술과 장점으로 이 상황에 어떻게 기여하겠는가?"

그 말인즉, 기이하기는 하지만 제임스를 포함한 거의 7천 명에 달하는 학생들이 코로나19가 처음으로 감지되기 몇 주나 몇 달 전, 코로나19와 비슷한 시나리오를 상상하며 다른 이들을 돕기 위한 계획을 적극적으로 세우고 있었다.

"코로나가 터지기 전에 게임을 통해 이 같은 팬데믹 상황을 미리 상상해 본 결과, 실제 코로나가 터졌을 때 제가 가진 기술을 사용할 준비가 되어 있었습니다."

시뮬레이션 스킬스 수업을 들은 학생들이 예지력을 과연 행동으로 바꾸었을지 알아보기 위해 연락을 취했을 때 제임스는 이렇게 말했다. 실제 팬데믹이 터졌을 때 행동을 취할 준비가 되어 있던 그는 회사의 코로나 긴급 대응 관리를 자처했다. 코로나 사태를 막을 아이디어를 지닌 뉴질랜드 기업을 지원하기 위해 기업, 혁신, 고용부와 협력해 혁신 가속화 자금을 구축했다. 또한 전 세계 어느 곳에서보다도 긴박한 록다운이 이루어진 기간에 뉴질랜드 단체들이 직원들을 해고하거나 일시 해고하지 않고도 완전한 록다운을 시행할 수 있도록 원격 근무와 원격 협력 교육을 빠르게 지원했다.

"팬데믹 상황을 상상해 보면서 속이 메스껍고 불확실한 경험을 미리 해봤어요. 코로나가 터졌을 때에는 내가 가진 기술로 어떠한 도움을 제공할 수 있을지 충분히 생각해 본 상태였죠. 덕분에 신속하게 행동을 취할 수 있었어요."

제임스는 이렇게 보탰다.

"지난 18개월 동안 사람들은 충격에 빠져 있었어요. 하지만 저는 미래 시뮬레이션을 통해 무술 연습을 한 거나 마찬가지였어요. 안전한 환경에서 기술과 기량을 충분히 연습해봤기 때문에 비교적 차분한 상태로 빠르고 효과적으로 움직일 수 있었죠."

제임스가 이끄는 데 기여한 활동은 뉴질랜드 프로젝트 관리재단에서 수여하는 올해의 가장 적응력 있고 용기 있는 프로젝트상 최종 후보에 올랐다. 그가 몸담은 분야에서 명망 높은 상이었다. '적응력 있고 용기 있는' 미래를 상상하고 계획할 때 처음에는 말도 안 되어 보이는 상상을 하려는 태도의 이점을 이보다 잘 요약한 단어는 없다고 본다.

이 책에서 소개하는 시나리오를 계속해서 살피다 보면 여러분은 처음에는 말도 안 되어 보이는 아이디어에 보다 개방적이 될 것이며 중립적인 완충제이자 자신감을 북돋아 주는 동력제로 작용할 수 있는 예지력이 한층 풍부해질 것이다. 팬데믹을 상상하는 경험으로 많은 참여자들의 실제 팬데믹을 향한 반응이 달라졌듯 기이한 글로벌 긴급 정자 드라이브라는 미래에 관한 기억은 긴급한 전 세계적 번식 위기에 반응하는 우리의 방식에 영향을 미칠 것이다.

우리는 덜 놀랄 것이고 문제가 더 익숙하게 느껴질 것이며 도움을 줄 수 있는 방법을 적극 찾아 나서게 될 것이다. 그러한 위기를 겪지 않는다 할지라도 인류 번식 문제에 관해 새로운 정보를 취하는 능력만은 향상된 셈이다. 이제 우리의 뇌가 주의를 기울이도록 훈련되었으니 이 미래에 관해 또 어떠한 단서를 발견하게 될지 누가 알겠는가?

우리를 불편하게 만드는 정보를 취하는 일이 단 한 번에 그쳐서는 안

된다. 습관처럼 계속되어야 한다. 변화의 단서를 더 많이 찾을수록 우리의 정신은 더 개방적이 되고 충격을 덜 받게 된다.

앞으로도 우리는 〈미래학자 당황하게 만들기〉 브레인스토밍 게임을 계속할 것이다. 하지만 다음번에 게임을 할 때에는 여러분이 미래학자가 되어 보자. 나는 여러분이 몇 페이지 전에 변할 수 없다고 명명한 사실이 이미 변하고 있다는 증거를 찾아 여러분이 자신의 가정에 이의를 제기할 기회를 줄 것이다.

데이토의 미래 법칙에 관해 마지막으로 한 마디 하자면 사람마다 말도 안 된다고 생각하는 아이디어와 시나리오가 각기 다르다. 객관적으로 말해 말도 안 되는 미래 사고는 없다. 일이 어떻게 이루어지고 어떻게 이루어져야 하며 앞으로 어떻게 될 것인지에 관해 우리가 품고 있는 가정에 반할 경우에만 아이디어는 말도 안 되어 보일 수 있다.

우리는 세상을 바라보는 방식에 관해 저만의 가정을 품고 있기 마련이다. 미래에 관한 생각은 말도 안 되어 보일수록 우리에게 유용할 잠재력이 높다. 우리가 상상하기 힘든 변화를 제안하기 때문이다. 이 게임을 하면 내가 본능적으로 불가능하다고 치부하는 감각이 무엇인지 파악할 수 있다. 그리하여 내가 아는 세상이 변할 수 있다는 증거를 보다 자세히 살필 수 있게 된다.

규칙 4 _____ **현재에는 말도 안 되어 보이는 미래 상상하기**

미래에는 무엇이든 달라질 수 있는 방식을 즐거운 마음으로 브레인스토밍 해보자. 처음에는 아무리 터무니없어 보일지라도 모든 가능성을 고려하자. 오늘날에는 생각하기 힘들어 보이거나 불가능해 보이는 미래 가능성은 적응하기가 쉽지 않기 때문에 준비 시간이 더 많이 필요하다. 이 기량을 기르기 위해 〈미래학자 당황하게 만들기〉 게임을 해보자. 10년 후에 바뀔 수 없다고, 바뀌지 않을 거라고 생각하는 것들의 목록을 작성하자. 그다음에는 이 말도 안 되는 가능성이 실제로 일어날 수 있거나 이미 일어나고 있다는 증거를 찾자. 이 게임은 나의 가정에 반하며 나의 상상력을 새로운 차원으로 이끌 정보를 받아들이는 능력을 향상시켜줄 것이다.

Chapter 05

현재의 진실이
미래에는 뒤집어진다면?

| | | | | | |

| | | | | | |

| | | | | | |

| | | | | | |

나는 늘 뒤집어 본 뒤 더 괜찮아 보이는지 살핀다.

티보 칼맨, 그래픽 디자이너

이제 여러분의 정신이 현재에는 말도 안 되어 보이는 가능성을 받아들일 준비가 되었으니 내가 가장 좋아하는 미래 시나리오 브레인스토밍 게임을 소개하겠다. 〈미래에 달라질 수 있는 100가지 사실〉이라는 게임이며 진행하는 방식은 다음과 같다. 우선 일이나 음식, 학습 같은 주제를 고른다. 그다음에는 오늘날 이 주제와 관련해 사실로 받아들여지는 내용을 100가지 나열한다. 그다음에는 10년 후에 정반대 내용이 사실이 되도록 각 내용을 하나씩 다시 쓴다. 새로운 생각이 처음에는 아무리 말도 안 되어 보여도 괜찮다. 마지막으로 이러한 변화가 오늘날 이미 일어나고 있으며 이러한 생각이 그럴듯하고 현실적임을 보여주는 단서나 증거를 찾는다.

현재 사실과 정반대로 상상해 보기

단순해 보이지만 이 게임은 우리의 마음을 여는 데 탁월한 효과가 있다. 내가 가장 좋아하는 주제로 간단한 게임을 해보자. 바로 신발이다. 신발의 미래에 관해 현재에는 말도 안 되어 보이는 어떠한 생각을 할 수 있을까? 우선 신발에 관한 사실을 나열해보자.

- 신발은 무료로 제공되지 않는다. 사람들은 신발을 사야 한다.
- 대부분의 사람은 신발을 한 켤레 이상 갖고 있다. 다른 상황에 신을 수 있는 다른 종류의 신발이다.
- 사람들은 밤에 잠자리에 들 때 신발을 벗는다. 신발을 신은 채로 자는 사람은 없다.

신발에 관한 3가지 사실을 적었다. 이제 97개만 더 찾으면 된다. 신발에 관한 이러한 사실은 대부분의 국가에서 대부분의 사람들에게 일반적으로 받아들여지는 사실이다. 여러분이 떠올린 사실이 전 세계 모든 사람들에게 늘 절대적인 진실로 통해야 하는 건 아니다. 여러분의 학교나 회사, 가족에게만 적용될 수도 있다.

신발에 관한 100가지 사실을 지금 당장 나열할 필요는 없다. 어떻게 하는지 감만 잡으면 된다. 그런데 혼자 힘으로 무언가에 관해 100가지 사실을 떠올리기란 쉽지 않다. 신발에 관한 사실을 나열할 때 나는 20개까지 떠올린 뒤 다른 이들에게 도움을 요청해야 했다. 이 게임이 여러 명이서 함께할 때 가장 효과적인 이유다. 참여자가 많을수록 더 많은 사실을 찾아낼 수 있다. 여전히 100개까지 떠올릴 수 없다 해도 괜찮다. 100개는 쉽지 않은 목표로 여러분이 최대한 많은 생각을 하도록 상기시키는 역할을 할 뿐이다.

이제 재미있는 부분이다. 자신이 적은 사실을 뒤집는 거다. 나만의 뒤집힌 세상을 창조한다고 생각해 보자. 우리가 알고 있는 모든 것이 갑자기 달라지는 세상이다. 신발에 관한 3가지 사실을 뒤집어 보면 다음과 같다.

- 10년 후에는 신발이 무료로 제공된다.
- 10년 후에는 대부분의 사람들이 신발을 한 켤레만 소유한다.
- 10년 후에는 많은 사람들이 신발을 신은 채로 잔다.

게임의 이 단계에서 반드시 명심해야 할 점은 이 아이디어의 타당성을 염려하지 않는 것이다. 사실의 뒤집힌 버전이 불가능하거나 생각조차 하기 힘들어 보일지라도 그대로 두자. 핵심은 바로 그것이다. 처음에는 말도 안 되어 보이는 생각을 최대한 많이 떠올리는 것. 그러니 오늘날과 다른 100개의 대안을 작성할 때까지 모든 사실을 뒤집어 보자.

이제 힘든 부분이다. 우리는 뒤집힌 사실을 읽은 뒤 이해해보려고 노력해야 한다. 이 새로운 현실은 정확히 어떻게 말이 될까? 왜 이러한 변화가 일어났을까? 신발은 왜 무료로 제공될까? 사람들은 왜 신발을 신고 잘까? 이 단계에서 우리는 단순히 말도 안 되는 생각이 처음에는 말도 안 되어 보이는 생각, 생각하면 할수록 점점 더 말이 되는 생각으로 바뀌도록 노력해야 한다. 〈미래학자 당황하게 만들기〉 게임을 할 때처럼 해보면 좋다. 우리는 이미 일어나고 있는 진짜 트렌드나 변화를 찾아야 한다. 우리가 정의한 기이한 신세계를 낳을 수 있는 것 말이다.

미래에는 왜 신발이 무료로 제공될까?

오늘날 기업들은 현금화하거나 제품 개발에 이용할 수 있는 소비자 정보를 제공하는 대가로 할인된 가격에 신발을 판매하거나 무료로 신발을 증정한다. 페이스북 같은 플랫폼을 생각해 보자. 스마트 워치 핏빗 역시 싱가포르 시민들에게 자신들의 공중 보건 프로그램을 이용하는 건강 추적기를 무료로 제공했다.[1] 뿐만 아니라 위치와 신체 활동, 체중, 걸음걸이, 사회 반경, 누구 근처에 서 있거나 걷는지까지도 추적할 수 있는 센서가 부착된 신발이 수없이 개발되고 있다. 따라서 미래에는 이러한 자료를 원하는 정부나 건강 보험 회사가 스마트 신발을 무료로 제공하게 되지 않을까? 가능한 미래라고 생각한다. 향후 바이러스의 발발을 통제하고 예방하기 위해 수많은 새로운 감시 기술을 고려 중인 포스트 팬데믹 시대에 더욱 그럴듯하게 다가오는 미래다.

하지만 미래에는 대부분의 사람이 왜 신발을 한 켤레만 갖게 될까? 앞으로 10년 동안 우리는 소비 트렌드의 큰 변화를 목격할지도 모른다. 전 세계적으로 포스트 팬데믹 경제 침체에 접어든 경제 현실 때문이거나 세계적인 기후 행동의 일환일 수 있다. 2019년, 스웨덴에서 '플라이트 셰이밍Flight Shaming'이라는 중요한 트렌드가 감지되었다. 탄소 배출과 기후 영향 때문에 사람들이 불필요한 비행을 부끄럽게 생각하는 경향이다. 앞으로 10년 후에는 여행이 탄소 배출에 미치는 영향을 넘어 소비재가 탄소 배출에 미치는 영향까지 고려하게 되지 않을까? 미래에는 환경을 생각해 신발을 한 켤레만 신어야 한다면 나는 분명 신발을 한 켤레 이상 소유한 걸 수치스럽게 생각할 것이다.

그렇다면 10년 후 사람들은 왜 신발을 신고 자게 될까? 나는 이 상황을 설명하는 데 도움이 될 만한 변화의 신호를 직접 경험했다. 올해 캘리포니아 산불 발발 기간에 미국 적십자 대피 구조 전문가들은 침대 바로 옆에 신발을 두고 자거나 아예 신고 자라고 권고했다. 빠르게 번지는 산불을 피해야 할 때 사람들은 허둥대며 신발을 찾느라 소중한 시간을 낭비하기 때문이었다. 미 서부에 살고 있는 사람들 그리고 최근 들어 호주인들의 경우에도 산불은 충격적인 경험이었다. 그러니 극단적인 날씨와 기후 위기가 계속해서 악화되는 지역에 사는 사람 가운데 일부는 기후와 관련된 외상 후 스트레스 장애를 경험하게 되지 않을까? 그리고 기후와 관련된 외상 후 스트레스 장애의 증상으로 우리는 신발을 신고 자게 되지 않을까? 이는 가능한 미래의 소소한 일상에 불과하지만 오늘날 우리가 경험하고 있는 위기가 우리의 정서와 심리에 장기적으로 어떠한 영향을 미칠지에 관한 중요한 대화의 물꼬를 터준다.

무료 신발, 슈 셰이밍, 외상 후 신발 신고 자기 등 처음에는 말도 안 되어 보이는 이 생각들은 정신의 시간 여행을 떠나는 데 도움이 된다. 이러한 미래에 나는 어떠한 기분이 들까? 위험 요소는 무엇일까? 기회는 무엇일까? 그 세상을 더 나은 곳으로 만들기 위해 우리는 어떠한 조치를 취할 수 있을까? 이는 〈미래에 달라질 수 있는 100가지 사실〉 게임의 마지막 단계이자 가장 어려운 단계다. 가장 도발적인 가능성을 한 가지 이상 진지하게 상상해 보자. 삽화적 미래 사고 기술을 이용해도 좋다. 우리가 방금 창조한 뒤집힌 세상에 몰입해보자.

- 방금 의사나 도시, 직장, 학교, 의료진에게 주요한 건강 정보를 제공하는 스마트 신발을 공짜로 받았다고 상상해 보자. 어떠한 기분인가? 나는 이 신발을 신는가?
- 일주일 동안 신발을 너무 자주 갈아 신는다고 비난받았다고 상상해 보자. 나는 신발을 너무 많이 갖고 있다고 공개적으로 망신을 당했다. 어떠한 기분인가? 어떻게 반응하는가?
- 극단적인 날씨나 산불 때문에 대피해야 할 경우에 대비해 앞으로 7일 동안 신발을 신고 자라는 응급 문자를 받았다고 상상해 보자. 어떠한 기분인가? 나는 그렇게 하는가? 그렇다면 어떠한 신발을 신고 자는가?

게임 후에 하는 이 같은 짧은 감정 자유 기법 연습은 우리가 떠올린 뒤바뀐 생각을 이해하는 데 도움이 된다. 이는 상상 연습을 이어갈 수 있는 훌륭한 기회이기도 하다. 미래 사고의 빈칸을 최대한 많은 개인 정보로 채우기 바란다. 뒤집힌 미래로 여행을 떠날 때마다 우리가 직접 경험해본

적 없는 것들을 효과적으로 상상하게 해주는 신경학적 통로는 강화된다.

2020년 팬데믹으로 도시가 봉쇄되기 시작되었을 때 나는 〈미래에 달라질 수 있는 100가지 사실〉 게임을 진행해 달라는 요청을 유난히 많이 받았다. 도서관의 미래, 패션의 미래, 공공 정원의 미래, 비디오 게임의 미래, 고등 교육의 미래, 제조의 미래, 전문 스포츠의 미래에 관해 이 게임을 진행했다. 수많은 기업과 단체가 기존의 가정에서 벗어나 목표를 달성하는 새로운 방식을 생각하고 싶어 했다.

유명 발레단의 예술 감독과 나눈 흥미로운 대화가 기억난다. 그는 코로나 발발 기간과 그 후에 실시간 발레 공연이 어떻게 바뀔지 브레인스토밍을 하고 싶다고 했다. 시험해볼 만한 생각을 알아보는 차원에서 이 게임을 짧게 한 우리는 머지않아 팬데믹이 가져온 단기적인 제약 너머까지 생각하기에 이르렀다. 우리가 뒤집은 사실은 이랬다.

"전문 발레 댄서는 다른 직업에 비해 경력이 짧다. 서른다섯에서 마흔 사이에 보통 은퇴한다."

우리가 다시 쓴 달라질 미래는 이랬다.

"미래에는 전문 발레 댄서가 70대, 80대, 심지어 90대까지 공연을 한다."

우리는 그것이 안무의 미래에서 무엇을 의미할지 얘기 나눴다. 나이든 몸은 어떠한 동작을 공연할 수 있을까? 우리는 그것이 예술의 형식에서 의미하는 바를 논했다. 연로한 무용수가 등장할 경우 발레를 통해 어떠한 이야기를 전할 수 있을까? 우리는 뒤집힌 사실을 이해해 보려고 노력했다. 연로한 무용수를 무대에 세우게 만들만한 변화는 무엇이 있을까? 한 가지 가능한 설명이 내 상상력을 사로잡았다. 우리는 유명한 발레 역할이나 캐릭터가 속편이나 시리즈 스토리텔링을 통해 무용수와 함께 나이 들어가는 가능성에 대해 얘기 나눴다.

장수 TV 프로그램이나 영화 시리즈처럼 말이다. 캐리 피셔가 영화 〈스타 워즈〉에서 40년에 걸쳐 실제 그녀처럼 나이 들어가는 레이아 공주를 연기한 것처럼 발레 무용수는 〈잠자는 숲속의 공주〉의 오로라 역할이나 〈호두까기 인형〉의 별사탕 요정을 연기할 수 있지 않을까? 한 번도 무대에 서보지 못한 이 여성 캐릭터의 나이든 버전에 대해 어떠한 이야기를 펼칠 수 있을까? 발레단에서 이 아이디어를 현실로 옮길지는 모르겠지만 누군가 채택해 시도해볼 수 있는 아이디어가 존재한다는 사실만으로 흥분되지 않는가?

나는 미래 연구소 연구진들이 원 페어 웨이지One Fair Wage라는 단체에서 〈미래에 달라질 수 있는 100가지 사실〉 게임을 이끌 준비 작업을 돕기도 했다. 원 페어 웨이지는 식당을 비롯한 기타 서비스 산업의 경제 개선에 힘쓰는 단체로 직원들에게 최저 기준 이하의 임금을 지급하는 관행을 근절하는 데 도움이 될 만한 뒤집힌 아이디어에 특히 관심을 보였다. 최저 기준 이하의 임금은 법률상의 허점이다. 고용주는 직원들이 손님이 지불한 팁으로 차이를 메울 거라 기대하며 최저 임금 이하를 지급한다. 경제 정책 연구소에 따르면 이 관행 때문에 식당 직원 6명 중 1명이 생활을 유지하는 데 필요한 수입 이하의 생활을 한다고 한다.[2]

원 페어 웨이지는 팬데믹 기간을 하나의 기회로 보아 식당 주인이 비즈니스 모델을 보다 급진적인 관점에서 생각하게 만들었다. 식당은 이미 테이크아웃과 배달로 전환하고 새로운 옥외 공간을 마련하며 식당이 할 수 있는 일을 재고하고 있지 않은가. 수익을 내려면 저렴한 노동력을 이용할 수밖에 없다는 가정 역시 뒤집을 수 있지 않을까?

원 페어 웨이지는 식당 주인들을 〈미래에 달라질 수 있는 100가지 사실 게임〉에 초대했고 그 결과는 식당 재창조 로드맵이라는 보고서로 출간되었다.[3] 그들은 식당은 사람들이 와서 식사를 하는 물리적 공간이며 고객들이 식사 비용을 지불한다는 사실에 이의를 제기하며 새로운 공정한 비즈니스 모델을 제안했다. 그중 내가 가장 좋아하는 모델은 다음과 같다.

"미래에는 식당들이 보조금과 굶주린 사람에게 무료로 식사를 제공하는 정부 계약을 통해 보다 예측 가능하며 지속가능한 수입원을 확보할 것이다."

고객들이 식사 비용을 지불하는 대신 제3자가 모든 비용을 부담하는 것이다. 식당은 구조 단체나 정부 기관과 장기 계약을 체결할 수 있다. 구조 단체나 정부 기관은 일주일에 몇 시간이나 며칠씩 식당 부엌을 빌려 도움이 필요한 이들에게 무료나 저렴한 비용에 식사를 제공한다. 그날 벌어 그날 사는 수입은 예측 불가능하기 때문에 식당 주인이 직원들의 임금을 올려줄 금융 완화 장치가 빈약하다. 반면 장기 보조금이나 계약은 지속적인 새로운 수입 창출 모델을 제공할 것이다. 고객이 식사 비용을 지불하지 않을 경우 팁을 내는 일도 없을 것이다. 원 페어 웨이지는 이 생각을 '하이 로드 키친'이라 불렀다. 이 프로그램은 미국 전역 100개가 넘는 식당에서 이미 시행 중인데 정부 보조금을 받고 계약을 따내려면 식당은 직원들에게 온전한 임금을 제공해야 한다.

현재에는 말도 안 되어 보이는 아이디어를 상상하는 일의 효과를 누리기에 너무 심각하거나 너무 시급한 글로벌 사안은 없다. 최근에 나는 핵 과학자 회보에서 '말도 안 되는 아이디어로 핵 미래 바꾸기'[4]라는 제목의 기사를 접했다. 이 기사를 쓴 에마 벨처는 핵무기 감축을 위해 지난 70년 동안 전 세계가 펼친 노력이 실패로 돌아간 지금, 급진적으로 다시 상상하기가 필요하다고 말한다. 그녀는 데이토의 미래 법칙을 인용하며 이 분야가 처음에는 말도 안 되어 보이는 아이디어와 관련해 2가지 큰 가정을 뒤엎어야 한다고 주장한다.

첫째, 핵무기 감축은 수십 년의 세월이 필요한 점진적인 과정이라는 가정이다. 하지만 만약 핵무기 감축이 코로나 록다운만큼이나 빨리 진행될 수 있다면? 둘째, 핵폭탄 세상을 언제 제거해야 할지 결정하는 힘이 미국, 영국, 러시아, 중국 등 아홉 개 국가의 손에 달려 있다는 가정이다. 하지만 만약 다른 영향력 있는 즉, 민주적인 경로 바깥에서 활동하며 이 정부들과 관련 없는 기관이 이 문제를 강제로 해결할 방법을 찾는다면?

이렇게 뒤집힌 사실을 이해할 방법을 적극 찾기만 한다면 이처럼 놀라운 시나리오를 상상할 수 있다. N 스퀘어라는 군비 제한 연합은 미래 연구소에서 일하는 자메이스 카시오에게 바로 그 일을 의뢰했다. 그들은 놀랍고 생각조차 하기 힘든 핵무기 안보 결과를 담은 5개 시나리오를 함께 작성했고 처음에는 말도 안 되어 보이는 생각들을 〈핵 안보 혁신 저널〉의 가상 버전 2045년 9월 호에 실었다.[5] 가장 충격적인 시나리오는 정부의 늑장 대응에 실망한 기업들이 단합해 신속한 핵무기 감축 노력을 기울인다는 시나리오다. 이 시나리오는 다음과 같다.

지금으로부터 10여 년 후 대표적인 기술 기업들은 기후 온난화나 통제 불가능한 팬데믹 같은 가장 위험한 글로벌 위기의 해결책을 알아낸다. 그들이 제안하는 해결책은 지정학적 영향력의 궁극적인 형태가 된다. 모든 정부가 절실히 필요로 하기 때문이다. 이 기업들은 각국이 거절할 수 없는 제안을 한다. 인류를 구하는 기술을 이용하고 싶다면 먼저 핵무기고를 완전히 해체해야 한다. 기후 변화로 인한 피해에서 벗어날 수 있는 지구 공학적 해결책을 원하는가? 우선 핵폭탄을 제거해라. 통제 불가능한 끔찍한 바이러스의 백신을 원하는가? 핵을 폐기하라. 그러면 당신들에게 이 백신을 팔겠다.

이 시나리오는 2015년에 작성되었다. 당시에만 해도 그토록 긴급한 위기가 발생하고 민간이 개발한 기술이 그토록 기적적인 효과가 있어 핵무기 국가 행위자에 반하는 지렛대로 사용될 수 있을 거라고는 상상하기 힘들었다. 하지만 코로나19 팬데믹을 경험한 지금 이 아이디어는 그렇게 말도 안 되어 보이지 않는다. 혁신적인 RNA 백신을 개발한 회사가 핵무기를 사용하지 않는 국가에만 백신을 팔겠다고 한다면? 각국이 핵을 폐기하도록 설득할 만한 충분한 영향력이 되지 않겠는가? 팬데믹이 지금보다 더 끔찍하고 통제하기 힘들어진다면? 그러면 이 방법이 정말 통할까? 터무니없어 보인다. 말도 안 되어 보이며 상식에서 벗어난다. 하지만 전혀 예상치 못한 일이 일어나지 않는다면 무엇이 핵 확산의 광기를 끝낼 수 있을까?

이 시나리오를 다시 들여다보다가 2021년, UN이 새로운 핵미사일 600개에 천억 달러의 예산을 배정했다는 사실을 알게 되었다. 미국 정부는 향후 25년 동안 핵무기 기반 시설을 유지하는 데에만 약 1.7조 달러를 지출할 예정이었다.[6] 정치 과학자들은 핵무기 보유국인 인도와 파키스탄이 금세기 심각한 기후 위기를 겪으면서 훨씬 더 불안정해질 뿐만 아니라 이곳에서 핵전쟁이 발발할지도 모른다고 예측한다. 그 예산으로 할 수 있는 일들을 생각할 때, 기후 변화와 핵 전멸의 끊임없는 위기 속에 살아가는 일이 미치는 심리적인 영향 때문에 점차 증가하는 지정학적 불안을 고려할 때, 나 역시 처음에는 말도 안 되어 보이는 생각들을 떠올리고 싶은 욕망을 느낀다.

사실을 뒤집어 토론하기

이제 게임을 할 준비가 되었는가? 그렇다면 실질적인 게임 방법을 얘기해주겠다. 나는 브레인스토밍 대화를 나눌 수 있는 거의 모든 곳에서 〈미래에 달라질 수 있는 100가지 사실〉 게임을 했다. 교실, 콘퍼런스, 줌 미팅, 슬랙 채널, 구글 스프레드시트, 페이스북 그룹 심지어 기숙사 복도에 붙인 포스트잇에 뒤집을 만한 사실을 적은 뒤 생각해 볼 시간을 한 달 제안하기도 했다. 누구든 참여자를 여럿 모아 한 시간 동안 짧은 게임을 할 수 있다.

아니면 온라인에서나 오프라인에서 며칠, 몇 주 혹은 그보다 길게 게임을 할 수 있는 공간을 마련할 수도 있다. 참여자들이 사실을 추가한 뒤 원할 때마다 미래를 뒤집게 하자. 나중에 다 같이 모여 뒤집힌 사실을 이해해보려 노력하면 된다. 〈미래에 달라질 수 있는 100가지 사실〉 게임 결과를 분석할 때 내가 가장 즐겨 사용하는 토론 질문을 이번 챕터 끝에 실었으니 참고하기 바란다.

이제 게임 방법을 알았으니 직장, 학교, 콘퍼런스, 클럽, 심지어 가족들과 집에서 게임을 해보자. 내 온라인 수업을 들은 세인트 루이스 출신의 제레미는 2020년 1월, 열다섯 살 된 딸과 왜 이 게임을 했는지, 중요한 가족 결정을 내리는 데 이 게임이 어떻게 도움이 되었는지 나에게 이메일을 보내왔다.

"제 딸은 신중하고 상상력이 풍부해요. 예술가적 기질이 넘치는 데다 불안을 달고 살죠. 딸아이는 고등학교에서 힘든 시기를 보내고 있었습니다. 아이가 다니는 학교에서 최근에 온라인으로만 진행하는 프로그램을 시작했거든요. 학교에 다니고 춤도 추고 단합대회에도 나가지만 모든 수업이 온라인으로 진행되었죠. 아이는 이 수업을 듣고 싶은지 결정을 내리려고 했지만 자율성이 제한받는 기분에 사로잡혔고 학교의 미래가 그다지 밝아 보이지 않다고 직감했어요. 저는 아이에게 오늘날 학교에서 진실로 받아들여지는 사실을 100가지 적어보라고 했죠. 아이는 그중 세 개를 고른 뒤 뒤집었어요.

그다음에는 이 3가지 사실을 모아 자신에게 더 많은 권한이 있다면 학교에 무엇을 바랄지에 관해 새로운 이야기를 썼죠. 결정권을 되찾는 이 근사한 방법은 아이가 걱정을 떨치는 데 큰 도움이 되었어요. 아이는 자신이 이 결정들을 선택할 수 있으며 학교에 대해 내렸던 가정들이 꼭 옳은 것도 아님을 깨달았어요. 아이는 온라인 수업을 듣기로 결정했죠! 의

미 있는 사회 교류를 낳기 위한 새로운 방법을 찾는 등 내부적인 변화를 기대할 수도 있게 되었어요. 아이는 앞으로 더 많은 소외를 경험할 테니까요."

제레미의 이야기에서 마음에 드는 부분은 〈미래에 달라질 수 있는 100가지 사실〉 게임의 가장 큰 장점을 보여주었다는 점이다. 즉각적인 성과와 장기적인 대가다. 이 게임은 제레미 딸의 기분을 즉시 개선해주었다. 미래를 걱정하던 아이는 이제 자신의 미래를 더욱 통제하는 기분을 느꼈다. 하지만 더욱 흥미로운 부분은 제레미의 가족들이 몇 달 후 전 세계를 강타한 코로나로 학교와 사무실이 봉쇄된 상황에 스스로도 놀라울 정도로 잘 대처하게 되었다는 점이다. 물리적인 거리를 유지한 채 사회적으로 연결되어 있는 방식을 미리 상상해 본 결과였다. 현재에는 말도 안 되어 보이는 아이디어는 도착하는 데 10년이 걸리기도 하지만 10주밖에 걸리지 않을 때도 있다.

자신의 미래에 관한 사실을 뒤집고 싶을 때 시도할 수 있는 짧은 연습이 있다. 오늘날 나의 삶에서 진실로 여겨지는 사실을 최소한 5가지 적어보는 것이다. 이제 반대가 진실이 되도록 다시 쓰거나 기이한 대안을 제시해보자. 머릿속에 처음 떠오른 대안이 무엇이든 계속 가보자. 가령 나는 "나는 미국 시민이다.", "나에게는 두 딸이 있다.", "나는 작가다.", "나는 밤에 잔다.", "나는 비행을 싫어한다."라고 쓴 뒤 사실을 뒤집어 "나는 영국 시민이다.", "나에게는 세 딸이 있다.", "나는 도넛 가게를 운영한다.", "나는 낮에 잔다.", "나는 비행을 좋아한다."라고 썼다.

뭐라고 썼든 뒤집은 사실을 하나 고른 뒤 미래로 짧은 정신의 시간 여행을 떠나보자. 이 같은 변화가 사실이며 얼마나 생생하고 현실적으로 상상할 수 있는지 보기 위해서다. 무엇이 이러한 변화를 야기했을까? 어떠한 기분인가? 오늘날 받아들일 수 없는 이 뒤집힌 미래에서 나는 어떠한 행동을 취할 것인가? 이 특정한 대안이 왜 머릿속에 떠올랐다고 생각하는가?

이 미니 게임의 핵심은 나의 인생을 극적으로 변화시킬 실제 계획을 세우는 것이 아니다. 이는 유연한 상상을 할 수 있도록 상상력을 훈련하는 또 다른 방법일 뿐이다. 이는 여러분이 기꺼이 포기할 가정들을 새로운 관점으로 바라보는 데 도움이 될지도 모른다. 여러분은 자신이 생각한 대안적인 미래가 현실이 될 가능성이 거의 없다고 생각할지도 모른다. 혹은 뒤바뀐 나를 상상하며 현재 해방감을 느낄지도 모른다.

어떠한 상상을 하든, 대안적인 나의 미래를 진지하게 받아들여 머릿속에서 시뮬레이션할 경우 새로운 아이디어를 받아들이는 능력을 키울 수 있다. 처음에는 말도 안 되어 보이는 생각의 타당성이나 잠재적 이득을 살피는 데 능숙해진다. 내가 그랬듯 완전히 다른 삶을 사는 나를 잠시 자유롭게 상상할 경우 미묘하지만 감지할 만한 수준의 자유와 창의력을 경험하게 될지도 모른다.

이제 10년 후 미래로 또 다른 시간 여행을 떠나보자. 이번 시나리오는 의사이자 교수인 내 학생이 자신이 가르치는 의대 학생들과 함께한 〈미래에 달라질 수 있는 100가지 사실〉 게임에서 영감을 받았다. 그들은 오늘날 의료계에서 진실로 받아들여지는 사실인 "의사들은 약을 처방한다."를 선택한 뒤 이를 뒤집어 자신의 직업을 최대한 다른 방식으로 재창조해봤다. 미래에는 의사들이 약 말고 무엇을 처방할 수 있을까?

처방은 2가지 면에서 변화를 가져오는 강력한 지렛대다. 첫째, 처방은 변화를 보다 저렴하게 만든다. 일반적으로 의료진이나 보험회사가 처방 비용의 일부나 전부를 부담하기 때문이다. 둘째, 처방은 변화 확률을 높여준다. 연구 결과에 따르면 환자들은 공식 처방전을 받을 때 운동이나 명상 등 행동 변화를 권하는 의사의 충고를 따를 확률이 높다고 한다.[7]

그렇다면 미래에 의사들은 약 이외에 무엇을 처방할 수 있을까? 의대 학생들이 떠올린 생각과 그들을 돕기 위해 내가 찾은 몇 가지 단서를 공유한다.

10년 후 의사들은 껴안기를 처방한다. 나는 이 미래를 보여주는 단서를 비교적 쉽게 떠올렸다. 2021년 급속도로 퍼진 소셜 미디어 게시글을 기억하는가. 의사가 코로나 백신을 맞은 할머니에게 건넨 처방전에는 이렇게 쓰여 있었다.

"이제 손녀를 안아도 됩니다."

정신 건강 계획의 일환으로 멀리 떨어진 친구나 가족을 최소한 1년에 한 번 안을 수 있도록 여행 급료를 지급받는 미래를 상상해 보아라.

10년 후 의사들은 게임을 처방한다. 2020년, 임상실험 이후 7년 만에 ADHD를 앓는 여덟 살에서 열두 살 사이 아이들을 상대로 한 최초의 처방 비디오 게임 '엔데버Rx'가 미 식약청의 승인을 받았다. 연구진들은 하루에 25분씩, 일주일에 5일 동안 이 게임을 하면 집중력과 인지 조절 능력이 향상됨을 발견했다. 병원에 가서 건강에 좋은 수백 개의 공식 처방 비디오 게임 중 선택할 수 있는 미래를 상상해 보아라.[8]

10년 후 의사들은 강아지를 처방한다. 연구에 따르면 개와 함께 자란 아이들은 천식, 알레르기, 당뇨병 발병 확률이 낮다고 한다. 개는 아이들을 다양한 박테리아와 장내 미생물군에 노출시켜 면역 체계를 튼튼하게 하고 신진대사를 활발하게 해준다. 엄청난 이득 아닌가! 하지만 개를 입양하려면 돈이 많이 들고 모든 가족이 이를 부담할 수 있는 건 아니다. 미래 처방 계획은 아이가 어릴 때 몇 년 만이라도 개 사료비와 병원비를 전부 부담할 수 있지 않을까?[9]

10년 후 의사들은 신발을 처방한다. 의사들은 이미 '운동은 약이다' 같은 글로벌 건강 프로그램의 지원을 받아 운동을 처방하고 있다. 하지만 국립보건연구원이 자금을 댄 연구에 따르면 올바른 옷이나 신발을 신지 못하는 상황이야말로 신체 활동을 제한하는 일상적이지만 간과되는 장애물이라고 한다.[10] 그러니 미래에는 운동을 처방하는 의사들이 새로운 보행화나 운동화를 처방할 수 있지 않을까?

사회, 감정, 정서, 신체 건강을 지지하는 의료 서비스의 일환으로 제공되는 무료 껴안기, 게임, 강아지, 신발이라니. 살짝 말이 안 되어 보이긴 한다. 하지만 보건 체계는 언젠가 모두의 건강을 지지하는 보다 동적인 기반 시설로 진화할 수 있지 않을까?

이 생각을 조금 더 진지하게 발전시켜보자. 다음번 시나리오는 미래 처방에 관한 것으로 우리가 지금까지 살펴본 것과는 살짝 다르게 장소에 한정된 시나리오다. 시나리오를 특정한 환경으로 제한할 경우 실제 세상의 도움을 받아 상상의 빈칸을 채우고 해당 미래를 보다 생생하게 그릴 수 있다. 우리의 뇌에 제공하는 증강 현실로 생각해 보자. 화려한 안경이나 화면은 필요 없다. 이 시나리오가 펼쳐질 동일한 물리 환경에서 미래가 달라질 수 있는 한 가지 방법을 상상할 경우 실제 세상에 이 미래를 투영해볼 수 있다.

약 바구니

10년 후 식료품점, 길거리 과일 좌판, 농산물 직판장.

여러분은 새로운 '약 바구니' 들고 처음으로 쇼핑에 나섰다. 빨리 장바구니를 채우고 싶어 조바심이 난다. 약 바구니는 재활용이 가능한 손가방으로 이 가방을 여러분의 의료 서비스 프로필에 연결하는 천 위에는 고유의 바코드가 프린트 되어 있다. 일주일에 한 번 여러분은 신선한 농산물로 이 가방을 채울 수 있다. 식료품점, 농산물 직판장, 모퉁이 혹은 길거리 과일 좌판에서 원하는 과일이나 야채를 담으면 된다. 비용은 전액 무료로 제공된다.

일주일에 한 번 배송되는 공동체 지원 농산물 상자 대신 여러분은 이 가방을 선택했다. 농산물 코너를 전전하며 가격을 걱정하거나 심지어 살필 필요도 없이 양껏 담을 수 있는 나만의 슈퍼마켓 싹쓸이가 마음에 든다. 이 약 바구니는 1차 의료진이 신선한 과일과 야채를 최대한 많은 이들에게 처방하도록 건강 보험 회사에서 실시하는 새로운 프로그램의 일환이다. 이 프로그램은 원래 심장 질환이나 당뇨를 앓고 있는 고위험군 환자들을 위해 수립되었으나 건강 증진과 낮은 의료비 등의 혜택이 굉장해 종래에는 모두에게로 확장되었다. 마찬가지로 아이들도 자신만의 약 바구니를 받는다.

여러분이 이러한 미래에 있다고 상상해 보자. 못해도 매주 한 사람당 장바구니 한가득 건강한 식품을 받는게 무료인 세상이다. 보다 생생하게 상상할 수 있도록 실제 농산물에 둘러싸일 때까지 식료품점, 농산물 직판 장, 과일 좌판을 머릿속에 품고 있기 바란다. 실제로 이러한 환경에 노출 되면 머릿속으로 이 시나리오를 재생해보자. 의사들이 무료 과일과 야채 를 처방하는 이 뒤집힌 미래를 우리가 현재 환경을 경험하는 방식을 바 꾸는 정신의 증강 현실 필터로 활용하자. 단순히 생각하는 데 그치지 말 고 느껴보기 바란다.

이 미래 시나리오를 현실에 녹일 수 있는 장소에 있는 동안 이 미래에 서의 첫 번째 결정을 내려보자.

✕ ✕ ✕

선택의 순간 >> 주위를 둘러보며 이 모든 것이 무료로 제공되는 세상을 상상해 보자. 나는 약 바구니를 무엇으로 채우겠는가? 이 시나리오를 봤을 때 어떠한 기분이 드는가?

이 시나리오가 정말로 일어날 수 있을까? 가능성이 아주 높다고 본다. 국립 농산물 처방 협력과 '음식이 약이다' 연합은 현재 미국에서 바로 이 러한 미래를 위해 힘쓰는 두 단체다. 공중 보건 과학자, 의사, 농부로 이루어진 이 단체들은 만성 질환을 예방하고 공중 보건을 개선하는 가장 좋은 방법은 사람들이 고품질의 신선한 농산물을 쉽게 섭취할 수 있도록 만드는 거라고 주장한다. 그들은 건강법 센터나 하버드 법대 정책 혁신 같은 연구 단체, 록펠러 재단 같은 자금 제공 기관의 지원을 받는 부상하는 세력의 일부로 농산물 처방 프로그램이라는 아이디어를 주류에 편입시키는 것을 목적으로 한다.

국립 농산물 처방 협력은 농산물 처방 프로그램을 식품 관련 건강 문제나 질환, 식품 불안정, 영양가 있는 식품을 이용할 수 없는 기타 상황에 놓인 환자들을 위한 의학적 치료나 예방 서비스로 정의한다. 의료인이 처방하거나 의료 보험안의 일환으로 발행되는 이 처방전은 식품 소매점에서 이용할 수 있으며 환자들은 첨가 지방이나 설탕, 소금이 없는 건강한 농산물을 적은 비용이나 무료로 이용할 수 있다."[11]

수십만 명의 미국인이 이미 그러한 프로그램을 이용하고 있다. 대표적인 예가 비영리 단체, Wholesome Wave가 운영하는 과일과 야채 처방[FVRx] 프로그램이다. FVRx 프로그램은 신선한 농산물 구입비로 저소득층 가정의 쇼핑 계좌에 매달 100달러를 입금한다. 암 환자들 역시 이를 통해 처방전을 받는다. 연구 결과에 따르면 과일과 야채는 효과적인 화학 치료에 도움이 되는 체내 미량 영양소와 산화 방지제를 보충해준다고 한다. FVRx 프로그램은 2020년 무료 과일과 야채를 180만 건이나 제공했다. 2023년까지 농산물 처방 파일럿 프로젝트에 자금을 지원하기 위해 2018년 농업법에 2,500만 달러를 배정하는 등 미국에서는 현재 이러한 프로그램들이 장려되고 있다. 국립보건원은 최근 2030년을 내다보는

10년 계획을 공개했다. 약으로서의 식품에 특히 초점을 맞춘 계획으로 '약 바구니' 같은 시나리오가 가능함을 보여주는 또 다른 단서다.

이 프로그램은 정말로 효과가 있을까? 초기 증거에 따르면 그렇다고 할 수 있다. 최근에 진행된 한 연구에 따르면 기존 프로그램이 현재 미치는 영향을 기준으로, 미국인 3명 중 1명에게 제공되는 과일 야채 처방 프로그램은 193만 건의 뇌졸중과 심장병, 35만 건의 사망을 막아주며 의료비를 400만 달러나 절약할 것으로 예상된다. 연구진들은 5년만 지나도 절감되는 의료비가 이 프로그램의 운영비를 추월할 것으로 추정했다.[12] 다시 말해 이러한 프로그램을 대규모로 시행하지 않는 것이 시행하는 것보다 더 큰 비용을 초래하는 것이다.

이 시나리오가 여러분의 상상력을 사로잡는다면 대규모 무상 과일 야채 프로그램이 미치는 파급 효과를 생각하고 싶어질지도 모른다. 신선한 농산물의 전반적인 수요가 높아질 경우 농장은 어떻게 대처할까? 전통적인 식료품점, 농산물 직판장, 과일 좌판 외에 사람들의 '약 바구니'를 채우기 위해 어떠한 신사업이 부상할까? 더 많은 부엌이 신선한 농산물로 채워질 경우 우리가 요리하고 먹는 방식에는 또 어떠한 변화가 찾아올까? 처방 음식 프로그램의 단점이나 위험을 떠올릴 수 있을까? 시나리오는 상상력의 최종 목적지가 아니라 시작점이다. 하나가 바뀌면서 훨씬 더 많은 새로운 기회가 뒤따른다.

미래에 모든 사람에게 농산물을 처방한다고 생각할 수 있게 되면 미래에는 무엇이 또 공식적인 '약'이 될 수 있을까? 양껏 먹을 수 있는 과일과 야채라는 생각에 흥미를 느끼지 못할 수도 있다. 그렇다면 여러분은 미래의 약 바구니를 무엇으로 채우고 싶은가? 오늘날 '음식이 약이다', '운동이 약'이다 같은 연합체는 각 이름이 상징하는 내용을 홍보한다. 미래에는 또 무엇이 약이라고 주장하는 운동을 상상할 수 있는가?

'약 바구니'는 유용한 미래 시나리오가 되기 위해 위기나 극단적인 변화가 필요한 건 아님을 보여준다. 때로는 지금보다 나은 세상, 스스로와 타인을 돕기 위한 기회와 힘이 오늘날보다 많은 세상에서 시간을 보내는 것만으로 기분이 좋지 않은가? 새로운 세상을 탐구할 때 내가 뒤집은 사실을 늘 떠올리자. 그러면 어디에 가든 대안적인 미래를 보고 느끼기 시작할 것이다.

〈미래에 달라질 수 있는 100가지 사실〉에 대한 토론 질문

몇 가지 사실을 뒤집은 뒤 처음에는 말도 안 되어 보이는 생각을 떠올렸으면 자신이 상상한 내용을 분석할 차례다. 다 함께 살펴보면 좋을 몇 가지 질문을 소개한다.

- 오늘날에 관한 사실 중 반대할 만한 사실은 무엇인가? 포기할 준비가 된 가정은 무엇인가?
- 뒤바뀐 미래를 설명하기 위한 단서를 찾을 때 어떠한 변화 이유가 가장 그럴듯했으며 가장 자주 등장했는가?
- 어떠한 뒤집힌 미래를 가장 선호할 것 같은가? 그 이유는 무엇

인가?

- 이 미래의 가능성을 높이기 위해 오늘날 취한 어떠한 행동이 10년 후 가장 자랑스럽게 느껴질까?

- 뒤바뀐 미래 중 내가 가장 피하고 싶은 미래는 무엇일까? 그 이유는 무엇인가?

- 이 시나리오의 가능성을 낮추기 위해 오늘날 취한 어떠한 행동이 10년 후 가장 자랑스럽게 느껴질까?

상상력 트레이닝

규칙 5 _____ **세상 뒤집어 보기**

상상력이 현재에 갇혀 있다면 오늘날에 관한 사실을 다시 써보자. 오늘날 진실로 통하는 사실 100개를 적은 뒤 정반대의 사실이 진실이 되도록 뒤집어 보자. 각 사실에 대해 처음에는 말도 안 되어 보이는 대안을 제시해 보자. 이 뒤바뀐 세상에 몰두한 상태에서 이해해보자. 이러한 변화는 왜 일어났는가? 이 새로운 현실은 어떻게 작용하는가? 신문에서, 소셜 미디어에서, 나의 삶이나 커뮤니티에서 이 뒤집힌 사실을 보다 그럴듯하고 현실적으로 만드는 단서를 계속해서 찾아보자. 세상을 뒤집어 보면 사회에서, 나의 삶에서 내가 무엇이 바뀌기를 원하는지 확실히 알게 된다.

PART 2 ———

함께 힘을 합칠 때
새로운 세상이 열린다

지금껏 일어나지 않은 무슨 일이든 일어날 것이다.
이 미래로부터 안전한 사람은 없다.

J. B. S. 홀데인, 진화 생물학자

애벌레나 유충은 날아다니는 미래를 상상하지 못하겠지만
그건 불가피한 과정이다. 운명이다.

에이드리엔 마리 브라운, 사회 정의 운동가

앞으로 10년 동안,
이 세상과 나의 삶이 변한다고 생각할 때,
걱정이 되는가?

아니면

낙관적인 생각이 드는가?

· · · ··

나의 전망을 1에서 10까지 점수 매겨보자.

너무 걱정이 된다면 1,
굉장히 낙관한다면 10이다.

세상을 움직일 변화의 신호에 집중하라

| | | | | | |

| | | | | | |

| | | | | | |

| | | | | | |

Chapter 06

나는 상상력이 나에게서 달아나게 만드는 습관이 있다.
하지만 상상력은 언제나 다시 돌아오고……가능성이 넘실댄다.

빌라이다 풀우드, 자선가

조각가는 진흙으로, 작가는 단어로, 컴퓨터 프로그래머는 코드로, 작곡가는 음표로, 요리사는 재료로, 패션 디자이너는 직물로 작업한다. 온갖 형태의 창의성에는 저마다의 원자재가 있다. 미래학자의 원자재는 단서다. 우리는 미래가 어떻게 다를지를 보여주는 단서를 수집하고 결합한 뒤 이를 바탕으로 미래 시나리오를 만든다.

미래 단서를 찾으려면 주위 세상을 새롭게 바라봐야 한다. 다른 이들이 간과하는 기이한 면을 알아채야 한다. "엥? 그것 참 이상하군.", "흠…… 왜 그러는 거지?", "와우, 진짜 이상하네. 좀 더 알아봐야겠어."라고 말하게 만드는 것, 전에는 보지 못했던 것들에 끊임없이 관심을 가져야 한다.

변화의 신호 감지하기

나는 이러한 방식의 세상 바라보기를 스트레인지 사이트라 부른다. 우리는 나의 기대에 부합하는 사람과 정보, 아이디어가 아니라 나의 가정에 반하는 것들에 점차 끌리게 된다. 나를 불안하게 만들거나 처음에는 이해하기 힘들어 낯설거나 놀랍게 느껴지는 것들이다.

스트레인지 사이트는 예지력의 전조다. 무슨 일이 일어날지, 미래에 무엇이 필요할지 더 잘 예측할 수 있으려면 뇌를 단서로 채워야 한다. 미래학자들이 간파해서 더 자세히 알아보도록 훈련된 특정한 단서가 있으니 바로 변화의 신호다.

변화의 신호는 세상이 어떻게 달라질 수 있는지 보여주는 구체적인 예시다. 한 마을이나 한 학교, 한 기업, 한 사람의 인생에서 일어나는 사소한 변화에 불과할 수 있지만 가정에 근거한 가능성과는 달리 진짜다. 바로 지금 일어나고 있으며 특정한 변화가 가능함을 보여준다. SF 작가 윌리엄 깁슨의 유명한 말이 떠오른다.

"미래는 이미 와 있다. 단지 널리 퍼져 있지 않을 뿐이다."

변화의 신호는 미래의 생각과 기술, 습관이 오늘날 적극적으로 실험되고 시험되며 뿌려지고 창조되는 곳으로 우리의 이목을 집중시킨다. 우리는 뉴스나 소셜 미디어, 과학 저널이나 TEDx 연설, 팟캐스트 인터뷰, 시위에서 변화의 신호를 읽을 수 있다. 새로운 아이디어가 공유되고 놀라운 사건이 기록되는 곳마다 변화의 신호가 등장한다. 가장 좋아하는 검색 엔진에 '무언가의 미래'를 입력하기만 해도 지금 당장 하나를 찾을 수 있다.

지금 당장 해보기 바란다. 취미나 스포츠, 가장 좋아하는 음식처럼 재미난 주제를 골라라. 나는 '케이크의 미래'를 검색했다가 실로 놀라운 결과를 알아냈다. 화성에 처음으로 태어날 아기의 생일을 기념하기 위해 지구에서 3D 푸드 프린터로 전송된 조리법을 이용해 '식용 젤 큐브'로 '은하계' 케이크를 만드는 방법이 고안되고 있었다.[1]

단서를 찾을 때에는 인공 지능이나 젊은이들의 종교 가입 감소 같은 일반적인 트렌드는 변화의 신호가 될 수 없음을 명심하기 바란다. 변화의 신호를 보여주는 단서는 생생하고 상세하며 혁신, 변화, 발명의 구체적인 예에 가깝다. 젊은 세대가 종교적 가르침에 관심을 갖게 만들기 위해 일본의 400년 된 사찰에서 설법을 전파하는 182센티미터 크기의 알루미늄 안드로이드 사제 로봇, '민다르'처럼 말이다.[2] 이것이야말로 인공 지능의 미래와 종교의 미래를 보여주는 신호다.

누가, 무엇을, 언제, 어디에서, 왜라는 이야기를 할 수 있으면 신호를 찾은 것이다. 나의 경우 나의 삶이나 내가 속한 커뮤니티에서 발견되는 신호가 마음을 열게 하는 가장 강력한 신호다. 일례로 나는 5년 전 동네 공원에서 변화의 신호를 목격했다. 이 신호는 오늘날 내가 하는 생각과 행동에 여전히 영향을 미친다.

이른 아침 샌프란시스코만의 동쪽을 따라 뻗어 있는 포인트 피놀리 리저널 쇼어라인에서 남편과 함께 하이킹을 하다가 입구 근처에서 노 드론존 사인을 만났다. "하지 마시오."를 상징하는 붉은 상징물 안에 작은 무인항공기 그림이 그려져 있었다.

"못 보던 거네, 그치?"

남편에게 물었더니 남편도 그렇다고 했다. 처음 보는 사인이 분명했다. "드론을 이용하는 사람이 이제 너무 많아서 공식 정책이 필요한 건가?"

나무에 붙어 있던 이 사인은 미래학자인 나에게 잠재적인 전환점으로 다가왔다. 이 사인은 드론이 최신 기술에 밝은 소수만이 사용하는 신문물이었던 세상에서 동네 공원에 사인을 세워놔야 할 정도로 갑자기 흔해져버린 세상으로의 변화를 상징했다. 나는 스트레인지 사이트가 발동했고 호기심이 일었다. 드론이 뉴 노멀이 되었나? 나는 드론이 넘쳐나는 세상을 준비해야 하나? 오늘날 자동차나 핸드폰처럼 드론도 그렇게 많아지려나?

남편과 나는 걸어가면서 이 변화의 신호를 해석하기 시작했다.

"공원에서 왜 드론을 금지했다고 생각해?"

내가 물었고 우리는 가능한 동기를 브레인스토밍했다. 드론은 귀에 거슬리는 소음을 양산할 수 있다. 금지 조치는 소음 공해를 예방하기 위한 것일 수 있었다. 시각 공해를 예방하기 위한 것일지도 몰랐다. 공원에 있으면 고개를 들어 파란 하늘을 바라보고 싶지 사방에 기계가 날아다니는 모습을 보고 싶지는 않을 테니 말이다. 프라이버시 때문일 수도 있지 않을까? 카메라가 장착된 드론이 많다. 드론이 머리 위로 지나가며 누구를 지켜볼지 누가 알겠는가? 미국 도시들이 원격 정찰을 위해 드론을 사용하기 시작했다는 소문을 들었다. 노 드론 존 사인은 정찰용 드론을 금지하기 위한 것일지도 몰랐다. 그러한 사인은 금지보다는 '감시 청정 구역에 온 것을 환영합니다. 현지 커뮤니티는 이곳에서 드론 정찰을 금합니다.'와 같은 약속일 수 있다.

얘기를 나누면 나눌수록 더 많은 질문이 생겨났다. 드론 금지는 어떻게 시행할 수 있을까? 누군가 9킬로미터 넘게 떨어진 곳에서 드론을 조종할 수 있다면 누가 영공을 감시하며 원격 드론 운전원을 추적할까? 드론을 보면 신고해야 할까? 누구에게 신고해야 할까? 그나저나 드론 관련 규칙과 규제를 논하고 수립하는 데 대중이 참여할 수 있나?

철학자 샘 킨은 이렇게 말했다.

"탐색에 나서는 건 질문을 던지는 자가 되는 거나 마찬가지다."[3]

변화의 신호를 찾아내는 일은 탐색에 나서는 일과 비슷하다. 탐색의 목적은 미래를 예측하는 것이 아니라 미래가 어떠할 수 있는지 끊임없이 질문을 던지는 것이다. 신호는 약할 수 있다. 여러분은 한 가지 예시밖에 발견하지 못할 수도 있다. 신호는 강할 수도 있다. 찾으면 찾을수록 더 많은 변화의 신호를 찾을 수 있다. 그리하여 그날 오후 나는 노 드론 존의 이미지를 온라인에서 검색해보았다. 비슷한 노 드론 존 사인을 전 세계에서 찾아볼 수 있었다. 약한 신호가 아니었다. 강한 신호였다.

이미지의 상당수가 중국이 출처였다. 나는 중국에 살고 있는 친구에게 관련 정보를 물었다. 그곳에서는 미국에서보다 훨씬 더 기이한 일이 일어나고 있었다. 친구는 자그마한 '셀피 드론'이 점차 인기를 끌고 있다고 했다. 셀피 드론은 개인 항공 사진사처럼 이용된다. 손끝에서 날아오른 이 드론은 360도 회전하면서 조종사가 주연이 된 전경 사진을 찍은 뒤 손으로 돌아온다. 중국의 인기 관광지에서 셀피 드론을 찍는 사람이 너무 많아 하늘이 골치 아플 정도로 드론으로 가득 차는 바람에 당국에서 금지한 게 분명했다. 적어도 당국의 공식적인 입장은 그랬다. 정부가 위에서 내려다볼 수 있는 권한을 제한하고 통제하려는 게 아닌지 조심스럽게 의문을 제기하는 이들도 있었다.

나는 강한 변화의 신호를 찾은 거였다. 하지만 정확히 무엇이 변하고 있었을까? 사람들은 이 기술을 새로운 방식으로 사용하고 있었다. 이 새로운 행동은 시각 공해나 소음 공해 같은 새로운 잠재적인 해를 끼치고 사생활 침해 같은 새로운 위험을 낳으며 항공 영상 촬영 같은 새로운 권력을 발생시키고 있었다. 정부 당국은 이에 대응해 새로운 규칙과 규제를 시행하고 있었다. 이 온갖 변화는 우리가 티핑 포인트에 근접하고 있음을 시사했다. 하지만 우리가 어떠한 방향으로 가고 있는지가 불확실했다.

이것만은 확실했다. 우리는 공공장소에 출현하는 드론을 언제 수용하고 언제 제한할지를 둘러싼 불확실성과 불안의 시대에 접어들고 있었다. 변화의 초기 단계를 흥미롭게 만드는 것이 바로 이 불확실성과 불안이다. 불확실성이 존재할 때 우리는 다음번에 무슨 일이 일어날지 말할 기회를 얻는다. 불안할 때 우리는 자신이 무엇을 두려워하는지 파악하고 자신이 이러한 불안에 주의를 기울이기를 바라는지 그걸 극복하기를 바라는지 판단할 기회를 얻는다.

그날 이후 나는 드론 기술을 직접 사용해보기로 했다. 이 지식을 직접 체득해 불안감을 해소해보고 싶었다. 이 기술이 어디로 향하고 있는지, 우리의 삶을 어떻게 바꿀지 더 잘 이해하기 위해 단서를 찾는 일은 지금도 계속되고 있다. 이것이 스트레인지 사이트의 마법이다. 우리는 새로운 증거를 찾기 위해 성능 좋은 레이더를 장착하게 된다. 의식적으로 증거를 찾지 않아도 단서가 계속해서 우리를 향하는 것이다. 가령 팬데믹 기간에 나는 우리가 세상을 바라보는 방식을 바꾸는 드론 카메라의 영향력에 압도되었다. 록다운 기간 으스스할 정도로 텅 빈 도시 거리를 담은 드론 영상은 우리가 더 이상 활보하도록 허락되지 않은 세상으로 향하는 창문이 되었다. 이 영상은 일종의 대리 도피감을 선사했다. 해방이었지만 충격적이기도 했다. 내 집에 머물면서 다른 이들도 자신의 집에 있다는 사실을 이성적으로 아는 것과 텅 비다시피한 세상을 조감도로 바라보는 것은 전혀 다른 깨달음의 순간을 선사한다.

하지만 평범한 사람에게 새로운 시력을 주면 당국도 새로운 힘을 얻기 마련이다. 또 다른 변화의 신호였다. 팬데믹 기간에 드론은 대표적인 감시 도구가 되었다. 미국에서 스페인, 중국, 모로코에 이르기까지 공중 보건 정책부는 외출 제한 명령을 시행하고 거리두기를 준수하지 않는 이들을 해산시키며 마스크를 쓰라고 상기하는 데 드론을 이용했다. 심지어 발열이나 기침을 비롯한 기타 코로나 증상을 원격으로 감지하기 위해 하늘에서도 체열, 심장 및 호흡 속도를 측정할 수 있는 기능을 탑재한 드론도 있었다.

이러한 실험이 영구적인 드론 감시 기반 시설로 정착한 도시는 없었다. 하지만 씨앗은 심어졌고 자랄지도 모른다. 드론 법을 시행해본 당국은 언제든 또다시, 더 큰 규모로 이 같은 정책을 시행할 수 있을 것이다. 우리는 이 새로운 시력의 광범위한 사용이 가져다주는 혜택과 드론이 우리의 일상을, 개인적인 삶을 침해하는 데서 오는 잠재적인 해악을 저울질해야 할 것이다.

2021년 4월 20일, 나는 이 둘 사이의 긴장을 제대로 느꼈다. 미네소타 경찰 데렉 쇼빈이 무장한 흑인 조지 플로이드의 살해 죄로 유죄를 선고받은 날이었다. 흑인의 목숨도 중요하다는 뜻으로 아프리카계 미국인에 대한 미국 경찰의 과잉 진압에 항의하는 사회 운동인 블랙 라이브스 매터 운동의 연장선으로 그 후 1년 동안 전 세계적인 시위를 촉발시킨 이 범죄는 당시 열일곱 살이던 다넬라 프레이저에 의해 영상으로 남았다. 녹화 버튼을 누르고 흑인 남성이 경찰에게 제압당하는 사망 당시 장면을 담은 그녀의 용기는 역사를 바꾸었고, 미국 법 집행 과정에 만연한 인종차별주의적인 폭력에 처음으로 의미 있는 책임을 지게 했다. 그녀가 이용할 수 있었던 시각 기술은 역사적인 순간이 기록되는 데 중요한 역할을 했다. 사생활 침해 위험 소지가 있다는 이유로 처음부터 핸드폰에 카메라 탑재가 금지되었다면 이 같은 순간은 존재할 수 있었을까? 유죄 평결이 내려진 날, 내가 아는 한 연구자는 10년 전의 순간을 회상했다.

"2007년 초, 내가 참석했던 콘퍼런스에서는 카메라 달린 스마트폰이라는 아이디어에 다수가 강하게 반대했다."

그는 소셜 미디어에 이렇게 올렸다.

"그토록 어리석었을 수가. 오늘 다시 한번 입증되었음."

수십억 명의 손에 카메라 폰이 쥐어지자 시민들은 진실을 기록하고 정의, 잔혹 행위, 인권 침해 등에 관해 권력자들에게 책임을 물을 수 있게 되었다. 드론은 분쟁지대, 경찰과 시위대의 마찰 지역, 집단 학살과 자연재해 등 카메라를 손에 쥔 개인이 안전하게 녹화할 수 없을지도 모르는 장소에서 핸드폰으로 찍을 수 없는 장면을 담을 수 있다. 드론 카메라가 핸드폰 카메라만큼이나 보편적이 되고 민주화되면 앞으로 얼마나 많은 다넬라 프레이저가 세상이 외면하기 힘들 범죄를 증언하게 되겠는가?

조감도로 바라볼 집단 권리를 지키고 싶다면 우리는 머지않아 '노 드론 존'의 부상을 거부하겠다고 결정할지도 모른다. 나는 감시를 피하고 싶고 조용하고 깨끗한 하늘의 자연미를 즐기고 싶지만 경찰과 정부, 군대만 이 같은 권력을 누릴 수 있는 세상은 내가 바라는 미래가 아니다.

변화의 신호를 우연히 마주하면 중요한 신기술과 아이디어, 사회 운동에 호기심을 갖게 된다. 지금 당장 완전히 다른 일들을 시도하도록 영감을 받게 된다. 그렇다면 5년 전 노 드론 존 사인을 처음 본 이후 남편과 나는 어떠한 변화를 시도했을까?

나는 사람들이 영상 기술을 이용해 부당한 상황을 기록하고 인권을 보호하도록 돕는 단체, 위트니스에 정기적으로 기부하기 시작했다. 이제 나는 시민들이 항공 영상을 이용해 자신들의 커뮤니티에 긍정적인 변화를 가져오는 미래를 생생하게 상상할 수 있기 때문이다. 작가이자 영화제작자인 남편은 촬영에 드론 영상을 사용하기 시작했다. 남편은 이제 자신의 영화에 감탄과 경이, 겸손 같은 감정을 더 잘 담을 수 있다고 말한다.

"모든 것을 폭넓게 담는 드론으로 보면 인류가 얼마나 작은 존재인지 알 수 있기 때문이다."

우리 부부는 아이들을 위해 카메라 드론을 장만하기로 결심했다. 아이들이 이 기술을 사용하는 데 주저함이 없으며 큰 그림으로 바라보는 능력을 기르도록, 실제 경험을 바탕으로 드론의 미래에 관해 자신만의 의견을 지닌 사람으로 자라도록 하기 위해서다.

마지막으로 나는 미래 연구소에서 운영을 돕고 있는 윤리 기술 수업에 드론 기반 시설과 드론 감시 과정을 추가했다. 시장에서부터 실리콘 밸리 임원에 이르기까지 이 수업을 듣는 이들이 하늘의 풍경을 바꾸는 일이 지닌 장기적인 위험과 이점을 함께 논할 수 있도록 말이다. 이 대화에서 나온 중요한 통찰이 하나 있다. 도시 드론 기반 시설을 개발할 때에는 정신적 외상을 고려해야 한다는 사실이다. 전 세계적으로 수백만 명의 사람들이 폭력적인 군사 드론 습격의 끔직한 위협 속에 살거나 그러한 습격에 직접 가담한 탓에 외상 후 스트레스 장애를 경험하고 있다. 드론으로 가득 찬 세상은 드론이 전쟁 무기로서 사용될 극단적인 해악을 인정하지 않은 채 창조할 수 없으며 그래서도 안 된다.

자신의 열정에 불을 지피는 변화의 신호를 찾으면 소매를 걷어붙이고 적극 뛰어들기 바란다. 철학자 앨런 왓츠는 이렇게 말했다.

"변화를 이해하는 유일한 방법은 그 안에 뛰어들어 함께 움직이고 함께 춤추는 것이다."[4]

이미 진행 중인 변화에 뛰어들어 그 안에 속하려 할 경우 이 미래에 충격을 받거나 겉도는 기분이 들 확률이 낮아진다. 여러분은 이러한 변화의 속도를 늦추거나 뒤집고 싶을지도 혹은 변화의 속도를 높이고 싶을지도 모른다. 아니면 다가오는 변화를 지켜보는 데서, 여전히 형성 중인 미래를 인식하고 함께하는 데서 오는 자신감 넘치는 기분을 그저 즐길지도 모른다.

변화의 신호는 미래학자의 원자재다. 그렇다면 우리는 이 원자재를 어떻게 가능한 미래에 관한 이야기로 바꿀까? 신호를 시나리오로 바꾸는 가장 빠른 방법은 변화의 신호가 더 이상 낯설지 않은 세상을 그리는 것이다. 그러한 신호가 만연하고 완전히 정상인 세상이다. 이러한 세상을 다른 이들과 공유해보자. 이 새로운 세상에서 그들이 어떻게 할 것이며 어떠한 기분을 느낄지 물어보자. 이제 드론에 관한 몇 가지 단서와 질문을 통해 그러한 세상을 함께 그려보겠다.

하늘에서 드론 무리를 본 적이 있는가? 그런 적이 없다면 앞으로는 보게 될 것이다. 팬데믹이 한창일 때 서울에서는 300개가 넘는 반짝이는 드론이 동시에 하늘을 떠다니면서 수 킬로미터 떨어진 곳에서도 볼 수 있는 일시적인 빛 무리를 만들어냈다. 드론은 사람들에게 마스크 착용을 주지시키는 이미지를 형성했으며 정부의 팬데믹 경제 회복 정책을 홍보하는 슬로건을 그려보였다. 필라델피아와 런던에서는 드론 무리가 최전선에서 일하는 의료계 종사자들에게 감사 메시지를 전했다. 2021년 상하이에서는 1,500개의 드론이 하늘에 반짝이는 거대한 QR 코드를 만들어냈다. 이 코드의 사진을 찍으면 인기 있는 비디오 게임의 웹사이트로 연결되었다. 세계 최초로 드론 무리가 홍보하는 비디오 게임이 아니었을까.

이 3가지 단서를 보면 궁금해진다. 오늘날 소셜 미디어에서처럼 미래에는 '하늘 미디어'를 통해 편파적 발언과 괴롭힘, 음모 이론이 번질까? 우리는 하늘에 무엇을 쓰고 쓸 수 없는지에 관해 언론의 자유를 논할 준비를 해야 할까? 이 새로운 표현 수단은 우리에게 이로울 수 있을까? 이제 이 단서와 질문들을 빠른 생각 실험으로 바꿔보자. 시나리오는 다음과 같다.

10년 후 여러분은 '집단 성좌'의 회원이다. 반짝이는 드론 함대를 유지하고 날리는 비용으로 5만 명의 다른 회원들처럼 매달 회비를 낸다. 한

달에 한 번 여러분은 동네 하늘에 날리고 싶은 메시지를 적거나 이미지를 띄울 수 있는 30초의 송출 시간을 얻는다.

오늘로 돌아와 보자. 여러분은 이 시간을 어떻게 쓰는가? 어떠한 메시지나 이미지를 하늘에 띄우는가? 언제 메시지를 띄우기로 계획하며 메시지는 어디에 나타날 것인가? 드론이 내가 계획한 모습대로 무리를 형성할 때 어떠한 기분이 드는가? 이제 보다 많은 단서와 질문을 이용해 또다른 시나리오를 생각해 보자.

드론 배달을 받아본 적이 있는가? 없다면 앞으로는 곧 그렇게 될 것이다. 영국의 알티튜드 엔젤, 가나의 지플린, 일본의 윙콥터 같은 기업은 도시와 외딴 시골 마을에 혈액이나 약품, 백신 같은 의약용품을 보다 빠르게 배달할 수 있도록 드론 네트워크 기반 시설을 구축하기 시작했다. 덜 긴급한 드론 배달 서비스는 미국을 시작으로 세계 곳곳에서 일상으로 자리 잡을지도 모른다. 아마존, 구글, UPS가 창설한 드론 부서는 미국 연방 항공국으로부터 드론 배달 서비스를 시험해도 좋다는 허가를 받았다. 이 서비스는 어떠한 형태로 운영될까? 떠 있는 창고 형태의 도시 드론 기반 시설은 이미 특허를 승인받았다. 이 시설은 도시나 동네 위를 맴돌며 배달 드론을 신속하게 파견하고 다시 채운다.[5]

나는 거대한 아마존 창고가 우리 동네 위에 떠 있다면 어떠한 기분이 들지 상상해 보려 한다. 편리함이라는 미명하에 우리가 포기하게 될 대상에 한계가 있긴 할까? 노 드론 존 사인은 잊자. 노 플로팅 창고 존 사인을 세우자는 얘기를 누구에게 해야 할까? 앞으로 일어날 것 같은 미래를 생각하자 우리가 아직 지키고 있는 조용하고 깨끗한 하늘이 벌써부터 그리워진다. 이제부터라도 텅 빈 하늘을 더 자주 올려다보며 음미해야겠다는 생각이 든다. 이제 이 새로운 단서를 우리가 앞서 살펴본 다른 드론 신호와 합쳐보자.

10년 후에는 온라인으로 주문한 모든 것을 드론으로 무료로 배달 받을 수 있다고 상상해 보자. 드론 배달은 더욱 저렴하고 빠를 뿐만 아니라 기존 트럭 배달에 비해 온실가스 배출을 상당히 낮춰주기 때문에 지속가능하기도 하다. 하지만 다른 종류의 드론 역시 흔해진다. 경찰 감시 드론, 활동가가 이끄는 인권 감시 드론, 페이스북이나 구글 같은 기술 기업이 운영하는 자료 수집 드론 등이다.

기술 기업이 어떠한 종류의 자료를 수집할지는 불분명하다. 구글은 주로 해안 침식이나 삼림 황폐화 같은 환경 자료를 살펴본다고 말한다. 페이스북은 800미터 떨어진 곳에서 지상의 사람을 판별할 수 있는, 드론에 최적화된 안면 인식 알고리즘을 구현할 수 있다고 알려져 있다(이 기술은 이미 개발되었으며 2021년 미 군대에서 시험되었다).

이제 내가 이 미래에 있다고 상상해 보자. 드론이 다가오는 익숙한 윙윙 소리가 들린다. 나는 어디에 있는가? 무얼 하고 있나? 드론 소리를 들을 때 가장 먼저 느끼는 감정은 무엇인가?

나의 반응을 상상한 뒤에는 다른 이들과 함께 시나리오를 살펴보자. 흥분에서 안도, 호기심에서 탈진, 고독에서 분노, 공포에 이르기까지 내가 수집한 첫 감정의 범위는 내가 이 미래를 굉장히 다양한 관점에서 바라보는 데 도움이 되었다. 그중 이 시나리오를 한 단계 더 발전시킨 인상적인 대답이 기억난다.

"드론 소리를 듣지도 못할 거예요. 10년 후에는 새로운 소음 공해를 차단하기 위해 모두가 주거용 방음 시설과 소음 차단 헤드폰을 사용하게 될 테니까요."

많은 학생들이 변화의 신호를 찾게 된 것을 수업에서 얻은 가장 지속적인 습관으로 꼽는다. 그들은 이 습관이 재미있고 신나며 고무적이라고 말한다. 올해 미래 연구소 졸업생들을 대상으로 미래 사고 교육의 지속적인 영향에 관해 설문조사를 실시했을 때 신호라는 단어가 꽤 자주 등장했다.

"저는 세상을 다르게 보고 있어요. 계속해서 신호를 찾아 두리번거리고 새로운 시각으로 생각하죠. 기회라는 문을 열 수 있는 비밀 열쇠를 받은 기분이에요."

"제대로 보기만 하면 신호는 어디에나 있어요. 한번 보기 시작하면 안 본 것으로 할 수 없죠."

"저에게 변화의 신호를 찾는 방법을 배우는 일은 샴페인 뚜껑 마개를 따는 일과 비슷했어요. 변화를 시도하려는 제 열정에 새로운 활력을 불어 넣었죠. 저는 이제 새로운 아이디어가 콸콸 넘쳐흐른답니다."

어떠한 분야의 신호도 수집할 수 있지만 자신에게 중요한 주제를 고를 경우 이 연습이 더욱 유의미해진다. 가령 롤은 두 어린 딸아이의 아빠다. 아일랜드 더블린에 살고 있는 그는 최근 들어 신경다양성의 미래에 관한 신호를 수집하기 시작했다. 신경다양성은 사회성, 학습, 주의력, 기분을 비롯한 기타 정신 기능과 관련된 인간 뇌의 다양성을 의미한다. 자폐증 스펙트럼 장애는 질병이나 장애가 아니라 정상범위에 해당하는 신경다양성의 일환으로 볼 수 있다. 롤에게는 중요한 주제다. 그의 두 딸 모두 자폐를 앓고 있기 때문이다. 그는 나에게 보낸 이메일에서 이렇게 말했다.

"딸들이 성인이 되었을 때 이 세상이 준비가 되어 있기를 바란다면 지금 시작해야 한다고 생각해요. 아이들은 지금 각각 다섯 살, 일곱 살입니다. 10년 후 내가 바라는 모습을 상상할 경우 아이들을 위해 더 나은 세상을 구축하는 방법에 훨씬 더 잘 집중할 수 있다는 걸 깨달았죠."

자폐를 앓고 있는 많은 이들이 소리, 장면, 맛, 감각에 극도로 민감하다. 다른 이들이 눈치채지 못하거나 무시할 수 있을지도 모르는 것들, 가령 밝은 빛이나 옷 상표가 피부에 닿는 느낌, 가전제품의 백색소음 때문에 굉장히 불편하고 집중하지 못하며 자제력을 잃을 수 있다. 롤이 '감각 합의'의 신호를 찾는 이유다.

"요즘에는 감각 과부하에서 벗어나는 데 도움이 되는 조용하거나 어두운 방이 있어요. 주로 공항이 그렇지만 이케아도 그러한 장소입니다. 슈퍼마켓이나 극장처럼 감각 친화적인 시간을 운영하는 곳들도 있고요. 저는 모든 장소가 그렇게 되기를 꿈꿔요. 이러한 초기 신호를 찾아 공유하면 더 많은 사람이 이 같은 합의를 이루도록 고무시킬 수 있지 않을까요?"

그는 성소수자 커뮤니티에서 변화의 신호를 연구하기도 한다. 이 연구를 바탕으로 자폐 커뮤니티에 가시성과 자기 수용감을 높이는 법에 관한 단서를 제공할 수 있을 거라 생각한다.

"젊은 세대가 자폐를 밝히는 것이 문제가 되지 않기를, 있는 그대로 받아들여지기를 바랍니다. 제 딸아이가 성인이 될 무렵에는 세계 자폐인의 날을 기리는 대신 신경다양성 긍지의 날이나 자부심의 달을 기리게 되면 좋겠어요."

롤은 변화의 신호를 수집하는 데 그치지 않는다. 그는 스스로가 변화의 신호가 되려고 노력한다.

"신경다양성이 있는 아이가 슈퍼마켓에서 자제력을 잃을 경우 사람들이 이 상황을 이해하기 때문에 우리를 끔찍한 부모인 양 바라보지 않게 되는 날이 올 거라 믿어요. 그래서 저는 우리 가족을 숨기거나 무슨 일을 겪을지 두려워 밖에 나가지 않는 일 따위는 하지 않아요. 저는 스스로가 변화의 신호가 되려고 노력합니다. 사람들이 우리가 존재한다는 사실에 노출되도록 말이요."

나는 롤의 아이디어가 정말 마음에 든다. 오늘날 정상으로 치부되는 것에 위배될지라도 이 세상에 진짜 나로 존재할 때 우리는 스스로를 위한 단서가 될지도 모른다. 나는 친구들과 정기적으로 변화의 신호를 교환하고 함께 커피나 술, 식사를 하면서 습관적으로 대화 나눠보기를 권유한다. 신호를 교환할 경우 스트레인지 사이트가 엄청나게 확장된다. 다른 이들은 내가 놓칠지도 모르는 신호를 감지할 수 있기 때문이다.

"피즐리 베어라고 들어봤어?"

지난주에 한 친구가 물었다. 우리는 종종 신호를 주고받는 사이로 그 친구는 그날 재미난 소식을 전해주었다.

"북극곰과 회색곰의 이종교배에서 태어난 잡종이야. 지구온난화 때문에 북극곰이 남쪽으로, 회색곰의 영역으로 가게 되면서 갑자기 먹이를 두고 경쟁하게 되었지."

이는 북극곰에게 안 좋은 상황이라고 친구는 설명했다. 북극곰은 이미 멸종 위기에 처해 있었고 회색곰이 보통 경쟁에서 우월하기 때문이다.

"그래서 굶어죽는 대신 암컷 북극곰들은 수컷 회색곰과 짝짓기를 시작한 거야."

나는 핸드폰을 꺼내 더 많은 정보를 찾아보았다. 새로운 종의 사진이 떴다. 피즐리 베어는 북극곰의 새하얀 털에 회색곰의 몸매를 갖고 있었다. 두개골의 크기가 전형적인 회색곰보다 컸고 전형적인 북극곰보다는 작았다. 최초의 피즐리 베어는 2006년에 발견되고 DNA 검사로 확인되었는데 야생에서 그들의 수가 증가한다는 새로운 보도 때문에 이제 다시 헤드라인을 장식하고 있었다. 피즐리 베어를 연구하는 과학자들은 이 잡종 곰이 회색곰이나 북극곰보다 변화하는 기후에 더 잘 적응할지도 모른다고 생각한다.

"그렇다면 이게 무슨 신호라고 생각해?"

나는 변화의 함의를 논하기 전에 친구에게 물었다.

"음, 기후 변화는 탄광의 카나리아와 같아. 북극곰이 생존을 위해 완전히 다른 종이 되어야 한다면 또 어떤 종들이 적응해야 할지 생각해 보지 않을 수 없지. 거기에는 우리 인간도 포함되고."

나는 여전히 피즐리 베어 기사를 훑어보고 있었다.

"맞아. 안 좋은 소식이지만 좋은 소식일지도 모르잖아. 과학 기자들의 말을 들어봐."

나는 친구에게 기사를 읽어주었다.

"오늘날 출현하는 잡종들은 생물다양성의 약화를 의미하지만은 않는다. 이들은 갑작스러운 환경 변화에 맞서는 회복력을 상징할지도 모른다."[6]

우리의 대화는 이 변화의 신호에서 끌어낼 수 있을지도 모르는 미래 시나리오로 넘어갔다. 나는 이렇게 말했다.

"피즐리 베어가 넘쳐나는 세상을 상상할 필요는 없다고 봐. 하지만 이 단서를 보니 지구가 수축하고 있다는 생각을 하게 돼. 미래에는 어떠한 땅이 살기에 적합하고 또 어떠한 땅이 살기에 부적합할까? 곰뿐만 아니라 사람들에게도 말이야."

인류는 이 같은 이주를 경험할 확률이 높다. 극단적인 기후를 피해 지금보다 좁은 곳에 다 같이 모여 살게 될 것이다. 처음에는 낯선 이처럼 느껴지는 수많은 사람과 함께 사는 법도 찾아야 한다. 그렇다면 강제로 이동해야 하는 북극곰은 누가 될까? 자리를 내어줘야 하는 회색곰은 누가 될까?

나는 핸드폰으로 '인류 기후 틈새의 미래'라는 2020년 과학 논문을 찾았다. 전에 발견했던 신호로 나중에 도움이 될까 싶어 기억해둔 기사였다. 미국, 중국, 유럽의 기후 과학자들이 쓴 이 논문은 50년 내에 많게는 30억 명이 사하라 사막 같은 환경에 거주하게 될 것이며 지난 6천 년 동안 인류 친화적이었던 기후 환경을 누리지 못하게 될 거라고 설명한다.[7] 과학자들은 10년 후에는 30억 명이 살기 부적합해진 장소를 떠나 인류의 생존을 뒷받침할 수 있는, 날이 갈수록 좁아지는 지역으로 이주해야 할 거라고 예측한다. 북아메리카, 유럽, 아시아의 상당 부분은 폭염의 피해에서 벗어나겠지만 아프리카의 상당 부분, 남아메리카, 호주는 살기 가장 부적합한 환경에 놓일 것이다.

우리는 좁은 땅에서 다 함께 사는 법, 안전하고 평등한 방법으로 이주를 진행하는 법을 알아내야 할 것이다. 오늘날 많은 국가가 난민을 수용소에 가둔다. 미국에서는 필사적으로 이주를 감행한 이들을 강제 수용소에 머물게 한다. 오늘날 전 세계적으로 시행되는 엄격한 이민 제한 정책은 수십억 명이 이주하거나 숨질 수밖에 없는 미래의 관점에서 보면 인간적이거나 윤리적으로 보일지도 모른다. 한편, 합법적인 이민자들로 인구 구조가 바뀌고 있는 지역에서 사회 과학자들은 인종 민족주의, 백인 우월주의, 총기 소유(미국의 경우), 소수 인종을 향한 차별이 증가하는 현상을 목격하고 있다.[8] 이것이 우리의 현실이라면 30억 명이 이동하게 될지도 모르는 2070년에 우리는 어떻게 평화롭게 적응할 수 있을까?

2070년은 멀게 느껴질지도 모른다. 지금으로부터 50년 후이니 여러분이 살아온 시간보다 길지도 모른다. 하지만 시간 광활함은 우리가 말도 안 되게 복잡한 이 문제를 해결하는 데 도움이 된다. 유네스코에 따르면 현 나이와 기대 수명을 바탕으로 추정하건대 현재 인구의 절반이 2070년에도 살아 있을 거라고 한다. 여기에는 미국에 살고 있는 1.8억 명도 포함된다.[9] 현재를 살아가는 대부분의 사람이 이러한 미래를 경험할 것이다. 문제가 불거지기 시작하는 데에는 50년이 채 걸리지 않을 것이다. 자선단체 옥스팜에 따르면 지난 10년 동안 매해 2천만 명이 기후 변화 때문에 이미 자신이 살던 곳을 떠나고 있다고 한다.[10] 기후 이주는 지금 일어나고 있는 일로 다가오는 십 년마다 점점 더 빈번하게 일어날 것이다.

친구가 감지한 변화의 신호 덕분에 내가 펼친 상상은 여기까지다. 이제 나는 이 신호를 여러분에게 넘기려 한다. 피즐리 베어라는 단서를 여러분만의 관점에서 살펴보기 바란다. 자신이 속한 커뮤니티가 미래에 이 거대한 기후 이주 문제에 직면했다고 상상하자. 지금 당장 문제를 해결해야 할 필요는 없다. 이 가능한 미래를 진지하고 창의적으로 생각하기 위해 우선 간단한 질문에서 시작하자.

나는 지금 어디에 살고 있는가? 폭염으로 인류가 살 수 없는 지역인가, 인류가 여전히 살 수 있는 지역인가?

- **살기 부적합해질 지역에 살고 있다면?**: 20년, 30년, 심지어 50년 후 내가 살고 있는 동네가 기후 위기 기간에 대부분의 사람들에게 버려진다고 상상해 보자. 내가 살던 동네를 담은 드론 영상이 있다. 이 영상 속에서 나는 무엇을 보며 무슨 소리를 듣는가? 오늘날 입수해서 살펴볼 수 있는 진짜 영상인 것처럼 최대한 선명하게 상상해 보자. 무엇이 변했는가? 그곳을 떠난 기분이 어떠한가? 지금은 어디에서 살고 있는가? 이 미래 장면에서 나는 어디에서 이 드론 영상을 보거나 듣는가?

- **계속해서 살기 적합한 지역에 살고 있다면?**: 20년, 30년, 심지어 50년 후 대량 기후 이주로 내가 살고 있는 동네의 인구가 현재보다 2배나 3배 많아진다고 상상해 보자. 주민의 절반 이상이 자신이 살던 곳을 떠날 수밖에 없었던 이민자다. 이주가 충돌이나 고통을 안겨주는 최악의 시나리오를 생각하지는 말자. 서로 싸우는 대신 새로운 시도를 하는 등 회복력 있는 동네의 모습을 상상하

자. 내가 속한 커뮤니티는 어떻게 적응했는가? 건물과 도로, 공원, 공공장소는 어떻게 변했는가? 새로 온 이들을 지원하고 환영하기 위해 무엇을 만들었는가? 이 회복력 있는 미래 동네 위로 드론을 날릴 경우 어떠한 영상이 촬영될까? 사람들은 정확히 무엇을 보거나 듣게 될까?

기후 변화가 자신이 살고 있는 동네에 어떠한 변화를 가져올지 잘 모르겠거든 가능한 시나리오를 둘 다 상상해 보자. 마을을 떠나야 하는 시나리오와 그대로 머무는 시나리오다. 한 가지 단서를 더 살펴봐도 좋다. 자신이 살고 있는 마을과 폭염, 극단적인 기후, 기후 이주를 함께 검색해 보자. 노 드론 존 사인을 처음 본 지 몇 년 후인 2021년 여름, 나는 이러한 제목의 뉴스를 접했다.

"한 세대의 바닷새, 드론 때문에 전멸하다. ……과학자들, 그들의 미래를 걱정하다."[11]

알려지지 않은 개인이 날린 드론이 서던 캘리포니아 볼사 치카 생태보호 구역에 살고 있는 바닷새 엘리건트턴의 보금자리에 불시착했다. 드론을 침략자로 오해한 수천 마리의 어미새와 아비새가 2천 개의 알을 그대로 둔 채 그곳을 떠나버렸다. 새들은 돌아오지 않았고 알은 단 한 마리도 부화되지 않았다. 볼사 치카 생태 보호 구역은 엘리건트턴의 보금자리로 알려진 서식지 네 곳 중 하나다. 이 사건은 충격적이고 끔찍한 야생동물 손실이었다. 과학자들이 야생에서 관찰해온 부화 중인 알이 버려진 단일 사례 중 가장 큰 규모였다.

그 후 몇 달 동안 서부 해안 인근 정부들은 해안가, 공원, 삼림, 야생동물 보호구역에 엄격한 '노 드론 존' 법을 시행할 계획을 수립했다. 그들은 이 법을 시행하고 대중에게 교육할 더 괜찮은 방법을 찾겠다고 약속했다.[12] 이미 와 있지만 널리 퍼져있지 않은 미래가 훨씬 더 광범위하게 퍼지려 하고 있다.

바닷새에게 일어난 일은 드론에 관한 변화의 신호다. 하지만 북극곰과 회색곰처럼 이주하는 동물에 관한 변화의 신호가 될 수도 있다. 우리가 발견한 신호들이 갑자기 정렬될 때가 있는데 이 정렬이야말로 아주 특별한 단서다. 여러분은 이 합일이 무엇을 의미하는지 곧바로 눈치채지 못할 수 있으며 어떠한 행동을 취해야 할지 알지 못할 수 있다. 하지만 그 일이 일어날 때 곧바로 느낄 것이며 자신의 스트레인지 사이트를 올바른 방향으로 훈련시켜왔음을 깨닫게 될 것이다.

신호를 해석하는 과정은 직선이 아니다. 우리의 상상력을 사로잡는 온갖 가능성으로 이어지는 구불구불한 길이다. '단서'라는 단어는 실뭉치를 뜻하는 고어 '실꾸리'에서 왔다. 그리스 신화에서 테세우스는 실꾸리를 이용해 미궁의 중심부로 무사히 들어갔다가 나온다. 실뭉치를 풀어 흔적을 남긴 뒤 그 흔적을 따라 밖으로 다시 나온다. 변화의 신호는 실꾸리와 같다. 우리를 구불구불한 길로 데려간다. 새로운 단서를 따라 미래로 향할 때 어디에 당도할지는 아무도 모른다. 하지만 호기심을 따르다 보면 보통 빈터에 도착할 것이다. 새로운 것이 존재할 수 있는 열린 공간, 중요한 변화를 꾀해볼 수 있는 장소다.

변화의 신호를 찾는 비법과 요령

변화의 신호를 찾는 일은 일종의 습관이다. 연습하는 법과 관련된 조언을 몇 가지 제공한다. 매주 5분 동안 새로운 변화의 신호를 찾아보자. 일주일에 한 번을 단서 찾는 날로 지정해도 좋다. 화요일, 단서의 날 혹은 미래 금요일은 어떠할까?

뉴스나 소셜 미디어를 찾아보는 것처럼 단순한 행동만으로도 신호를 찾을 수 있다. 단서를 찾는 가장 쉬운 방법은 '~의 미래'에 자신의 관심 분야를 넣어 검색하는 것이다. 이번 주 나는 '감옥 개혁의 미래', '정신 건강의 미래', '애완동물의 미래'를 검색했다. 즐거운 검색이었다. 나는 공룡 치킨, 치유용 로봇 쿠션, 개들은 화성에서 어떻게 살 것인가에 관해 알게 되었다. '혁신', '실험', '놀라운', '트렌드', '최첨단', '기이한', '생경한', '창의적인 아이디어', '새로운 현상', '과학 연구' 같은 단어를 검색해도 좋다.

또 다른 방법은 지인들에게 기대되거나 걱정되는 새로운 현상에 대해 물어보는 것이다. 나는 이따금 소셜 미디어에 이러한 질문을 올린다.

"가상화폐 세상에서 일어나는 가장 기이하거나 놀라운 일이 무엇인가요?"

"저는 투표의 미래에 관한 최첨단 프로젝트와 아이디어를 찾고 있습니다. 공유할 생각이 있을까요?"

"사람들이 더 관심을 기울이기를 바라는 일이 있나요?"

내가 가르치는 학생들은 온라인이나 오프라인상에 신호 공유 그룹을 만들어 함께 간식이나 커피를 나누며 매달 신호를 주고받는다. 새롭게 발견한 신호를 공유하는 것으로 모임을 시작하는 것이 그들이 세운 새로운 규칙이다. 그들은 이메일, 페이스북, 왓츠앱, 링크드인, 디스코드, 슬랙을 통해 신호를 주고받는다. 한 학생은 이렇게 말했다.

"신호를 주고받는 것은 마치 북클럽을 연 것과도 같아요. 단지 매달 새로운 책을 읽는 대신 다른 미래 주제를 선택하고 모두가 최소한 한 가지 변화의 신호를 공유할 뿐이죠."

신호를 수집하는 일은 호기심과 상상력에 불을 지피는 길이다. 신호를 파악해 다른 이들과 공유하는 일만으로도 즐겁지만 신호를 시나리오로 바꾸고 싶다면 아래 질문을 이용해 신호를 분석하기 바란다.

1. 어떠한 변화의 신호인가?
2. 이 변화를 추진하거나 자극하는 요인은 무엇인가? 이 변화는 왜 일어나는가?
3. 이 신호에서 걱정되는 부분은 무엇인가? 이 신호에서 기대되는 부분은 무엇인가?
4. 이 신호가 흔해지면 세상은 어떻게 될까?
5. 이러한 세상에서 눈을 뜨고 싶은가? 이는 내가 바라는 미래인가?

수집한 단서를 타인과 공유할 때 이 질문들은 대화의 출발점이 될 수 있다. 이제 여러분만의 신호 수집에 나설 차례다. 페이지를 넘기기 전에 뉴스나 소셜 미디어를 잠시 검색해보자. "그것 참 이상하네!" 혹은 "한 번도 본 적 없는 건데."라고 말하게 만드는 새로운 제목이나 이야기를 찾아보자. 관심 있는 미래 주제를 찾아볼 수도 있지만 챕터 4에서 〈미래학자 당황하기 만들기〉 게임을 할 때 우리가 절대로 바뀔 수 없다고 지정한 사실을 주제로 삼아도 좋다.

이제 변화의 신호를 살피는 법을 알았으니 내가 잘못되었음을 그리고 바뀔 수 없어 보이는 사실이 최소한 조금은 이미 변하기 시작했다는 사실을 입증할 증거를 찾게 될 것이다. 새로운 신호를 찾을 때에는 이와 관련해 떠오르는 모든 질문을 적어두는 것을 잊지 말자. 모든 질문은 우리가 따라야 할 새로운 탐사 여정이 될 수 있다.

상상력 트레이닝

규칙 6 ———— **단서 찾기**

변화의 신호, 다시 말해 세상이 어떻게 달라지고 있는지 보여주는 실제 증거를 수집하고 살펴보자. 이 신호를 이용해 호기심을 자극해보자. 단서의 흔적이 이끄는 대로 따라가 보자. 미래를 보여주는 이러한 단서들을 살필 경우 나의 삶과 이 사회가 어떻게 변할 수 있는지 보여주는 놀랍고 생경하며 충격적인 예시를 간파하는 육감을 기를 수 있다. 이 단서들은 심지어 우리가 지금 당장 행동을 취하도록 영감을 줄지도 모른다.

Chapter 07

나의 인생을 책임질
미래력을 지녀라

이제 정상으로 돌아가는 미래는 없음을 인정하는 데서 출발하자.

케이시 비안, 미래 연구소 우수 선임연구원

전 세계적으로 개인이 통제할 수 없는, 어떠한 일이 향후 10년 동안 나의 삶, 친구나 가족의 삶에 가장 큰 영향을 미칠 거라 보는가?

1. 기후 변화로 인한 폭염과 가뭄

2. (나 자신과 지구에서 겪을) 포스트 팬데믹 트라우마

3. 소셜 미디어와 음모 이론을 타고 번지는 젊은 세대의 급진화

4. 안면 인식 기술의 광범위한 채택

5. 보편적 기본 소득(도시나 주, 중앙 정부가 채택할 경우)

6. 보다 저렴하고 지속적인 방향으로의 고등 교육 재편

세상을 바꿀 힘의 모든 것, 미래력

나의 인생 목표, 우리 가족의 안전과 안정, 친구들의 계획과 꿈, 미래의 건강과 행복을 생각할 때 나는 이 목록을 마음에 새긴다. 이러한 변화는 향후 10년 동안 우리의 삶을 더욱 힘들고 복잡하며 흥미롭게 만들 것이다. 다른 많은 힘들 역시 우리의 미래에 영향을 미치겠지만 내가 현재 생각하고 정보를 얻는 데 가장 많은 에너지를 쏟는 대상은 바로 이 트렌드들이다.

나는 걱정하고 희망할 수 있는 온갖 대상들 가운데 이 목록에 장기적인 상상을 집중하겠다고 선택했다. 나의 미래력인 셈이다. 미래력은 사회에 결정적이거나 파격적인 영향을 미칠 확률이 높은 중요한 트렌드나 현상이다. 메가트렌드, 변화의 추동력, 매크로 힘이라 불리기도 하는 미래력은 보통 작은 변화의 신호에서 시작되며 몇 달, 몇 년 혹은 수십 년에 걸쳐 강력해진다.

세상을 바꿀 잠재력이 있는 모든 것이 미래력이 될 수 있다. 인류 유전자 변형이나 인공 지능 같은 과학 연구의 빠르게 발전하는 분야도 예외가 아니다. 블랙 라이브스 매터 같은 사회 운동도 있다. 비트코인이나 가상화폐 같은 주류에 진입하는 새로운 기술도 있다. 투표권을 열여섯 살로 낮추는, 점점 인기를 얻고 있는 정책도 있다. 채식 위주 식단의 증가 같은 소비자 행동의 변화도 있다. 기후 변화로 인한 해수면 상승이나 소음 공해가 정신 건강에 미치는 영향같이 전문가와 연구진들이 주장하는 점점 증가하는 위협도 있다.

아프리카의 '유스 붐' 같은 주요 인구 변화도 있다. 미국의 평균 연령이 서른여덟, 중국이 서른아홉, 영국이 마흔인 것에 비해 이제 아프리카 국가 대부분의 평균 연령은 열다섯 살에서 열여덟 살이다.[1] 기술 기업의 권력과 독점을 제한하기 위한 정부의 시도 같은 장기적인 규제 노력도 있다. 지난 50년 동안 전 세계적으로 5개국 중 4개국에서 평균 34퍼센트 낮아진 혼인률 감소 같은 광범위한 문화 변화도 있다.[2]

변화의 신호가 우리를 놀라운 장소로 데려가는 흥미로운 단서라면 미래력은 우리를 확실한 방향으로 이끄는 깜빡이는 거대한 네온 화살표와도 같다. 모두가 동일한 미래를 암시하는 변화의 신호 수천 개를 합친 것과 같다. 미래학자들은 '불가피한'이라는 단어를 잘 쓰지 않는다. 하지만 미래력은 우리가 어떤 식으로든 반드시 고려해야 하는 대상이다.

우리는 미래력을 최소화하고 늦추거나 피해를 예방하기 위해 노력할 수 있다. 기후 변화 운동가들이 기후 변화의 위험 요소를 낮추기 위해 애쓰듯 말이다. 한편, 우리는 미래력이 빠르게 번지는 데 기여할 수 있다. 보편적 기본 소득 옹호자들이 이 정책이 얼마나 큰 도움이 될 수 있는지 정부를 설득하기 위해 파일럿 프로그램과 연구에 자금을 대듯 말이다.

우리는 열린 마음으로 미래력을 살피며 그 안에서 새로운 기회를 찾을 수도 있다. 미국의 거의 모든 패스트푸드 체인점이 2021년 인기 있는 유제품이나 육류 메뉴의 채식 버전을 최소한 한 개씩은 선보였듯 말이다.[3]

어떤 일을 하든 여러분은 미래력을 절대로 통제할 수 없다. 나도 마찬가지고 이 세상 누구도 그렇다. 세상에서 가장 큰 기업의 CEO도, 국가원수도, 가장 부유한 억만장자도, 가장 영향력 있는 운동가도 말이다. 미래력은 한 사람이나 국가, 조직보다 크다. 아주 강력한 강풍급 변화의 바람이다. 하지만 변화의 바람이 부는 방향을 앎으로써 누리게 되는 이점을 과소평가하지 말자.

✕ ✕ ✕

어떠한 미래력이 나의 삶에 가장 강력한 영향을 미칠지 생각하려면 어디에서 출발해야 할까? 우선 미래력을 찾아야 한다. 다행히 미래력은 쉽게 눈에 띈다. 우리가 현실을 인정하기만 한다면 말이다. 하지만 강력한 미래력은 우리를 불편하게 만들기 때문에 생각보다 쉽지 않은 일이다. 미래력이 우리를 불편하게 만드는 이유는 우리가 이 힘을 제대로 이해할 만큼 충분히 알지 못하기 때문이다. 이 힘이 우리가 원하지 않거나 아직 준비가 되어 있지 않은 방향으로의 변화를 요구하기 때문에 불편할 수도 있다. 미래력이 우리를 불편하게 만들거나 겁에 질리게 만드는 이유는 그 힘이 우리를 재난으로 몰아넣는 것처럼 보이거나 우리가 이 힘을 막는 방법을 모르기 때문이다.

미래력이 우리를 불편하게 만들수록 더 자세히 살펴야 한다. 나는 슈퍼스트럭트나 이보크처럼 굉장히 정확한 미래 시나리오를 만들 수 있었던 비법이 뭐냐는 질문을 수차례 받았다. 비법이랄 것도 없지만 사실을 밝히면 이 위기 시뮬레이션은 전 세계 수많은 전문가들이 지난 몇 년 동안 경고했지만 대부분의 사람이 무시한 미래력에서 영감을 받았다. 우리가 작성한 시나리오는 통제 불가능한 호흡기 팬데믹, 기후 변화가 야기한 유례

없는 산불, 소셜 네트워크를 통해 의도적으로 잘못된 정보를 퍼뜨리는 고질분자, 기반 시설 투자 부족으로 인한 전력망 손실을 정확히 예측했다.

하지만 미래 연구소나 세계은행이 다른 이들이 모르는 미래 트렌드를 알았기 때문이 아니었다. 정반대였다. 우리의 시뮬레이션은 이미 확실하고 분명하게 모습을 드러낸 현상을 전달하는 채널 전달자일 뿐이었다. 우리는 우리가 찾아낸 가장 큰 미래력들을 한데 엮었다. 수년 동안 세력을 확장해 왔으며 대부분의 전문가를 밤잠 설치게 만드는 것처럼 보이는 힘들이었다. 내가 알기로 슈퍼스트럭트와 이보크 예측만의 차별점이 있다면 그건 일어날 법한 위기가 전부 동시에 펼쳐지는 모습을 상상하고 온갖 다양한 위험 요인이 서로를 복잡하게 만들고 강화시키는 방법을 고려하고자 한 우리의 의지뿐이었다.

내가 미래 연구소의 전문 시나리오 설계자에게서 배운 가장 값진 교훈은 다음과 같다. 먼 미래에 관해서라면 걱정거리를 알아내려고 애쓸 필요가 없다. 여러분도 마찬가지다. 이 세상에는 미래 위험과 위기를 연구하고 분석하며 사람들에게 경고하는 것을 업으로 삼는 믿을 만한 전문가가 넘쳐난다. 기후 과학자, 질병학자, 기술 윤리학자, 취재 기자, 인권 운동가, 국가 보안 연구자, 경제 예측가 등 우리는 그들의 말에 귀 기울이기만 하면 된다.

내가 지난 15년 동안 미래력을 모으기 위해 사용해온 통찰력의 가장 중요한 출처는 세계 경제 포럼의 연례 기후 위기 보고서다. 기업, 정부, 세계 발전 분야의 저명한 글로벌 리더 650명을 조사해 연구진들이 작성한 보고서다. 이 지도자들은 그들이 현재 가장 우려하는 미래력을 공유하며 각 위기의 시급성에 따라 순위를 매긴다. 그들은 각 위험이 정확히 올해, 이듬해, 5년 후, 10년 후 등 세계적인 영향을 미칠지 예측하기도 한다. 이 집단 지성을 분석한 결과 세상에서 가장 똑똑하고 영향력 있는 사람들을 밤잠 설치게 만드는 위험에 관한 아주 중요한 로드맵이 완성된다.

나처럼 매년 이 보고서를 읽으면 동일한 미래력이 계속해서 등장함을 알 수 있다. 2021년 세계 위험 보고서가 공개한 향후 10년 동안 전 세계에 가장 큰 영향을 미칠 유력한 용의자는 다음과 같다.

- 기후 변화로 인한 극단적인 기후, 해수면 상승, 지구 온난화
- 코로나의 장기적인 영향을 비롯한 전염병, 말라리아 같은 예방 가능한 질병, 새로운 팬데믹
- 대량 살상 무기
- 경제 기회 결여로 인한 사회 불안, 광범위한 실업, 빚, 불완전 고용
- 디지털 네트워크를 비롯해 상수도나 전력망 같은 중요한 기반 시설을 대상으로 한 사이버 공격

깜짝 놀랄 만한 위험은 없다. 익히 알려져 있고 관련 증거도 많은 위협들이다. 이 힘들은 인류에게 이미 눈에 띌 만한 피해를 입히고 있으며 미래에도 계속해서 긴 그림자를 드리울 것이다. 대규모 소셜 시뮬레이션을 계획하고 있다면 이 5가지 위험 요인에 주력하는 편이 좋다. 나는 수십만 명을 대상으로 이러한 질문을 던진다.

"이 위기가 정말로 일어나면 어떻게 하겠나요?"

"무엇이 필요할까요?"

"어떻게 돕겠나요?"

나는 그들의 답을 분석해 가상적인 재난의 예측하기 힘든 사회적 결과와 놀라운 파급 효과를 알아낸다. 앞선 시뮬레이션에서 살펴봤듯 이 통찰력은 보다 효과적인 재난 관리, 피해 완화, 피해 대책으로 이어질 수 있다. 소셜 시뮬레이션은 참여자들에게 그들이 느낀 충격을 다른 이들과 얘기 나눌 기회를 줌으로써 진짜 위기가 터졌을 때 빠르게 행동하고 적응할 수 있게 해준다. 게다가 가상적인 글로벌 재앙을 미리 경험할 경우 더 많은 사람이 오늘날 행동을 취하고 변화를 요구함으로써 진짜 재앙을 피할 수 있지 않을까.

슈퍼스트럭트 2030 시뮬레이션이나 이보크 2035 게임을 지금 만든다면 나는 최근 세계 위험 보고서에서 발표한 5가지 위험 요인을 골라 슈퍼 시나리오에 심은 뒤 그 미래로 가볼 것이다. 세계 경제 포럼에서 특히 관심을 보이는 다른 미래력, 기존 목록에 등장한 적 없는 새로운 위험 역시 포함시킬지도 모르겠다.

가령 최근 보고서에 가장 자주 등장하는 새로운 위험은 디지털 불평등이다. 이는 믿을 만한 초고속 인터넷을 이용할 수 있는 사람과 그럴 수 없는 사람 사이의 격차를 일컫는다. 학교와 직장이 가상이나 온라인으로 대체되고 사회적으로 연결된 상태가 지속됨에 따라 이 격차는 갈수록 큰 문제로 대두되고 있다. 오늘날 미국에 사는 3천만 명을 비롯해 30억 명에 달하는 전 세계 사람들이 인터넷 접속에 어려움을 겪고 있다. 여러분은 집에서나 핸드폰으로 인터넷을 사용하지 못한 채 팬데믹을 겪어내는 모습을 상상할 수 있는가? 그러한 모습을 실제로 상상해 보아라. 팬데믹 경험이 어떻게 달라질까? 얼마나 많은 것이 달라질까?

청년 세대의 환멸은 세력이 강해지고 있는 또 다른 힘이다. 이는 기존 경제, 정치 및 사회 구조를 신뢰하지 못해 이탈하려는 현상으로 정의된다.[4] 현재 전 세계적으로 열다섯 살에서 스물네 살 사이의 젊은 세대는 12.1억 명에 달한다. 설문조사 결과 이들은 기성 세대의 부패하고 부당하며 기후를 해치는 행동에 점차 불만을 느끼는 것으로 나타났다. 그리하여 반정부 시위운동인 아랍의 봄에서부터 글로벌 기후 파업, 사회 및 인종 평등성을 추구하는 시민권 운동에 이르기까지 젊은이들이 이끄는 운동이 지난 10년 동안 증가하고 있다. 이 미래력은 긍정적인 변화를 가져오는 엄청난 촉매제가 될 수 있다.

하지만 기성 세대가 젊은 세대가 이끄는 세상에 적응하고 그들을 위해 길을 열어줄 때에만 가능하다. 젊은 세대가 발언권을 얻지 못할 경우, 기성 세대가 기존 방법의 해로운 측면을 재고하기를 거부할 경우 젊은이들의 급진적인 운동은 더욱 거세질 것이다. 급진화된 젊은 세대는 민주주의와 세계 경제를 불안하게 만들 수 있다. 청년 세대의 환멸은 긍정적인 사회 변화를 이끄는 대신 사회를 혼란과 극단주의 속에 몰아넣을 수 있다. 세계 경제 포럼은 이 위기를 주요한 글로벌 맹점으로 손꼽는다. 현재 전 세계인들은 이 위험이 미래에 미칠 영향을 굉장히 과소평가하고 있다.

청년 얘기가 나왔으니 말인데 세계 경제 포럼은 165개 국가 출신 서른 살 미만의 부상하는 기업가, 과학자, 운동가, 커뮤니티 지도자 수만 명을 대상으로 여론 조사를 실시했다. 조사 결과 흥미롭게도 이들은 정신 건강 악화를 기후 변화와 경제 불평등보다 중요한 미래력으로, 향후 10년 동안 전 세계적으로 가장 큰 영향을 미칠 미래력으로 손꼽았다. 놀랍게도 정신 건강 악화가 세계 위험 보고서에 등장한 적은 한 번도 없었다. 그러나 2020년과 2021년, 팬데믹과 팬데믹의 장기적인 여파로 우울증, 슬픔, 번아웃, 외로움, 트라우마 같은 증상이 여느 해에 비해 두드러졌다. 가장 큰 피해 대상은 젊은 세대였다. 연구 결과에 따르면 2020년과 2021년, 전 세계 어린이와 청년의 80퍼센트가 정신 건강 악화를 경험했다고 한다. 이 문제들은 우리 주위를 맴돌며 10년 넘게 파급 효과를 미칠 수 있다.[5]

디지털 격차, 청년 세대의 환멸, 정신 건강 악화를 2035년에 일어날 수 있는 거대 난제 시나리오에 더해 보자. 그리고 이 힘들이 기후 변화, 증가하는 경제 불평등을 비롯한 기타 확실한 위협과 합쳐진다고 상상해 보자. 이 시나리오를 시뮬레이션해보면 10년이나 20년 후 우리는 생각조차 할 수 없는 여러 위협 요인들 속에서 살게 된다. 전 세계 청년의 70퍼센트가 파업을 하고, 정신 건강 팬데믹이 수십억 명에게 영향을 미치고, 사이버 공격 증가로 전 세계 인터넷이 몇 달 내내 작동을 멈추고, 극단적인 기후로 대량 기후 이민이 일어난다. 이제 미래를 예측하는 나의 능력이 가히 천재적이라 말할 수는 없을 것이다. 미래력에 관심을 가지면 누구나 예측할 수 있는 시나리오다.

정말로 단순한 일이다. 미래에 기습 공격을 당하지 않으려면 전문가들이 미래가 오고 있다고 말할 때 주의를 바짝 기울이고 상상을 해봐야 한다. 이 반짝이는 거대한 네온 화살표가 가리키는 곳을 바라본 뒤 외면하지 말아야 한다.

이번 챕터를 마칠 무렵 좋은 방향으로든 안 좋은 방향으로든 복잡한 방향으로든 여러분은 자신의 인생에 영향을 미칠 수 있는 나만의 미래력을 작성할 수 있게 될 것이다. 이 목록을 작성하기만 해도 우리는 내가 무엇을 더 알고 싶고 더 잘 하고 싶은지 파악하게 됨으로써 어떠한 미래에도 대비할 수 있을 것이다. 이 목록을 사용해 다른 이들을 도울 수 있는 방법도 보여주겠다. 여러분은 미래력에 압도되기보다는 열정을 느끼며 통제권을 누릴 수 있을 것이다. 2030년이나 그 후에 관한 나만의 소셜 시뮬레이션을 작성하고 싶은가? 여러분의 미래력 목록은 다른 이들과 함께 살펴보고 싶은 시나리오를 작성하는 과정에서 영감이 될 것이다.

✕ ✕ ✕

아무리 게임일 뿐이고 시나리오일 뿐이지만 전 세계적인 위험을 생각하는 일이 즐거운 경험은 아니다. 대량 살상 무기나 다음번 팬데믹 같은 미래력은 누구든 생각을 멈춘 뒤 "아니요, 지금 그 상상을 하지는 않을 거예요."라고 말하게 만들기 충분하다. '이 부분은 그냥 건너뛰고 행복한 미래력으로 넘어가면 안 될까?'라고 생각한다 해도 여러분을 비난할 수 없다. 행복한 미래력 목록이라면 몇 페이지에 걸쳐 쓸 수 있을 것이다. 하지만 당분간은 걱정스러운 미래력에 조금 더 머물러 보자. 미래 위협을 시뮬레이션하는 과정에서 가장 중요한 부분을 확실히 이해하고 넘어가야 한다.

가상적인 위기에 정신적으로 오랜 시간 몰두해야 큰 이득을 볼 수 있는 건 아니다. 위험한 미래력이라면 살짝만 상상해도 도움이 된다. 잠재적인 재앙이나 참사를 단 20초만이라도 상상할 수 있다면 효과적인 미래 사고를 가로막는 가장 큰 신경학적 장애물을 즉시 극복할 수 있다.

이 장애물은 정상화 편견이다. 모두가 어느 정도 이 편견을 갖고 있다. 심리학자들의 정의에 따르면 정상화 편견이란 한 번도 일어난 적 없는 재앙에 대비하거나 빠르게 대응하는 것을 거부하는 태도다.[6] 이는 처음 접하거나 점증하는 위험의 증거에 마주할 때 모든 사람이 자동으로 들어가는 부정 상태다. 정상화 편견은 CEO 해고 사유의 1/4을 차지할 정도로 만연하며 극복하기가 쉽지 않다. CEO를 해고한 286개 기업을 상대로 4년에 걸쳐 진행한 연구에 따르면, 23퍼센트가 대체로 현실을 거부하고 변화의 필요를 인정하지 않아서 해고된 것으로 나타났다.[7]

정상화 편견은 뇌가 안정적인 패턴을 선호한 결과다. 미래가 과거와 비슷할 거라고 안전한 가정을 내릴 때 계획하고 전략을 세우고 행동을 취하기가 용이해진다. 뇌는 현재 정상인 것이 가까운 미래에도 정상일 거라 믿고 싶어 한다. 역으로 무언가 한 번도 일어난 적이 없다면 근 미래에도 일어나지 않을 거라 믿고 싶어 한다.

물론 이러한 믿음을 자세히 분석해보면 사실이 아님이 드러난다. 전에 일어난 적 없는 일은 매일 일어난다. 역사는 처음 발생하는 충격적인 사건들의 연속체에 다름없다. 충격적인 과학 발견, 충격적인 기술 발전, 충격적인 사회 진보, 충격적인 개혁, 충격적인 자연 재해, 충격적인 폭력, 충격적인 정부 활동, 충격적인 경제 붕괴 등. 사실 인류의 뇌는 정상화 편견이 아니라 충격 편견을 지녀야 한다. 하지만 주위의 모든 것이 예상치 못하게 변할 거라 끊임없이 예상하는 일은 정신적으로 너무 지치는 일이다. 우리의 신경 체계를 갉아먹을 것이다. 우리를 감정적으로 소진시킬 것이다. 그리하여 우리는 정상화 편견을 고수한다. 정상화 편견은 우리가 제정신을 유지하고 삶을 통제하고 있다고 느끼는 데 도움이 된다.

그렇기는 하지만 우리는 이따금 의도적으로 스스로에게 약간의 충격을 줄 수 있다. 역사학자이자 활동가인 데이비드 스완슨은 이렇게 말했다.

"이제껏 일어난 거의 대부분의 중요한 일은 일어나기 직전까지만 해도 상상조차 하기 힘들었다."[8]

보다 효과적으로, 창의적으로 미래를 생각하려면 정상화 편견을 극복하려고 적극 노력해야 한다. 이 인지 편견이 더 이상 도움이 되지 않을 때를 알아채도록 뇌를 훈련해야 한다. 다행히 여러분은 이 책을 읽기만 해도 정상화 편견을 극복하도록 뇌를 훈련할 수 있다. 우리가 연습한 모든 미래 사고 습관, 우리가 한 모든 브레인스토밍 게임은 우리의 정신이 정상적이지 않은 아이디어와 정보를 더 잘 받아들이도록 만들어줄 것이다. 미래력의 현실을 온전히 인정하는 일이라면 새로운 삽화적 미래 사고 역량이 특히 도움이 된다. 그 이유는 다음과 같다.

거의 50년 전, 심리 연구자들은 놀라운 사실을 발견했다. 미래 사건이 일어날 것 같다고 상대가 믿게 만들려면 그러한 미래를 최대한 생생하게 상상하도록 요청하기만 하면 된다.

이 연구 결과는 1976년 연구로 거슬러 올라간다. 실험 참여자들은 실제 다가오는 미국 대통령 선거 결과를 알게 되는 모습을 상상하라고 요청받았다. 그들은 두 후보 중 무작위로 배정된 한 명이 이기는 모습을 상상해야 했다. 그들은 이 책의 삽화적 미래 사고 연습에서 여러분이 했던 것처럼 이 미래 순간을 최대한 자세히 상상하라는 요구를 받았다.

선거 결과를 들을 때 어디에 있는가? 몇 시인가? 곁에 누가 있는가? TV나 라디오, 신문 중 어떤 매체를 통해 결과를 알게 되는가? 최종 개표는 어떠한가? 어떠한 기분이 드는가?

나중에 연구 참여자들은 실제 1976년 선거에서 누가 이길지 예측하라는 질문을 받았다. 자신이 이겼다고 상상한 후보자가 실제로도 이길 거라고 답한 경우가 훨씬 많았다. 다른 후보자를 지지한 경우에도 그랬다.[9]

몇 년 뒤 비슷한 연구에서 참여자들은 미래에 새로운 질병에 걸릴 가능성을 예측했다. 일부는 두통, 복통, 열처럼 일부러 상상하기 쉬운 증상들을 동반한 질병을 상상해야 했다. 다른 이들은 간 통증이나 감각 이상 같은 상상하기 힘든 질병을 상상해야 했다. 참여자들은 질병에 걸려 온갖 증상을 경험한 뒤 결국 회복되는 3주를 최대한 생생히 상상하도록 요청받았다. 어떠한 기분이었는지, 증상을 완화하기 위해 어떻게 했는지 일기를 작성하듯 꼼꼼히 기록하도록 지시받았다. 이 질병을 생생하게 상상한 뒤 그들은 2가지 질문을 받았다. 상상하기가 얼마나 쉬웠는가? 내가 이 질병에 걸릴 확률이 얼마나 된다고 생각하는가?

대충 예상했겠지만 두통처럼 상상하기 쉬운 증상을 상상했던 참여자들은 굉장히 세부적인 기록을 남겼으며 병에 걸릴 확률을 높게 평가했다. 간 통증같이 상상하기 힘든 질병을 상상했던 참여자들은 상상이 쉽지 않았다고 말했다. 그들이 남긴 기록은 덜 생생했다. 그들은 또한 병에 걸릴 확률을 낮게 평가했다.[10] 이 연구의 요점은 희미한 상상은 정상화 편견을 극복하는 데 별로 도움이 되지 않는다는 것이다. 반면 생생한 상상은 놀라운 효과를 가져다준다.

이 두 연구는 수많은 사람에게 영감을 주었다. 그 후 거의 50년 동안 탄생한 수백 건의 논문이 동일한 결과를 입증했다. 가능한 사건을 생생하고 현실적으로 상상할 경우 우리는 그 사건이 정말로 일어날 거라고 자신을 설득하게 된다.[11] 연구진들은 이 현상이 일어나는 이유에 관해 대체로 비슷한 답을 내놓는다. 마음속에 가능한 미래에 대한 기억을 심을 경우 다음에는 세부 사항을 훨씬 더 빨리 떠올리게 되는 것이다. 쉽게 느껴지는 상상은 뇌를 속인다.

심리학자들은 흔한 사건을 쉽게 떠올리고 상상할 수 있는 이유는 관련 경험이 풍부하며 관련 정보가 넘쳐나기 때문이라고 말한다. 흔치 않은 사건을 떠올리고 상상하기 어려운 이유는 관련 정보가 거의 없기 때문이다. 가능한 미래가 상상하기 쉽게 느껴질 때 뇌는 한 번도 일어난 적 없을지라도 이를 정상이자 일어날 법한 사건으로 치부한다. 게다가 여기에는 축적 효과도 있다. 가능한 미래 사건을 생생하고 구체적으로 재상상할 때마다 우리는 이 일이 일어날 확률을 더 높게 평가한다. 세부 사항을 더 많이 상상할 수 있을수록 그 사건은 더 있을 법하게 느껴진다.

요약하자면 사건을 생생하게 상상하는 행위는 다음번 상상을 더 쉽게 만들어준다. 상상력이 수행한 고된 작업 덕분에 낯선 가능성은 이제 우리에게 정상으로 느껴진다.

이 연구에서 우리는 어떠한 조언을 얻을 수 있을까? 가능한 미래 위기나 재앙에 충격받거나 습격당하지 않고 싶으면 정상화 편견을 극복하고 이 기이한 사건들이 언제든 일어날 수 있다고 뇌를 설득해야 한다. 생생하게 상상하는 단순한 행위는 우리의 뇌가 위험을 정상으로 받아들이도록 만든다. 그리하여 위험이 커질 때 이를 알아채고 주의를 기울일 확률이 높아진다. 이 위험이 진짜 위기로 바뀔 때 우리는 다른 이들을 옛 사고 방식과 행동 방식에 가두는 충격과 부인 단계를 재빨리 건너뛸 수도 있다. 정상이라는 단어가 더 이상 적용되지 않는 상황에 빠르게 적응하고 대응할 수 있다.

정상화 편견을 깨트리는 데에는 그리 오랜 시간이 걸리지 않는다. 최근에 진행된 뇌 활동 측정 연구 결과 적극적인 상상을 20초만 해도 미래에 관한 새롭고 설득력 있는 기억이 형성된다고 한다.[12] 희소식 아닌가. 하루종일 미래에 일어날 수 있는 문제를 골몰할 필요가 없다. 정신의 시간 여행을 짧게 떠나 미래 위기를 둘러본 뒤 뇌에 몇 가지 세부 정보를 주입하면 된다. 익숙한 질문을 던져보는 것이다. 이 미래에는 무엇이 다른가? 주위에는 무엇이 있는가? 어떠한 기분인가? 무엇을 하고 싶은가? 다른 이들이 부인하는 위협, 다른 이들이 경시하는 위기, 다른 이들이 상상하기를 거부하는 재앙은 무엇인가? 우리는 정상화 편견에서 벗어나 이 질문들에 보다 명료하게 답할 수 있게 될 것이다.

거대 난제를 대비하기 위해 개인이 할 수 있는 일

여러분은 청년 세대의 환멸이나 세계인의 정신 건강 악화 같은 미래력이 이제 정상이며 걱정할 필요가 있다고 뇌를 설득했다. 이제 무엇을 해야 할까? 걱정하지 마라. 걱정은 나중에 해도 된다. 가설이 아닌 실제 위기가 닥쳤을 때 말이다. 지금 당장은 시간 광활함을 이용해 좋은 일을 하면 된다.

내가 건네고 싶은 조언은 이렇다. 현재나 미래에 이 힘의 영향을 받는 한 사람을 돕기 위해 할 수 있는 한 가지 일을 찾아보자. 거창할 필요가 없다. 세상을 구하려 하지 말자. 한 명의 영혼만 구해보자.

티베트 비구니이자 교사인 페마 쵸드론은 개인이나 집단 위기에 용감하고 솔직하게 행동하는 방법에 관해 쓰고 말한 것으로 유명하다.

"흔히들 하는 생각이나 뉴스에서 시사하는 바와는 달리 우리는 모두 정상적이고 다정한 사람이 되고 싶어 합니다. 우리는 이 바람을 보다 큰 맥락에서 바라볼 수 있어요. 다른 이들을, 세상 전체를 돕기 위한 욕망으로 확장시킬 수 있죠. 하지만 시작점이 필요해요. 처음부터 세상 전체를 대상으로 할 수는 없죠. 우선 우리 삶에 들어온 가족, 이웃, 직장 동료에게 다가가야 해요."[13]

미래에 관한 끔찍한 정보를 숱하게 접하고도 이 정보에 압도되지 않는 최고의 방법이라고 본다. 쵸드론의 저서 《모든 것이 산산이 무너질 때》에 언급되기도 했지만 그녀의 현명한 조언을 살짝 바꿔 나는 이렇게 말하고 싶다. 먼 미래에 위기가 찾아올 때면 나의 인생이나 커뮤니티에 속한 사람들에게 다가갈 준비를 하자.

정신 건강 악화를 예로 들면 향후 몇 년 간 지인의 상당수가 불안, 우울, 외로움, 슬픔 같은 정신 건강 문제를 겪기 시작하거나 문제가 악화되는 모습을 상상해 볼 수 있다. 상상에 도움이 되는 누구라도 떠올려 보자. 그 사람이 미래력에 큰 영향을 받을 때 상대를 돕기 위해 더 준비가 되어 있으려면 지금 어떠한 행동을 취할 수 있을까?

10년 동안 지속되는 전 세계적인 정신 건강 위기에 다른 이들을 돕는 상상을 했을 때 내가 취하기로 결심한 행동은 다음과 같다. 나는 존스 홉킨스 대학교에서 온라인으로 제공하는 무료 심리 응급 처치 수업에 등록했다. 최대한 많은 이들에게 정신 건강 지원 기술을 가르치는 이 수업은 커뮤니티의 회복력을 높이도록 설계되었다.

이 수업에서 나는 심리 응급 상황에서 다른 이들을 돕는 응급 처치 기술을 배웠다. 온정 있는 태도로 타인의 말에 귀 기울이는 연습을 했다. 전문적인 치료가 시급할지 판단하려면 어떠한 질문을 던져야 하는지 배웠다. 이 기술을 습득한 지금, 전 세계인의 정신 건강이 악화되면서 나를 포함한 모두의 도움이 필요할 때 내가 다른 이들을 보다 효과적으로 도울 준비가 되었기를 바란다. 고백하건대 이 작은 조치를 취한 결과, 나는 우리가 피하기를 바라는 미래일지언정 이 미래를 더욱 희망적으로 바라보게 되었다.

우리는 불가항력적인 미래력을 도움을 제공할 기회로 바꿀 방법을 언제든 찾을 수 있다. 나 자신의 경험을 바탕으로 몇 가지 예를 들어보겠다.

디지털 불평등에 조금 더 적극적으로 맞서고 싶었던 나는 온라인 교육 방법을 바꾸기로 결심했다. 그리하여 인터넷 속도가 느리거나 접속이 불안정한 사람 모두가 이용할 수 있도록 무료로 제공하는 미래 사고 수업의 저 대역폭 버전을 만들었다. 나는 학생들이 다운받아 언제든 들을 수 있도록 한 시간짜리 실시간 강의를 미리 녹화된 5분에서 10분짜리 영상으로 나누었다. 대역폭을 엄청나게 잡아먹는 줌 채팅방 대신 문자 기반 게시판에서 토론을 진행했다. 내가 모두를 위한 디지털 불평등 문제를 해결할 수는 없다. 하지만 내 수업을 듣고 싶지만 고 대역폭 인터넷을 이용할 수 없는 한 명의 학생을 도울 준비는 할 수 있다. 이제 나는 새로운 온라인 강의를 가르칠 때마다 한 명의 학생을 유념한 채 프로그램을 개발한다. 언젠가 전 세계적으로 인터넷 연결 상태가 점차 불안해지면 저 대역폭 강의를 만든 경험을 발판 삼아 다른 이들을 도울 수 있을 것이다.

청년 세대의 환멸이라는 미래력과 관련해서는 운이 좋게도 미래 연구소에서 일하는 창의적인 동료가 충분히 실현 가능한 굉장한 아이디어를 제안했다. 연구소의 10년 예측 콘퍼런스는 연구 파트너와 고객을 위한 행사로 보통 초대받은 사람에 한해 입장이 허락된다. 그런데 연례 행사 기획을 담당하는 동료 딜런 헨드릭이 한 가지 제안을 했다.

10대들을 초대하자는 제안이었다. 10년 후에는 오늘날의 10대들이 사회를 형성하는 데 기여할 것이다. 그러니 지금 그들에게 발언권을 줘야 하지 않을까? 그리하여 2016년, 10대 20명이 직접 현장을 찾거나 원격 제어 원거리 로봇의 도움을 받아 10년 예측 콘퍼런스에 참석했다. 우리는 그들이 관심을 갖고 있거나 걱정하는 미래 분야에 대한 이야기를 들었다. 12억 명의 청년 가운데 20명은 아주 미미한 시작이다. 하지만 시작하기에는 가장 효과적인 방법이다. 작게 시작하면 멈출 이유가 없기 때문에 상상에 그치지 않고 정말로 무언가를 하게 된다.

최근에 딜런에게 그 경험에서 가장 인상적이었던 부분을 물었다. 그는

10년 예측 활동의 일환으로 10대들에게 그들 세대를 정의할 새로운 통과 의례에 대한 생각을 묻지 않았냐며 운을 뗐다. 특히 운전면허증을 따는 것 같은 활동은 더 이상 대부분의 젊은이가 하게 될 일이 아닐지도 몰랐다.

"그들이 떠올린 한 가지 통과 의례가 정말 기억에 남습니다. 지금까지 가장 인기 있는 아이디어였죠. 그들은 미래의 10대에게 가장 중요한 통과 의례가 기후 변화의 끔찍한 결과를 개인적, 직접적으로 처음 경험하는 거라는 데 동의했지요. 그레타 툰베리가 목소리를 높이기 2년 전이었고 지구 동맹 휴교 시위가 일어나기 3년 전이었습니다. 이 운동의 강력한 초기 신호가 분명했죠."

미래 연구소 사람들에게 이 작은 실험은 미래에 가능한 큰 활동의 씨앗이 되었다. 우리는 더 많은 청년 교육을 창설하기 시작했고 연구소에서 진행하는 미래 워크숍에 10대들을 참여시키기 시작했다. 최근에 나는 캘리포니아 주민 중 공동체 내에서 지도자로 임명된 10대 청년 30명을 대상으로 난생 처음 청년만 참석하는 〈미래학자처럼 사고하기〉 수업을 진행했다. 청년 세대의 환멸이라는 글로벌 웨이브에 맞서기 위해 도움이 필요할 때 연구소가 언제든 준비되어 있을 거라 확신한다.

단 한 명을 돕자는 아이디어는 괜찮게 들리지만 내가 무슨 일을 할 수 있을지 여전히 감이 오지 않을 수 있다. 그래도 서두를 것 없다. 마음의 결정을 내린 뒤 아이디어나 기회가 나타날 때까지 기다리면 된다. 우리에게는 시간이 충분하다. 미래는 지금 당장 시작되지 않는다. 시간 광활함을 즐기자. 일단은 내가 이미 돕고 있는 이들을 찾아보자.

행성 방위 콘퍼런스에 참석했을 때 나는 소행성이나 인근 물체로부터 지구를 방위하는 일에 전념하는 사람이 얼마나 많은지 알고는 깜짝 놀랐다. 콘퍼런스가 진행된 일주일 동안 나는 과학자들이 하늘에 떠 있는 물체를 감지하고 추적하는 방법을 어떻게 개선하는지 알게 되었다. 어떠한 소행성이 진짜 위험할지 판단하는 방법, 이 문제를 해결하기 위한 방법들이 뭐가 있는지 알아갔다. 지구와 충돌하지 않도록 소행성의 방향을 바꾸고, 원자 폭탄을 이용해 소행성을 제거하며, 충격 지점을 초정밀하게 예측해 훨씬 더 적은 사람이 대피하도록 만들 수 있었다.

나는 전문가들이 잘못된 정보에 대항하고 소행성의 위험과 관련해 대중과 보다 효율적으로 의사소통할 수 있는 방법을 브레인스토밍하는 과정을 지켜보았다. 그들은 수많은 이들을 안전하고 공정하게 대피시키려면 어떻게 해야 할지 전략을 수립했다. 또한 각국이 소행성의 방향을 바꾸거나 소행성을 파괴하기 위해 핵 조치를 취하도록 허락하는 새로운 조약의 장점을 논했다.

재앙을 막을 수 있는 유일한 방법으로 알려져 있음에도 현 국제 우주 조약은 이러한 조치를 금하기 때문이다. 닷새 내내 종말론적 시나리오를 상상했지만 이 콘퍼런스에 참석한 결과, 나는 인류의 미래를 굉장히 낙관하게 되었다. 도움을 제공하는 이들이 넘쳐난다는 사실을 알기에 감사하고 겸손한 마음이 들며 이 노력에서 내가 맡은 작은 역할이 기대된다. 이제 나는 소행성 과학을 다른 이들에게 설명할 수 있을 만큼 잘 알고 싶다. 친구나 가족에게 정확한 정보를 전하고 필요할 경우 소셜 미디어에 나도는 잘못된 정보에 맞서 싸울 수 있도록 말이다. 우다다다 낙관론은 전염성이 있다. 자처해서 이 바이러스에 걸린다면 말이다. 페마 쵸드론은 이렇게 말한다.

"주위를 돌아보면 큰 사건이나 기능 장애가 많이 목격됩니다. ……꽤 우울할 수 있죠. 하지만 이 암울한 상황에서……우리는 영감을 얻을 수 있습니다. 우리가 필요할 거라는 사실을 알아채고 선언할 수 있습니다."[14]

먼 미래의 가능성들을 생각하기란 쉽지 않다. 우리는 그토록 광범위한 고통이나 해악을 상상하고 싶어 하지 않는다. 하지만 미래의 위기를 상상함으로써 얻을 수 있는 교훈이 있다면 미래에는 우리가 필요할 거라는 사실이다. 시간 광활함의 도움을 받는다면 모두가 이 부름에 응할 나만의 방법을 찾을 수 있다.

이 온갖 역동적인 힘들을 추적하는 일은 겁이 날 수 있다. 나의 비전과 계획에 이 힘들을 반영하는 일은 말할 것도 없다. 하지만 장담하건대 굉장한 효과를 볼 수 있다. 미래력들을 인정하는 순간, 우리는 위험과 혁신을 부인하거나 회피하는 대신 정면으로 바라볼 때에만 나오는 자신감과 명확한 관점을 얻을 수 있다.

세계 위험 보고서는 내가 2019년과 2020년이라는 상상이 거의 불가능한 세상을 10년도 더 먼저 예측하는 데 도움이 되었다. 여러분이 위기를 맞이하기 수년 전에 그 위기를 간파하는 데에도 도움이 될 것이다. 지금 당장 읽던 걸 멈추고 가능하면 온라인에서 최근 보고서를 찾아보기 바란다. 지금 당장 읽을 필요는 없다. 하지만 지금 당장 찾아보자. 이 첫 단계를 마쳤으면 나중에 이 보고서의 내용에 적극 관여할 확률이 높아진다. 그저 들어본 적 있는 미래가 아니라 우리가 형성 과정에 참여하는 미래가 펼쳐질 것이다. 그러니 WEF 세계 위험 보고서를 찾아보자(www.weforum.org). 받아들이기 쉽지 않은 충격적인 정보를 적극 받아들이게 될 것이다. 상상의 나래를 조금 더 펼칠 준비가 될 것이다.

세계 위험 보고서를 찾아본 김에 세계 트렌드도 찾아보자. 미국 국가정보 위원회가 새로운 대통령 임기가 시작될 때, 4년에 한 번씩 내놓는 보고서이자[15] 미래력이 향후 20년 동안 지정학에 미치는 영향을 살펴본 전략적인 보고서다. 이 보고서는 경제학, 기술, 환경, 인구학 분야의 미래력을 분석한 뒤 우리가 삽화적 미래 사고의 영감으로 사용할 수 있도록 미래 시나리오에 통합한다.

여기 실린 글들은 쉽게 읽히지는 않지만 눈을 번쩍 뜨게 할 만큼 흥미로우며 설득력이 있다. 이 보고서는 얼마나 많은 미래력이 우리 삶에, 우리가 사랑하는 사람들의 삶에 영향을 미칠지 보다 쉽게 상상하는 데 도움이 되는 세부 정보를 제공할 것이다.

물론 모든 미래력이 위험하거나 위협적이지는 않다. 우리가 흔히 부인하거나 무시하는 그런 힘과는 달리 다른 변화의 바람은 올라타기가 훨씬 수월하다. 새로운 기술을 따라잡는 일은 신이 날 수 있다. 활동주의나 사회 운동에 참여하는 일은 흥미롭고 의미 있다. 과학 분야의 혁신을 접하면 경이와 탄성이 절로 나온다. 문화와 행동의 변화에 관해서라면 우리 모두 유행을 선도하거나 최소한 호기심 있는 구경꾼 아닌가?

상황을 낙관하게 만드는 미래력을 나의 미래력 목록에 반드시 포함시키자. 영감이 필요한가? 향후 10년 동안 더 나은 세상을 만드는 데 기여할 미래력 10가지를 소개한다.[16]

1. **mRNA 백신**: 10년 후에는 바이오앤테크가 개발한 코로나 백신 기술인 모더나와 파이저로 암, 말라리아, 결핵, 에이즈를 예방하거나 치료할 수 있게 되면서 공중 보건 분야의 황금 시대가 열릴 것이다.

2. **굉장히 저렴한 태양 및 풍력 에너지**: 2029년이 되면 전 세계 어디에서나 태양 에너지와 풍력 에너지가 화석 연료보다 저렴해질 것이다. 전 세계적으로 화석 연료 사용이 종식될 뿐만 아니라 재정적으로 유리한 선택이 될 것이며 그 결과 대기 오염과 탄소 배출량이 크게 줄어들 것이다.

3. **경제 성장보다 우선시되는 사회 안전망**: 미국, 영국, 캐나다를 포함한 13개 국가에서 무작위로 선정한 청년 만 명을 대상으로 실시한 연구에 따르면 스물네 살 미만의 응답자 3명 중 2명이 정부가 국민의 건강과 웰빙을 GDP보다 우선시하기를 바란다고 한다. 스물다섯 살에서 서른네 살 사이 응답자의 58퍼센트가, 서른네 살에서 서른아홉 살 사이 응답자의 54퍼센트가 이에 동의했다. 장기적으로 사회 안전망을 강화하고 경제 불평등을 완화할 수 있는 트렌드다.

4. **바이오프린팅 기술**: 10년 내에 3D 프린터는 생체 적합 플라스틱을 이용해 인간 장기를 찍어낼 수 있을지도 모른다. 그렇게 되면 인간 장기를 기증할 필요가 없어지며 질병 초기 단계에조차 새로운 장기를 이식받을 수 있다.

5. **살아 있는 콘크리트**: 콘크리트는 오늘날 전 세계 탄소 배출량의 거

의 10퍼센트를 책임지는 반면 박테리아, 젤라틴, 모래로 만드는 살아 있는 콘크리트 벽돌은 탄소를 흡수하고 산소를 배출한다. 살아 있는 콘크리트는 자가 재생한다. 다시 말해 벽돌 하나를 반으로 쪼개면 스스로 치유가 되면서 2개의 벽돌이 생긴다. 2개의 벽돌을 다시 반으로 자르면 벽돌 4개가 생긴다. 살아 있는 콘크리트는 10년 후 건축 분야에 혁신을 몰고 올 것이다. 사막(지구 온난화가 계속될 경우 지구의 더 많은 부분이 사막으로 덮일 것이다)이나 화성처럼 사용할 수 있는 자원이 한정된 장소에서 특히 유용할 것이다.

6. **직접 현금 이체**: 보편적 기본 소득 프로그램에서 영감을 받은 전 세계 자선 단체는 다른 종류의 지원금이나 음식, 약품, 의복 같은 기부 대신 사람들에게 직접 현금을 이체하기 시작하고 있다. 직접적인 현금 이체가 이루어질 경우 자선 활동의 간접비가 크게 낮아질 뿐만 아니라 사람들이 더 많은 자금을 원하는 대로 사용할 수 있다. 10년 후에는 필요한 이들에게 신속하고 자유롭게 돈이 흘러가면서 온갖 종류의 새로운 시장이 형성될 것이다.

7. **양식된 고기**: 2030년이 되면 동물을 살육하는 대신 실험실에서 키운 고기, 생물반응장치에서 기른 고기가 동물의 체내에서 가져온 고기보다 전 세계적으로 더 흔해질지도 모른다. 이 기술에는 3가지 이득이 따라온다. 저렴하고 지속가능한 단백질 공급원을 제공함으로써 전 세계 기아를 종식하는 데 도움이 되고 가축의 탄소 배출량을 줄여주며 동물들을 고통에서 해방시킬 수 있다.

8. **사회 고립을 방지하는 노력**: 외로움은 심장병, 뇌졸중, 인지 능력 저하처럼 정신과 신체에 치명적인 영향을 미치는 다양한 질병의 원인이다. 이를 예방하기 위해 일본과 영국 정부는 외로움 장관을 임명했다. 그들은 의사들이 요리 강좌, 산책 클럽, 예술 그룹을 처방하게 하는 국가 건강 프로그램에 착수했다. 우편 배달원의 이동 경로를 조정해 외로운 이들을 확인하는 데 별도의 시간을 들일 수 있도록 했으며, 공동체 생활 실험에 자금을 대 나이든 사람들이 함께 집을 장만하고 공동체 의식을 느낄 수 있도록 했다. 이 트렌드가 지속된다면 미래에는 모두에게 진짜 친구가 더 많아질지도 모른다.

9. **평생 즐길 수 있는 무료 혹은 저렴한 교육**: 미국에서 무료 공교육은 12학년에서 끝이 난다. 하지만 10년 후에는 학비가 무료인 커뮤니티 대학, 일자리를 보장하는 저렴한 온라인 자격증 프로그램을 비롯한 기타 혁신적인 교육 방법 덕분에 모두가 평생 공부할 수 있게 될 것이다.

10. **노화 예방 생명 공학**: 뉴런 재프로그래밍 같은 신기술은 현재 동물 실험실 실험을 통해 생체 시계를 뒤엎으며 노화의 영향을 막을 수 있다. 10년 후에는 건강하고 활동적인 인간의 수명을 수십 년 연장할 수 있을지도 모른다.

어떠한 가능성이 가장 희망적으로 느껴지는가? 이 가능성 중 한두 가지를 골라 긍정적인 영향이 최대한 나타난 세상으로 정신의 시간 여행을 떠나보자. 이 변화의 바람이 내가 속한 커뮤니티에 불어올 때 경험하게 될 안도감, 흥분, 즐거움, 안전, 감사의 감정을 미리 느껴보자.

모든 미래력이 그렇듯 아무리 좋은 의도일지라도 고려해야 할 새로운 윤리적 딜레마와 의도치 않은 결과에 마주할지도 모른다. 긍정적인 가능성을 상상하는 동안 이 불확실성도 생각해 보고 싶을지도 모른다.

현실적인 정보를 바탕으로 상상을 하고 싶거든 잠시 인터넷 검색을 해 봐도 좋다. 오늘날 이 힘을 이끄는 조력자를 찾을 수 있을지 알아보자. 그들의 노력에 동참할 의욕이 생길지도 모른다. 미래력을 추적하는 일은 자신을 교육하고 재교육하는 지속적인 과정이다. 집중 훈련은 필요 없다. 미래력은 비교적 서서히 이동하며 수년에 걸쳐 모습을 드러낸다.

나는 1년에 한 번 가장 걱정되거나 기대되는 미래력을 습관처럼 다시 살펴본다. WEF의 세계 위험 보고서가 나오는 1월이면 관련 기사를 읽고 팟캐스트를 듣고 영상을 보면서 나의 생각을 다시 채운다. 힘이 시들해지거나 뉴 노멀이 되었다고 결론 내려 추적을 중단할 때도 있으며, 아직 잘 모르는 새로운 미래력을 추적하기 시작할 때도 있다. 알게 된 정보를 이해하는 차원에서 나는 대표적인 미래력마다 새로운 미래 시나리오를 만들어본다. 이 힘이 구축할지도 모르는 세상을 진지하게 상상할 수 있도록 정신의 시간 여행을 떠나고 다른 이들도 초대하기 위해서다.

최근에 작업한 시나리오를 소개하겠다. 안면 인식에 관한 시나리오다. 오늘날 안면 인식은 스마트폰 잠금을 해제할 때나 공항 보안 검색대에서처럼 일부 상황에서만 사용된다. 그렇다면 여러분은 안면 인식이 모든 상황에 사용되는 삶이 어떨지 상상할 수 있는가?

10년 후에는 '안면 검색 앱'이 오늘날 인터넷 검색 엔진만큼이나 흔해질 것이다. 우리는 핸드폰이나 스마트 워치, 증강 현실 안경을 들이밀기만 해도 생면부지 남에 관해 엄청난 양의 정보를 얻을 수 있을 것이다. 안면 검색이 우리의 삶을 어떻게 바꿀지 상상할 수 있는가? 친구나 가족이 어떠한 영향을 받을지 상상할 수 있는가?

미래 시나리오 #5 내 얼굴을 검색하지 마

10년 후 공공장소.

내 일에 집중하고 있는데 누군가 핸드폰을 조심스럽게 들어 올리는 게 보였다. 상대는 나의 방향으로, 나의 얼굴에 카메라 렌즈를 들이대고 있다. 찰나의 순간이다. 너무 순식간에 일어나 눈치채지 못할 뻔했다. 하지만 상대가 무슨 일을 하고 있는지 안다. 방금 나의 얼굴을 검색한 것이다.

몇 초 후 상대의 핸드폰 화면에는 나의 이름과 나이를 비롯해 설정 기준에 따른 나의 개인 신상 정보가 뜰 것이다. 공식적인 집 주소가 인근 지역 내에 있는지를 바탕으로 이 근처에서 수많은 이웃이나 낯선 사람의 얼굴 검색이 이루어진다. 많은 사람이 최근에는 백신 상태를 알아보기 위해 얼굴 검색을 하기도 한다. 하지만 내가 개인적으로 얼굴 검색을 당한 건 이번이 처음이다. 최소한 눈치챈 건 처음이다.

이 장면을 최대한 생생하게 상상하자. 어떠한 공공장소에 있는지, 나를 향해 카메라를 들이댄 사람의 신체 특징은 무엇인지 등 중요한 세부 사항은 일부러 누락했다. 여러분이 직접 채우기 바란다. 최대한 구체적으로 채워야 한다. 레스토랑에 있다면 어떠한 레스토랑인가? 도보에 있다면 어느 쪽에 있는가? 이 장면을 최대한 선명하게 상상하는 데 도움이 되는 질문들을 준비했다.

- 나는 어디에 있는가?
- 오전이나 오후 몇 시인가?
- 혼자 있는가? 친구나 가족, 혹은 다른 사람이 곁에 있는가?
- 얼굴 검색을 당하기 전 무엇을 하고 있었나?
- 나의 얼굴을 검색한 사람은 누구인가? 그들의 신체 특징은 어떠한가?
- 낯선 사람이 나의 얼굴을 검색했다는 사실을 알았을 때 어떠한 기분이 드는가?

✕ ✕ ✕

선택의 순간 >> 나는 어떻게 하는가? 나의 얼굴을 검색한 사람에게 말을 거는가? 무시하는가, 그 자리에 머무는가, 그 자리를 떠나는가? 안면 검색 앱을 재빨리 설치해 그들을 곧바로 검색하는가? 그 순간 또 어떠한 행동을 취할 거라 상상할 수 있는가?

여러분이 살펴볼 몇 가지 질문을 더 준비했다.

- 상대의 동의 없이 낯선 이에 관한 정보를 알아내기 위해 내가 안면 검색 기술을 사용하고 싶은 순간을 떠올릴 수 있는가?
- 이름, 나이를 비롯한 기본적인 프로필 외에 사람들이 서로에게서 어떠한 정보를 얻기 위해 안면 검색을 할 거라 생각하는가?
- 다른 사람이 언제 어디에서나 나의 얼굴을 검색할 수 있다는 사실을 알 경우 습관이나 행동을 바꾸겠는가? 어떠한 습관이나 행동을 바꾸겠는가?
- 동일한 시나리오를 다시 상상하되 장소나 나를 검색한 상대의 신체 특징을 다르게 상상해 보자. 감정이나 행동이 달라지는가? 일어난 일에 대한 굉장히 다른 반응을 상상할 수 있을 때까지 시나리오의 세부 사항을 바꿔보자.

이 시나리오는 정말로 일어날 수 있을까? 기술적으로는 이미 충분히 실현 가능한 일이다. 페이스북이나 클리어뷰 AI 같은 기업은 안면 인식된 수십억 개의 사진이 담긴 방대한 자료를 축적했다. 인텔, 마이크로소프트, 중국 기업 텐센트 같은 수백 개의 기술 기업은 자사만의 안면 인식 알고리즘을 개발했다. 안면 인식의 정확도는 상당히 높다. 연구 결과에 따르면 낮게는 90퍼센트에서 높게는 99.98퍼센트의 정확도를 보인다고 한다.[17] 이 기술의 발전은 정확도를 높이기 위해 더 많은 데이터베이스를 구축하고 알고리즘을 수정하는 일에 달려 있다.

건강상의 이유로 마스크를 쓰든, 안면 인식 체계를 방해하기 위해 의도적으로 마스크를 쓰든, 마스크 착용이 이 시나리오를 복잡하게 만들 거라 예상할지도 모르겠다. 하지만 팬데믹 기간에 수많은 기업이 이 문제를 해결하기 위해 자사의 알고리즘을 재설정했다. 일본 기업 NEC는 2021년 1월, 자사의 소프트웨어가 이제 마스크 착용자를 대상으로 99.9퍼센트 정확도를 보인다고 발표했다. 이 소프트웨어는 눈과 이마만을 이용해 안면을 인식한다.[18] 마스크를 착용함으로써 이 미래에서 벗어나려고 애써 봤자 소용없는 것이다. 그렇다면 마스크에다 어두운 검색 방지용 선글라스까지 써야 할까?

안면 인식 기술에서 해결되어야 할 가장 큰 기술적, 윤리적 문제는 인식 오차율에서 보이는 엄청난 인종 격차다. 오늘날 알고리즘은 흑인과 아시아인의 얼굴을 백인보다 더 자주 잘못 인식한다. 10퍼센트에서 심지어 100퍼센트의 오차율을 보인다. 인종 편견이 기술에도 반영된 것이다. 법 집행 과정에서 이 기술이 사용될 경우 실로 큰 문제가 발생하지 않을 수 없다. 하지만 그 문제가 아니더라도 백인에게만 통하는 기술은 엄청난 문제를 낳을 수 있다. 이 미래력이 어떻게 펼쳐질지 상상하는 동안 나는 2가지 가능성을 고려했다. 안면 인식의 인종 편견이 제거된 시나리오와 그렇지 않은 시나리오다. 나에게는 완전히 다른 두 가지 미래처럼 느껴진다.[19]

정부 규제 기관은 이 미래력을 늦추거나 우회시킬지도 모른다. 보스턴, 포틀랜드, 샌프란시스코 같은 미국 도시들은 이미 경찰이 실시간 안면 인식 기술을 사용하지 못하도록 법으로 금했다. 유럽 연합은 2021년 중반에 비슷한 금지법을 제안했다. 하지만 지금까지 정부가 학교나 기업, 상점, 대중이 사용하도록 설계된 소비자 앱에서 안면 인식을 규제한 적은 없다.[20] 이 기술은 경찰이 아니라 개인과 사기업을 위한 도구로서 더 빠르게 번질지도 모른다.

안면 검색이라는 신호를 잠시 생각해 보자. 무료 안면 인식 도구를 제공하는 핌아이스는 처음 출시되었을 때 '모두를 위한 안면 검색 엔진'이라고 홍보했다.[21] 그들의 업무 강령은 이랬다.

"우리는 안면 인식 기술을 민주화해야 한다고 생각합니다. 기업이나 정부만 사용할 수 있는 기술이 되어서는 안 됩니다." 최근에 핌아이스를 사용해봤다. 얼굴을 스캔한 지 4.56초 만에 453개의 일치하는 이미지와 웹사이트가 떴다. 물론 452개의 이미지는 실제 나였고 나머지 하나는 나의 일란성 쌍둥이 언니였다. 굉장한 결과다.

나는 핌아이스를 사용해 공공장소에서 낯선 이의 얼굴을 검색해볼까 잠시 생각했다. 이 시나리오를 실제 시험해보는 차원에서 말이다. 하지만 그건 내가 기여하고 싶은 미래가 아니다. 안면 인식이라는 미래력을 여러분의 미래력 목록에 포함하고 싶다면 더 살펴볼 만한 검색어들이 있다. '안면 인식'과 다음 단어들을 함께 검색해보자.

'발전', '혁신', '윤리학', '규제', '딜레마', '난제', '위험', '기획', '이득', '새로운 연구', '새로운 앱', '혁신', '예상치 못한', '의도치 않은', '예측', '전망'.

이 용어들은 긍정적인 상상과 부정적인 상상 모두에 도움이 될 것이다. 이 용어들을 이용해 인터넷과 소셜 미디어에서 미래력을 추적해보자. 향후 몇 년 동안 추적할 미래력을 몇 개 고르는 일은 비교적 큰 노력을 들이지 않고도 엄청나게 긍정적인 영향을 미칠 수 있는 일이다. 가능하면

한 달에 한 번 검색해볼 것을 권유한다. 새로운 힘을 딱 하나만 알아보는 것이다. 달력에 날짜를 써두거나 핸드폰 알람을 설정해도 좋다. 매달 첫째 주 금요일을 미래력 금요일로 지정하면 어떨까? 깜짝 놀랄 만한 정보를 수없이 발견하게 될 것이다. 개인적인 목적이나 미션으로 삼을 만한 아이디어를 얻을지도 모른다. 이번 챕터 끝부분에 여러분의 다음번 단서 검색에 영감을 줄 만한 24개의 미래력을 실었으니 참고하기 바란다.

우리는 방금 많은 이들을 걱정시키는 미래력, 안면 인식에 영감을 받은 시나리오를 살펴봤다. 이제 많은 이들을 희망차게 만드는 미래력에서 영감을 받은 시나리오를 살펴볼 차례다. 고등 교육 개편과 저렴한 평생 교육이라는 새로운 기회다. 나는 이 미래력을 자주 생각한다. 10년 후면 내 쌍둥이 딸들이 대학교에 진학할 것이다. 물론 그들이 대학교에 가고 싶어 한다면 말이다. 2032년으로 정신의 시간 여행을 떠날 때면 어떠한 대학이나 프로그램에 아이들이 관심을 가질지 생각해 보곤 한다.

어떠한 새로운 학습 방법이 가능해질지 상상해 보려 한다. 수십 년 동안 학자금을 갚아야 하는 일이 더 이상 흔한 일이 되지 않기를 기도한다. 현실적인 희망을 쌓아올리기 위해 나는 저렴한 비용으로 학위를 따고 호기심을 충족하며 열정을 발견하는 등 아이들을 위한 교육의 미래를 보다 밝게 만들 변화의 힘과 신호를 추적한다. 게다가 아이들이 성인이 되면 나도 시간이 많아질 것이다. 이 자유 시간을 이용해 새로운 배움에 도전할지도 모른다. 따라서 나는 이러한 상상도 해본다. 10년 후 지금은 존재하지 않는 나를 위한 학습 기회는 뭐가 있을까?

'학습의 미래'를 주제로 한 미래 연구소의 10년 예측 콘퍼런스에서 〈미래에 달라질 수 있는 100가지 사실〉 게임을 이끌 때 처음 접한 생각이다. 게임 참여자 중 한 명이 "오늘날 대학생들은 생물학, 경영, 영문학, 정치학 같은 전공을 선택해야 한다."라는 사실을 뒤집어 "10년 후 대학생들은 기후 행동, 빈곤 종결, 성평등, 굶주림 없는 세상 같은 대표적인 위기를 골라야 한다."라고 말했다. 그 학생은 이 개념에 대해 이렇게 설명했다. 앞으로는 다양한 분야의 학문과 진로에 관심 있는 학생들이 다 같이 모여 2년에서 3년 동안 구체적이고 시급한 문제들과 관련된 지식을 습득하고 기술을 개발할 것이다. 대학에서는 정해진 전공만 공부하는 대신 여러 분야를 두루 공부하게 될 것이며 어떠한 목적을 갖고 있는지가 더 중요해질 것이다.

진로는 산업이나 직업을 선택하는 일이라기보다는 기술자로서, 정신 건강 상담사로서, 영화 제작자로서, 기자로서, 투자 은행가로서, 영양학자로서, 마케팅 담당자로서, 사회복지사로서 자신이 해결에 기여하고 싶은 문제를 결정하는 일이 될 것이다. 모든 전공이나 경력은 훨씬 더 큰 문제라는 관점에서 재구성될 것이다. 모든 수업에서 문제를 역사, 경제, 과학, 정치, 문화 등 각기 다른 각도에서 바라보거나 각기 다른 해결 장소나 기술, 사회, 재정, 행동 등 다른 방법을 살펴볼 것이다. 자신의 전공이 무관하거나 쓸모없는 일이 되는 사람은 아무도 없을 것이다. 정말로 중요한 문제 해결에 모두가 기여할 것이다.

이 개념을 듣는데 소름이 돋았다. 이 아이디어를 제안한 참여자에게 더 들려달라고 요청했다. 알고 보니 그녀는 스탠퍼드 대학교 디자인 학부 학생들과 교수진이 진행한 프로젝트에 참여한 적이 있었다. 2025년과

2100년 사이에 교육이 어떻게 변할지를 상상한 프로젝트로 그녀가 게임에서 공유한 아이디어는 그들이 상상한 최고의 5가지 미래 가운데 하나였다. 그녀는 나만큼이나 이 아이디어를 마음에 들어 했다. 하지만 스탠퍼드든 다른 곳이든 이 아이디어를 취해 실행에 옮긴 대학은 없었다.

나는 이 아이디어를 실행에 옮기고 싶다. 나는 매년 각기 다른 대규모 위기에 관해 딸들에게 홈스쿨링을 시킬까 생각 중이다. 만약 정말 하게 된다면 홈스쿨링을 하는 가정은 물론 교육의 혜택을 누리지 못하는 가정도 초대하고 싶다. 나는 이 개념을 지역 커뮤니티 대학교에 소개하고 그들을 위한 그랜드 챌린지 프로그램 설계를 제안하는 등 보다 야심찬 생각을 품고 있다. 세계은행이나 UN이 주요 대학교와 협력해 모든 연령이 들을 수 있는 온라인 그랜드 챌린지 학위 프로그램을 설계하고 공동 착수하도록 설득할지도 모른다. 개인적으로 행성 방위 전공이나 자격증 프로그램을 설계하는 데 자진해서 나설 것이다.

우리 가족이 경험할 고등 교육 미래를 상상하는 일에 있어 나는 마법 같은 10년의 시작점에 서 있다. 내가 처음에는 말도 안 되어 보이는 이 아이디어가 가능하다고, 내가 그렇게 만드는 데 개인적으로 기여할 수 있다고 그토록 낙관하는 이유일지도 모른다. 10년 동안 가만히 앉아 그러한 일이 일어나길 희망할 수만은 없다. 이 아이디어를 공유하고 실험하고 다른 이들을 끌어들일 방법을 계속해서 찾아야 한다. 행동을 취하기 위한 작은 단계로서 여러분에게 다음 시나리오를 공유하려 한다.

이 미래로 정신의 시간 여행을 떠날 경우 여러분은 우리를 자극하고 시야를 확장시켜주며 한 번도 본 적 없는 위험이나 장애물을 간파해줄 무언가를 발견하게 될 것이다. 여러분은 나만큼이나 열정이 활활 타올라 자신의 목록에 이 미래력을 추가할지도 모른다. 그렇지 않더라도 여러분을 희망으로 채워줄 미래력을 비롯해 다른 이들과 공유할 여러분만의 시나리오를 생각해 보고 미래에 관한 생각이 나와 비슷한 동지를 찾아보는 것만으로도 충분히 의미 있는 일일 것이다.

미래 시나리오 #6   아직 자신의 난제를 선언하지 않았는가?

늦봄, 최소한 7년 후.

이맘때면 전 세계 5천만 대학생들과 평생 학습자들은 난제를 선언할 준비를 한다. 흥미로운 계절이다. 전공을 선언하는 일이 개인적인 결정처럼 느껴졌다면 난제를 선언하는 일은 엄청난 미션에 참여하는 기분이다. 지난해 가장 인기 있던 10가지 난제는 다음과 같다. 인기 순으로 나열했다.

1. 기후 행동
2. 건강 및 웰빙
3. 지속가능한 도시
4. 성평등
5. 빈곤 근절
6. 인종 공평성 및 공정성

7. 윤리 기술 및 혁신

8. 평화, 정의, 강력한 제도

9. 굶주림 없는 사회

10. 책임 있는 소비와 생산

몇 주 후면 각 난제에 얼마나 많은 학습자가 모였는지 총합이 집계될 것이다. 여름 내내 졸업생들은 새로운 선언을 한 학습자들을 환영하기 위해 파티를 열고 모임을 가질 것이다. 학교에 다니지 않을지라도 다들 이 난제 기간에 관심을 보인다. 모두가 대의에 전념하는 기분이 나쁘지 않다. 이 세상에 미래의 희망을 한 방울 뿌리는 셈이다. 올해 여러분은 난제 시즌에 각별히 주의를 기울인다. 그 이유는 다음과 같다. 하나를 고르기 바란다.

- 여러분은 난제를 선언하려는 대학생이다. 어떠한 난제를 선언하겠는가? 왜 그렇게 하겠는가? 결정을 하기 전에 누구와 얘기 나누겠는가? 친구나 가족에게 이 소식을 어떻게 공유하겠는가?
- 어떠한 난제를 선언할지 고민하며 여러분에게 조언을 구하는 자녀나 조카가 있는가? 여러분은 어떠한 조언을 주는가? 구체적인 인물을 그린 뒤 어떠한 대화가 오갈지 상상해 보자. 어떻게 하면 가장 큰 도움이 될까?
- 고용주가 여러분에게 특혜로 원하는 난제의 온라인 자격증을 이수할 기회를 준다. 여러분은 향후 2년 동안 업무 시간의 10퍼센

트를 온라인 학습에 사용할 수 있다. 여러분은 이 제안을 받아들이는가? 그렇다면 어떠한 난제를 선언하겠는가? 결정을 내리기 위해 누구와 대화를 나누는가?

- 여러분은 시나 주 커뮤니티 대학의 새로운 난제 프로그램 설계를 돕는 위원회에서 일하고 있다. 이 프로그램은 커뮤니티 내 모든 성인 학습자에게 무료로 제공되며 다른 학교에서 같은 프로그램을 도입하도록 영감을 줄 것이다. 여러분이 설계하는 데 도움을 준 새로운 난제 프로그램은 무엇인가? 이 난제 프로그램에서 어떠한 종류의 수업이 제공될지, 어떠한 기술을 가르칠지, 학생들이 어떠한 프로젝트를 완수할지 상상할 수 있는가? 상상력의 날개를 활짝 펴 간호에서 컴퓨터 프로그래밍, 농업, 사법, 프랜차이즈 경영에 이르기까지 최대한 많은 지식 분야와 경력을 포함시켜보자.

- 여러분은 교사다. 가르치는 과정이나 수업에서 거대한 난제에 집중할 수 있는 기회를 얻었다. 여러분은 이 기회를 취하는가? 그렇다면 수업 시간에 어떠한 난제를 가르치겠는가? 여러분의 교습을 어떻게 바꾸겠는가? 어떠한 지원이 필요할까?

- 여러분은 전통적인 전공에서 거대한 난제로의 전환이 큰 실수라고 생각한다. 새로운 시스템의 온갖 문제와 의도치 않은 피해를 알리는 영상, 팟캐스트, 에세이 작업에 참여하고 있다. 그것이 왜 실수라고 생각하는지 질문을 받으면 뭐라고 답하는가? 가장 설득력 있는 이유는 무엇인가? 어떠한 문제를 예상했어야 했을까?

어떻게 하면 더 나아질 수 있을 거라 보는가?

* 자신만의 가상적인 미래를 만들어보자.

× × ×

이 시나리오가 정말로 일어날 수 있을까? 오늘날 수많은 단서가 이미 곳곳에 널려 있다.

UN의 지속가능한 개발 목표[SDG]는 가장 시급한 문제를 둘러싼 전 세계적 합의와 협력을 이끌어내기 위해 존재한다. 위 시나리오에 언급된 난제들은 최신 SDG에서 영감을 받았다. 2015년 193개 국가에서 채택한 목표다. 인종 공평성 및 공정성과 윤리 기술 및 혁신은 내가 추가한 것이지만 나머지 8개는 SDG의 현 목록에서 가져왔다.

엑스프라이즈의 성장은 이 시나리오를 더욱 가능하게 만드는 또 다른 트렌드다. 엑스프라이즈 재단은 인류 모두에게 혜택이 돌아가는 급진적인 해결책을 장려함으로써 혁신을 촉진하고 보다 희망적인 미래를 가속화하기 위해 대회를 주최한다.[22] 이 프로그램은 탄도 비행을 달성할 수 있는 민간 우주선 개발 대회로 1996년에 시작되었으며 2004년에는 승자에게 1천만 달러 상금이 주어졌다. 그때 이후로 십 수 개의 대회가 시행되고 있는데, 기후 변화로 인한 최악의 영향을 막는 데 도움이 될 혁신적인 탄소 제거 기술에 현재 1억 달러의 상금이 달려 있으며, 가격, 환경 지속가능성, 동물 복지, 영양, 맛이나 질감 측면에서 기존의 닭과 어류를 모방하거나 능가하는 닭 가슴살과 생선살 대체물에는 1,500달러의 상금이 달려 있다. 단체의 웹사이트에 따르면 지금까지 엑스프라이즈에 공식 등록한 이들이 백만 명이 넘는다고 한다. 미래에는 이러한 대회가 난제 학위 프로그램의 영감이자 동기가 될 수 있을 것이다.

국립공학 아카데미는 2008년에 이미 주로 공과 대학생들을 위해 그랜드 챌린지 스칼라스 프로그램GCSP을 설립했다. 2020년 전 세계적으로 100곳에 달하는 대학이 GCSP 학교로 승인받았다. 이 대학들은 '정수 이용', '뇌 역설계', '핵 테러 예방' 같은 대표적인 위기 해결책에 전념하는 학생들에게 장학금과 맞춤형 학습 방법을 제공한다. 나는 이 개념이 단일 학문에서 벗어나 훨씬 더 광범위한 학습자를 포용하는 미래를 상상하고 싶다.

2015년에 창설된 아프리카 리더십 대학ALU은 이 가능성을 보여주는 작은 단서다. 모리셔스와 르완다에 위치한 이 대학에 현재 1,500명의 학생이 등록되어 있다.[23] ALU 학생들은 컴퓨터 과학이나 경영처럼 전통적인 대학 학위 프로그램을 완수하는 한편 과제, 현장 연구, 인턴십의 핵심인 '미션 선언'을 하기도 한다. 이 미션은 아프리카의 미래를 바꿀 난제들을 바탕으로 하는데 대표적인 예가 '도심화'다. 2050년이면 10억 명의 아프리카인들이 시골에서 대륙으로 이주할 것으로 예상되기 때문이다. 나는 이 시나리오의 신호를 살짝 바꾸고 싶다. 수많은 주립 대학교나 시립 대학교가 글로벌 위기 대신 커뮤니티가 직면한 대표적인 난제에 집중하는 것이다.

이 시나리오에서는 이제 막 고등학교를 졸업한 대학생들만큼이나 많은 성인 평생 학습자들이 난제를 선언한다. 이는 현실적인 일일까? 오늘날 가장 큰 온라인 학습 플랫폼, 코세라에는 77백만 명의 학습자가 등록되어 있다. 세계 최고의 대학과 교육 기관에서 제공하는 온라인 강좌를 모바일 기기에서 들을 수 있는 앱, edX에 등록된 학습자는 35만 명이 넘는다. 사용자 데이터에 따르면 이들 중 2/3가 이미 학사 학위 이상을 취득했으며 절반 이상이 하던 일을 중단한 채 학습에 전념하고 있다고 한다. 새로운 기술, 새로운 커뮤니티, 새로운 기회 등 평생 학습을 향한 욕구는 확실히 존재한다. 또 다른 미래력들이 이 트렌드를 가속화시킬 것이다. 업무 자동화가 이루어지면 수많은 사람들이 경력을 바꿀 준비를 하기 위해 새로운 학습 기회를 계속해서 살필 것이다. 무료 커뮤니티 대학이 설립되면 성인들은 저렴한 비용으로 학교에 다닐 수 있을 것이다. 보편적 기본 소득이 보장되면 근무 시간이 단축되고 누구든 더 많은 성장의 기회를 누리게 될 것이다.

마지막으로, 정기적으로 비디오 게임을 하는 20억 명이 넘는 이들은 이러한 교육의 변화에 분명히 잘 적응할 것이다. 교실에서 보낸 시간만큼 많은 시간 비디오 게임을 하며 자란 젊은 세대들은 특히 그렇다.[24] 지난 10년 동안 교육을 게임화하려는 노력이 수없이 이루어졌다. 학습자에게 엄청난 미션을 주고 전 세계 수백만 명의 사람들과 협력할 수 있도록 연결시키는 일보다 게임 같은 일이 어디 있을까?

"이 시나리오가 정말로 일어날 수 있을까?"라는 질문을 읽을 때마다 변화의 신호와 미래력에 관한 여러분의 정보가 확장된다. 〈미래학자 당황하게 만들기〉 게임과 〈미래에 달라질 수 있는 100가지 사실〉 게임을 하면서 온갖 증거를 수집할 때도 그렇다. 이제 여러분은 이러한 단서들의 이름과 이 단서들을 어떻게 발전시킬지 알게 되었다. 상상 연습을 계속하는 동안 한 가지만 명심하자. 두 종류의 단서 모두 마음의 문을 열어젖히는 데 반드시 필요하다는 사실이다.

변화의 신호는 가벼운 오락물과도 같다. 우리의 호기심을 자극하고 엉뚱한 생각을 유발한다. 이러한 신호를 수집하는 일은 재미있다. 이러한 신호는 놀랄 만치 풍부하다. 매일 수백 개의 신호가 발견되기만을 기다리고 있다. 새로운 신호를 발견할 때마다 우리의 미래 상상력은 보다 창의적이고 놀라워지며 선명해진다.

반면 미래력은 훨씬 더 적다. 생각만큼 자주 나타나지 않는다. 여러분은 수년 심지어 수십 년 동안 완전한 잠재력이 실현될 때까지 기다리고 있는 몇 안 되는 미래력을 계속해서 추적할지도 모른다. 인내심을 갖고 새로운 정보를 계속해서 찾아보자. 중요한 미래력에 관해 새로운 사실을 알게 될 때마다 우리의 상상력은 더욱 단단해지고 현실적이며 설득력 있어진다.

이제 여러분만의 미래력 목록을 작성할 차례다. 미래 연구소에서 현재 추적하고 있는 주요 미래력 목록을 소개한다. 여러분이 살펴보고자 하는 미래 주제, 여러분이 추구하고 싶은 장기 목표에 가장 큰 영향을 미칠 힘들이다. 이 목록 가운데 어떠한 힘이 개인적으로 가장 중요하게 느껴지는가? 어떠한 힘에 대해 더 알고 싶은가? 최소한 3가지 힘을 추적하기를 권유한다. 균형을 유지하는 것을 잊지 말자. 위험처럼 느껴지는 힘, 기회처럼 느껴지는 힘을 각기 한 개씩은 포함하기 바란다.

- 기후 위기

- 포스트 팬데믹 트라우마

- 사회 정의 운동

- 증가하는 경제 불평등

- 난민 위기와 대량 이주에 따른 사회 및 정치 긴장

- 업무 자동화

- 서양 국가의 출산율 감소와 아프리카의 청년 붐

- 다수 종교의 변화와 종교 다양성

- 재활용 에너지 자원으로의 전 세계적인 전환

- 자본주의 및 시장 기반 경제의 대안

- 소셜 미디어가 주동하는 역정보, 허위정보, 음모이론

- 권위주의 부상과 민주주의 신뢰 상실

- 안면 인식의 광범위한 채택 및 감시 기술

- 디지털 화폐, 가상화폐, 프로그램 가능한 화폐

- 보편적 기본 소득과 직접적인 현금 이체

- 정부나 경찰의 인터넷 차단

- 접속을 끊을 권리 운동과 주 4일 근무

- 평생 학습과 새로운 기술 학습

- 일자리 보장

- 재생 디자인과 순환 경제

- 게놈 연구와 크리스퍼[CRISPR] 유전자 변형

- 사물 인터넷

- 증강 현실과 가상 현실
- 위성망과 우주 인터넷

위 목록 중 익숙한 내용이 없다면 이번 기회에 첫 번째 단서를 찾아보자. 인터넷에서 아무 미래력이나 찾아보면 된다. 미래력은 비밀이 아니다. 잘 보이는 곳에 숨어 있다! 알아내기 어렵지 않다. 진짜 어려운 일은 아무리 압도적이고 겁이 나고 통제하기 힘들지라도 미래의 현실을 있는 그대로 인정하고 가공할 만한 영향력을 받아들인 다음 살아가는 동안 계속해서 잊지 않는 것이다. 변화의 바람이 부는 방향을 알고 나면 나의 미래에 준비하고 적응하며 긍정적인 영향을 미칠 수 있게 될 것이다.

상상력 트레이닝

규칙 7 _____ **미래력 선택하기**

우리가 통제할 수 없는 외부 힘 목록을 작성하자. 향후 10년 동안 나의 삶, 친구나 가족의 삶에 가장 큰 영향을 미칠 힘이다. 나를 기대하게 만드는 힘과 걱정하게 만드는 힘을 포함하자. 이 목록을 이용해 폭넓은 관점으로 상황을 바라보자. 불편한 감정을 유발할 때조차 점증하는 위험을 인정하자. 가상의 미래 위험이 진짜 위기가 되어 나타날 때 나의 삶이나 커뮤니티에 속한 단 한 명이라도 도울 수 있도록 미래력에 관한 지식을 계속해서 업데이트하자.

| | | | | | |

| | | | | | |

| | | | | | |

| | | | | | |

Chapter 08

뇌의 공감력으로
관계를 강화하라

당신의 미래에서 자신을 상상하지 않으면 당신은 그 안에 존재하는가?

호다리 데이비스, 시인, 운동가, 교육자

미래의 나는 우리 자신에게 낯선 이나 다름없다. 이는 시적인 비유가 아니라 신경과학적인 사실이다. 미래의 나를 상상할 때 우리의 뇌는 기이한 일을 한다. 자신에 대해 상상하는 일을 중단하는 것이다. 뇌 활동 측정 연구에 따르면 뇌는 완전히 다른 사람에 대해 생각하는 것처럼 작동한다고 한다.[1] 자신에 대해 생각할 때에는 보통 내측 전두엽^{mPFC}이라 알려진 뇌 부위가 활성화된다. 다른 사람에 대해 생각할 때 내측 전두엽은 활동이 느려진다. 생각하는 대상과 나 사이에 공통점이 전혀 없는 기분일 때에는 활동이 더욱 느려진다.

공감이 지닌 속성

내측 전두엽은 자아 연속성을 유지하기 위해 반드시 필요하다. 덕분에 우리는 자신이 누구인지, 다음에 무얼 하고 싶은지 아는 상태로 하루를 시작한다. 백 건이 넘는 뇌 이미지 연구 결과 이 같은 현상이 밝혀졌다.[2] 하지만 이 규칙에는 큰 예외가 하나 있으니 먼 미래의 자신의 삶을 상상하려고 할수록 내측 전두엽은 덜 활성화된다. 다시 말해 우리의 뇌는 미래의 나를 내가 잘 알지 못하는 사람, 별로 염려하지 않는 사람으로 취급하는 것이다.

뇌의 이 같은 오작동은 우리가 미래의 나에게 도움이 되는 행동을 취하기 어렵게 만든다. 연구 결과에 따르면 뇌가 미래의 나를 낯선 이로 취급하면 할수록 자제력을 발휘하기가 더 힘들어지며 장기적으로 이 세상에 도움이 될지도 모르는 친사회적인 선택이나 결정을 내릴 확률이 낮아진다고 한다. 우리는 유혹에 취약해지고 자주 미루며 운동도 별로 안 하게 된다. 은퇴 자금을 덜 저축하고 좌절하거나 일시적인 고통을 느끼는 순간 금세 포기하며 기후 변화 같은 장기적인 난제를 덜 염려하거나 예방하려는 노력을 덜 기울이게 된다.[3] 합리적인 일이다. 미래의 자아 상상에 관한 뇌 활동 측정 연구를 수행한 LA 캘리포니아 대학교 연구진 할 허쉬필드는 이렇게 설명했다.

"우리 뇌는 이를 생면부지 남에게 돈을 건네주는 느낌으로 받아들이죠. 그러니 뭐하러 미래의 나를 위해 돈을 저축하겠어요?"

하지만 다른 이들보다 미래의 자아에 조금 더 공감하는 이들이 있다.

그들의 뇌는 살짝 다르게 작동한다. 그들의 내측 전두엽은 남들보다 조금 더 활성화된다. 그들은 미래의 자아를 스스로는 아닐지라도 친한 친구나 사랑하는 사람 대하듯 대한다. 그리하여 의지력이 강하고 투표 참여율이 높으며 장기 목표를 달성할 확률이 높다. 미래가 어떻게 펼쳐질지에 관해 발언권을 갖고 싶어 하며, 미래의 나를 돕기 위해 힘든 일도 마다하지 않기 때문이다.

여러분은 미래의 나에게 얼마나 공감하는가? 다행히 이를 알아내는 데 뇌 활동 측정 기계가 필요하지는 않다. 심리학자들은 허쉬필드의 뇌 활동 측정 연구를 바탕으로 과학 질문지를 작성했는데 이 질문지는 미래의 나와의 관계를 뇌 스캔만큼이나 정확히 측정한다.[4] 미래 자아 연속성 질문지에 포함된 3가지 샘플 질문은 다음과 같다.

- 10년 후 나의 모습을 얼마나 생생히 상상할 수 있는가? ⸺⸺ ☐

  (1-전혀 생생하지 않게, 2-그다지 생생하지 않게, 3-어느 정도 생생하게,

  4-꽤 생생하게, 5-아주 생생하게, 6-완벽하게)

- 10년 후의 나는 지금과 얼마나 비슷한가? ⸺⸺⸺⸺ ☐

  (1-완전히 다르다, 2-어느 정도 다르다, 3-조금 다르다,

  4-비슷하다, 5-아주 비슷하다, 6-정확히 똑같다)

- 10년 후의 내가 마음에 드는가? ⸺⸺⸺⸺⸺ ☐

  (1-전혀 마음에 들지 않는다, 2-그다지 마음에 들지 않는다, 3-어느 정도 마음에 든다, 4-꽤 마음에 든다, 5-아주 마음에 든다, 6-완벽하게 마음에 든다)

이 샘플 질문에서 알 수 있듯 미래의 나에게 얼마나 공감하는지에 영향을 미치는 요소는 3가지다. 미래 자아의 생동감, 미래 자아와의 유사성, 미래 자아에 미치는 긍정적인 영향이다.

이 세 차원의 점수가 높을수록 미래의 나를 염려하고 미래의 나에게 도움이 될 행동을 취할 확률이 높다. 점수의 총합이 15점 이상일 경우 미래의 나에게 크게 공감한다는 의미다. 역으로 6점 이하일 경우 별로 공감하지 않는다는 뜻이다. 18점 만점에 가깝다면 미래의 나와 강한 연결고리를 형성할 기회가 충분하다.

이 책을 읽으며 10년 후로 정신의 시간 여행을 여러 번 떠난 여러분은 이 세 차원에서 이미 점수가 높아졌을 확률이 높다. 미래의 나를 선명하게 그리는 능력은 10년 후 시나리오를 살펴볼 때마다, 그 미래에 관한 나의 생각이나 느낌에 관해 세부 사항을 적어 내려갈 때마다 향상된다. 하지만 역설적이게도 생경한 미래로 정신의 시간 여행을 자주 떠날수록 우리는 내가 내리는 선택, 내가 마주하는 난제, 사회의 재창조 때문에 미래의 내가 지금과는 다른 사람이 되어 있을 거라는 사실을 더 잘 깨닫게 될지도 모른다.

그러니 우리는 미래의 나에게 어떻게 더 공감할지가 아니라 지금의 나와는 상당히 다를지도 모르는 누군가와 어떻게 더 연결될지를 물어야 한다. 그 사람이 얼마나 변했든 내가 여전히 그 사람을 좋아한다는 확신을 가지려면 어떻게 해야 할까? 이 딜레마의 해결책을 알아내려면 공감이 지닌 속성을 보다 깊이 들여다봐야 한다.

공감에는 2가지 종류가 있다.[5]

첫 번째는 쉬운 공감으로 같은 경험을 했다는 이유로 상대의 감정에 곧바로 공감하는 것이다. 여기에는 추측이 필요 없다. 가령 괴롭힘을 당하는 아이를 봤다고 치자. 어린 시절 괴롭힘을 당한 적이 있다면 그 아이에게 쉽게 공감할 수 있다. 분노나 공포, 수치를 비롯해 괴롭힘을 당했을 때 경험했던 감정을 온몸으로 느낄지도 모른다. 뇌는 이러한 식으로 우리가 다른 이들을 보다 효과적으로 이해하고 그들에게 공감하도록 돕는다. 공통된 감정처럼 별로 힘이 들지 않는 이러한 공감은 우리를 본능적으로 자신의 감정으로 도로 끌어들인다.

여기에는 보통 신경화학물질과 신체 감각이 넘치도록 수반된다. 이는 감정 시뮬레이션의 한 형태다. 감정 시뮬레이션은 강력한 효과가 있지만 다른 이들의 감정을 취해 내 것으로 품다보면 지칠 수 있다. 쉬운 공감인 이유는 그 감정을 겪는 일이 쉬워서가 아니라 그 상태에 도달하는 일이 쉽기 때문이다. 이 공감은 생각이나 노력 없이 거의 무의식적으로 일어난다.

두 번째는 어려운 공감으로 보다 큰 노력이 필요하며 창의적인 과정이 수반된다. 다른 이들이 겪고 있는 일을 개인적으로 경험한 적이 없지만 이해하고 싶을 때 불러내야 하는 공감이다. 타인의 생각에 동의하지 않지만 그 사람의 입장에서 생각하며 어떠한 삶의 경험 때문에 그러한 생각을 하게 되었는지 이해해보려 할 때 우리가 하는 연습이다. 충격이나 상실을 경험한 누군가에게 우리가 "얼마나 힘들지 상상도 할 수 없네요."라고 말할 때 일어나는 공감이다.

특정한 상황을 경험해본 적이 없을 때 우리는 상상력을 발휘해야 한다.

개인적인 역사에서 나온 패턴에 기인한 본능적인 반응을 억누른 채 타인의 대안적인 경험이 들어설 빈칸을 남겨둬야 한다. 찾을 수 있는 단서를 이용해 지어내고 상상하면서 빈칸을 채워야 한다. 이 순간 상대의 입장이 된다면 어떠할까?

어려운 공감은 특정한 사람이나 단체와 연결될 마음이 전혀 없을 때 더욱 힘들어진다. 누구나 쉽게 공감할 수 있는 영역 너머에 존재하는 이들이 있기 마련이다. 정치 견해가 다른 이들, 우리와는 다른 삶의 선택을 하는 이들, 생소하고 멀게 느껴지는 문화나 커뮤니티에서 생활하는 지구 반대편 사람들이 그렇다.

자료에 따르면 최근 몇 년 동안 많은 이들이 자연적인 공감을 느끼는 대상이 줄어드는 경험을 하고 있다고 한다. 우리는 정치, 종교, 윤리 정체성으로 보다 엄격하게 규정되는 내집단과 자신을 동일시한다. 다른 집단에 속한 사람들의 삶에 대해서는 점점 더 모르는 상태로 지낸다. 친밀한 사이에서 벗어난 이들에게 점차 분노하고 그들을 두려워하며 불신한다.[6]

처음에는 코로나19 팬데믹이 사회 양극화를 완화하는 듯 보였다. 공통된 우려와 희생을 중심으로 각계각층의 사람이 단합했다.[7] 하지만 연구 결과에 따르면 마스크 착용, 외출 제한 명령, 백신에 관한 편파적인 반응은 사회 양극화를 부추겼다. 우리 대 그들이라는 새로운 분류를 낳았다. 마스크를 쓴 사람과 쓰지 않은 사람, 사회적 거리 두기를 시행하는 사람과 그렇지 않은 사람, 백신 찬성자와 반대자로 나뉘었다.[8] 한편 백신 캠페인에 성공한 부유한 국가의 현실은 백신을 확보하지 못했거나 백신 캠페인에 성공하지 못한 가난한 국가들과는 전혀 달랐다.

다시 말해 어려운 공감은 더욱 어려워지고 있으며 코로나19는 도움이 되지 않았다.

하지만 우리에게는 어려운 공감이 필요하다. 우리는 시야를 확장하고 인간적 유대감을 강화하며 사회적 간극을 메꾸고 타인을 도울 준비를 해야 한다. 그렇게 할수록 개인적인 관계는 더욱 탄력적이 된다. 우리는 의견충돌에서 빠르게 벗어나 가족이든, 친구든, 사랑하는 사람이든, 쉽게 포기하지 않게 된다.[9]

이는 비단 개인에게만 좋은 일은 아니다. 어려운 공감을 연습하는 사람이 많아질수록 사회는 더욱 건강해진다. 63개 국가의 10만 명이 넘는 성인을 대상으로 진행한 연구 결과에 따르면 국민들의 평균 어려운 공감 지수가 높은 국가일수록 주관적인 웰빙, 자부심, 집단주의, 친사회적 행동 수준 또한 높은 것으로 나타났다.[10] 타인의 희망과 우려를 이해할 때 우리는 기꺼이 타인을 돕고 염려할 마음이 생기는 듯하다. 이는 우리의 자부심을 높여주기도 한다. 사회 공익에 점점 더 이바지하는 선순환 구조인 셈이다.

어려운 공감은 미래의 나에게 더욱 연결되는 기분을 느끼는 데에도 도움이 된다. 생소한 삶을 사는 낯선 이, 나와는 정말 달라 보이는 이들을 향해 공감의 자연 반경을 확장할 때, 우리의 뇌가 미래의 나를 낯선 이로, 공통점이 전혀 없는 사람으로 취급할지라도 우리는 그 사람을 걱정하고 이해하게 될 가능성이 높다.

어려운 공감을 연습하는 방법

어려운 공감을 연습하는 가장 쉬운 방법은 뉴스나 잡지, 소셜 미디어에서 상상하기 힘들 만큼 나와는 다른 삶을 사는 누군가의 이야기를 찾아보는 것이다. 그다음에 내 삶을 그들의 삶에 대입해보면 된다.

가령 최근에 나는 〈뉴욕 타임스〉에서 인도 시골에 사는 두 자매에 관한 이야기를 읽었다. 그들이 사는 마을은 너무 보수적이고 미혼 여성을 보호하려는 성향이 강해 자매가 어쩌다 인근 도시에 가기라도 할라치면 남자 사촌이나 삼촌이 동행해 그들 주위를 에워싼다고 한다. 외부 남자와의 접촉으로부터 그들을 보호하기 위해 손을 맞잡아 마치 인간 사슬처럼 그 안에 자매를 가두는 것이다.[11] 한번 한 무리의 사람이 공공장소를 걷는데 두 여성이 남자들의 보호를 받으며 그 안에 갇혀 있는 장면을 상상해 보아라.

드문 사회 관행이기에 직접 경험해보지 못했을 것이다. 그렇지 않다면 이 마을 사람들에게 쉽게 공감했을지도 모른다. 이 관행이 낯설게 느껴질 경우 상상해 보기 바란다. 어디에 살고 있든 내가 이러한 관행의 영향을 받는다면 어떠할까? 낯선 이를 만날지도 모르는 곳에 갈 때마다 보호를 받아야 해서 친척들이 나를 에워싸는 장면을 상상할 수 있는가? 보호자가 되는 경우는 어떠할까? 다른 누군가의 주위로 인간 사슬을 형성하는 사회 의무를 수행하라는 요청을 받는다면 어떠할까?

확실히 말하자면, 인도 시골 마을에 사는 이 두 자매가 된 자신을 상상하지는 말기 바란다. 다시 말해 그들의 입장에서 생각하지 말아야 한다.

지금의 나로, 지금 사는 곳에 그대로 있어야 한다. 정신 시뮬레이션에서 바꿀 것은 내 삶에 관한 사실이다. 현재 뉴욕에 살고 있다면 젊은 미혼 여성 주위로 인간 사슬이 형성되는 것이 뉴욕에서 일상적으로 볼 수 있는 장면이라고 상상해야 한다. 여러분이 미혼 여성이라면 이 대안 현실에서 여러분은 낯선 이를 만날 때마다 인간 사슬의 보호를 받게 된다. 미혼 여성이 아니라면 이 대안 현실에서 여러분은 사슬을 조직하거나 형성하는 데 동원된다.

이 전략은 반직관적으로 보일지도 모른다. 공감은 타인의 입장에서 생각하며 그들의 관점으로 세상을 바라보는 것 아니던가? 그렇기는 하지만 연구 결과에 따르면 다른 누군가가 되면 어떠할지 상상하려 할 때, 그 사람의 정황을 직접 경험한 적이 없을 경우 우리는 상상을 잘 하지 못한다고 한다. 직접적인 지식을 이용하는 대신 그저 머릿속으로 다른 누군가의 감정이나 행동을 지어내면 실수를 저지르게 된다. 내가 상상한 것과 다른 사람이 자신의 경험이라 언급하는 것 간에는 큰 차이가 있기 마련이다.[12]

위에서 살펴본 어려운 공감 기술은 이 함정을 피하는 데 도움이 된다. 우리는 타인의 현실에 관한 객관적인 사실을 자신의 주관적인 감정이나 반응과 뒤섞는다. 타인의 감정을 추측하는 대신 직접 그 감정을 느낀다. 타인이 느낄 감정과 똑같지는 않을지 모르지만 보다 진실된 공감이다. 이 공감은 나의 진짜 감정과 다른 사람의 진짜 삶 사이에 놓인 중간 지대에서 형성된다. 연구 결과에 따르면 이러한 혼합된 공감을 느낄 때 우리는 애초에 다르거나 남이라고 인식한 사람과 보다 연결된 느낌을 받는다고 한다. 그들과 공통점이 더 많다고 느끼는 것이다. 우리는 그들을 돕기 위

해 행동에 나서거나 그들의 생활 환경을 개선할지도 모르는 활동에 가담할 마음이 생기기도 한다.[13]

그러니 이제 자신의 상상력으로 돌아가 이 인간 사슬의 물질성, 친밀함을 느껴보자. 이 장면을 최대한 생생하고 구체적으로 그려보자. 누가 나를 보호하고 있는가? 친척인가 이웃인가? 혹은 나는 지금 누구를 보호하고 있는가? 누구의 손을 잡고 있는가? 어디로 가고 있는가? 어떠한 기분인가? 이토록 드물고 생경한 관행이 내 삶에서 일어난다고 생각하다니 터무니없어 보일지도 모른다. 스탠퍼드 수업에 참여한 한 임원은 이 연습을 하는 동안 볼멘 목소리로 말했다.

"상상이 불가능해요. 저는 다른 누군가를 위해 일하는 노동자 계급이기에 너무 바쁘거든요. 인산 사슬에 동원되지 않을 것 같네요."

어려운 공감이 어려운 이유다. 우리는 그럴 힘이 있다면 거절하고 싶을 사회 압력이나 기대 혹은 제한 속에 사는 삶을 상상해야 할지도 모른다. 느끼고 싶지 않을 감정, 다시 말해 분노나 무력함을 공감을 통해 느껴야 할지도 모른다.

한편 놀랍게도 이 시나리오를 읽고 긍정적인 감정을 소환해낸 사람들도 있었다. 다른 이들이 폐쇄공포증을 느끼고 갑갑하고 부담스럽고 불평등한 감정을 경험한 반면, 이들은 돕고 배려하고 염려하는 감정을 떠올렸다. 이 같은 다양한 반응은 어려운 공감이 타인의 감정을 올바르게 짚어내는 일이 아님을 보여준다. 이는 타인의 삶에 호기심을 갖는 일이자 다른 이들이 나와 얼마나 다른 삶을 살고 있는지 깊이 깨닫는 일이기도 하다.

어려운 공감을 연습할 수 있는 또 다른 시나리오가 있다. 남아프리카 케이프타운의 극심한 물 부족에서 영감을 받은 시나리오다.

법에 따라 하루 물 사용량을 75퍼센트 줄여야 한다면 어떠할까? 이토록 엄격한 제한에도 불구하고 여러분이 사는 마을이나 도시가 곧 물이 바닥날 거라고, 수도꼭지를 틀었을 때 물이 나오지 않을 거라는 경고를 받으면 어떨까?

3년 내내 가뭄이 악화되자 2018년, 케이프타운 시정부가 일인당 하루 물 사용량을 50리터로 제안하는 법을 통과하면서 많은 이들이 경험한 현실이 되었다.

하루에 50리터의 물로 할 수 있는 일을 언급하자면 다음과 같다. 하루에 화장실 물을 한 번 내릴 수 있고(10리터), 1분 동안 샤워를 할 수 있으며(10리터), 하루에 두 번 양치질을 하고 손을 씻을 수 있으며(4리터), 자신과 애완동물의 식수로 이용할 수 있다(4리터). 나머지는 일주일에 한 번 세탁기(70리터)와 식기세척기(30리터)를 돌리기 위해 아껴둬야 한다. 집 안 청소를 하거나 요리를 하는 데 물을 사용하거나 식물에 물을 주거나 1분 이상 샤워를 하거나 밤에 얼굴을 씻거나 하루에 두 번 이상 손을 씻고 싶을 경우 다른 용도로 사용하는 물의 양을 줄여야 한다. 오늘 화장실 물을 한 번도 내리지 않거나 양치질을 건너뛰거나 다음 주에 더러운 옷을 입어야 한다.

물 사용 제한 시행령은 현지인들이 '데이 제로'라 부른 날을 미연에 방지하기 위한 노력이었다. 데이 제로에 시 당국은 물 공급을 아예 중단할 예정이었다. 주민들은 케이프타운 전역에 퍼져 있는 150군데 집수 시설

앞에 줄을 서서 일인당 일일 배급량인 25리터의 물을 받아야 할 터였다. 댐 수위가 15퍼센트 이하로 내려가는 바람에 몇 주 뒤 데이 제로가 시행될 수 있었다.[14]

케이프타운 사람들은 매일 힘든 선택을 내려야 했다. 그들은 조금 더 더러워지는 데 익숙해지기도 했다. 일터에서는 옷을 빨지 않고 가장 오래 버틸 수 있는 사람을 뽑는 '더러운 셔츠' 대회가 열리기도 했다. 레스토랑과 바는 손님들에게 공공 화장실 물을 내리지 말라고 촉구하기 위해 화장실 안에 "노란 색이면 익게 내버려두시오."라는 문구를 걸었다. 한편 부유한 이들은 도시 경계 너머로 차를 몰아 엄청난 양의 생수병을 사들이며 제한령을 피했다. 그러자 곧이어 생수병 부족 현상이 발생했다.[15]

도시는 물을 아끼기 위한 집단 노력을 통해 데이 제로를 계속해서 늦출 수 있었다. 몇 달 후 이 지역에 비가 내리면서 상황은 정상으로 돌아갔다. 장기간 물 위기에 시달려본 적이 없다면 어려운 공감을 연습할 수 있는 시나리오다.

몇 달 동안 이처럼 물 이용이 제한된 상황에 놓인다고 상상해 보자. 여러분이 살고 있는 도시나 주가 정확히 똑같은 정책을 시행했다.

- 하루 동안 물 50리터를 어떻게 쓰겠는가?
- 가장 먼저 무엇을 포기하겠는가? 샤워? 세탁? 요리?
- 가장 포기하기 힘든 건 무엇일까?
- 50리터를 가족이나 이웃과 공유하겠는가?
- 가족 중 누군가 20분 동안 샤워를 하며 가족들이 나머지 시간에

사용할 물을 전부 사용해버리면 어떠한 기분이 들까? 화가 날까? 좌절할까? 질투가 날까?

- 냄새가 나기 시작하는데도 며칠째 똑같은 옷을 연속 입으면 어떠한 기분이 들까? 수치스러울까? 역겨울까? 우쭐할까? 체념할까?

이 상황에 오롯이 몰두해보자. 물 이용에 대한 결정을 둘러싼 협상과 다른 이들을 돕거나 그들을 위해 희생하는 일의 사회적 측면을 느껴보려고 노력하자.

여러분만의 데이 제로를 상상하면 어떠한 감정이 들지 생각해 보자. 걱정, 공포, 돕고 싶은 의욕이 느껴질까? 데이 제로에 대비하기 위해 나는 어떠한 행동을 취하겠는가? 물을 독차지하겠는가? 다른 이들에게 어떠한 도움을 주겠는가? 나는 어떠한 도움이 필요하겠는가?

기후 변화의 속성과 전 세계적으로 심각해지는 가뭄을 고려할 때 수많은 도시에서 이 시나리오가 펼쳐질 수 있다. 정부의 전례 없는 물 제한 조치를 이미 경험한 사람들에게 어려운 공감을 할 경우 그러한 미래에 대비하는 데 큰 도움이 된다. 케이프타운 사람들의 실제 경험은 새로운 선례, 새로운 가능한 미래를 낳았다. 이제 누구라도 그러한 현실을 맞이할 수 있다.

먼 미래 상상하기와 어려운 공감은 상호보완적이다. 이들은 우리의 상상력을 교차 훈련시킨다. 하나를 연습하면 할수록 다른 하나를 더 잘 하게 되는 것이다. 먼 미래로 정신의 시간 여행을 떠날 때 우리는 습관적인 생각에서 벗어나 다른 현실에 몰두해야 한다. 주위에 무엇이 있나? 곁에 누가 있나? 이 순간 어떠한 기분이 드는가? 내가 정말로 하고 싶은 일은 무엇인가? 어려운 공감은 상상력과 똑같은 도약을 필요로 한다. 나의 경험으로 아는 사실과 타인에게 사실일 수 있는 것 사이에 놓인 빈칸을 채우는 정신 시뮬레이션 기술을 이용한다.

마찬가지로 타인의 인생 경험이 나와는 어떻게 다를 수 있을지 온몸으로 느끼기 시작하면 우리는 사고가 말랑말랑해지면서 온갖 종류의 변화를 더 잘 상상하게 된다. 누군가 이미 지금 나와 전혀 다른 삶을 살고 있다면 나나 주위 사람 누구라도 내일, 내년, 10년 후에 전혀 다른 삶을 살 수 있기 때문이다.

환경, 가치, 인생 경험, 희망, 걱정거리가 나와는 굉장히 다른 사람의 관점에서 미래를 바라보는 일은 쉽지 않다. 하지만 추측하는 대신 상대가 원하고 필요로 하는 것에 관한 직접적인 정보를 얻을 경우 어려운 공감을 보다 쉽게 연습할 수 있다. 다음의 2가지 질문을 묻기만 하면 된다.

- 미래를 생각할 때 나의 잠을 설치게 만드는 것은 무엇인가?
- 미래를 생각할 때 침대에서 펄쩍 뛰게 만들 만큼 신이 나는 부분은 무엇인가?

현재 나는 이 두 질문에 대해 9,681명의 각기 다른 답을 갖고 있다. 지난 2년 동안 모은 자료다. 사람들이 낙관할 만한 일과 걱정할 만한 일을 잘 안다는 생각이 들 때면 나는 이 대답을 들여다보며 공감 상상력을 키우려고 노력한다.

여러분은 나처럼 자료를 모을 필요가 없다. 하지만 기회가 생길 때마다 주위 사람들에게 이 질문들을 던지기 바란다. 모임을 주최할 경우 사람들에게 출신이나 직함 같은 빤한 정보 대신 이 질문에 대한 답으로 자기소개를 해달라고 해보자. 놀라운 대화의 장이 열릴 것이다. 어떠한 토론이나 의사 결정도, 미래에 관한 것이 아닐지라도 더욱 유의미하게 만드는 상호 이해의 기반이 다져질 것이다.

미래를 상상하거나 얘기 나누는 것 외에 미래 시나리오에 반응하는 또 다른 방법은 이 미래에 관해 자유롭게 써보는 것이다. 자유롭게 쓰려면 머릿속에 떠오르는 생각을 검열이나 편집 없이 적어 내려가야 한다.

타이머를 5분으로 설정해 놓고 이 시나리오에 관해 자유롭게 써보자. 이 시나리오가 정말로 현실이 된다면 어떠한 생각과 기분이 들고 어떻게 할지 5분 동안 적어보자. 우리의 목표는 이 미래 시나리오를 이미 살아낸 양 뒤돌아보며, 다른 이들에게 구체적으로 설명할 수 있는 진짜 기억인 양 시각화하는 것이다. 미래 일기를 쓴다고 생각해 보자. 아래 문장처럼 일상에서 일어나는 극적인 순간을 적어볼 수 있다.

"아침에 일어났더니 정말 이상한 일이 일어났다."

"뉴스를 듣자마자 가장 먼저 언니에게 전화해 조언을 구했다."

"나는 곧장 차에 올라탔다. 사람들이 떼 지어 몰려들기 전에 가게에 가고 싶었다."

혼자서 연습할 수도 있지만 다른 사람이나 그룹과 함께할 때 진짜 마법이 일어난다. 내가 적은 이야기를 다른 이들과 바꿔 읽으며 놀랄 만한 부분이나 차이점을 얘기 나눠보자.

내가 상상한 내용을 글로 옮길 경우 의미 있는 발전이 이루어진다. 나의 마음에서 일어나는 미래의 정신 시뮬레이션에서 나의 상상을 타인의 상상과 공유하는 미래의 소셜 시뮬레이션으로 건너가는 것이다. 이 역시 우리의 어려운 공감 기술력을 크게 향상시켜 준다. 미래에 상대가 어떠한 감정과 욕구를 느낄지 상대에게서 직접 들을 수 있게 되기 때문이다.

여러분은 상상력 훈련의 마지막 단계로서 '미래에서 열흘 보내기'를 하거나 깜짝 놀랄 만한 시나리오에 대해 10개의 각기 다른 미래 일기를 써 볼 것이다. 수천 명의 사람들이 자신의 이야기를 공유하는 대규모 소셜 시뮬레이션에 여러분의 이야기를 보낼 수 있을 것이다. 이러한 1인칭 스토리텔링은 미래 연구소에서 진행하는 소셜 시뮬레이션의 핵심 역학이다.

게임 개발 용어인 핵심 역학은 플레이어가 게임을 하는 동안 반복적으로 취하는 행동을 의미한다. 축구의 핵심 역학은 공을 차는 것이다. 레고의 핵심 역학은 블록을 쌓는 것이다. 스크래블의 핵심 역학은 글자 조각을 엮어 단어를 만드는 것이다. 소셜 시뮬레이션의 핵심 역학은 다른 이들이 읽을 수 있는 짧은 이야기를 쓰는 것이다. 동일한 시나리오를 두고 모두가 "나는 이렇게 할 거야.", "나는 이러한 기분이 들 거야.", "내가 필요할 건 이거야."라고 서로에게 말하면서 상호 공감력을 기르고 미래에 관한 집단 지성을 기르는 것이다.

이제부터 2가지 시나리오에 관한 미래 일기를 쓰면서 소셜 시뮬레이션을 연습해보자. 인터넷의 미래에 관한 시나리오와 돈의 미래에 관한 시나리오다. 이 시나리오에 관한 즉각적인 반응을 수기로 적거나 스스로에게 이메일을 써보자. 핸드폰 음성 녹음으로 남기거나 노트패드, 워드 문서에 적어도 좋다. 어떠한 방법이든 자신에게 편한 방법을 이용하자. 5분 안에 완성해야 하며 자유롭게 써야 한다는 점만 명심하자. 나의 생각을 검열하거나 편집할 필요가 없다. 가장 진실된 소셜 시뮬레이션 경험을 하려면 함께할 친구들을 초대해 서로의 이야기와 반응을 주고받아도 좋다. 여전히 펜을 들거나 컴퓨터 문서를 열 마음이 들지 않는 이들을 위해 최근 소셜 시뮬레이션에 참석한 사람들에게 받은 피드백을 들려주겠다.

"적어보는 일은 상상만 하는 일과는 정말 달라요. 보다 구체적으로 생각을 정립할 수 있죠. 쓰기가 이러한 차이를 가져올지 생각도 못했어요."

"위기 상황에 내가 어떻게 할지 아무도 모르죠. 적어보기 전까지는 말이에요. 그러다가 갑자기 알게 돼요. 무언가를 적어야만 할 때 우리의 뇌는 다른 기어로 변속하는 듯합니다."

"정말 진지하게 썼어요. 일기장을 몇 페이지 채우고 사진을 찍어서 남자 친구에게 보냈죠. 남자 친구가 저와 함께 이 시나리오를 경험했으면 싶었거든요."

"다른 이들이 쓴 내용을 읽는 과정이 가장 좋았어요. 혼자 써도 좋지만 다른 이들의 이야기를 읽으니 훨씬 더 재미있었죠. 저는 전혀 생각도 못한 부분을 보고 정말 놀랐어요."

이런 식으로 우리는 미래에 관한 집단 지성을 이용할 수 있다. 집단 상상력을 창출할 수 있는 것이다.

자, 이제 글을 쓸 준비가 되었는가?

금요일 아침, 10년 후.

　핸드폰이 두 번 울린 뒤 기이한 소리가 난다. 화면을 확인하니 긴급 경보 문자다. 대통령이 국가 사이버 비상사태를 선언했다.

　"국토안보부에서 보냅니다. 긴급 보안 위협으로 오늘 오후 12시부터 미 대륙 내 인터넷과 모든 이동 전화 서비스가 일시적으로 차단됩니다. 이 차단 조치는 최소한 2주 동안 시행될 예정이며 이 기간 동안 대중들은 인터넷을 이용할 수 없습니다. 핸드폰으로 통화를 하거나 문자를 주고받을 수도 없습니다. 대중들에게 가해질 즉각적인 위협은 없습니다. 들어오는 대로 추가 정보를 제공하도록 하겠습니다. 협조해 주셔서 감사합니다."

　여러분은 이러한 문자를 받아본 적이 없다. 이게 진짜인가? 여러분은 인터넷과 핸드폰 서비스 없이 할 수 없을 온갖 일들을 생각하느라 머릿속이 부산하다. 그러다가 시간을 확인한다. 11시 50분이다. 10분밖에 남지 않았다!

× × ×

　이 시나리오가 여러분의 삶에서 일어났다고 상상해 보자. 어떠한 기분이 들 것 같으며 어떻게 할 것 같은가? 아래 아이디어의 도움을 받아 이 미래 시점에서 일기를 써보자.

　첫째, 장면을 설정한다. 이 긴급 경보를 받을 때 나는 어디에 있는가?

곁에 누가 있는가? 그렇다면 서로 어떠한 말을 주고받는가? 이 순간을 구체적으로 그려보자.

둘째, 순간을 느낀다. 이 순간 어떠한 감정이 드는가? 신체 감각은 어떠한가? 머릿속에 어떠한 생각이 드는가?

셋째, 이해하려고 노력한다. 이 일을 어떻게 설명할 수 있을까?

넷째, 걱정되는 부분을 적어본다. 최소한 2주 동안 인터넷이나 핸드폰 서비스 없이 지내려면 어떠한 문제에 적응해야 할까?

다섯째, 행동을 취한다. 이 문자를 받은 뒤 무슨 즉각적인 행동을 취하는가? 어떠한 계획을 세우기 시작하는가?

'인터넷 전면 차단' 같은 미래가 정말로 일어날 수 있을까? 이 시나리오에 영감을 준 변화의 신호와 미래력에 대해 조금 더 설명하겠다. 미래연구소에서 준비하기에 좋은 시나리오라 생각하는 이유도 덧붙이고자 한다.

우선 눈치챘겠지만 이 시나리오는 다소 신비스럽다. 무슨 일이 일어나는지가 명확하지 않다. 사이버 비상사태란 정확히 무엇일까? 왜 이러한 일이 일어나는가? 온전히 이해하지 못하는 상황에서 어떻게 효과적인 행동을 계획할 수 있을까?

이 같은 불확실성은 이 시나리오의 설계에서 사실 중요한 부분이다. 이 불확실성은 생각조차 하기 힘든 사건과 상상조차 하기 힘든 위기를 실제로 경험하고 있는 상황과 일치한다. 큰 위기가 발생하기 시작할 때 우리는 무슨 일이 일어나고 있으며 왜 일어나는지 정확히 모르기 마련이다. 불가사의한 시나리오는 현 상황을 식별하기 힘들 때 위기의 안개 속에서 창의적이고 전략적으로 사고하는 연습을 하게 해준다.

하지만 여기서는 여러분을 위해 이 시나리오의 안개를 살짝 거둬주겠다. 인터넷 전면 차단에서 일어나는 일은 다음과 같다. 중앙 정부와 지역 정부가 아무런 사전 공지 없이 혹은 아주 짧은 공지 후 인터넷과 핸드폰 연결을 끊는 세상이 도래한다. 가상의 미래 시나리오가 아니다. 이미 일어나고 있는 일이다.

2019년 33개 국가에서 인터넷 차단이 213건 시행되었으며 2020년에는 29개 국가에서 155건 더 시행되었다. 광대역과 이동 전화 서비스에 지장을 준 사례가 62퍼센트에 달했다. 보통 정부가 시행한 이 명령은 며칠에서 몇 개월 동안 지속되었다(미얀마 정부가 군사 대립이 계속되는 아홉 군구에 내린 차단 명령은 최장 기록으로 이 글을 쓰고 있는 지금 거의 2년이 다 되어 간다).[16] 독재 정권이 인터넷을 차단할 거라 생각하는가? 이 분야의 독보적인 리더는 세상에서 가장 큰 민주주의 국가인 인도로 2020년 109건의 인터넷 차단을 시행했다.

커뮤니케이션 차단의 가장 흔한 사유는 공중 치안, 국가 안보, 가짜 뉴스나 불법 콘텐츠 유포 방지다. 하지만 인터넷 권리 단체인 액세스 나우에 따르면 차단은 보통 시위를 진압하고 활동주의를 저해하며 인권 침해 사실을 숨기고 투표에 영향을 주기 위해 사용된다고 한다. 게다가 지난 몇 년 동안 인터넷 차단 트렌드를 살펴보면 기간은 더 길어지고 더 많은 사람에게 영향을 미치며 취약 집단을 목표로 한 것을 알 수 있다.

하지만 미국에서 이러한 일이 일어날 수 있을까? 한 번도 일어난 적이 없다고 해서 미래에 일어나지 않으리란 법은 없다. 요 몇 년 사이 헌법에 따라 미 대통령에게 인터넷을 비롯한 온갖 의사소통 수단을 차단할 권리가 있는지를 둘러싸고 법적인 토론과 연구가 꽤 많이 진행되었다. 놀랍게도 정말로 대통령이 전시나 다른 위기 상황에 모든 의사소통 수단을 차단하는 일이 법적으로 가능했다. 1934년 의사소통법의 뒷면에 포함된 애매모호한 조항 때문이었다.[17] 그러니 미국의 인터넷 차단이 말도 안 되는 일이 아닐지도 모른다. 국가 안보 위기 기간에 잘못된 정보가 퍼지는 것을 막기 위해 대중들의 시위와 정치 활동을 방지하고 방해하기 위해 실제로 그러한 일이 벌어질지도 모른다.

그러할 위험이 충분했던지 2021년, 액세스 나우는 연례 세계 보고서에서 인터넷 차단에 관한 미국 특별 개정판을 발표했다.

"미국에는 인터넷 차단과 커뮤니케이션 통제를 가능하게 하는 법이 있다. ……대통령이 전국의 커뮤니케이션 플랫폼을 차단할 무소불위의 권력을 행사하려면 '공적 위험 상태'나 '기타 국가 비상상태'이기만 하면 된다. ……미국에서는 언제든 인터넷 차단이 일어날 수 있다."[18]

이 같은 위협을 인지한 미국 상원과 하원은 2020년 인터넷 차단 스위치 플러그 뽑기법을 통과시켰다. 기존 법을 뒤집는 이 법안은 대통령이 전시에 인터넷을 비롯한 커뮤니케이션 기술을 차단하지 못하도록 막아줄 수 있었다. 하지만 이 법은 의회의 의결까지 진행될 만큼 전폭적인 지지를 받지 못했다. 입법 관련 정보와 통계를 제공하는 대표적인 민간 사이트(GovTrack.us)에 따르면 이 법안에 대한 반대를 이렇게 요약했다.

"반대자들은 인터넷 차단 스위치가 오웰의 소설에나 나올 법한 물건처럼 들릴지라도 거의 모든 것이 디지털로 이루어지는 시대에 국가 보안 차원에서 반드시 필요한 정부 도구라고 주장한다."[19]

반대자들은 위해자나 테러리스트가 미국 전력망, 상수도, 데이터베이스, 은행 제도에 가하는 사이버 공격의 날로 증가하는 위협을 인용하며 그러한 사이버 위급 상황에 대비해 대통령에게 인터넷 차단 스위치가 필요하다고 주장한다. 다시 한번 말하지만 이러한 위협은 가상이 아니다. 이미 일어나고 있는 일이다. 가령 2021년, 악의적인 해커가 플로리다 정수 처리 공장의 원격 조정 장치를 해킹해 처리수 내 수산화나트륨의 양을 100ppm에서 11,100ppm으로 바꾸었다. 이 상황을 파악하기 전에 물이 가정에 들어갈 경우 거주민들의 건강에 큰 위협이 되기에 충분한 양이었다.

2021년, 미국에서 가장 큰 연료 수송관 운영업체인 콜로니얼 파이프라인은 시스템이 사이버 공격을 당하는 바람에 대서양 연안 연료 공급의 45퍼센트를 책임지는 8,800킬로미터가 넘는 수송관을 차단해야 했다. 2021년에는 세상에서 가장 큰 육류 가공업체 JBS를 향한 공격으로 식료품 가격이 급등했고 전 세계 식품 공급망이 붕괴되었다. 하지만 전문가들의 주장에 따르면 기반 시설 공격의 가장 흔한 대상은 병원이다. 2020년 의료 시설을 상대로 한 대규모 사이버 공격으로 버몬트 메디컬 센터 대학교의 네트워크가 40일 동안 차단되었다. 300명의 직원들이 일시 해고당했으며 중요한 수술과 치료가 지연되었다.[20] 이러한 공격은 방어 전략으로서 온갖 종류의 네트워크 차단을 야기할 수 있는 미래력이다.

여러분은 이러한 시나리오에 준비가 잘 된 기분이기를 바랄 것이다. 이러한 미래가 닥칠 때 어떻게 할지 잠시 생각해 보자. 여러분은 액세스 나우 홈페이지(AccessNow.org)에 들어가 이 위협에 관해 더 알아볼지도 모른다. 이동 통신 차단 기간에 서로 돕기 위해 잘 모르는 이웃과 미리 안면을 틀지도 모른다. 인터넷과 이동 통신망이 차단될 때 이용할 수 있는 자신만의 예비 의사소통 방법을 마련할지도 모른다. 믿기 힘들겠지만 5분만에 쉽게 할 수 있는 방법이 있다. 일반 전화를 연결하는 방법은 아니다. 물론 그 방법도 도움이 된다. 보다 쉬운 방법은 '망사형 네트워크' 앱 사용법을 익히는 것이다. 인근에 있는 전화를 이용해 근거리에서 인터넷을 이용할 수 있도록 하는 앱이다.

통신 차단 사례가 증가하자 소프트웨어 개발자들과 운동가들은 이동 통신 서비스나 인터넷을 이용하지 않고도 메시지를 보낼 수 있는 새로운 도구를 개발하고 있다. 그러한 도구 중 하나인 브릿지파이는 핸드폰의 블루투스 기능을 이용해 축구장 거리인 약 100미터만큼이나 떨어진 곳에 있는 또 다른 브릿지파이 이용자에게 메시지를 보낼 수 있는 앱이다. 그다지 도움이 되지 않는다고 생각한다면 이렇게 생각해 보자.

이 사용자는 또다시 그 정도 떨어진 거리에 있는 사람에게 메시지를 보낼 수 있고 그 사용자는 또다시 그 정도 떨어진 거리에 있는 사람에게 메시지를 보낼 수 있다. 그리하여 훨씬 먼 거리에서 정보를 주고받을 수 있는 망사형 네트워크가 형성된다. 이 앱을 사용하는 사람이 많아질수록 의사소통 네트워크는 강해지고 범위 또한 확장된다. 게다가 핸드폰이 충전되어 있는 한 이 서비스는 이동 통신 차단, 인터넷 차단, 전력 차단 등 어떠한 상황에서도 이용할 수 있다.

이와 비슷한 앱으로는 시그널 오프라인 메신저, 파이어챗, 브라이어,

서벌 메시, 보저가 있다. 앱 스토어에서 찾아 핸드폰에 설치하는 데 1분이 채 안 걸린다. 지금 당장 취해야 하는 작은 행동이다. 인터넷 차단 기간에는 앱을 다운받을 수 없기 때문에 인터넷에 연결되어 있을 때 미리 핸드폰에 설치해둬야 한다.

이 앱들은 사용자가 많을수록 더욱 강력한 효과를 발휘한다. 따라서 인터넷이 차단될 때를 대비해 이 앱을 설치하자는 짧은 메시지를 친구나 가족, 커뮤니티에 공유해보자. 이 미래에 정말로 대비하고 싶다면 앱을 시험해보기 위한 현지 모임을 주선해도 좋다. 실제 위급 상황이 닥쳤을 때 이 앱의 사용법에 익숙해지게 될 뿐만 아니라 재미있는 사용법을 생각해낼 수도 있다.

망사형 네트워크의 미래에서 취할 수 있는 흥미로운 단서가 하나 더 있다. 2021년 여름, 뉴스에 이러한 정보가 등장했다.

"근거리 공유 네트워크 아마존 사이드워크는 에코 스피커와 링 카메라의 출시를 시작으로 고객들의 장치를 연결하는 전국적인 '스마트 네트워크'를 구축할 예정이다."[21]

아마존은 사이드워크 네트워크라는 자체 망사형 네트워크를 구축하고 있는 것이다. 아마존은 내 집에 있는 스마트 장치와 이웃의 집에 있는 스마트 장치 간의 블루투스 연결을 통해 인터넷 연결 문제를 해결하고 스마트 장치의 속도를 높이며 현지 인터넷이 차단될 때 일시적으로 인터넷 서비스를 제공할 수도 있을 거라 말했다. 사이드워크 네트워크를 비판하는 사람들은 당연히 사생활 침해와 보안 문제를 제기했다. '사생활 보호를 위해 지금 당장 꺼야 하는 아마존 알렉사 기능'에 관한 기사가 소셜 미디어에서 인기를 끌었다.[22] 이 프로젝트가 공개된 지 몇 주 만에 소비자 소송이 제기되기도 했다.[23]

아마존이 이 프로젝트를 얼마나 발전시킬지 모르겠다. 하지만 거대 기업이 스마트 장치를 이용해 인터넷 차단을 막는다는 아이디어는 확실히 흥미롭다. 여러분은 2033년에 찾아올 전면적인 인터넷 전쟁을 상상할 수 있는가? 대통령이 인터넷을 차단하고 사이버 긴급 사태를 선언하지만 제프 베이조스 같은 거물들이 "그렇게는 안 될 걸."이라고 콧방귀를 뀌는 미래 말이다. 최근에 이 신호를 감지하기 전까지만 해도 나는 이러한 미래를 상상하지 못했겠지만 이제는 이러한 미래에 대한 생각을 멈출 수 없다.

미래 시나리오 #8 더블 달러 캐시백 프로그램

10년 후 화요일 오후.

연방 정부의 캐시백 프로그램이 오늘 뉴스를 도배하고 있다. 소셜 미디어 플랫폼마다 급속도로 번지며 입소문이 나는 중이다. 너무 좋은 소식이라 진짜라고 믿을 수 없다. 하지만 확실히 합법적인 프로그램이다. 자세한 내용은 다음과 같다.

연방 정부가 새로운 디지털 화폐, 디지달러(이 시나리오는 암호화폐에 관한 것이 아니다. 블록체인 기술을 활용하는 암호화폐는 중앙은행이나 정부의 지원을 받지 않으며 오늘날 주로 투자 수단이나 투기에만 이용된다. 이 시나리오는 중앙은행 디지털 화폐^{CBDC}를 다룬다. CBDC는 국가 명목 화폐의 디지털 형식으로 중앙정부는 돈을 찍어내는 대신 전자 동전이나 정부의 전폭적인 신뢰를 받는 계좌를 발행한다)를 출시한다고 발표했다.

디지달러는 기존 달러와 정확히 동일한 가치를 지니며 미 재무부와 연방 준비 은행의 전면 지원을 받는 법정 통화다. 현금 지급을 허용하는 미국 기업이나 법인은 이제 누구나 새로운 디지털 달러를 허용해야 한다. 기업들은 오늘부터 디지달러로 직원들의 급여를 지급할지도 모른다.

디지털 화폐는 기존 화폐와는 다른 고유한 특징이 있다.

- 전자 형태로만, 디지털 지갑 안에서만 존재한다.
- 핸드폰 앱이나 직불 카드로 지불한다.
- 이체와 지불이 곧장 이루어지며 수수료는 없다. 덕분에 모두에게 빠르고 저렴하게 돈을 보낼 수 있다.

여기까지는 좋다. 하지만 이 새로운 디지털 화폐에 관한 일부 세부 사항은 의문을 제기하게 만든다. 다음 사항을 살펴보자.

- 익명의 디지털 지갑은 없을 것이다. 디지털 지갑을 생성하려면 정부가 발급한 ID나 생체 측정기가 필요하다.
- 미 연방 정부가 중앙 데이터베이스를 통해 모든 디지달러를 추적할 것이다. 다시 말해 정부는 누가, 누구에게 언제, 무슨 용도로 돈을 보냈는지 전부 기록할 것이다.

- 아직 유통 중인 기존 달러는 당분간 법정 화폐로 사용될 것이다. 하지만 미 재무부는 앞으로 새로운 지폐를 찍거나 동전을 주조하지 않을 거라고 오늘 발표했다. 앞으로는 디지털 화폐만 사용될 것이다.

연방 캐시백 프로그램이 발효되는 부분이 바로 여기다. 사람들이 새로운 디지털 화폐로 갈아타도록 인센티브를 제공하는 차원에서 정부는 2주 동안 일시적인 제안을 한다. 바로 '더블 달러 캐시백 프로그램'이다. 앞으로 2주 동안 지폐나 동전, 은행 잔고를 연방 정부에 보내면 두 배나 많은 금액의 디지달러를 받을 수 있다. 은행 계좌에 500달러가 있다면 1,000디지달러로 바꿀 수 있다. 백만 달러가 있다면 200만 디지달러로 바꿀 수 있다.

2주 동안 미국 증권과 채권 거래는 전부 중단될 것이다. 사람들이 현금을 인출해 시장을 붕괴하는 것을 막기 위해서다. 이 기간에 미국 은행들은 새로운 대출 프로그램을 만들 수 없다. 시스템의 남용을 막기 위해서다(달러로 대출을 최대한 받아 디지달러로 바꾼 다음 이 디지달러로 대출을 갚고 나머지는 챙기는 것이다).

정부는 향후 몇 년 동안 기존 달러를 디지달러로 바꿀 계획이라고 말한다. 오늘부터 연방 정부가 지급하는 모든 돈, 즉 세금 환급, 학생 대출, 경제 부양 보조금, 공무원 및 군인 급여, 판매사 지급, 주 및 현지 정부 보조금은 디지달러로만 제공될 것이다. 매년 대략 5조 디지달러가 유통될 것이다. 갖고 있는 돈을 디지달러로 바꿀 수 있는 기간은 2주 뿐이다.

이 일이 정말로 일어나면 어떠한 기분이 들 것 같으며 어떻게 할 것 같은가? 아래 아이디어의 도움을 받아 이 미래 시점에서 일기를 써보자. 캐시백 시나리오가 실제 일어난다고 상상해 보자. 이 미래가 어떻게 펼쳐질지 나만의 관점에서 나만의 이야기를 써보자.

첫째, 장면을 설정한다. 캐시백 프로그램을 알게 되었을 때 어디에 있는가? 곁에 누가 있는가? 그렇다면 서로 어떠한 말을 주고받는가? 이 순간을 구체적으로 그려보자.

둘째, 순간을 느낀다. 이 순간 어떠한 감정을 경험하는가? 신체 감각은 어떠한가? 머릿속에 어떠한 생각이 드는가?

셋째, 이해하려고 노력한다. 정부가 디지달러를 발행하는 이유가 뭐라고 생각하는가? 기존 달러의 유통을 회수하려는 이유가 무엇인가? 사회가 어떻게 반응할 거라 보는가? 대부분의 사람들이 돈을 바꿀 거라 예측하는가, 바꾸지 않을 거라 예측하는가?

넷째, 행동을 취한다. 캐시백 프로그램에 대해 알게 된 직후 취한 행동은 무엇인가? 어떠한 정보가 필요한가? 이 결정에 대해 누구와 얘기 나누고 싶은가? 어떠한 계획을 세우기 시작하는가?

'더블 달러' 같은 미래가 실제로 일어날 수 있을까? 가상의 연방 캐시백 프로그램은 예측이 불가능한 시나리오다. 하지만 정부는 언젠가 디지털 경제로 전부 전환하려 할지도 모른다. 2021년 중반 전 세계적으로 미국을 비롯해 50개가 넘는 정부와 중앙은행이 이미 중앙은행 디지털 화폐[CBDC]를 연구하고 원형을 제작하거나 발행했다.[24] 그렇기는 하지만 금융 제도가 빠른 시간, 다시 말해 2주 내에 크게 바뀔 확률은 지극히 낮다. 그러한 시나리오가 말도 안 된다고 생각할지도 모른다. 이러한 시나리오는 극적인 변화가 큰 주목을 받지 않을 만큼 조용한 방식으로 10년에 걸쳐 서서히 진행될 확률이 높다.

디지털 화폐가 우리의 삶을 바꾸는 데 몇 주가 아니라 몇 년이 걸린다면 금융 제도의 빠른 변화를 굳이 상상할 필요가 있을까? 극적인 변화는 하룻밤 사이에 일어날 때 더 많이 알아채지고 느껴진다. 우리의 경험뿐만 아니라 우리가 나누는 이야기, 우리가 상상하는 시나리오도 그렇다. 나는 캐시백 시나리오를 일부러 극적으로 구성했다. 여러분의 뇌가 화폐가 이미 변하기 시작하는 방식, 향후 10년 간 계속해서 바뀔 방식에 정말로 주의를 기울이기를 바라기 때문이다. 여러분이 디지털 화폐가 변하고 있다는 신호를 조금도 놓치지 않았으면 한다. 어느 날 갑자기 새로운 현실에 마주하기 전에 시간 광활함을 이용해 자신의 돈을 옮기고 재정 습관을 바꾸며 정치 견해를 내세우기 바란다. 새로운 현실은 확실히 다가오고 있기 때문이다.

오늘날 우리는 돈이 특정한 방식으로 쓰이는 데 익숙하다. 하지만 미래에 돈은 온갖 종류의 새롭고 놀라운 일들을 하도록 프로그램될 수 있을 것이다. 디지털 달러에는 정부가 정한 유효 기간이 있을 수 있다. 만료되기 전에 사용하지 않으면 정부에게로 돌아가는 것이다. 정부는 이러한 방식으로 경기 부양 지원금을 제공할 가능성이 높다. 돈이 저축되기보다는 경제로 빠르게 흘러들어가도록 30일에서 60일의 유효기간을 설정할 것이다.

디지털 화폐는 사용하지 않을 경우 시간이 지나면 부패하도록 프로그램할 수도 있다. 가령 디지털 달러는 사용하지 않을 경우 30일마다 가치가 절반으로 하락할 수 있다. 이 경우 돈을 쓰는 일은 뜨거운 감자 게임을 하는 것과도 같다. 가치를 잃을 수 있기 때문에 누구든 돈을 너무 오래 갖고 있지 않으려 한다. 정부는 저축보다는 지속적인 소비를 장려하기 위해 돈을 이런 식으로 프로그램할지도 모른다.

디지털 화폐는 특정한 방법으로만 혹은 특정한 장소에서만 쓰일 수 있도록 프로그램할 수 있다. 가령 자연재해가 발생한 뒤 대중교통 사용, 관광산업 혹은 현지 구호를 활성화하고 싶을 경우 정부는 경기 부양 지원금을 대중교통 당국이나 관광 관련 기업에게만 사용할 수 있도록 프로그램할 수 있으며, 현지 경제 회복을 지원하고 싶을 경우 특정한 우편번호를 사용하는 업체에서만 쓸 수 있도록 프로그램할 수 있다. 한정된 사용이후 디지털 달러는 정상적인 규칙으로 돌아간다.

디지털 화폐를 이용할 경우 경기 침체 기간에 마이너스 이율을 쉽게 시행할 수 있으며 미지출 자금이 마구잡이로 쌓이는 일을 쉽게 예방할 수 있다. 위 시나리오에서 우리는 개인의 경우 백만 달러, 기업의 경우 10억만 달러가 넘는 디지털 달러를 소유할 경우 초과분이 마이너스 이율의 대상이 될 거라 상상할 수 있다. 다시 말해 매년 쓰지 않은 금액에는 소량의 이자(가령 1퍼센트)가 붙는다. 모인 마이너스 이자는 디지털 지갑 소유자 모두에게 배당금으로 돌려줄 수 있다.

백신 투여나 투표와 같은 특정한 행동을 장려하고 싶을 경우 정부는 대규모 백신 접종소나 투표 장소에서만 사용 가능한 디지털 지갑을 만들고 그곳에 있는 사람들에게 정해진 금액, 가령 100달러가 한 번에 이체되도록 프로그램할 수 있다.

이제 정부가 왜 CBDC를 발행하는데 그토록 열의를 보이는지 알게 되었다. 경기를 부양하거나 빠른 행동을 추동하는 데 이보다 좋은 방법은 없다. 디지털 화폐를 사용할 경우 사기는 물론 세금 체납이나 회피를 막기도 쉽다. 우리의 수입이 정확히 얼마인지 중앙 데이터베이스에 전부 기록되기 때문이다. 디지털 소득의 세금을 내지 않을 경우 정부는 우리의 디지털 지갑에 들어가 세금을 거둬가거나 세금이 지급될 때까지 향후 지갑 거래를 막아버릴 수 있다. 우리가 내야 할 벌금이나 수수료 역시 마찬가지다.

물론 이러한 감시와 권력의 부상을 생각하면 사생활을 중시하는 사람이나 정부가 우리를 특정한 재정 행동으로 유도하는 걸 달가워하지 않는 사람, 정부가 자신의 금융 활동을 아는 상황을 피하고 싶은 사람에게는 CBDC의 대안이 흥미롭게 다가올 것이다. CBDC를 예의주시하는 한편이 온갖 새로운 권력에 의도적으로 저항하는 화폐도 눈여겨보면(그리고 투자하면) 좋다.

유통 중인 대부분의 돈이 프로그램 가능할 때 경제 정책의 창의적인 사용법은 기하급수적으로 증가한다. 어떤 면에서 디지털 화폐라는 미래력은 이미 사회를 형성하는 데 큰 영향을 미치고 있다. 이제 각국 정부는 이 기술을 따를 수밖에 없다. 하지만 우리는 빙산의 일각만 보고 있다. 경제학자, 기업가, 활동가는 프로그램 가능한 화폐를 100퍼센트 이용하기 위해 아무도 생각하지 못한 훨씬 더 많은 방법을 개발할 것이다.

몇 년 전 대표적인 기술 기업으로부터 제품 팀을 대상으로 하는 미래 사고 워크숍을 이끌어 달라는 의뢰를 받았다. 최근에 개발한 제품의 의도치 않은 결과를 예측하기 위해서였다. 이러한 작업에는 어려운 공감 훈련이 수반된다. 신기술은 불평등, 부당함, 박해, 사생활 침해 등 역사적으로 남들보다 많은 피해를 입어온 이들(여성이나 유색 인종, 성소수자 커뮤니티, 장애인이나 만성 질환자)에게 더 큰 위험을 안겨줄 소지가 있기 때문이다.

이러한 의뢰를 맡을 때면 나는 기밀 유지 협약서에 서명을 한다. 그래서 어떠한 기업과 일했으며 어떠한 제품을 살폈는지 여기서 말할 수는 없다. 그냥 기업 X가 제품 Y를 만들었다고 치자. 기업 X에 대한 세부 사항을 시나리오에 포함시키지 않았지만 가상의 예시로 건강 기술 기업이 착용 가능한 건강 추적 장치를 개발한다고 상상해 보자. 나는 그들에게 다음과 같은 질문을 던진 뒤 답하게 한다. 사용자에게 미칠 사생활 위험 요인은 무엇인가? 사용자 데이터가 누설되거나 도난당하면 어떻게 될까?

공개적인 망신을 주거나 공갈 협박에 사용될 수 있을까? 악성 해커가 저지를 수 있는 최악의 범죄는 무엇인가? 이 기술을 사용하는 사람의 정신 건강이 악화될 수 있을까? 사용자는 이 기술에 어떻게 중독되거나 의존하게 될까? 이 기술은 사람들의 일상적인 행동을 어떻게 변화시키며 웰빙에 어떠한 영향을 미칠까? 독재 국가가 사용자 데이터에 접근하려 한다면 이 자료를 어떻게 이용할까? 해당 기업은 정부 감시나 선별 압제에 사용될 수 있는 자료를 수집하지 않을 책임이 있는가?

디자이너나 프로그래머가 일상 업무에서 물어야 할 질문은 확실히 아니다. 하지만 이러한 추측에 근거한 미래 사고는 현재 실리콘 밸리의 제품 디자인 설계에서 점차 큰 비중을 차지하고 있다. 그럴 만한 이유는 충분하다. 긍정적인 결과든 부정적인 결과든 최소한 10년 후를 내다보지 않을 경우 인류에 장기적으로 긍정적인 영향을 미치기 쉽지 않다. 잘못된 정보와 음모론 유포, 편파적 발언과 정치 극단화 증가, 개인의 조직적 남용, 소셜 미디어와 스마트폰 중독 같은 문제를 적절히 예측하고 예방하지 못한 트위터, 페이스북, 유튜브, 애플 같은 플랫폼에 비난이 쏟아진 이후, 기술 기업들은 윤리적 혹은 책임 있는 혁신을 연습하기 위해 더 많은 노력을 기울이고 있다.

그런데 기업 X와 진행한 특정한 프로젝트에서 다 함께 어려운 공감을 연습하는 첫 워크숍을 진행한 이후 기이한 일이 일어났다. 앞으로 모든 워크숍에는 회사 소속 변호인단이 참석할 거라는 공지를 받았다. 아무리 사소한 내용일지라도 이메일에 기업 임원을 참조하고 변호사의 비밀유지 특권이라는 문구를 포함하라는 지시를 받았다.

무슨 일이 일어났던 걸까? 직원들이 집단 상상력을 발휘한 결과 잠재적인 결과를 지나치게 많이 고려해본 듯했다. 나는 궁금해졌다. 기업이 잠재적인 장기 위험을 알고 있다면 이를 예방하기 위해 행동하지 않은 것에 법적인 책임을 져야 할까? 다시 말해 모르는 편이 나을까?

이 기업은 미래 사고 훈련의 나머지 워크숍을 취소하지 않았다. 그들은 질문을 멈추지 않았다. 수억 명이 우리 기술을 사용할 때 무슨 일이 일어날 수 있을까? 그다음에는? 그다음에는? 하지만 변호인단이 워크숍에 참석하자 나는 사기가 저하되었다. 이 기업이 잠재적인 해를 미리 안다고 행동에 나설지 확신할 수 없었다. 닫힌 문 뒤에서만 혹은 기밀 대화를 통해서만 미래 상상이 진행되어서는 안 된다. 내가 이 책을 쓴 주된 이유 중 하나는 특히 수백만 명 혹은 수십억 명에게 영향을 미칠 기술이나 정책과 관련해 미래의 결과를 예측하는 일이 비밀리에 일어나기를 바라지 않기 때문이다.

나와 같은 생각이라면 이번 챕터와 이 책에서 알게 된 기술들을 다른 이들에게 알려주기를 바란다. 그들이 또 다른 이들에게 이 기술을 전수하고 그들이 또 다른 이들에게 이 기술을 전수해 결국 우리 모두가 이 비밀을 나눌 수 있게 되기를 바란다. 단 한 명이 모든 것을 예측할 수는 없다. 함께 힘을 합칠 때 우리는 훨씬 더 많은 것을 예견할 수 있다.

SF 작가이자 기술 운동가 코리 닥터로우는 이렇게 말했다.

"이 시대와 장소에 갇힌 우리는 주위의 모든 것이 불가피하고 자연스러운 양, 그리고 모든 변화가 '부자연스러운' 양, 단 하나의 세상에 사는 것처럼 느끼기 쉽다."[25]

하지만 사회적 상상은 변화의 개념을 자연스럽게 만들어준다. 다른 이들이 처음에는 말도 안 되어 보이는 생각을 진지하게 받아들이는 것을 볼 때 우리 또한 이 생각을 진지하게 받아들일 수 있게 되며 새로운 아이디어를 떠올리게 된다. 함께하면 혼자서 할 때보다 상상력이 훨씬 더 풍부해진다. 다음번 정신의 시간 여행을 떠날 때 여러분은 누구를 데리고 가겠는가?

규칙 8 _____ 어려운 공감 연습하기

나와는 상상조차 하기 힘들 정도로 다른 삶을 사는 이들의 이야기나 현실로 내 경험의 간극을 메우자. 내 삶의 정황이 그들과 가까워진다고 최대한 생생하고 현실적으로 상상해 보자. 이 대안적인 현실에서 어떠한 기분이 들 것 같은가? 어떻게 할 것 같은가? 어떠한 도움을 바라게 될 것 같은가? 이러한 습관은 여러분이 자연스러운 공감을 느끼는 범위를 확장시켜 타인과의 심리적 거리를 좁혀준다. 어떠한 종류의 변화도 상상할 수 있는 능력을 향상시켜주기도 한다.

미래 시나리오를 살펴볼 때마다 어려운 공감 연습을 할 수도 있다. 가능하면 미래가 다른 이들에게 어떠한 영향을 미칠지 상상하는 데서 그치지 말자. 다른 이들에게 직접 물어보자. 이 미래에서 기대되는 부분은 무엇인지, 걱정되는 부분은 무엇인지 묻기 바란다. 나의 이야기를 써 그들과 공유해보며 정신 시뮬레이션에서 소셜 시뮬레이션으로 옮겨가자. 정황, 가치, 경험이 나와는 다른 이들의 실제 희망과 걱정으로 나의 상상력을 채우자.

Chapter 09

미래를 위협하는 거대 난제를 기억하라

| | | | | | |

| | | | | | |

| | | | | | |

| | | | | | |

우리에게 얼마나 큰 힘이 있는지 잊어서는 안 된다.
인류는 제도를 만들었으며 이 제도를 바꿀 수 있다.

———

잉그리드 라플뢰르, 아프로퓨처 전략 연구소

이제 우리의 사고가 말랑말랑해졌다. 미래에 거의 모든 것이 달라질 수 있다고 믿을 준비가 되었으니 우리가 던져야 할 핵심 질문은 "10년 후에는 무엇이 변할 수 있을까?"가 아니라 "무엇이 변해야 할까?"이다. 팬데믹의 충격은 이 사회에 심리적 균열을 낳았고 그 결과 급진적인 생각이 집단 상상력에 뿌리내렸다. 활동가 크리스틴 케인이 말했듯 어둠 속에 있을 때 우리는 자신이 묻혔다고 생각하지만 실은 심어진 것이다.[1] 팬데믹의 어둠에서 빠져나온 우리는 이제 완전히 새로운 무언가로 자라날 수 있다. 하지만 우선 우리가 겪은 것들의 진실을 돌아봐야 한다.

심리학자들은 거의 30년 동안 외상 후 성장이라는 현상을 연구해왔다. 외상 후 성장이란 개인이 트라우마 이후 겪는 긍정적인 변화로 전에는 생각하기 힘들었던 위기, 전에는 상상하기 힘들었던 고통과 마주하면서 크게 변하는 것이다.

외상 후 성장은 나의 장점 더 잘 파악하기, 능력 신장, 새로운 가능성과 기회를 향한 열린 마음, 고통을 겪는 타인을 향한 공감 향상, 나의 희망과 꿈을 반영하도록 극적인 변화를 시도할 용기, 대의를 위해 봉사할 새로운 욕망 등으로 구현될 수 있다. 전쟁이나 심각한 질병과 부상, 자연 재해, 사별, 실직, 경제적 스트레스를 경험하는 이들에게서 목격된다.[2] 보편적이지는 않지만 흔한 현상이다. 전문가들은 트라우마를 경험한 이들 가운데 50퍼센트에서 60퍼센트가 최소한 한 영역에서 외상 후 성장을 경험하게 된다고 말한다.[3]

역설적이게도 외상 후 성장의 가장 중요한 예측 요인은 외상 후 스트레스 장애[PTSD]를 한 가지 이상 경험했는지 여부다. 외상 후 성장은 고통의 반대가 아니기 때문이다. 이는 큰 고통을 경험한 뒤 이 고통을 이해하고 그 안에서 의미를 찾으려는 노력의 직접적인 결과다. 외상 후 성장은 나의 핵심 가치를 재고하고 나의 나약함과 죽음을 피할 수 없는 운명을 인정하며 나에게 정말로 중요한 것을 결정하도록 강요받을 때 일어난다. 정신적 외상을 초래하는 과거를 온전히 복기해 이를 이해하려는 고통스러운 투쟁에서 시작된다. 무슨 일이 일어났는가? 왜 일어났는가? 이제 나는 어떻게 해야 할까?

외상 후 성장은 보통 개인적인 발전에 관한 것이다. 하지만 현재 우리는 이 현상이 전 세계적으로 펼쳐지는 것을 처음으로 목격하고 있을지도 모른다. 코로나19 팬데믹은 인류 역사상 집단으로 동시에 트라우마를 경험하는 가장 큰 사건이라 할 수 있다. 최전방 근로자들의 트라우마, 사회적 고립, 경제적 손실과 역경, 지속적인 불안감, 중증 질병, 코로나 후유증, 사랑하는 이를 잃는 경험, 정부에게 버려지거나 정부의 보호를 받지 못하는 슬픔 등이 있다.

팬데믹 기간에 트라우마는 얼마나 만연할까? 평균적으로 22.6퍼센트가 팬데믹 이후 외상 후 스트레스 장애를 경험한다. 의료 분야 종사자의 경우 27퍼센트로 가장 높으며 환자들은 24퍼센트, 일반인들은 19퍼센트다. 이는 사스, 에볼라, 지카, 메르스, 코로나19 등 21세기에 발생한 팬데믹으로 인한 외상 후 스트레스 장애에 관한 88개 연구 결과를 살펴본 2021년 메타 분석 결과다.[4] 개인과 국가별 경험의 차이를 고려해 이 수치를 절반으로 낮춘다 할지라도 전 세계적으로 10억 명에 달하는 이들이 포스트 팬데믹 트라우마를 경험하고 있다. 만약 연구 결과처럼 그중 50퍼센트에서 60퍼센트가 외상 후 성장을 경험할 경우 핵심 가치를 재고하고 새로운 가능성에 마음의 문을 열며 큰 미션에 발 벗고 나서려는 이들이 5억 명이 넘는 것이다.

어림잡아 계산해본 이 수치가 비현실적일 정도로 낙관적으로 느껴질지 모른다. 하지만 예일대 의대에서 발표한 논문에 따르면 2020년 말에 설문조사를 실시한 3천 명 가운데 40퍼센트가 이미 팬데믹의 직접적인 결과로 외상 후 성장의 최소한 한 가지 증상을 경험했다고 한다.[5] 내가 대부분의 사람이 향후 10년 동안 이 사회에 지속적으로 긍정적인 변화를 가져올 수 있는 엄청난 기회를 맞이하게 될 거라 생각하는 이유다.

팬데믹의 충격을 받은 많은 이들이 그토록 많은 자원과 사전 경고에도 불구하고 우리가 어떻게 그렇게 큰 고통을 겪을 수 있었는지 궁금해 한다. 팬데믹의 트라우마는 우리가 당연하게 여긴 것들을 재고하고 재창조할 수 있는 기회를 주었다. 이 충격과 트라우마는 전 세계적으로 더 나은 미래를 향한 다급한 갈망을 낳았다.

미래 연구소 연구진이자 스토리텔러인 리아 자이디는 소설이나 가상 세계로 도피하려는 욕망은 트라우마를 대하는 흔한 반응으로 더 나은 미래를 상상하고 싶게 만드는 충동과 동일하다고 주장한다.

"다른 세상을 꿈꿔봤는가? 다른 시대, 아마도 다른 공간을 …… 우리 자신이 살고 있는 곳과는 전혀 다른 세상을 말이다. 우리가 이 세상에 싫증이 났기 때문일까? 많은 이들이 살다보면 언젠가 우리가 사는 곳보다 더 나은 시대나 장소가 있지 않을까 묻는다. 이게 전부일 리가 없다고 혹은 우리가 할 수 있는 최선이 아니라고."[6]

팬데믹 기간에 일어난 일에 관해 확실히 말할 수 있는 단 한 가지 진실은 이게 우리의 최선일 리가 없다는 사실이다. 그렇다면 우리는 어떻게 더 나은 내가 될 수 있을까? 이제 어떡해야 할까?

"현재는 껍데기 안에 미래를 품고 있는 과거가 낳은 알이었다."[7]

할렘 르네상스 작가 조라 닐 허스턴이 한 수수께끼 같은 말에서 답을 찾을 수 있다. 우리는 방금 지나간 과거를 돌아보며 미래를 규정할 난제를 찾아야 한다.

트라우마를 극복하려면 무슨 일이 왜 일어났는지 이해해야 한다. 코로나19의 경우 우리가 겪는 고통 가운데 수많은 부분이 이 사회에 뿌리박힌 고질적인 문제 때문이었으며, 바이러스가 그 취약함을 이용해 우리 사회의 문제를 고스란히 드러냈음을 인정해야 한다. 미래 연구소 전무 마리나 고르비스는 이렇게 말한다.

"우리를 죽이는 건 바이러스뿐만이 아니다. 이는 사회, 경제, 정치 시스템이다."[8]

포스트 팬데믹을 겪어내는 이 세상에서 다 같이 외상 후 성장을 하려면 받아들이기 쉽지 않은 사실을 마주해야 한다. 코로나19로 인한 수많은 질병과 죽음, 고난은 예방이 가능했다는 사실이다. 바이러스의 전 세계인 확산은 한참 전에 해결되었어야 했던 사회 문제 때문에 가속화되었다. 경제 불평등, 의료 제도 붕괴, 극단적인 정치 분열, 인종 불평등, 불안정한 공급망, 과로하는 직원들, 기후 위기 때문이었다. 이 같은 사회 문제를 기저 질환으로 생각할 수 있다. 노후, 당뇨, 심장 질환을 겪는 이들이 신종 코로나 바이러스에 더 취약하듯 말이다. 미래 연구소에서는 팬데믹의 영향을 악화시켜 회복을 더디게 만든 이 기저 질환을 미래 난제라 부른다.[9]

미래 난제가 우리의 향후 10년을 결정할 것이다. 우리가 이 난제를 해결하는 방식이 우리가 코로나19에서 단순히 살아남고 말지 그로 인해 더 나은 사회를 일구게 될지를 좌우할 것이다. 이제부터 살펴볼 내용이 팬데믹 기간에 잘못 돌아간 모든 일들을 철저히 분석한 결과는 아니다. 그로 인해 발생한 불평등을 전부 짚어내지도 못할 것이다. 하지만 이해와 성장, 사회 치유의 시작점이 될 수는 있을 것이다. 먼저 미래 난제의 징후들과 이 징후들이 앞으로 언제 또 나타날 수 있을지 살펴보자. 그리고 난 뒤에 다 같이 해결 방안을 상상해 보자.

미래 난제 #1　경제 불평등

각기 다른 그룹 간의 소득과 기회의 불공평한 분배로 규정되는 경제 불평등은 그 자체만으로 큰 고통을 안겨준다. 팬데믹 기간에 그로 인한 피해는 엄청났다. 무수히 많은 이들이 남들보다 더 큰 위험에 처했다. 이 문제가 해결되지 않을 경우 바이러스로 인한 집단 고통은 훨씬 더 먼 미래에도 여전할 것이다.

이 미래 난제의 가장 명백한 징후는 재택 근무를 할 수 없거나 물리적으로 거리를 둘 수 없었던 이들 사이에서 바이러스가 훨씬 더 빨리 퍼지고 훨씬 더 많은 인명 손실이 발생했다는 사실이다. 바이러스에 노출된 필수 노동자 대다수가 경제적으로 불안정할 수밖에 없는 저임금 노동자로 창고, 요양원, 육류 공장, 쓰레기 처리 시설, 부엌, 식료품점 등에서 일하는 이들이었다. 한편 여러 세대가 함께 생활하는 비좁은 주택에 거주하는 이들 역시 높은 전염률 때문에 바이러스 발병률이 높았다. 경제 불평등은 저임금 노동자들의 백신 접종을 늦추기도 했다. 2021년 여름까지 자의로 백신 접종을 받지 않은 미국 성인의 절반이 백신 부작용으로 출근하지 못할 때 잃게 될 수입을 백신 거부의 주요 이유로 꼽았다.[10]

경제 불평등이라는 문제는 악화일로를 걸을 뿐이다. 과거에 발발한 다섯 번의 팬데믹이 경제에 미치는 영향을 다룬 한 연구에 따르면 소득 불평등은 팬데믹이 발발한 이후 5년 동안 꾸준히 증가했다고 한다. 주위에서 이미 목격되는 현상이다. 팬데믹이 발생한 첫 해, 전 세계 억만장자들은 자산이 3.9조 달러나 증가했다. 반면 전 세계 근로자의 종합 소득은 3.7조 달러나 감소했다.[11] 전 세계적으로 네 가정 중 세 가정이 팬데믹이 시작된 이후 소득이 감소했다. 국제노동기구가 37개국을 상대로 한 연구에 따르면 일자리는 4억 개나 감소했다고 한다.[12]

일자리 상실은 모두에게 공평하게 일어나지 않았다. 여성과 소수 인종이 상대적으로 큰 피해를 입었다. 특히 직장에서 낙오된 수백만 명의 사람(보통 가족을 돌보기 위해 자발적으로 일을 그만둔 이들) 가운데 80퍼센트에서 95퍼센트가 여성이었다. 이는 노동 현장 내 존재하는 불평등을 장기적으로 더욱 악화시킬 소지가 있다. 자료에 따르면 실직 기간은 경험할 기회 상실, 기량 저하, 개인의 사기와 자존감에 미치는 부정적인 영향 때문에 평생 소득 저하로 이어질 수 있다고 한다. 가난하거나 교육 수준이 낮은 가정의 경우 이러한 현상은 특히 두드러진다.[13]

아이들이 학교에 가지 못한 기간 역시 장기적인 결과를 가져올 것이다. 코로나19 기간에 10억 명이 넘는 학생이 평균 6개월에서 12개월 동안 학습 부진을 경험했다. 역사상 최대 대유행 독감인 1918년 스페인 독감처럼 열네 살에서 열여덟 살 청소년들의 학습에 지장을 준 기존 팬데믹 자료를 보면 이들의 전반적인 연봉이 최근에 졸업한 동료들에 비해 낮은 것을 알 수 있다. 이전부터 존재하던 경제 불평등 역시 문제다. 비싼 사립

학교들은 공립 학교보다 대면 학습을 더 빨리 재개할 확률이 높았으며 부유한 부모들은 개인 강사를 고용해 집 안에 학습 공간을 마련했기 때문이다.[14]

국가 간 불평등 역시 영향을 미쳤다. 부유한 국가들은 기업 긴급 구제나 실직 수당, 보조금 지급으로 팬데믹 록다운으로 인한 경제 문제들을 최소화할 수 있었지만 가난한 국가들은 그럴 수 없었다. 가령 가난한 국가에서는 2020년 코로나19와 관련된 수입 부족으로 절반에 이르는 가정이 식사를 걸렀다고 한다. 어린 시절 영양 결핍은 정신, 신체, 정서 건강에 평생 영향을 미칠 수 있다. 사회 차원에서 전반적인 영양 결핍이 지속될 경우 국가 전체가 수십 년 동안 끔찍한 결과를 맞이하게 된다.[15]

지난 수백 년 동안 발생한 팬데믹을 살펴본 최근 연구 결과에 따르면 평균적으로 팬데믹이 발발한 지 20년에서 30년 후에 경제 침체기가 찾아왔다고 한다. 그리 놀랄 일도 아니다.[16] 2020년 경제 기구 포럼은 경제 불평등에 대해 이렇게 말했다.[17]

"팬데믹은 세대 간 갈등을 낳고 경제를 무너뜨리는 쇳덩이다."

증가하는 경제 불평등과 불안정이 미치는 심리적 영향은 그 자체로 새로운 종류의 기저 질환을 의미할지도 모른다. 연구 결과에 따르면 낮은 급여를 받는 불안정한 일자리는 신체에 물리적인 압박을 주고 심장을 약화시키며 면역 체계를 약화시키고 병의 회복 속도를 더디게 만든다고 한다.[18]

이 만성적 미래 난제를 해결하려면 10년 경제 변화에 착수해야 한다. 어떻게 해야 할까? 빠른 회복을 위해 전 세계 정부와 활동가, 경제학자들이 묻는 핵심 질문을 살펴보자.

- 우리는 팬데믹 기간에 일하는 전 세계 모든 필수 노동자에게 일시적인 보너스를 제공할 수 있을까? 공정한 보너스란 무엇일까?
- 미래에 진짜 희망을 안겨주는 타당하고 적정한 최저 임금은 무엇일까? 점진적인 급여 인상 대신 경제 치유라는 해일을 일으킬 만한 액수가 있을까?
- 최대 임금은 어떨까? 연말 보너스의 적정 상한선은 무엇일까? 상한선이 생기면 사람들이 몰리는 일자리에는 어떠한 변화가 생길까?
- 정부가 최후의 고용주로서 실직 근로자를 고용하는 연방 일자리 보장 시대를 상상할 수 있는가? 어떠한 일자리가 이 프로그램에 포함될 수 있을까? 더 나은 세상을 만들려면 어떠한 활동에 더 많은 사람이 참여해야 할까?
- 식품과 주거 시설의 안전한 이용이 보편적 인권으로 취급된다면 어떨까? 모두에게 식품과 주거시설이 보장되는 신세계를 어떻게 구축할 수 있을까?
- 정부가 기본적인 생활비 명목으로 모든 성인에게 매달 특정한 금액을 지급하는 보편적 기본 소득을 실시해야 할까?
- 출생지나 시민권에 관계없이 모두에게 기본 소득을 제공할 수 있을까? 한 도시나 한 국가만이 아니라 모두를 위한 최저 임금은 어떠할까? 어떠한 종류의 국가 간 동의와 세계적인 세금 정책이

시행되어야 이 일이 가능해질까?

- 우리는 얼마나 많은 개인과 국가의 빚을 탕감할 준비가 되어 있는가? 어떠한 대출을 탕감할 수 있을까?
- 다른 국가들보다 기후 위기에 큰 영향을 미친 부유한 국가들은 가난한 국가들에게 경제적인 보상을 해줘야 할까?
- 평생 쌓을 수 있는 부의 축적에 상한선을 둬야 할까? 억만장자 금지법이 시행될 수 있을까?
- 경제적인 안정을 누리려면 돈 말고 또 뭐가 필요할까?

이 질문들이 나의 기분을 어떻게 만드는지에 주목하자. 여전히 생각조차 하기 힘든 아이디어들은 무엇인가? 더 생각해 보고 싶은 아이디어들은 무엇인가?

이 사회에 내제된 다른 기저 질환을 치유하기 위해 또 어떠한 방법을 취할지 고심하는 동안 위 질문들이나 앞서 언급한 질문들에 개인적으로 답할 필요는 없다. 앨리스 워커는 1972년에 시 〈안심〉에서 이렇게 노래했다.

"나는 질문 자체를 / 사랑해야 한다 / 시인 릴케가 말했듯 / 나의 가리개와 / 더듬는 열쇠가 / 아직 맞지 않는 / 보물이 가득한 / 잠긴 방처럼."[19]

지금은 이 질문들을 마음속에 간직하기만 해도 충분하다. 화가 나는 질문은 무엇인가? 희망이 느껴지는 질문은 무엇인가?

우리 집 거실 탁자 옆에는 '질문의 벽'이 있다. 가족들은 떠오르는 질문을 무지개색 색인 카드에 적어 벽에 붙인다. 우리는 이런 식으로 궁금한 대상을 기억해둔 뒤 일주일에 한 번 벽에 붙은 카드를 떼어내 구글 검색을 한다. 이번 챕터에서 정말로 궁금한 질문을 찾거든 종이에 적어 자주 보이는 곳에 붙여두자. 이 단순한 행위만으로도 우리의 상상력은 크게 자극받을 것이다.

미래 난제 #2 의료 제도 붕괴

세계보건기구WHO는 의료 제도를 '건강을 증진하고 회복하거나 유지하는 일에 종사하는 단체와 사람, 활동'으로 정의한다.[20] 코로나19 팬데믹으로 현 의료 제도의 취약점과 불평등한 상황이 고통스러울 정도로 가시화되었다. 노동 인력 부족, 불공평한 이용, 국민들의 건강을 저해하는 이윤 추구, 쉽게 막을 수 있는 질병 예방의 집단적 실패 등이다.

WHO의 추정에 따르면 전 세계적으로 이 분야에 종사하는 근로자 6천만 명은 평소 때에도, 그러니까 팬데믹 이전에도 의료 제도에 가해지는 부담을 완화하기 위해 필요한 인력보다 1,800만 명이나 부족한 인원이라고 한다.[21] 의료진 부족 문제는 번아웃과 트라우마 때문에 전 세계적으로 앞으로 더욱 악화될 것으로 보인다. 최근에 진행된 대규모 설문조사에서 미국 의료 분야 종사자의 76퍼센트가 코로나19의 트라우마 때문에 은퇴나 퇴직, 이직을 고려 중이라고 말했다.[22]

노동력 부족은 전 세계적으로 불평등한 추세를 보인다. 이 시스템에 내제된 가장 큰 불평등 중 하나는 우수 인재 유출이다. 의술을 갖춘 국민들이 자국을 떠나 부유한 국가로 이주하는 것이다. 가령 시리아 레논, 탄자니아, 모잠비크, 앙골라, 리비아의 국적 이탈율은 50퍼센트가 넘는다. 이 국가들에서 태어나 그곳에서 공부한 의사의 과반수가 부유한 국가에서 일하기 위해 자국을 떠난다. 그 결과 가난한 국가들은 팬데믹 같은 의료 위기 기간에 엄청난 인력난을 경험한다.[23]

전 세계 의료 제도의 수익 모델과 비용 격차는 쓸데없이 불공평한 고통을 낳기도 한다. 보편적인 의료 보험이 제공되지 않는 국가 즉, 미국을 비롯한 124개 국가에서는 환자 네 명 중 한 명이 비용 때문에 매년 의료 서비스를 받지 못한다고 한다. 팬데믹 기간에 수천만 명의 사람이 비용을 부담할 수 없을까 봐 바이러스 검사와 치료를 받지 않았다. 바이러스의 급속한 확산과 예방 가능한 죽음을 낳은 패턴이었다.[24]

수십억 달러를 아끼려는 의약품 제조업체의 꼼수 역시 높은 비용을 감당할 수 없는 가난한 국가의 백신 출시 속도를 늦췄다. 부유한 국가는 엄청난 양의 백신을 쌓아두고 있었는데도 말이다. 2021년 여름, 고소득 국가에서는 평균 네 명 중 한 명이 백신을 접종했지만 저소득 국가의 백신 접종자는 500명 중 한 명밖에 되지 않았다. 이러한 충격적인 격차는 WHO 사무총장 테워드로스 아드하놈 거브러여수스의 말을 빌리자면 '백신 인종 차별'을 낳았다.[25]

코로나19는 코로나19 사망률을 높인 예방 가능한 미래 난제의 급속한 확산을 부각시키기도 했다. 심장 질환, 당뇨, 비만, 고혈압 같은 흔한 질병은 전 세계적으로 증가하는 추세다. 최신 세계질병부담 연구에 따르면 예방 가능한 심장 질환만으로 매년 2천 명이 조기 사망한다고 한다. 의료 서비스 부담과 예방 가능한 질환의 높은 사망률은 질병을 예방하는 대신 치료하는 데 초점을 맞추는 이 제도의 폐단을 보여준다. 팬데믹이 발발하기 전에도 예방 가능한 질병은 점차 큰 우려 대상이었다. 미래 난제는 개인을 폭염 같은 기후와 관련된 건강 위험에 더욱 취약하게 만들기 때문이다.[26]

마지막으로 팬데믹 기간에 각국의 건강 관리 방식은 꽤나 어설펐다. 가령 브라질과 인도는 자국민을 보호하지 못해 이웃 국가에 악영향을 미쳤고 위험한 신종 바이러스를 키웠다. 이들 국가에는 책임 있는 행동을 강요할 메커니즘이 없었으며 이 국가들에 책임을 지울 방법 또한 없었다.

의료 제도에 내제된 이 같은 취약성 때문에 우리는 앞으로 10년에 걸쳐 상황을 복구하고 재수립해야 한다. 전례 없는 집단 상상력으로 다음과 같은 질문들에 답할 수 있기를 기대한다.

- 팬데믹의 직접적인 결과로 기업이 취하는 이득을 제한해야 할까?
- 의료계 종사자에게 일시적인 보너스를 제공하거나 차세대 의사를 배출하는 의대 장학금을 조성하는데 이 초과 이득을 사용할 수 있을까?
- 의약품, 의료 서비스, 백신을 이용할 수 있는 권리를 인권으로 지정해야 할까?
- 그렇다면 이 권리를 침해하는 기업 모델은 불법으로 간주되어야 할까?
- 의료계 우수 인재 배출로 부당한 이득을 취하는 국가들은 경제

보상의 일환으로 가난한 국가의 의료 제도 구축에 자금을 지원
해야 할까?

- 가난한 국가가 의료 제도를 수립하는 데 11조 달러 이상을 투자
할 경우 전 세계에 진 빚을 탕감해줘야 할까?

- 팬데믹에 맞서 싸울 때처럼 예방 가능한 질병에 신속하게 맞서
려면 어떻게 해야 할까?

- 살고 일하고 먹는 방식을 어떻게 바꿔야 전 세계인의 건강에 엄
청난 규모와 속도로 긍정적인 영향을 미칠 수 있을까?

- 10년 내에 전 세계 의사와 간호사 인력을 2천만 명 더 추가하려
면 어떻게 해야 할까?

- 이 노동자들을 전 세계적으로 보다 평등하게 분배하려면 어떻게
해야 할까?

- 공식적인 의료 훈련을 받지 않은 사람이 자신이 속한 커뮤니티
내에 기본적인 의료 서비스를 제공하려면 어떠한 교육을 받아야
할까?

- 가정을 방문해 기본적인 건강 검진을 실시하고 백신을 투여하며
일상적인 건강 진단을 하는 커뮤니티 의료진으로서 1억 명을 추
가로 훈련시키는 일을 상상할 수 있는가?

- 집단 이익에 반하는 국가에 가하는 제재를 명시한 새로운 건강
관리 제도를 수립해야 할까?

- 현재 우리가 공격적인 행동이나 핵무기 확산을 해결하는 방식대
로 국가가 코로나를 통제하지 못하는 상황을 제압해야 할까?

• 전염병이 전 세계로 확산되는 지금, 보다 협력적이고 포괄적인 방법으로 건강 문제에 접근하려면 또 어떻게 해야 할까?

개인적으로 의료 제도를 다시 수립하는 일을 맡지 않고 있더라도 집단 상상력을 키우는 데 기여할 수 있다. 10년 후 무엇이 바뀔 수 있을지 스스로 생각하고, 처음에는 말도 안 되어 보이는 나만의 아이디어를 스스로 떠올리며, 다른 이들이 팬데믹에서 회복하도록 돕는 방법을 스스로 찾으면 된다. 이 문제들은 살펴볼 만한 미래 시나리오나 훌륭한 개인 미션이 될 수 있다. 여러분은 혼자가 아니다. 가장 놀라운 질문들조차 전 세계 의료 정책 저널이나 공개 포럼에서 이미 진지하게 논의되고 있다.[27] 팬데믹은 상상조차 하기 힘들었던 의료 분야의 아이디어들을 상상할 수 있게 만드는 진정한 도약대인 셈이다.

그러니 이 질문들을 마음속에 품어보자. 어떠한 질문이 나를 불편하게 하고 어떠한 질문이 나에게 희망을 주는지 주목하자. 이 아이디어들을 다른 사람과 얘기 나눠보자. 이 아이디어가 어떻게 자라는지 살펴보자.

미래 난제 #3 극단적인 정치 양극화

정치 양극화는 극단적인 견해가 일상으로 자리 잡으며 문화 규범과 정책 문제에 관해 사회가 갈수록 분열되는 과정이다. 1990년 이후 전 세계적으로 증가 추세를 보이고 있는데 미국보다 심각한 곳은 없다.[28]

팬데믹 기간에 이 극단적인 정치 양극화의 해악은 극명했다. 수많은 국가가 마스크 착용이나 사회적, 신체적 거리두기 같은 일반적인 팬데믹 조치를 둘러싸고 양극화를 경험했다. 연구 결과에 따르면 미국에서는 타인이 주위에 있을 때 정기적으로 마스크를 쓰거나 안전한 거리를 두는지를 가장 확실하게 예측할 수 있는 요인이 그 사람이 지지하는 정당이라고 한다. 마스크 착용 반대 시위나 록다운 반대 시위는 미국, 캐나다, 호주, 영국, 이탈리아, 스페인, 독일의 보수 정당 그룹이 주로 이끌었다.

연구 결과에 따르면 팬데믹을 둘러싼 음모 이론과 역정보 역시 정치 양극화가 심한 국가에서 쉽게 번진다고 한다. 이는 보통 극단적인 정치 분열에 기인한 탈진실 사고방식의 결과다. 공유된 사실이나 증거 자료보다는 정당에 대한 충성이나 이데올로기를 바탕으로 무언가를 믿는 사람들이 늘고 있다. 팬데믹 초기에는 이 때문에 코로나19가 거짓이며 독감보다 치명적이지 않다는 해로운 믿음이 나돌았다. 한 연구 결과에 따르면 미국에서 코로나19의 위험을 경시하는 편파적이며 보수적인 TV 토크쇼를 본 이들은 코로나19에 걸릴 확률이 남들보다 34퍼센트 높으며 코로나19로 사망할 확률은 35퍼센트나 높다고 한다.[29]

나중에 개발된 백신 역시 정치적 논쟁거리가 되면서 근거 없는 음모 이론과 역정보의 대상이 되었다. 전 세계 연구진들은 정치 양극화가 심한 국가에서 백신 반대 운동과 백신 접종을 주저하는 태도가 더 만연하다는 사실을 알아냈다. 이 같은 극단적인 당파 분열을 보여주는 국소 증상이 또 하나 있다. 2021년 중반 미국에서 백신 접종률이 가장 높은 20개 주는 전부 민주당을 지지하는 주였던 반면, 백신 접종률이 가장 낮은 20개

주 가운데 19개 주는 공화당을 지지하는 주였다.[30]

양극화된 탈진실 사회에서는 위기 기간에 집단 행동을 취하기가 쉽지 않다. 어떠한 활동이 필요할지 합의가 이루어지지 않을 경우 집단 행동으로 이어질 수 없다. 각기 다른 정당을 지지하는 이들이 서로 간에 공통점이 없다고 느낄 때 공익을 향한 호소는 그다지 설득력이 없다. 이 미래 난제의 가장 흥미로운 현상이 바로 이것이다. 퓨 리서치 센터에서 설문조사를 실시한 13개 국가에서 집권당을 지지한다고 표명한 이들은 자국 정부가 코로나19에 '잘 대처하고 있다'고 답할 확률이 높았으며 다른 정당을 지지하는 이들은 자국 정부가 코로나19에 '제대로 대처하지 못하고 있다'고 답할 확률이 높았다.[31]

연구진들의 주장에 따르면 이러한 믿음은 실제 발병률, 입원률, 사망률과는 아무런 관계가 없었다. 이는 실제 취해진 조치의 경중이나 형태와도 아무런 관계가 없었다. 이 당파적 차이는 미국에서 가장 두드러졌지만 프랑스, 스페인, 영국, 일본, 이탈리아, 네덜란드, 캐나다, 스웨덴, 독일, 벨기에 역시 두 자릿수의 차이를 보였다.

이토록 극적인 탈진실 양극화가 벌어지는 상황에서 어떻게 집단 학습이 가능하단 말인가? 문제 해결이 잘 이루어졌는지에 대한 믿음이 해결책이 실제로 효과가 있었는지가 아니라 집권당에 표를 던졌는지를 토대로 한다면, 팬데믹이나 향후 글로벌 위기에 어떻게 더 잘 맞서 싸울 수 있겠는가? 게다가 이 문제들은 서로를 복잡하게 만들곤 한다. 연구 결과에 따르면 경제 불평등과 의료 제도 붕괴는 정부를 향한 불신과 정치 양극화를 악화시킨다고 한다. 악순환이 아닐 수 없다. 하지만 이 오래된 패턴

중 하나를 무너뜨릴 방법을 찾는다면 이로 인한 파급 효과를 이용해 증상을 치유할 수 있을지도 모른다.

극단적인 정치 양극화는 향후 10년 동안 획기적인 아이디어와 창의적인 해결책을 필요로 하는 위기다. 집단 상상력에 불을 지필 만한 질문들을 살펴보자.

- 우리가 기본적으로 공유하는 현실을 어떻게 재수립할 수 있을까?
- 정치관을 극복해 공통의 합의를 이루어야 하는 사실은 무엇일까?
- 정치 양극화를 거부하는 방식으로 이 사실들을 가르치려면 어떻게 해야 할까?
- 사람들이 해로운 음모 이론을 더 이상 믿지 않게 하려면 어떻게 해야 할까?
- 빠르게 번지는 역정보를 막을 만한 해결책이 뭐가 있을까?
- 극단적인 양극화 시대를 초월하기 위해 수립할 수 있는 새로운 정당이나 관행이 뭐가 있을까?
- 경제 불안정과 의료 제도 붕괴가 정치 분열을 악화시킨다면 우리는 이 증상들을 치유하기 위해 가장 야심찬 아이디어들을 곱절로 시행해야 할까?
- 미국 같은 국가는 정치 양극화를 치유하기 위해, 분쟁이나 참극 이후 남아프리카나 크로아티아 같은 국가가 택한 진실, 정의, 화해 방법을 취해야 할까?
- 미국 화해 운동은 어떠한 모습일까?

- 우리를 가르는 대신 하나로 합쳐줄 정체성은 무엇일까?
- 음악, 스토리텔링, 예술은 이 새로운 정체성을 구축하는 데 어떠한 도움이 될까?
- 모두를 같은 그룹에, 같은 편에 놓는 방식으로 우리를 바라보려면 어떻게 해야 할까?

미래 난제 #4 인종 차별

2020년 여름, 전 세계 블랙 라이브스 매터 시위자들은 "인종주의가 진짜 팬데믹이다."라고 적힌 사인을 높이 쳐들었다. 이 메시지는 미국의 유색 인종과 전 세계 소수 인종들이 매일 경험하는 불공평한 위험과 불균형적인 고통을 지적하는 날선 논평이었다. 팬데믹은 이 같은 불평등을 더욱 악화시켰다. 전 세계 유색 인종과 소수 인종은 코로나19에 걸리거나 이로 인해 사망하는 비율이 백인이나 다수 인종보다 훨씬 높았다.

미국에서 흑인, 원주민, 라틴계 사람들은 백인보다 코로나19에 걸릴 확률이 3배나 높았고 입원할 확률은 5배나 높았으며 사망 확률은 2배나 높았다. 영국에서는 중국인, 인도인, 파키스탄인을 비롯한 기타 아시아인, 카리브해 지역 사람이나 흑인의 사망률이 백인에 비해 2배나 높았다. 캐나다에서는 바이러스가 급증할 때 원주민과 동남아시아인의 발병률이 적게는 2배에서 많게는 13배까지 높았다. 싱가포르에서는 2020년 확진자의 95퍼센트가 소수 인종 이민 노동자였다. 사우디아라비아와 아랍에 미리트에서도 소수 인종 이민 노동자가 대다수의 확진 사례를 차지했다. 브라질 병원에서는 아프리카계 브라질인 환자가 백인 코로나19 환자보다 거의 두 배나 많았다.[32]

코로나19는 왜 이들에게 훨씬 더 큰 피해를 입혔을까? 위에서 언급한 모든 국가에서 연구진들은 이 같은 불공평한 위험에 기여한 구조적 인종주의 요소를 식별할 수 있었다.[33] 저임금을 받는 최전방 필수 노동자 가운데에는 유색 인종과 소수 인종이 지나칠 정도로 많다. 바이러스에 노출될 확률이 높을 수밖에 없었다.

높은 빈곤률과 임대 시장, 모기지 시장에 만연한 차별 때문에 그들은 테라스나 뒤뜰, 정원 같은 옥외 공간이 없는 비좁은 집에 거주할 확률이 높다. 그리하여 팬데믹 때 개인들이 거리를 두거나 격리 조치를 시행하기 힘들었고 바이러스가 퍼지기 쉬웠다. 특정 경계 지역 지정과 주택 차별 정책 때문에 그들은 대기 오염이 더 심한 동네에 거주할 확률이 높다. 대기 오염에 만성적으로 노출되면 폐와 심장이 코로나19 합병증에 취약해진다. 이는 당뇨나 비만, 천식같이 코로나19로 인한 중증 발병 위험을 높이기도 한다.

인종 차별과 경제 불안정 속에 사는 만성 스트레스는 면역 체계와 심장 건강을 악화시킬 가능성이 높다. 그들은 정확한 의료 서비스를 받을 가능성이 낮다. 여기에는 2가지 이유가 존재한다. 그들은 건강 보험이나 유급 병가를 제공하지 않는 저임금 일자리에 종사할 확률이 높다. 게다가 의사들은 그들의 증상을 무시하거나 경시할 가능성이 높다.

"의료 서비스 제공자의 인종 편견은 의료 서비스의 질과 결과에 영향을 미칠 수 있다."[34]는 연구 결과가 있다. 수감자들은 비좁은 생활 환경 때문에 일반인들보다 코로나19에 걸릴 확률이 4배나 높았다. 치안 유지 활동과 형 선고 과정에 만연한 인종 차별로 미국의 흑인 남성과 전 세계 소수 인종은 남들보다 훨씬 더 큰 피해를 입고 있다. 소수 인종이 대부분인 이주 노동자들은 너무 비좁고 붐비는 환경에서 일하고 생활한다. 바이러스가 쉽게 퍼지는 환경이다. 그들은 이주민 신분 때문에 불평등하거나 제한된 건강 보험밖에 이용할 수 없기도 하다.

구조적 인종 차별이 팬데믹에 어떠한 영향을 미쳤는지를 보여주는 사례 가운데 맥박 산소 측정기가 있다. 손가락 끝을 이용해 혈중 산소 농도를 측정하는 이 장치는 중증 코로나19 증세를 감별하는 중요한 도구였다. 하지만 2020년, 과학자들은 이 기술이 유색 인종의 저산소혈을 감지하지 못할 확률이 백인보다 3배나 높다고 보고했다. 높은 피부 색소 침착은 부정확한 결과를 가져오곤 하기 때문에 피부가 어두운 사람들은 입원, 보충 산소, 집중 치료가 필요하다는 중요한 적신호를 무시하게 될 확률이 높다.

인종 차별은 과거의 유산이자 현재의 현실이며 미래의 시급한 난제다. 이 구조적 문제를 바로잡기 위한 전 세계적인 노력에 도움이 되는 질문들을 살펴보자.

- 노예 제도를 비롯한 역사적 차별 행위를 보상하기 위해 어떠한 경제 배상 정책을 시행해야 할까?
- 인종 차별 문제 해결에 있어 '야심찬 계획'은 무엇일까? 정치 캠

페인과 정치 운동의 대담한 목표는 뭐가 될 수 있을까?

- 인종 차별 사례를 기록하고 반 인종 차별주의 정책을 시행할 대상을 찾는데 기여하려면 어떠한 자료를 수집해야 할까?

- 인종 간 빈부 격차를 어떻게 메울 수 있을까? 정부가 모든 신생아에게 제공하는 아기 채권이나 투자 계좌를 도입해야 할까? 빈곤한 가족이나 역사적인 차별을 겪은 소수 인종에게서 태어난 아기에게 얼마나 많은 채권을 지급해야 할까?

- 적정한 월급을 주는 일자리를 보장하는 연방 정부 보증 프로그램을 실행해야 할까? 일부 전문가의 주장에 따르면 이는 고용 및 임금 제도에 만연한 인종 차별을 극복하는 가장 효과적인 방법이라고 한다.

- 형사사법체계에서 나타나는 인종 격차를 줄이려면 치안 유지 활동과 수감 과정의 관행을 어떻게 바꿔야 할까?

- 인종 차별주의적인 발언과 상징을 불법화하기 위해 미국은 나치 몰락 이후 독일이 취한 강경책을 받아들이고 언론의 자유를 제한해야 할까?

- 방어 민주주의를 시행해 반민주주의 신조와 인종 차별주의적인 이데올로기를 옹호하는 정치 후보와 정당의 활동을 금지해야 할까?

- 인종 차별주의적인 행동과 아이디어를 영속화하는 믿음에 저항하려면 어떠한 이야기를 하고 어떠한 예술을 창조해야 할까?

- 반 인종 차별주의적인 노력에 영감을 주기 위해 어떠한 긍정적

인 미래상을 구축할 수 있을까?

- 시위, 활동주의, 저항을 표현하는 새로운 방법은 뭐가 있을까?
- 유색 인종을 사회의 가장자리가 아니라 중심에 두는 미래는 어떠한 모습일까?
- 반 인종 차별주의적인 미래에서는 오늘날에는 불가능한 무엇이 가능해질까?

미래 난제 #5 불안정한 공급망과 노동력 부족

지난 수십 년 동안 기업들은 최대한의 효율성과 수익을 꾀하기 위해 공급망과 노동력을 최적화해왔다. 최소한의 노동력을 투입해 팔 수 있을 만큼만 만들고 팔 수 있을 정도의 속도로만 만들었다. 평상시에는 적은 노동력과 적기 공급 생산 방식이 효과적이다. 저장비와 인건비를 낮출 수 있으며 아무도 사지 않으려는 누적 재고 때문에 손해를 보는 일을 막을 수 있다.

하지만 예상치 못한 일이 일어나 공급이나 수요에 갑자기 큰 변화가 생길 경우 공급망을 늘릴 수도 노동력을 보충할 수도 없다. 재고가 소진되면서 사람들은 필요할 때 원하는 물건을 사지 못하게 된다. 물건이 부족하니 사람들은 사재기를 하고 물건을 비축하려 한다. 노동자들은 부족한 물량을 채우기 위해 그 어느 때보다도 열심히 일하지만 그리 오래 버티지 못한다. 이미 한계까지 밀어붙여진 상태이기 때문이다. 이 모든 것이 팬데믹 때 일어난 일이다.

전 세계는 위기 기간에 필수품을 더 많이 생산하는 일에 우리가 얼마나 준비되어 있지 않은지 오롯이 목격했다. N95 마스크 같은 개인 보호 장비를 비롯해 의료진이 사용하는 일회용 장갑, 환자들에게 공급할 산소와 의약품이 전부 바닥났다. 문제를 야기한 것이 수요 증가 때문만은 아니었다. 지질학적 다양성과 생산 탄력성 결여도 문제였다.

마스크와 PPE를 생산하는 공장은 대부분 중국에 위치했는데 이 물건들이 가장 시급한 팬데믹 초기에 문을 닫을 수밖에 없었다. 각국은 중요한 기반 시설을 외부에 위탁했음을 너무 늦게 깨달았다. 한편 제약회사의 수익을 보호하기 위해 마련된 의약품 특허 때문에 더 많은 공장이 세상이 필요한 백신을 생산하는 데 전력을 다할 수 없었다. 그들은 위기 대응 노력에서 전적으로 소외되었다. 그리하여 마취제에서부터 심장약에 이르기까지 코로나19 치료에 필요한 30개가 넘는 약이 전 세계적으로 크게 부족해지고 말았다.[35]

의료 분야 공급망만 붕괴된 건 아니었다. 수요를 따라잡지 못하는 사업이 속출했다.

"이 세상 모든 것이 바닥났다."

〈뉴욕 타임스〉 헤드라인은 이렇게 말했다.[36] 화장지에서 자전거, 사무실 장비에 이르기까지 수많은 적기 공급 생산망이 실패한 건 정상적인 행동이라는 기존 자료를 이용하는 예측 모델을 토대로 했기 때문이었다. 하지만 위기 기간에 정상적인 행동은 더 이상 적용되지 않는다.

소비자 행동의 갑작스러운 변화는 기업이 변하는 수요와 욕구에 재빨리 대응하는 일이 얼마나 어려운지 보여주었다. 수백만 명이 재택 근무를 위해 책상을 사려 했고, 학교나 직장 대신 집에서 화장실을 이용하면서 화장지를 구매하려 했으며, 외출 제한 명령에서 허락되는 유일한 활동이 야외 운동이었기에 자전거를 구입하려 했다.[37] 이 같은 물품 부족은 의약품 공급망만큼 생사를 결정 짓지는 않았지만 더 이상 기존 패턴을 신뢰할 수 없는 미래로 나아가면서 기업이 직면한 더 큰 위험을 부각시켰다.

제조업, 농업, 건설업, 의료산업 분야에서 이미 심각했던 노동력 부족 문제는 직원들이 바이러스에 걸려 일할 수 없어지고 격리당하거나 가족을 돌보기 위해 출근을 할 수 없어지자 더욱 심각해졌다. 노동력 부족은 서비스와 공급망에 더 큰 차질을 야기했다. 이는 과밀한 노동 환경 때문에 코로나19 발병률이 높았던 육류 산업에서 특히 두드러졌다. 전 세계적인 육류 부족으로 가격이 급등했고 전 세계 취약 계층의 식품 불안정이 악화되었다. 탄력성과 더 나은 근무 조건을 희생해가며 효율성과 수익을 꾀한 업계 관행의 취약성이 여실히 드러난 또 하나의 증상이었다.[38]

당시에는 대중의 주목을 거의 받지 못했지만 2019년 세계보건기구WHO는 직업과 관련된 또 다른 팬데믹이 부상하고 있음을 감지했다. 바이러스가 아니라 일종의 해로운 직장 스트레스였다. WHO는 국제질병분류에 번아웃을 공식적으로 추가했다. WHO의 정의에 따르면 번아웃은 '에너지가 고갈되거나 소진되는 느낌, 일과의 정신적 거리 증가, 일과 관련된 부정주의나 냉소주의, 직업 효능감 감소'로 '만성적인 직장 스트레스에 기인한 증후군'이었다.[39]

WHO의 이 같은 선언은 꽤 선견지명적이었다. 팬데믹이 발발한 지

1년이 지났을 무렵 〈하버드 비즈니스 리뷰〉의 후원으로 진행된 대규모 글로벌 설문조사에서 46개국의 광범위한 산업에서 다양한 역할을 맡고 있는 노동자의 번아웃과 웰빙 상태가 분석되었다. 응답자의 85퍼센트가 과로 때문에 신체적, 정신적 웰빙이 감소했다고 답했고, 72퍼센트가 아플 때에도 일해야 할 것 같은 압박을 받는다고 말했으며, 51퍼센트가 일 때문에 친구나 가족과 자주 만나기 힘들다고 말했다.[40]

이 자료는 다른 연구에서 밝혀진 결과를 고스란히 입증한다. 그 연구 결과에 따르면 전 세계 노동자 대부분이 격무에 시달리고 제대로 된 보수를 받지 못하며 사회적으로 고립된 데다 고용주에게 비인간적인 취급을 받는 기분이라고 한다. 과로 문제는 신체적, 정서적 번아웃에 그치지 않는다. 이는 건강에 치명적인 영향을 미칠 수 있다. 2021년 WHO의 연구 결과에 따르면 1년 동안(2016년으로 자료를 확보할 수 있는 최신 해이다) 긴 근무 시간(일주일에 55시간 혹은 그 이상) 때문에 745,000명이 사망했다고 한다. 긴 근무 시간은 WHO의 용어를 빌리자면 왜 그토록 심각한 건강상의 위험일까? 휴식을 충분히 취하고 잠을 충분히 자지 못한 상태로 지나치게 큰 스트레스를 받을 경우 심장병 발병 확률이 42퍼센트 증가하며 뇌졸중에 걸릴 확률이 19퍼센트 높아진다고 한다. 과로로 인한 사망자의 72퍼센트가 남성인데 그 비율은 태평양과 동남아시아에서 가장 높다. 이 수준이 계속 유지될 경우 코로나로 인한 전 세계 사망자보다 더 많은 이들이 향후 20년 동안 과로로 사망할 것으로 보인다. WHO 사무총장 테워드로스 아드하놈 거브러여수스는 이 연구에 관해 이렇게 말했다. "뇌졸중이나 심장병의 위험을 감수할 만한 가치가 있는 일은 없다. 정

부, 고용주, 근로자는 노동자의 건강을 보호하기 위해 한계를 설정하는 일에 다 함께 힘써야 한다."⁴¹

불안정한 공급망과 과로의 해악은 향후 10년 동안 탄력성과 유연성을 구축하기까지 우리 앞에 수많은 난제가 놓여 있음을 시사한다.

- 식품이나 의약품 공급 같은 필수품에 한해서라도 세계화 트렌드에 반해 지역 허브와 현지 제조를 추구해야 할까?
- 신종 팬데믹, 기후 비상사태, 핵 공격, 대량 이주, 긴급 피난을 비롯해 오늘날 우리가 좀처럼 상상할 수 없는 향후 위기가 닥칠 때 어떠한 필수품이 필요해질지 더 잘 예측하려면 어떻게 해야 할까?
- 이 필수품들을 제작하는 보다 탄력적인 방법을 어떻게 고안할 수 있을까?
- 비상사태에 이들을 배급하는 보다 공평한 방법은 무엇인가?
- 일상적인 업무에 만연한 고통과 번아웃을 얼마나 예방할 수 있을까?
- 이 같은 문제를 막으려면 어떻게 해야 할까?
- 우리의 일에 더 많은 안정성과 인간성, 위엄을 안겨줄 업무 문화와 노동자 보호 정책은 무엇일까?
- 우리는 보편적인 4일 근무에 준비가 되어 있나?
- 우리는 퇴근 후 업무를 강요하는 관행으로부터 근로자를 보호할 권리법이 준비가 되어 있을까?

- 효율성과 생산성이 지금보다 낮은 세상은 어떠한 모습일까? 전 세계적으로 효율성과 생산성이 낮아질 때 어떠한 좋은 일들이 많이 일어날까? 우리는 이 같은 거래를 받아들일까?
- 모두가 과로와 번아웃에서 조금 더 해방될 때 미래 위기에 더 잘 대응할 수 있을까?

미래 난제 #6 **기후 위기**

코로나19가 이 시대의 결정적인 위기로 부상하기 전까지만 해도 세계적인 위기를 둘러싼 화제의 중심에는 기후 변화가 있었다. 기후 변화는 신종 코로나 바이러스의 부상에 기여한 결정적인 요인으로 온갖 종류의 팬데믹 발생 가능성을 높이고 있다.[42] 기후가 변하면 지구 곳곳의 동물들은 서식지를 떠나 새로운 종과 접촉하게 된다. 그렇게 되면 한 종을 감염시켜 다른 숙주 동물로 들어가는 즉 '퍼져나가는' 병원체가 생성될 수 있다. 이따금 인간이 새로운 숙주가 되기도 한다. 에이즈, 에볼라, 사스, 메르스 같은 질병은 그렇게 발생했다.

코로나19를 야기한 바이러스의 기원은 알 수 없지만 병원체가 퍼진 것이든, 신종 바이러스가 어떻게 발생하고 인간에게 적응하는지를 살펴본 기능 획득 연구 기간에 실험실에서 생성된 것이든, 기후 변화가 주된 요인이라는 점만은 변함없다. 기능 획득 연구 분야는 오직 기후 변화와 그로 인한 영향의 가속화 때문에 존재한다. 기후 위기는 팬데믹의 빈도와

심각성을 악화시킬 소지가 있기 때문에 연구진은 이 위험한 임무를 신중히 수행한다.[43]

화석 연료 연소를 향한 인류의 집착 역시 코로나19의 중증률과 사망률을 높였다. 앞서 언급했듯 대기 오염은 코로나19의 높은 입원률을 비롯해 전 세계 사망률과 관련 있었다. 장기간 대기 오염에 노출될 때 폐와 심장에 가해지는 만성적인 부담 때문이었다. 한 연구에 따르면 코로나19로 인한 전 세계 사망 가운데 15퍼센트가 대기 오염 노출과 직접적인 연관이 있는 것으로 추정된다(북아메리카에서는 17퍼센트, 유럽에서는 19퍼센트, 동아시아에서는 27퍼센트).[44]

기후 변화는 극단적인 기후의 빈도와 강도를 높이는데, 이는 팬데믹 기간에 상황을 더욱 복잡하게 만들었다. 적십자 보고서에 따르면 2020년 5천만 명이 넘는 전 세계인이 기후 변화와 관련된 가뭄, 홍수, 폭풍의 영향에 시달리는 가운데 코로나19 확진 사례 급증을 경험했으며 5억 명이 넘는 이들이 폭염에 시달리는 가운데 역시 바이러스의 급증을 경험했다고 한다.[45]

미 서부 해안에서는 8백만 명이 넘는 이들이 산불로 인해 장기간 해로운 대기에 노출되었는데 이 역시 팬데믹 발생 기간과 일치했다. 연구 결과에 따르면 극단적인 기후에 노출된 이들의 경우 바이러스에 감염되고 사망할 확률이 높았다. 극단적인 기후 때문에 사회적 거리두기 시행이 어려워지고 의료 장비 공급망이 붕괴되었으며 의료 서비스의 이용이 힘들어졌기 때문이었다. 폭염과 산불 연기에 노출된 이들은 특히 코로나19의 중증을 보이거나 이로 인해 사망할 확률이 높았다.[46]

가장 해로운 결과는 기후 위기가 회의론을 무기 삼아 과학적 합의를 정치에 이용한 방식일 것이다.[47] 화석 연료 연소가 환경에 장기적으로 해로운 영향을 입힐 거라는 데 거의 모든 과학자가 동의했음에도 우리는 인류가 계속해서 화석 연료에 의존할 때 이득을 취할 업계와 공무원들이 기후 변화를 논하고 불신하며 경시하도록 내버려두었다. 현실을 부인하는 이 같은 태도는 정치 행위자와 편파적 미디어가 코로나19의 위험을 경시하고 대중들이 공중 보건 조치와 백신을 불신하게 만드는 데 악용되었다. 기후 과학을 향한 지난 수십 년의 공격에 효과적으로 맞서지 못한 이 사회는 근본적인 취약함을 드러냈다. 그리하여 팬데믹 통제가 어려워졌을 뿐만 아니라 향후 과학적 이해와 지침이 필요한 세계적인 위기에 집단적인 대응으로 맞서기도 힘들어졌다.

기후 위기는 미래에 수많은 시련을 안겨준다. 우리는 화석 연료를 향한 집착에서 벗어나 소비와 낭비를 줄이며 지속가능한 에너지 자원을 개발하고 우리의 물과 영토, 공기에 가한 피해를 복구해야 한다. 이 미래 난제를 치유하기 위해 더 많이 재고하고 상상해 봐야 하는 질문은 다음과 같다.

- 기후 위기를 해결하려면 어떠한 최전방 기후 노동자와 기후 긴급 구조원이 필요할까?
- 이러한 일은 누가 하게 될까? 그들을 어떻게 보상해줘야 할까?
- 모두가 이해하고 신뢰하는 과학의 미래는 어떠한 모습일까?
- 개인적으로, 집단적으로 신체 회복력을 높여 폭염, 신종 질병을 비롯한 기타 건강 위기에 더 잘 대응하려면 어떻게 해야 할까?

- 사회 회복력을 높여 건강이나 기후 위기 기간에 상호 신뢰를 강화하고 서로를 보다 효과적으로 도우려면 어떻게 해야 할까?
- 정신 회복력을 높여 동시 다발적으로 발생하는 무자비한 위기들로 인한 복합적인 스트레스와 불안감을 더 잘 견디려면 어떻게 해야 할까?
- 정서적, 영적 회복력을 높여 지나온 일들 때문에 지쳐 있을 때조차도 장기적인 기후 위기들을 해결하는 데 필요한 내면의 자원을 확보하려면 어떻게 해야 할까?

경제 불평등, 의료 제도 붕괴, 극단적인 정치 양극화, 인종 차별, 불안정한 공급망과 노동력 부족, 기후 위기는 그 자체만으로 큰 문제다. 위기가 발생하면 이 미래 난제들은 우리의 고통을 악화시키고 장기화시키는 복잡한 요인이 된다. 미래 연구소 동료 카티 비안은 이렇게 말한다.

"큰 문제가 복잡한 시스템을 흔들면 시스템에서 가장 약한 부분이 먼저 붕괴된다."[48]

우리가 오늘날 해결하기를 거부하는 문제는 분명 우리가 내일 마주할 위기를 복잡하게 만들고 악화시킬 것이다. 다행히 일단 미래 난제를 진단하고 나면 미래의 징후를 보다 쉽게 예측할 수 있다. 우리에게는 동일한 미래 난제가 어떻게 또다시 나타날지 생각해 볼 기회가 있다. 음식의 미래, 투표의 미래, 학습의 미래, 도시의 미래 등 어떠한 미래를 상상하거나 예측하든 우리는 이 같은 구조적 취약성이 어떻게 우리의 목표를 저해하고 새로운 위기를 낳을지 고려해볼 수 있다. 미래 연구소에서는 상상하는 미래 시나리오마다 미래 난제와 관련된 다음과 같은 질문을 던진다.

- 이 미래에서 아픈 이들은 누구일까? 그들을 치유하고 보호하려면 무엇이 필요할까?
- 이 미래에서 남겨지거나 소외되는 이들은 누구일까? 경제 불평등이 부당한 경험으로 이어지지 않게 하려면 어떻게 해야 할까?
- 이 미래에서는 어떠한 행동이 정치화될까? 어떠한 사실이 논란을 야기할까? 합의나 공통된 입장을 도출하기 위해 누가 이 같은 간극을 메우려 할까?
- 이 미래에서 인종 차별은 어떠한 모습으로 나타날까? 이 세상에서 반 인종 차별주의적인 노력은 어떠한 모습일까?
- 이 미래에서는 무엇이 대규모로 필요하게 될까? 어떠한 공급망에 차질이 생길까? 공급망을 보다 탄력적으로 만들려면 어떻게 해야 할까?
- 이 미래에서는 누가 번아웃과 과로를 경험하게 될까? 그들에게 어떠한 지원을 제공할 수 있을까? 그럴 수 없을 때 무슨 일이 일어날까?
- 이 미래에서 사람들은 기후 변화의 부정적인 영향에 어떻게 적응하나? 이 같은 영향을 약화시키거나 뒤엎기 위해 어떻게 하나? 극단적인 기상 사태와 폭염은 이 세상의 전반적인 위험과 예측 불가능성을 어떻게 가중시킬까?

의료 제도나 근로자 번아웃, 기후 위기와 별로 상관없는 미래를 생각할지라도 이 질문들을 던져야 한다. 사회가 미래 난제에서 완전히 회복할 때까지 우리는 상상하는 모든 미래에서 이 증상을 느끼게 될 것이다.

미래의 취약점을 찾아 서로를 보호할 방법을 예측하는 일은 일종의 기술이다. 이 기술을 연습하려면 이 책에서 이미 살펴본 시나리오에서 미래 난제라는 미래 합병증을 찾으면 된다.

가령 '소행성 예측 확인했어?'와 '글로벌 긴급 정자 드라이브'를 생각해 보자. 과학자들이 근미래에 소행성 충돌이 가능하다고 발표한 이 사례에서 우리는 극단적인 정치 양극화라는 미래 난제를 생각해 볼 수 있다. 과학적 예측 결과는 어떠한 식으로 정치화되고 논란을 낳고 경시될까? 사회의 절반이 정치 입장 때문에 이 예측을 전면 부인할 경우 어떠한 문제가 발생할까? 경제 불평등이라는 미래 난제를 생각해 볼 수도 있다.

소행성이 특정 지역에 떨어진다고 예측될 경우 만약을 위해 미리 짐을 싸서 다른 곳으로 이주할 여유가 되는 이들은 누구일까? 연장된 재이주를 감당할 여유가 되지 않는 이들에게는 무슨 일이 일어날까? 인류 번식 위기에 전 세계가 긴급 대응하는 시나리오에서는 불안정한 공급망이라는 미래 난제를 생각해 볼 수 있다. 얼린 정자를 보존하는 데 사용되는 액체 질소가 장기적으로 엄청나게 필요해지면서 수요가 급증하고 이 문제를 해결하는 방향으로 자원이 전용될 경우 다른 산업에 어떠한 파급 효과를 미칠까?

이 자원이 전용될 경우 전 세계 식품 공급망에 차질이 생길 수 있다. 식품 산업은 제과류와 육류, 가금류, 어류, 조리식품, 채소, 과일을 냉동해

운송하는 데 액체 질소를 사용하기 때문이다. 전체 식품 경제가 신선한 현지 식품을 섭취하는 방향으로 바뀌어야 할지도 모른다. 인종 차별이라는 미래 난제를 생각해 보면 어떨까? 유색 인종이나 소수 인종은 코로나19 검사나 백신 접종을 꺼리게 만든 것과 같은 구조적 이유로 긴급 정자 드라이브에 참여하기를 꺼려할까? 인종 편향적인 정자 은행이 가져올 장기적인 결과는 무엇일까? 이 위기에 대응해 미래를 위해 보존하는 유전 형질의 평등성을 확보하려면 어떻게 해야 할까?

미래 시나리오를 살펴볼 때와 마찬가지로 우리의 목표는 향후 10년 동안 일어날 일을 정확히 예측하거나 일어날 확률이 높은 사건만 상상하는 것이 아니다. 미래 난제 시나리오를 돌려봄으로써 우리는 다른 영역들을 연결 짓고 이들 간의 관계를 눈여겨보도록 상상력을 키울 수 있다. 자신이 놓쳤을지도 모르는 상호의존성과 위험을 알아차리는 전반적인 능력을 향상시킬 수 있다. 미래 난제의 한 가지 증상이 가상의 미래에서 어떻게 재발할지 스스로에게 물을 때마다 우리는 먼 미래든 현재든 모든 시나리오에서 그 증상을 더 잘 알아차리게 된다. 우리가 상상하는 미래 시나리오를 맞히는 일은 없을지도 모르지만 현재 누군가를 도울 준비를 조금 더 할 수 있게 될 것이다.

우리의 미래를 복잡하게 만들 또 다른 미래 질환을 지켜봐야 할까? 그렇다. 여기 또 다른 미래 난제가 있다. 최근 들어 나는 슈퍼스트럭트에서 처음 예측했던 팬데믹을 다시 한번 살펴봤다. 2008년, 2019년의 세상을 상상하며 미래 연구소에서 시행했던 소셜 시뮬레이션이었다.[49] 이 시나리오의 핵심 요소 하나가 나의 관심을 끌었다. 우리가 만들어낸 질병, 호흡 장애 증후군 ReDS은 사망률은 낮았지만 사람들이 장기적이고 지속적인 증상을 경험할 확률이 높았다. 우리가 만든 시나리오에서 이 질병에 걸린 수천만 명의 사람이 목숨은 건졌지만 계속해서 만성 피로, 뇌 흐림, 통증, 호흡기 질환에 시달렸다.

이 미래를 상상하는 동안 참여자들에게 살펴보라고 요청한 주요한 질문은 다음과 같았다. 급증하는 미래 난제에 세상이 어떻게 적응할 거라 생각하는가? 직장과 학교는 어떻게 대응할 것인가? 새로운 간병인은 누가 될 것인가? 미래 난제에 시달리는 이 새로운 인구의 요구를 충족하기 위해 사회는 어떻게 변해야 할까? 우리는 그들이나 가족 구성원이 눈에 띄지 않는 이 새로운 장애를 경험할 경우 자신의 삶이 어떻게 달라질지 상상해 보라고도 요청했다.

반면 실제 코로나19 팬데믹 기간에 미래 난제의 가능성은 처음부터 경시되었다. 증세가 진지하게 받아들여지거나 치료 받기를 바라는 환자들의 주장에 따르면 의사들은 장기적인 증상의 초기 보고들을 보통 무시하거나 경시했다. 그들은 장기 후유증에 시달리는 사람들을 위해 온라인 지지 그룹을 만들었고 소셜 미디어에 자신들의 이야기를 올렸다. 그리하여 마침내 건강하던 사람들 가운데 5퍼센트에서 20퍼센트가 병에 걸린 지 6개월 후에도 최소한 한 가지 증상을 계속해서 경험한다는 연구 결과가 나왔다. 하지만 의학계가 이 새로운 미래 난제와 관련된 환자들의 보고를 진지하게 받아들여 공식적인 이름인 '코로나19의 후급성 후유증'을 붙이고 특별 진료소를 세운 건 꼬박 1년 뒤였다.[50]

2020년 내내 코로나 후유증의 위험이 얼마나 경시되고 저평가되었는지를 생각하자 나는 미래 연구소 동료 연구원이 어떻게 그토록 올바른 예측을 할 수 있었는지 궁금해졌다. 슈퍼스트럭트 시뮬레이션의 상호작용과 역학을 설계한 건 나였지만 최초의 팬데믹 시나리오를 작성한 건 당시 10년 예측 책임자였던 카티 비안이었다. 그녀가 의학계에서 경시하고 묵살하는 미래 난제를 이 시나리오의 중심에 등장시킨 데에는 그럴 만한 이유가 있었다. 2008년, 카티는 심신을 쇠약하게 만드는 알 수 없는 만성 라임병 증상들에 오랫동안 시달리고 있었다. 그녀는 진드기를 통해 전염되는 라임병의 감염율이 세상에서 가장 높았던 뉴욕 우드스톡에 거주하고 있었다. 그녀 주위에는 초기 진단 이후 몇 개월에서 몇 년 동안 계속해서 뇌 흐림, 피로, 관절 고통을 앓고 있는 사람들이 많았다.

"라임병은 그 지역에서 유행병으로 취급되었어요."

최근에 과거 슈퍼스트럭트 자료를 함께 살펴보던 중 그녀가 이렇게 말했다.

"친구들 대부분이 라임병의 한 가지 증상에 시달렸죠. 의사와 치과의사들조차 그랬어요. 하지만 만성 여부에 대해서는 논란이 있었죠."

미국에서 최소한 2백만 명이 만성 치료 후 라임병에 시달리고 있음을 시사하는 연구 결과에도 불구하고 오늘날에도 여전히 일부 의사들은 라임병 증상이 몇 년이나 지속될 수 있는지 여부는 불확실하다고 생각한다.[51]

이제 만성 라임은 카티가 처음 ReDS라는 가상의 미래 세상을 상상했을 때보다 광범위한 수준에서 유효한 진단으로 받아들여지고 있다. 하지만 당시에 그녀가 상상한 미래는 오늘날 의학적 가스라이팅이라 불렸을지도 모르는 경험에 기인했다. 의학적 가스라이팅이란 환자들이 증상을 머릿속에서 만들어냈다며 의료 서비스 제공자가 환자의 증상을 진지하게 살펴보거나 치료하지 않으려는 태도다.[52]

의학적 가스라이팅은 유색 인종이나 중년 여성들이 가장 자주 경험한다. 그들은 치료하기 힘든 자가 면역 질환이나 진단하기 힘든 후급성 감염 증상에 시달릴 확률이 다른 이들보다 훨씬 높다. 이는 만성 피로 증후군, 다시 말해 근육통 뇌척수염의 수치스러운 역사다. 오늘날 약 2,500만 명이 이 병과 함께 살아간다고 알려져 있다. 이 병은 수십 년 동안 의학계에서 심리 장애로 치부되다가 마침내 판별 가능한 근본적인 생리 원인이 있는 진짜 신체 질병으로 인정받았다. 유전 성향 때문일 수도 있지만 대부분 바이러스 감염이 원인이다.[53]

"저는 불확실한 질병이 한창 유행할 때 미래의 불확실성을 받아들이려는 대규모 공동체의 일부였어요. 저는 모두가 각자의 경험으로 미래 비전을 여과시킨다고 생각해요. 그것 말고 어떻게 다른 방법이 있겠어요?"

다른 방법은 있을 수 없다. 다행이다. 경험은 우리에게 미래를 예측하는 초능력을 주기 때문이다. 나만의 경험은 다른 이들이 보지 못하는 미래 가능성을 예측하는 데 도움이 된다.

카티는 많은 이들이 간과한 사회의 미래 난제를 이미 경험했기 때문에 진짜 팬데믹 때 어떠한 일이 일어날지 파악할 수 있었다. 환자, 특히 여성과 유색 인종이 경험하는 케케묵은 의학적 부당함, 다시 말해 만성 질환이 과소 진단되고 과소 치료되며 과소 연구되는 상황이었다. 그녀는 이제 모두가 코로나 후유증에 주목하게 되었으니 마침내 이 같은 패턴이 와해되며 사회가 영원한 치유의 길에 들어설 수 있을 거라 낙관한다. 하지만 나는 더 많은 사람이 카티의 관점에서 미래를 바라볼 수 있었다면 코로나 후유증을 앓는 환자들의 고통을 얼마나 덜 수 있었을지 너무 궁금하다.

미래 연구소에서 살펴본 미래 난제들은 이 사회에 존재하는 문제들을 일부 살펴봤을 뿐이다. 여러분은 구조적 실패에 관한 나만의 견해, 부당함을 겪은 나만의 경험이 있을지도 모른다. 이번 챕터에서 다루지 못했지만 반드시 필요한 지혜다. 미래를 상상할 때 그 지혜를 활용하기 바란다.

나는 이 미래 난제에 어떠한 증상을 추가하겠는가? 과거에 개인적으로 영향을 받은 패턴 가운데 미래에 시급하게 치유하고 싶은 패턴은 무엇인가? 어떠한 경험을 했든, 나의 커뮤니티가 어떠한 고통을 견뎠든, 다른 이들이 그러한 고통이 어떻게 또다시 발생할 수 있을지 상상하도록 도울 수 있다.

여러분은 다른 이들이 우리가 더 이상 같은 방식으로 고통받지 않는 미래를 그리도록 돕고 싶을지도 모른다. 달라진 사회에 관한 나만의 비전을 제시해보자. 긍정적인 미래 비전은 치유에서 반드시 필요한 부분이다. 활동가이자 미래학자인 아이리스 앤드루스는 2021년 스콜 월드 포럼에서 집단 상상에 관해 이렇게 말했다.

"모든 것이 확실히 안 좋은 상황입니다. 정말로 좋지 않죠. 하지만 우리는 현재와 과거의 고통을 진심으로 깊이 느끼고 이 고통에서 배울 수 있으며 이 고통을 치유할 수 있습니다. 이 고통을 미래에 지고 가거나 그 미래에 고스란히 투영해야 할 필요는 없습니다."[54]

이제 과거의 패턴을 분석하는 일에서 벗어나 잠시 휴식을 취해볼까 한다. 미래로 정신의 시간 여행을 떠나 보자. 이 책에서 소개하는 거의 모든 시나리오가 10년 후로 설정되어 있다. 하지만 이번에는 가까운 미래 시나리오를 살펴볼 것이다. 지금으로부터 몇 개월 후 시작될 수 있는 시나리오다.

'다리 시나리오'라고 생각해 보자. 현재와 10년 후 사이에 발생하는 일들에 대해 사람들은 분노와 슬픔을 어떻게 표출할까? 사람들은 어떠한 방식으로 변화를 요구할까? 현재에서 나와 달라진 세상으로 들어가려면 새로운 사회 운동과 집단 행동을 상상해 보면 좋다.

<hr>

미래 시나리오 #9   울부짖기

근미래.
울부짖기[howl]의 뜻은 다음과 같다.

> 1. 고통이나 아픔, 분노를 표출하기 위해 길고 크게 구슬픈 외침이나 소리를 내지르는 일
> 2. 억누를 수 없는 비명을 내뱉는 일[55]

하루에 두 번, 세상은 하던 일을 전부 멈춘 채 울부짖는다. 모두가 그런 건 아니다. 하지만 수백만 명의 사람들이 참여한다. 처음에는 정오에, 그 다음에는 어둠이 찾아온 후에. 울부짖기는 침묵의 순간과 정반대다. 소음의 순간이다.

이 운동은 3개월 전 뭄바이에 사는 스물세 살의 앤슈 브하이드가 창문 밖에 대고 울부짖은 뒤 온라인에 영상을 올리면서 시작되었다. 그녀는 계속해서 영상을 올렸다. 영상 속에서 그녀는 하던 일을 멈춘 뒤 1분 내내 울부짖었다. 어디에 있든 주위에 누가 있든 그들이 무엇을 하든 상관없이 하루에 두 번 그렇게 했다. 공원에서, 지하철에서, 시장에서, 카페에서, 침대에서, 사원에서 울부짖었다. 올 때도 있었다. 동물처럼 쭈그리고 있을 때도 있었다. 가만히 서 있을 때도 있었다. 춤을 출 때도 있었다. 그녀는 시끄러웠다. 당당했다. 영상에서 사람들은 그녀를 쳐다보며 피하거나 도우려고 했다. 이따금 지나가던 사람들이 그녀와 함께 울부짖기도 했다.

그녀는 영상을 올릴 때마다 같은 메시지를 전했다.

"나는 모든 것이 괜찮지 않다고 말하기 위해 울부짖는다."

"나는 권력자들이 우리를 실망시켰다고 말하기 위해 울부짖는다."

"나는 당신이 나를 무시하지 않을 거라고 말하기 위해 울부짖는다."

"나는 우리가 더 잘할 수 있다고 말하기 위해 울부짖는다."

"정오에 나는 고통과 슬픔을 토해내기 위해 울부짖는다."

"밤에 나는 사람들이 나의 희망과 힘을 들을 수 있도록 울부짖는다."

둘의 차이가 들리는가? 나는 세상 전체가 울부짖을 때까지 울부짖을 것이다. 나와 함께 울부짖자. 다른 이들도 울부짖는 영상을 올리기 시작했다. 촬영하는 이가 비추는 카메라 속에서 그들은 혼자가 아닌 경우도 있었다. 작은 그룹이 함께 모여 울부짖기도 했다.

울부짖기는 틱톡에서 인기 1순위 트렌드가 되었다.

공공장소에서는 사인이 등장하기 시작했다.

"여기에 모여 울부짖자." 같은 사인도 있는 반면 "울부짖는 행위 금지. 이웃을 방해하지 말자." 같은 사인도 있었다.

일부 레스토랑이나 가게에서는 울부짖는 이들을 반기는 안내문을 내 걸었고 다른 곳에서는 그들을 내쫓았다. 정오의 울부짖기에는 특정한 느 낌이 있었다. 애처롭고 구슬펐으며 비통했다. 분노가 담겨 있었으며 거칠 었다. 고통에 잠긴 세상의 소리였다.

밤의 울부짖음은 달랐다. 기쁘고 반항적이었다. 선율이 있었고 장난기 가 있었다. 사람들은 "너의 소리가 들려. 너를 지지해."라고 말하는 듯 서 로의 독특한 울부짖기를 따라했다. 학생들은 학교에서 울부짖었다. 직원 들은 직장에서 울부짖었다. 어떤 곳에서는 허락되었고 또 다른 곳에서는 언론의 자유로, 저항으로, 시민 불복종이라는 이유로 허락되지 않았으며 이 행위를 허락해야 하는지를 두고 논쟁이 벌어졌다.

당신들의 요구사항은 무엇인가? 기자들은 울부짖는 자들의 의도를 알 고 싶었다. 언제까지 울부짖을 것인가? 무엇을 추구하는가?

울부짖기는 사회 운동으로 받아들여졌다. 유행으로 취급되었다. 울부 짖기는 예술이었고 정치였으며 집단 행동이었다. 이기적이었고 경탄을 자아냈다. 골치 아팠고 전 세계적인 현상이었다. 곧 특정 장소에서 울부 짖기는 불법이 되었다.

내가 이러한 미래에 있다고 상상해 보자. 이 장면을 최대한 생생하고 현실적으로 그려보자. 수천만 명의 사람이 사적인 장소에서든 공적인 장 소에서든 하루에 두 번 울부짖는다. 이러한 미래의 광경은 어떠할까? 소 리는 어떠할까? 다시 말해 이 일이 일어날 때 나는 어떠한 감정을 느끼는가? 처음 들었을 때 이 소리는 어떻게 들리는가? 이 미래에 몰입한 상태에서 결정을 내려보자.

✖ ✖ ✖

선택의 순간 >> 나는 울부짖기에 동참하는가? 왜 그런가? 혹은 왜 그렇지 않은가? 동참한다면 처음으로 어디에서 울부짖는가? 주위에 누가 있는가? 그들은 어떻게 반응하는가? 동참하지 않는다면 하루 2번 남들이 울부짖을 때 무엇을 하는가? 울부짖기는 나에게 문제가 되는가? 어떤 방식으로든 나에게 영향을 미치는가, 아니면 무시할 수 있는가?

이제 결정을 내렸으니 이 가능한 미래를 계속 살펴보자. 아래는 추가로 생각해 볼 질문들이다.

- 친구나 가족을 비롯한 지인들 가운데 울부짖기에 참여할 거라 예측되는 사람은 누구인가? 참여하지 않을 거라 생각되는 사람은 누구인가? 이유가 무엇인가?
- 이 미래에서 울부짖기가 금지되어야 하는 장소가 있는가? 어디인가?
- 금지된다면 사람들이 시민 불복종을 시행하거나 어떻게든 울부짖을 거라 상상하는가? 그래야 할까? 왜 그럴까? 혹은 왜 그렇지 않을까?
- 학교, 직장, 대중교통, 병원, 요양원, 극장, 경기장, 예배당, 상점,

레스토랑 등 내가 자주 가는 장소를 골라보자. 이 특정한 장소는 울부짖기에 어떻게 적응하고 울부짖기를 어떻게 인정하거나 회피할까?

- 사람들이 이 운동을 위해 티셔츠나 단추를 만들 경우 그 위에 뭐라고 써야 할까?
- 이 미래의 그래피티를 상상할 수 있는가? 사람들이 건물에 스프레이식 페인트칠을 하거나 화장실 벽에 휘갈겨 쓸 메시지는 무엇이 될까?
- 울부짖기 운동에서 어떠한 선이 도출될 수 있을까?
- 울부짖기 운동은 어떠한 해를 입힐 수 있을까?
- 울부짖기 의식이나 규칙을 보다 의미 있거나 효과적이거나 경의를 표하는 방향 등 자신이 원하는 대로 바꿀 수 있다면 어떻게 바꾸겠는가?(이 아이디어가 아예 마음에 안 들 경우 동참할 마음이 들 것 같은 운동을 떠올릴 수 있는가?)
- 이 미래에서는 어떤 미래 난제가 나타날까? 가령 인종 차별이나 경제 불평등은 안심하고 울부짖기에 참여하는 이들에게 영향을 미칠까?
- 지금 이 운동이 발생 단계에 있다고 상상해 보자. 이 운동은 이제 어떠한 방향으로 갈 수 있을까? 울부짖기 다음은 무엇인가?

이 질문들에 대한 답이 지금 당장 떠오르지 않을지도 모른다. 괜찮다. 미래 시나리오를 굴려보는 기술을 쌓으면서 빈칸을 점점 더 채우고 상상력을 조금 더 늘리면 된다. 지금 당장 답할 수 없는 질문이 무엇이든 이 시나리오를 염두에 둔 상태로 훗날 어떠한 아이디어가 떠오르는지 지켜보자. 이 근미래는 정말로 일어날 수 있을까? 작은 규모로는 이미 일어난 일이다.

2020년 3월, 우리 동네 이웃인 휴는 커뮤니티 게시판에 한 가지 제안을 올렸다. 전 세계 사람들이 매일 밤 창문을 열고 최전방 근로자들에게 박수와 환호를 보내며 노래를 부르는 팬데믹 의식에 영감을 받아 방금 록다운된 우리 동네도 그렇게 하되 살짝 변형을 가해 "울부짖자."고 제안했다.

산자락에 자리한 우리 동네에는 사방에 코요테가 있다. 코요테가 울부짖는 소리가 밤마다 울려 퍼진다. 코요테와 함께 울부짖자는 아이디어는 이 마을에게 어울리는 썩 괜찮은 생각처럼 보였다. 그날 밤 인간들이 울부짖는 소리가 계곡 너머로 메아리쳤다. 밤마다 페이스북 그룹에는 다음과 같은 공지가 떴다.

"매일 저녁 8시, 잠시 밖으로 나와 카타르시스적인 울부짖음을 내뱉으세요! 코로나19의 영향을 받은 이들을 위해 온정을 갖고 울부짖으세요. 커뮤니티를 위해 울부짖으세요. 우리는 각자의 공간에 갇혀 있을지 몰라도 혼자가 아닙니다."

울부짖음은 샌프란시스코 일대로 퍼졌다. 곧 수천 명의 사람이 밤마다 울부짖었다. 서부에 위치한 다른 마을들에 시스터 울부짖기 그룹이 생겨났고 이 현상을 다룬 뉴스 기사가 등장했다.[56] 캘리포니아 대학교 데이비스의 사회심리학 교수 로버트 파리스는 한 기사에서 울부짖기가 '스트레스와 외로움 완화'에 효과가 있지만 "5월에도 사람들이 여전히 울부짖고 있다면 놀랄 것이다."라고 말했다.[57]

하지만 우리 마을 사람들은 5월에도, 6월에도, 7월에도 여전히 울부짖고 있었다. 여름이 되자 울부짖기는 다른 양상을 띠기 시작했다. 온정과 카타르시스가 행동주의와 외침으로 진화했다. '블랙 라이브스 매터를 위한 울부짖음', '커뮤니티 내 유색 인종을 위한 울부짖음' 같은 글들이 올라오기 시작했다. 울부짖기는 가정에서 나와 대중들에게 호소했다. 울부짖기 그룹은 이렇게 말했다.

"오늘밤 8시 울부짖을 때에는 거리에서 무릎을 꿇읍시다."

울부짖던 여름이 끝날 때까지 백만 명이 넘는 이들이 이 운동에 참여한 것으로 추정된다. 가을이 되자 열기는 점차 사그라졌지만 우리 마을에서는 이따금 울부짖기가 재현되기도 한다. 이를 테면 선거날, 1월 6일 미 국회의사당이 무참히 공격당한 날 저녁, 코로나19 록다운이 처음 시행된 날에 모두가 울부짖었다.

우리 가족은 몇 달 내내 밤마다 울부짖었다. 덕분에 긴 록다운 기간에 덜 외로웠다. 나는 개인적으로 "나는 아직 여기 있어. 네 말이 들려."라고 말하고 싶었다. 가끔은 "이 나라는 도대체 뭐가 문제야?"라고 말하고 싶었고, 코로나19에 걸려 끔찍한 고통을 견디고 살아남은 뒤에는 "폐에 공기가 있구나. 헐떡거리지 않고도 숨을 쉴 수 있어. 감사하는 마음을 절대로 잊지 않아야지."라고 말하고 싶었다.

2020년 내내 우리 커뮤니티에서는 저마다 다른 의도를 담은 울부짖기가 넘쳐났다. 장난스러운, 진심 어린, 희망적인, 때로는 고통스러운 울부짖기였다. 하지만 지금 돌아보면 수백 개의 집단적인 울부짖기 이후에도 울부짖을 거리는 아직 더 있으며 어쩌면 다른 소리가 나와야 한다는 느낌이 든다.

감정을 연구하는 과학자들은 슬픔과 관련된 소리는 다른 외침과는 확실히 다르다는 사실을 발견했다. 슬픔에 찬 비명은 독특한 발성을 지닌다. 동물적인 절박함과 무시할 수 없는 나약함은 듣는 이의 진화적 본능, 상대를 달래고 도와주고 싶은 본능을 자극한다.[58]

내가 들어본 가장 끔찍한 소리는 바로 그러한 절규로 낯선 이의 울음소리였다. 쌍둥이 딸들은 2015년 겨울, 9주 일찍 태어났다. 아이들은 병원의 신생아집중치료실에서 2달을 보낸 뒤 퇴원했다. 여러 가족이 치료실 하나를 함께 썼는데 아기들은 인큐베이터 안에 나란히 누워 있었다. 우리는 익숙한 얼굴들을 마주치곤 했다. 부모들은 아기를 안거나 분유를 먹이는 등 자신에게 허락된 일들을 했다. 아기를 만질 수 있는 시간은 모두에게 너무 짧았다.

가족들 사이에는 사생활 보호 차원에서 이따금 커튼이 쳐졌다. 하루는 의사가 들어와 커튼을 쳤다. 하지만 남편과 나는 의사가 우리 옆에 있던 부모에게 전하는 끔찍한 소식을 들을 수 있었다. 의사는 그들의 딸이 의학적 용어로 목숨을 부지하지 못했다고, 살지 못할 거라고 말했다. 부모가 인사를 마치자마자 아기에게서 생명 유지 장치를 떼어낼 거라고 말이다.

그 순간 아이 엄마가 내뱉은 비명은 절대로 잊지 못할 것이다. 버림받은 자의 억제되지 않은 비명이었다. 그녀의 슬픔을 자주 생각한다. 음파의 파동이 여전히 내 머릿속에 있는 느낌이다. 우리는 가족끼리 마지막 순간을 보낼 수 있도록 잠시 자리를 떠났고 그 후 다시는 그들을 보지 못했다. 그녀의 고통은 상상조차 하기 힘들겠지만 상상해 보려 한다. 나는 여전히 그 고통을 내 안에 품고 산다. 7년이 지났건만 어떻게든 그녀를 찾아 도움을 줄 수 있지 않을까 생각한다.

그 정도로 큰 고통이 다른 사람의 입에서 우리의 귀로 들어오면 그 고통이 우리를 바꾼다고 생각한다. 다른 사람이 온몸으로 목이 터져라 날것의 슬픔을 토해내는 걸 목격하면 그 슬픔은 우리 안에 남는다.

세계적인 트라우마를 치료하는 데 무엇이 필요할지 생각할 때면 나는 사람들에게 그러한 소리를 낼 수 있는 시간과 장소를 줄 수 있을지 궁금하다.

우리가 그러한 소리를 들을 마음의 준비가 되어 있는지도, 사람들이 질서정연한 울부짖음이 아니라 제한되거나 무시되기를 거부하는 울부짖기를 할 수 있는 시간과 장소를 요구할지 궁금하다. 울부짖기 같은 시나리오가 가능할지 모르겠다.

하지만 최소한 상상이라도 하고 싶다. 나는 수천만 명이 그러한 소리를 내는 가능성을 살펴보고 싶다. 다른 이들을 달래고 서로 돕고 싶어 하는 인류의 강한 진화 본능을 이용해 서로가 서로의 목격자가 되는 것이다.

시인이자 소설가인 오션 브엉은 이렇게 말했다.

"우리는 학생들에게 '미래는 너희 손에 있다.'고 말한다. 하지만 미래는 그들의 입에 있다고 생각한다. 우리는 살고 싶은 미래를 우선 분명히 말해야 한다."[59]

그렇기는 하지만 원하는 미래를 말로 표현할 수 있기 전에 말로 표현할 수 없는 것을 먼저 말해야 할지도 모른다. 이번 챕터는 질문으로 가득했다. 나는 왜 그렇게 많은 질문은 던졌을까? 미래 연구소에서 자주 하는 말처럼 미래에 관한 사실은 없기 때문이다. 미래는 아직 일어나지 않았기 때문에 미래에 관해 우리는 그 무엇도 입증할 수 없다. 미래에 관해서라면 진술이 질문보다 덜 유용하며 덜 정직하다.

미래의 진실은 일어날 일이 아니다. 일어날 수 있는 일이다. 현재 우리가 서 있는 곳에서 우리는 이렇게 말할 수 있을 뿐이다. 특정한 변화가 일어날 가능성이나 계기가 있다고. 하지만 미래는 언제나 불확실하다. 유동적이며 변할 수 있다. 계속해서 확장하며 가능성이 바뀌기 마련이다. 우리는 미래의 진실에 몰래 다가가야 한다. 우리는 묻는다. 이게 가능할까? 흠, 그렇다면 저건 어떨까? 저것도 가능할까? 이건 어떨까? 가능성을 높이려면 어떻게 할 수 있을까? 무엇이 달라질 수 있는지에 관한 질문을 던질 때마다 우리는 진실에 한발 더 다가가게 된다. 무엇이 진실인가? 그건 사람마다 다르다.

미래의 가장 참된 진실은 개인적이다. 우리가 뼛속 깊이 정말로 달라지기를 바라는 것, 정말로 달라져야 하는 것, 달라질 때까지 하루 두 번 적극 울부짖으려는 것이다. 변화를 위해 우리가 한 주, 한 달, 일 년뿐만 아니라 10년 내내 노력하는 것이다.

그래서 여러분을 위해 몇 가지 질문을 더 준비했다.

낙관적인 변화를 위한 미래 질문지

나는 학생들과 동료 미래학자들이 미래의 진실에 다가가도록 돕기 위해 낙관적인 변화를 위한 미래 질문지를 만들었다.

먼저 시급하게 느껴지는 문제를 선택하면 된다. 경제 불평등, 의료 제도 붕괴, 극단적인 정치 양극화, 인종 차별, 불안정한 공급망, 과로하는 노동자, 기후 위기를 비롯해 여러분이 고려 중인 미래의 그 어떠한 미래 난제도 좋다. 그다음에는 내가 몸담고 있는 구체적인 커뮤니티를 골라야 한다. 내가 속한 마을이나 학교, 직장, 종교 단체, 지지 정당, 산업, 살고 있는 국가가 될 수 있다.

이제 나의 커뮤니티에 내제된 이 문제를 생각하며 아래 질문에 1부터 10까지로 답하면 된다.

> 1. 내가 속한 커뮤니티에서 이 문제를 해결하는 일이 얼마나 시급하다고 느끼는가? ⬜
>
>   (1=전혀 시급하지 않다, 10=굉장히 시급하다)
>
> 2. 내가 속한 커뮤니티 내에서 얼마나 많은 이들이 나의 말에 동의한다고 생각하는가? ⬜
>
>   (1=거의 아무도 동의하지 않는다, 10=거의 모두가 동의한다)
>
> 3. 내가 속한 커뮤니티에서 향후 10년 동안 이 문제가 크게 개선될 거라고 얼마나 낙관하는가? ⬜
>
>   (1=굉장히 비관적이다, 10=굉장히 낙관적이다)

4. 내가 속한 커뮤니티에서 앞으로 10년 동안 이 문제가 크게 개선 될지, 어떻게 개선될지에 개인적으로 얼마나 큰 영향력을 지니 는가? ——————————————————— ☐

   (1=영향력이 전혀 없다, 10=영향력이 엄청나다)

이 질문에 전부 답하면 4개의 점수를 얻게 된다. 가령 8, 5, 6, 3 식으로 말이다. 이 숫자들을 더하지는 말기 바란다. 총점을 알아내는 것이 목적 이 아니다. 그 대신 각 숫자 간의 관계에 주목해야 한다. 이 관계들은 우 리가 이 미래에 얼마나 공감하는지 보여주는 4가지 차원을 측정한다. 우 리의 소명, 소속감, 희망, 힘이다.

1. **미래를 향한 소명**: 세계적인 문제를 해결하는 데 기여하고 위기에 대비하며 새로운 것을 개발하는 등 미래를 바꿀 수 있는 특정한 행동을 취해야겠다는 강한 내적 충동을 느끼는가?

2. **미래를 향한 소속감**: 이 소명과 관련해 강한 공동체 의식과 유대감 을 느끼는가? 혼자서 가고 있는 느낌인가, 아군이 많은 기분인가?

3. **미래를 향한 희망**: 이 소명과 관련해 긍정적인 변화가 가능하며 현 실적이라고 느끼는가?

4. **미래를 형성하는 힘**: 긍정적인 변화를 가져오는 과정에서 나의 행 동이 중요하다고 확신하는가? 타인을 돕는 과정에서 내가 중요 한 역할을 한다고 자신하는가?

질문 1에 대한 답이 나의 소명 점수다. 점수가 높을수록(8점 이상) 미래를 향한 소명이 강하고 시급하다는 뜻이다. 열정을 느끼고 문제 해결에 적극 나서고 싶은 장기적인 문제를 찾았다는 의미다. 점수가 높을수록 소명 의식이 강하다.

8점 이상인 사회 문제나 글로벌 위기를 생각할 수 없을 경우 소명감이 느껴지는 문제를 찾는 것이 그 미래의 형성에 다급한 마음으로 참여하기 위한 첫 번째 단계다.

반면 모든 장기적인 위기에 8점 이상을 준다면 가장 높은 점수를 준 한두 개의 위기를 찾기 바란다. 10점대는 없는가? 10점대가 나온 문제에 미래 에너지를 집중하면 좋다.

질문 1의 점수에서 질문 2의 점수를 뺀 것이 나의 소속감 점수다. 질문 1의 점수와 질문 2의 점수가 비슷하다면 이 미래를 향한 소속감이 존재한다. 그 미래를 더 낫게 만들기 위한 나의 소명에 공감하는 사람들이 굉장히 많다는 의미다.

하지만 질문 1의 숫자와 질문 2의 숫자 사이에 큰 차이가 있다면 소외감이 들 수 있다. 내가 돕고 싶은 변화에 다른 이들이 투자하지 않는다는 고통스러운 감정이다.

이 격차를 메울 경우 미래에 공감하는 방식을 효과적으로 바꿀 수 있다. 우리는 커뮤니티 내에서 이미 이 문제를 다루고 있는 이들을 찾아 함께하거나 그들의 노력에 대해 자세히 알아가야 할지도 모른다. 이들을 찾으면 소속감을 느낄 만한 공간을 얻게 된다.

우리는 다른 커뮤니티를 찾아 그 안에서 변화를 추구해야 할지도 모른다. 나의 소명이 더 잘 인정받는 그룹이 있는가? 내가 소속된 모든 그룹을 생각해 보자. 그중 한 곳은 변화를 맞이할 준비가 되어 있을지도 모른다.

우리는 나만큼이나 다급함을 느끼는 커뮤니티의 수를 늘리기 위해 적극 나서야 할지도 모른다. 이를 위해서는 친구나 가족, 이웃, 동료 등에게 위기를 알려야 한다. 나의 미래 소명을 공유하는 사람을 단 한 명이라도 찾을 경우 이 미래에 굉장히 큰 에너지와 낙관주의를 전파할 수 있다.

질문 1의 점수에서 질문 3의 점수를 뺀 것이 나의 희망 점수다. 질문 1의 점수와 질문 3의 점수가 비슷할 경우(차이가 2보다 적을 경우, 긍정적인 변화가 오고 있다고 확신할 경우 이 점수는 심지어 마이너스일지도 모른다), 내가 선택한 위기와 관련해 미래에 변화의 희망이 크다는 의미다. 동일한 사안을 두고 질문 1의 숫자와 질문 3의 숫자 간에 차이가 클 경우 해당 미래를 둘러싼 불안이나 절망, 우리가 변화하기를 간절히 바라는 무언가가 사실 변할 수 없다는 우려가 존재한다.

특정한 문제와 관련해 변화의 희망을 높이는 가장 좋은 방법은 우리가 이 책에서 이미 연습한 상상력 기술을 활용하는 것이다. 10년 후라는 거시적인 관점을 취하고, 〈미래학자 당황하게 만들기〉 게임과 〈미래에 달라질 수 있는 100가지 사실〉 게임을 통해 무엇이든 변할 수 있다는 증거를 찾으며, 긍정적인 변화가 이미 일어난 상상 속 미래 세상으로 정신의 시간 여행을 떠나는 것이다. 긍정적인 변화를 보다 생생하고 현실적으로 상상할수록 우리의 뇌는 진짜 기회를 더 잘 감지하게 된다.

질문 1의 점수에서 질문 4의 점수를 뺀 것이 나의 힘 점수다. 질문 1의 점수와 질문 4의 점수가 비슷할 경우 미래에 변화를 가져오고 타인을 도울 수 있는 힘, 나의 노력이 긍정적인 변화를 가져올 수 있다는 자신감이 있다. 동일한 사안을 두고 질문 1의 점수와 질문 4의 점수 간에 차이가 클 경우(차이가 2보다 클 경우) 해당 미래에 무기력하다는 의미다.

PART 3에서는 미래를 형성하기 위한 힘을 키우기 위해 취할 수 있는 다양한 유형의 활동을 살펴볼 것이다. PART 3을 읽은 다음에 이 질문지로 다시 돌아와 조금 더 힘이 생긴 기분인지, 조금 더 도움이 되는 기분인지 알아보기 바란다.

긴급한 미래 질문지에서 좋은 점수나 나쁜 점수는 없으며 점수를 개선하기 위해 해야 할 숙제도 없다. 그보다는 내가 각기 다른 미래 위기를 어떻게 느끼고 내가 변화를 가져올 수 있는 부분을 살펴볼 하나의 틀로 보기 바란다.

네 분야의 점수가 높은 이들은 진실되고 활기 넘치며 의욕적이고 의미 있는 방식으로 미래를 만드는 데 적극 참여할 확률이 높다. 네 분야의 점수가 낮은 이들은 이 미래에서 활기를 느끼기가 남들보다 어려울지도 모른다. 이 미래가 너무 추상적이고 너무 멀게 느껴지며 변화를 꾀하는 일이 너무 힘들게 느껴질지도 모른다.

하지만 점수는 언제든 바뀔 수 있다. 현재 사건이나 대화, 개인적인 문제는 물론 새로운 아이디어와 정보 역시 영향을 미칠 수 있다. 한 가지 미래 위기나 커뮤니티에서 높은 점수를 보이는 사람이 다른 곳에서는 낮은 점수를 보일 수 있다. 이는 자연스러운 현상으로 그 사람이 어떠한 위기와 커뮤니티에서 가장 높은 에너지와 기회를 얻을 수 있을지 보여준다.

이 질문들은 각기 다른 미래를 상상할 때 우리가 경험하는 감정의 소용돌이에 보다 구체적인 형태를 부여해줄지도 모른다. 이번 챕터에서 살펴본 미래 난제와 관련해 던져볼 4가지 질문은 다음과 같다.

- 가장 큰 소명을 느끼는 대상은 무엇인가?
- 가장 큰 소속감을 느끼는 대상은?
- 가장 큰 희망을 느끼는 대상은?
- 가장 큰 힘을 느끼는 대상은?

이 책에서 소개된 다른 미래 위기를 살피는 동안 긴급한 미래 질문지를 다시 살펴보며 자신의 점수를 매겨봐도 좋다.

더 큰 그룹과 미래 위기를 논의할 때 이 질문지를 이용해도 좋다. 타운홀 미팅이든, 팀 회의든, 봉사 훈련이든, 학급 토론이든 상관없다. 점수를 계산할 필요는 없다. 각 질문에 대한 각자의 점수를 공유하고 비교하기만 하면 된다. 이는 나의 소명과 관련된 희망 점수와 힘 점수를 높일 수 있는 이들과 연결되는 효과적인 방법이다. 나보다 질문 3과 질문 4의 점수가 높은 이들은 누구인가? 그들에게 왜 그렇게 답했는지 묻자. 그들에게는 공유할 만한 희소식이나 유용한 전략이 있을지도 모른다.

가장 중요한 점은 이 질문들을 묻는 행위만으로 누군가가 그 미래에 긍정적으로 참여하도록 장려할 수 있다는 점이다. 긴급한 미래 질문지에 대답한 한 응답자는 이렇게 말했다.

"저 자신에게 이러한 질문을 던지는 것만으로 힘이 생기는 기분이었습니다. 이 질문들을 읽으면서 제가 평소에 생각한 것보다 더 많은 가능성이 저에게 열려 있음을 깨달았죠. 저는 이러한 위기를 생각하고 해결에 기여하는 사람이 될 수 있어요. 저라고 안 될 이유가 어디 있죠?"

작가이자 활동가인 왈리다 이마리샤는 이렇게 말한다.

"우리가 원하는 미래는 우리의 손이 닿지 않는 저 먼 점으로 존재하지 않는다. 집단 행동, 상호 원조, 자기 결단, 소외된 이들의 리더십에 주목할 경우 우리는 원하는 변화를 가져올 수 있으며 선형적 시간을 거스를 수 있다. 우리는 해방된 미래를 현재로 끌어올 수 있다. ……해방된 미래를 현재로 계속해서 끌어오자. 언젠가 남아 있는 거라고는 그것뿐인 날이 올 때까지."[60]

상상은 미래를 현재로 끌어올리는 최초의 행위다. 이 상상을 다른 이들과 공유할 때 긴급성, 동기, 행동을 취할 수 있는 커뮤니티가 조성된다. 질문 역시 미래를 현재로 끌어온다. 질문을 던질 때마다 새로운 아이디어, 새로운 가능성이 펼쳐질 공간이 생긴다. 미래 가능성을 예측이 아니라 질문으로 규정지을 때 우리는 대담하고 용감하게 사고할 수 있다. 확신은 필요 없다. 우리는 호기심을 품고 나의 호기심을 타인에게 보여줄 수 있다. 동일한 질문을 함께 던질 수 있다.

그러니 계속해서 나아가자. 우리가 상상할 수 있는 또 다른 미래는 무엇일까? 우리는 또 어떠한 미래를 상상해야 할까? 선형적 시간을 거스를 준비가 되어 있는가? 미래를 끌어당길 준비가 되어 있는가?

규칙 9 _____ 미래 난제 해결하기

내가 우다다 낙관론을 가장 크게 느끼는 사회 문제를 찾자. 어떠한 불평등, 불공평, 취약함에 개인적으로 소명 의식을 느끼는가? 이 문제들을 통해 우리는 집단적인 팬데믹 후, 외상 후 변화를 경험하게 될 것이다. 이 문제들은 나의 개인적인 성장과 의미 형성을 위한 디딤돌이 될 수 있다. 그러니 과거에 나를 굉장히 고통스럽게 만든 사회의 암적인 문제들을 찾아보자. 그다음에는 이들이 어떻게 미래의 합병증을 낳을지 상상하자. 이 문제를 해결하지 않을 경우 향후 10년 동안 무슨 일이 일어날까? 그것들을 해결할 경우 어떠한 일이 일어날 수 있을까?

PART 3 —

각자의 영향력이
예측 불가능한 미래를 구한다

비극이 찾아온 뒤에는 새로운 세상을 창조하거나
뜨거나 수를 놓거나 만들어내야 한다.
존재하지 않는 것을 상상하고 미래로 이어지는
굴을 파고 장소를 요구해야 한다.
이는 세력권을 주장하는 희망의 문제다.
당시에 이 같은 굴 파기는 이상에 가깝지만
미래에는 우리의 현실이 된다.

비요크, 싱어송라이터

앞으로 10년 동안,
이 세상과 나의 삶이
변하는 방식을 결정하는 데
개인적으로 얼마나 통제력이나
영향력이 있다고 느끼는가?

. . . . .

나의 전망을 1에서 10까지 점수 매겨보자.

전혀 통제하거나 영향을 미칠 수 없다고 느끼면 1,
완벽하게 통제하거나 영향을 미친다고 느끼면 10이다.

Chapter 10

|||||||

|||||||

|||||||

|||||||

미래의 영웅이 될
준비가 됐는가?

모험의 부름은 운명이 영웅을 소환했음을 의미한다.

조셉 캠벨, 신화학자

1967년, 펜실베이니아 대학교 연구진들은 개에게 전기 충격을 가하는 논란의 여지가 있는 심리학 실험을 수행했다. 이 연구의 목표는 동물 그리고 더 나아가 인간이 부정적인 경험에서 무엇을 배울 수 있을지 알아내는 거였다. 개들은 구멍 4개에 다리가 매달린 채 해먹에 묶였고 연구진들은 개의 뒷다리에 고통스러운 전기 충격을 가했다. 어떤 개들에게는 코로 건드릴 수 있는 레버가 주어졌다. 이 레버를 밀면 충격이 중단되었다. 대부분 충격을 멈추게 하는 방법을 곧바로 알아냈다. 하지만 일부 개의 경우 레버가 일부러 작동되지 않았다. 어떻게 해도 충격은 계속되었다.

무기력은 학습된 것이 아닌 본능이다

1차 충격을 견딘 지 24시간 후 개들은 '셔틀 상자'라는 다른 시험 환경에 놓였다. 이 상자는 개들이 쉽게 넘을 수 있는 낮은 칸막이를 중심으로 두 부분으로 나뉘었다. 한쪽에는 더 많은 전기 충격을 가할 수 있는 철판이 있었고 다른 쪽은 안전했다. 개들은 5분 동안 셔틀 상자 안에서 아무런 구속 없이 자유로이 돌아다닐 수 있었다. 그러다 갑자기 충격이 가해졌다. 충격을 피하려면 칸막이를 뛰어넘어 다른 쪽으로 가야 했다.

연구진들은 전날 해먹에 묶인 채 레버를 밀어서 충격을 멈추게 한 그룹과 어떻게 해도 충격을 멈출 수 없었던 그룹의 개가 두 번째 시험에 굉장히 다르게 반응하는 것을 발견했다. 첫 번째 그룹은 칸막이를 뛰어넘어 충격을 피하는 법을 빠르게 파악했다. 하지만 두 번째 그룹에 있던 개들은 대부분 충격을 피하려는 시도조차 하지 않았다. 그들은 가만히 앉아서 연구진들이 실험을 중단할 때까지 충격을 고스란히 견뎠다.[1]

오늘날이었으면 이러한 잔인한 동물 연구는 금지되었을 것이다. 하지만 이 실험은 동물과 인간 심리학의 초석이 된 중요한 이론을 낳았다. 학습된 무기력 이론이다. 이 이론에 따르면 결과가 우리의 반응과 무관하며 우리가 하는 일이 아무런 의미가 없다고 생각할 때 우리는 그 교훈을 내제화해 다른 상황에도 적용한다고 한다. 객관적으로 무기력한 상태가 아닐지라도 우리는 무기력을 느낀다. 그리하여 어떠한 미래 문제에 직면하더라도 상황을 개선하기 위해 행동에 나설 확률이 낮아진다.

이 이론은 수십 년 동안 유효했다. 실험은 쥐, 원숭이, 사람을 대상으로 반복되었다. 무기력한 행동은 동물과 사람에게서 계속해서 나타났다. 이 이론은 임상 우울증과 관련해 가장 많이 인용되는 설명으로 자리 잡았다. 삶의 다양한 영역인 가정, 학교, 직장, 건강, 재정, 연애에서 결과를 통제할 수 없을 때 우리는 노력을 중단한다. 우리의 뇌는 "고생할 거 없잖아."라고 우리에게 속삭인다. 우리는 우울해지고 안으로 침잠하며 셔틀 상자 속 개처럼 수동적으로 변한다.[2]

그런데 심리학 분야에서 예상치 못한 일이 일어났다. 이 실험을 수행했던 펜실베이니아 대학교 연구진 중 한 명인 스티븐 F. 마이어는 전공을 바꾸고 신경과학자가 되었다. 그는 수립에 기여했던 이 이론을 다시 살펴보기로 했다. 이번에는 신경학적 관점에서였다. 그는 무기력을 학습하는 데 어떠한 회로, 수용체, 신경전달물질이 관여하는지 살펴보았다. 뇌에서 무슨 일이 일어나는지 관찰하다가 그는 원래 이론이 거꾸로 된 결론이었음을 발견했다. 우리는 무기력을 학습하지 않는다. 뇌는 불리한 상황에 노출될 때 무기력을 가정한다. 결과를 통제할 수 있다고 느끼고 싶으면 나에게 힘이 있음을 알아야 한다.

이 새로운 연구 결과는 복잡하다. 하지만 가장 중요한 사실은 이제 심리학자들은 수동적이고 방어적인 전략 즉, 끝날 때까지 최악의 상황을 단순히 견디려는 것이 사실 나쁜 경험에 대한 우리의 가장 본능적이고 생리학적인 반응임을 안다는 것이다. 스트레스에 대한 '투쟁 도피' 반응을 들어봤을 것이다. 그것 또한 사실이다(심리학자들은 최근에 이 이론을 개정해 스트레스에 대한 세 번째 본능적인 반응을 포함시켰다. 사회적 지지를 주고받는 '돌봄과 친화'다). 하지만 투쟁 도피보다 앞서, 돌봄과 친화보다 앞서 가장 일차적인 반응, 진화가 본래 좋아하는 반응은 정지다. 정지하고 싶지 않다면 싸울 수 있음을 알아야 한다. 도주할 수 있음을 알아야 한다. 지지를 주고받을 수 있음을 알아야 한다.[3]

나에게 있는 힘을 알려면 어떻게 해야 할까? 본능적인 무기력 반응 즉, 기본적인 정지 반응을 차단하는 복내측시상하핵 전전두엽 피질^{vmPFC} 내 통로를 활성화하면 된다. 이 반응은 배후 솔기핵이라 부르는 뇌 부위에서 일어난다. 배후 솔기핵은 고통스러울 정도로 시끄러운 소음, 눈을 멀게 할 정도로 밝은 빛, 폭력의 위협, 수치, 전기 충격 같은 혐오 자극에 반응해 뇌의 다른 두 영역, 편도체와 감각 운동 피질로 신경전달물질을 보낸다. 전전두엽 피질은 혐오 자극에 맞서 원하는 결과를 가져오는 의도적인 행동을 취하는 직접적인 경험을 할 때에만 배후 솔기핵을 차단한다.

다시 말해 우리는 내가 소음을 차단하고 빛을 끄고 위협에서 도망치고 수치를 달래고 충격을 피할 수 있음을 알아야 한다. 우연히 근처에 있던 레버를 밀어 충격을 피할 수 있다는 걸 알게 된 펜실베이니아 대학교 실험 동물이 되어야 한다. 우리는 강압적인 상황에서도 의지를 발휘하게 하고 자신의 삶과 타인의 삶에 긍정적인 변화를 가져오게 만드는 모든 레버를 발견해야 한다.

이 연구는 캘리포니아 대학교 버클리에서 게임의 심리학으로 박사 논문을 쓰던 당시 내가 알게 된 사실을 설명해준다. 나는 게이머들이 비디오 게임에서뿐만 아니라 일상에서도 얼마나 많은 통제권을 인식하는지에 흥미를 느꼈다. 내 연구를 비롯해 그때 이후 진행된 수많은 연구에 따르면 게이머들은 일상에서 높은 목표를 세우며 현실에서 난관에 마주하더라도 포기할 확률이 낮다고 한다. 그들은 함께 정기적으로 게임을 하는 친구나 가족에게 도움을 요청하고 실질적인 도움을 제공할 확률이 게임을 하지 않는 이들보다 높다. 다른 이들이 능력에서 벗어나거나 통제할 수 없다고 느끼는 사회 문제에 발 벗고 나설 확률 또한 높다.[4]

이 같은 극단적인 주체 의식은 어디에서 나올까? 비디오 게임은 결과에 대한 통제를 가르치도록 설계된 심리학 실험과 비슷하다. 모든 게임은 극복하기 힘든 문제나 장애물, 도망치기 힘든 위협으로 시작된다(팩맨에 등장하는 빠르게 이동하는 유령을 생각해 보자). 플레이어는 어떠한 행동을 취할 수 있을지, 어떠한 자원을 모을 수 있을지, 어떠한 협력자를 이용할 수 있을지, 게임의 불리한 상황을 해결하기 위해 어떠한 전략을 취할 수 있을지 발견하는 실험을 해야 한다.

게임을 파악하고 기술을 향상시키고 목표를 달성해가며 미래를 판단하는 자신의 능력을 확신하게 된다. 가장 중요하게도, 게임 방식을 살펴본 뇌 활동 측정 연구에 따르면 이 모든 일은 우리가 혐오 자극을 통제할 수 있음을 가르치는 전전두엽 피질 내 동일한 신경 통로에서 일어난다고 한다.[5] 게이머는 게임을 할 때마다 중지 본능을 잊어버린다. 싸우거나 도피하는 법, 다른 이들을 보다 효과적으로 돕는 법을 배우게 된다.

이 연구 결과의 초석이 된 유명한 과학 논문이 1967년 실험 심리학 저널에 실렸다. 제목은 '정신적 외상을 초래하는 충격에서 벗어나지 못함'이었다. 오늘날 우리가 겪고 있는 경험을 이보다 적절히 표현한 말도 없을 것이다. 우리가 견디고 있는 것은 전기 충격이 아니라 사회 충격이다. 우리는 팬데믹, 시위, 산불, 폭염, 민주주의와 사실을 향한 공격에 시달리고 있다. 우리는 개처럼 누워서 또 다른 충격을 그저 기다리기만 할 것인가?

떠들썩한 지난 몇 년을 겪은 이들이 "앞으로 일어날 일을 통제할 방법은 없어, 그러니 뭣 하러 노력을 하겠어?"라고 말한다 해도 비난할 수는 없다. 하지만 이 같은 트라우마와 충격을 다르게 받아들일 수도 있다. 우리는 부정적인 경험을 향한 자연적이고 생래적인 신경학적 반응을 극복할 수 있다. 미래에 일어날 일들을 통제할 가능성을 감지하도록 뇌를 훈련할 수 있다. 나 자신을 미래 시나리오에 노출하고 이 시나리오에 성공적으로 대응하는 법을 상상하면 된다.

미래 시나리오를 굴려보는 일은 독특한 치유 효과가 있다. 이는 학습된 무기력의 반대 상황을 연습할 기회를 준다. 학습된 효능감이다.

학습된 효능감은 나와 타인을 위해 문제를 해결하는 과정에서 자신감과 통제력을 기르는 것이다. 타인의 고통을 경감하도록 돕거나 충족되지 않은 욕구를 충족시키거나 누군가의 짐을 덜어줄 때마다 우리는 나의 효능감을 알게 된다. 나에게 상황을 통제할 힘이 있다는 사실을 믿게 해주는 신경학적 통로가 강화된다. 궁극적인 힘은 아닐지도 모른다. 우리는 모든 이의 문제를 해결하거나 세상을 치유할 수는 없다. 하지만 상황을 개선하기 위해 행동을 취할 수 있다는 사실을 알 경우 미래 충격에 마주할 때 멈추지 않게 된다. 나의 무기력함을 가정하지 않는다. 도울 수 있는 새로운 방법을 찾게 된다.

이 책에서 소개하는 미래 시나리오들은 일부러 정신적 혹은 정서적 충격을 주도록 설계되었다. 미래 시나리오는 놀라우며 많은 경우 생각하기 힘든 세상을 담고 있다. 너무 생경하고 낯설어 상상하기 힘들기 때문이거나 우리가 그곳에서 마주하는 위기나 잠재적 트라우마가 우리를 불안하게 만들어 그것에 대해 생각하고 싶지 않기 때문이다. 하지만 게임이 그렇듯 시나리오나 시뮬레이션은 실험을 하기 안전한 장소다. 어떠한 행동이나 전략을 상상하든 현실에 아무런 결과를 미치지 않는다. 우리는 이 미래에서 더 용감하고 똑똑하고 강하고 친절하고 능숙하고 영웅적인 나를 상상할 수 있다. 투자를 하고 사업을 시작하고 새로운 곳으로 이사하고 공직에 출마하고 새로운 직업에 도전하고 사회 운동을 이끌고 평생의 꿈을 좇는 등 무슨 일이든 상상할 수 있다. 현실에서 도전하기에는 아직 준비가 미흡한 느낌이 들거나 장비를 제대로 갖추지 못한 일들조차 말이다.

우리는 지금까지 미래 시나리오를 굴려보는 다양한 방법을 연습했다. 새로운 세상에서 일어나 스스로에게 질문하는 모습을 생생하게 상상해 보았다. 이 미래에서 나는 어떠한 기분이 들까? 나는 어떠한 행동을 취할까? 우리는 다른 이들과 시나리오를 함께 살펴보면서 이 시나리오가 다른 이들에게 어떠한 영향을 미칠지 공감해 보기도 했다. 위기의 안개 속에서 명료하게 사고할 수 있도록 충격적인 사건에 어떻게 반응할지 미래의 관점에서 일기를 써보았다. 미래에 합병증을 야기할 오늘날의 사회 문제를 찾기 위해 우리의 향후 10년을 결정할 미래 난제를 살펴보았다. 이제 가장 중요한 미래 상상 기술을 연습할 차례다. 도울 수 있는 나만의 방법을 찾는 일이다.

나는 이 연습을 '미래가 보내는 모험의 부름에 응답하기'라 부른다.

신화학자 조셉 캠벨은 영웅의 여정에 관한 자신의 유명한 모델을 언급하며 수많은 미신과 전설에서 평범한 사람이 '모험의 부름'을 받는 순간 모험이 시작된다고 말한다. 미지의 영역, 보물과 위험이 기다리고 있는 운명적인 장소, 익숙한 삶의 지평선이 너무 커져버린 곳, 옛 개념과 이상, 정서 패턴이 더 이상 적용되지 않는 곳으로의 여정에 착수하는 것이 영웅에게 주어진 도전 과제다.[6] 이 머나먼 장소에 도착하자마자 영웅은 힘든 문제를 해결하거나 엄청난 진실을 알게 되거나 강력한 자원을 얻을 기회에 마주한다. 영웅은 이 대가를 손에 쥔 채 일상 세계로 돌아가고 이를 이용해 더 나은 세상을 만든다.

현실 세계를 사는 우리 대부분에게 다급하게 손짓하는 미지의 영역, 모든 것이 기이하고 뒤집힌 듯 보이는 이곳은 미래다. 영웅들이 그런 것처럼 우리 역시 정신의 시간 여행을 통해 기이한 세상을 방문해야 할지도 모른다. 그곳에서 어떻게 문제를 해결할지 상상하고, 그곳에 어떠한 기회나 보물이 기다리고 있을지 살피며, 그곳에 존재하는 위험을 찾는 것이다. 우리는 미래 여행에서 발견한 것을 현재로 갖고 올 수 있다. 우리 역시 이 통찰력과 예지력을 이 세상을 개선하는 데 사용할 수 있다.

캠벨의 이론에서는 단 한 명의 영웅만이 이 부름에 응답한다. 영웅은 특별한 사람이며 그만이 이 영웅다운 소명을 받아들이기 위해 필요한 기량과 자질을 지니고 있다. 하지만 미래의 부름은 우리 모두가 받는다. 시간은 누구에게나 공평하므로 우리는 완전히 동일한 속도로 다 같이 삶을 여행하고 완전히 동일한 순간을 살며 완전히 동일한 시간에 미래에 당도할 것이다. 미래에 관해서라면 영웅은 단 한 명이 아니다. 우리 중 누구라도 미래가 보내는 모험의 부름에 응답할 수 있다. 사실 더 많은 이들이 응답할수록 좋다.

이 부름은 도대체 무엇일까? 이 부름은 나 자신과 다른 이들이 생경한 시나리오와 위기에 적응하고 잘 살아내도록 도우려면 어떻게 해야 할지 미리 생각하고 느껴보라는 시급한 초대장이나 다름없다.

전형적인 영웅의 여정에서 모험의 부름에는 이따금 부름의 거절이 뒤따른다. 영웅이 소명을 받아들이기를 거부하는 것이다. 캠벨이 《천의 얼굴을 가진 영웅》에서 말했듯 현실에서 그리고 신화나 설화에서도 종종 이 부름이 응답을 받지 못하는 경우가 있다. 잠정적인 영웅이 '따분함과 고된 일, 혹은 '문화'에 갇혀 있을 때', 다시 말해 '현 제도를 굳건히 하고자 하는 욕망 때문에 현 상태라는 덫에서 정신적으로 벗어나지 못할 때' 부름을 거부할지도 모른다. 미래학자로서 나는 그러한 거절이 일어나는 경우를 수없이 목격한다. 자신들이 내린 가정에 이의를 제기하고 기이한 신세계를 상상할 수 있도록 나를 고용한 개인이나 단체에서조차 말이다. 내 경험상 사람들이 미래의 시급한 부름을 거절하는 방식은 4가지로 나뉜다. 거리두기, 부인, 피로, 굴복이다.

거리두기란 미래를 진지하게 상상하라는 부름에 이런 식으로 응답하는 것을 의미한다. "한참 후잖아, 지금 당장 생각할 필요가 없어.", "나에게 개인적인 영향을 미치지 않을 거야, 다른 사람 문제야.", "완전히 다른 사람들이 걱정할 문제야." 부인은 부름에 이런 식으로 답하는 것을 의미한다. "절대로 일어나지 않을 거야.", "일어나더라도 큰일 아닐 거야.", "그건 과장된 위험이야." 피로는 이렇게 반응하는 것이다.

"가상의 미래 걱정을 하기에는 지금 당장의 걱정거리가 너무 많아.", "사람들이 장기적인 위험에 관심을 갖도록 설득하는 데 지쳤어. 더 이상 못하겠어." 굴복은 이렇게 생각하는 것이다.

"개인적으로 할 수 있는 일이 없어. 내가 통제할 수 없는 일이야, 그러니 뭐 하러 신경 쓰겠어?"

'상상 거부하기'가 익숙하게 들리는가? 코로나19 팬데믹 때 수없이 목격한 상황이다. 상상하도록 요청받은 상상조차 하기 힘든 미래가 며칠 후나 몇 주 후에 펼쳐졌음에도 말이다.

처음으로 코로나19의 공격을 받은 지역에서 우리의 미래를 보여주려고 필사적으로 노력했던 것을 기억하나? 중국에서 그다음에는 이탈리아, 스페인, 뉴욕에서 영상과 소셜 미디어 포스트, 사설란을 통해 전부 다가올 위험을 경고하려 했다.[7] 미래 상상의 가장 결정적인 부름은 2020년 3월 17일에 공개된 이다 가리발디의 에세이, 《이탈리아에서 보내는 안부 Hello from Italy》였다.

"저는 이탈리아에서 이 글을 쓰고 있지만 여러분의 미래에서 현재의 여러분에게 쓰고 있기도 합니다. 비상사태에 처한 우리는 미국에서도 위기가 펼쳐지리라는 것을 예감할 수 있습니다. ……식당, 체육관, 도서관, 극장, 바, 카페 출입을 멈추세요. 사람들을 저녁 식사 자리에 초대하지 말고 아이들의 놀이 약속도 금지하세요. 놀이터에도 데리고 가지 말고 10대들을 철저히 감시하세요. 10대들은 몰래 친구들을 만나고 손을 잡고 음료와 음식을 나눠 마실 거랍니다. 지나친 행동처럼 보인다면 한번 생각해 보세요. 여러분은 결혼식이나 장례식을 열 수 없습니다. 망자를 묻기 위해 모일 수 없습니다. 이곳은 말도 안 되는 인명 손실을 피하기에 너무 늦었을지도 모릅니다. 하지만 여러분이 불편해 보인다는 이유로, 어리석어 보이길 바라지 않는다는 이유로 이러한 행동을 취하지 않겠다고 결정해놓고 우리가 경고하지 않았다고 말하지는 말기 바랍니다."[8]

이 사람들은 미래에서 메시지를 보내고 있었다. 상상조차 하기 힘든 일이 일어날 수 있다는 온갖 증거에도 불구하고 수많은 이들이 나에게는 그러한 일이 일어날 수 있다고 생각하지 못하기 때문이다. 우리는 자신의 커뮤니티에서 일어나기 전까지는 그러한 미래를 진짜로 상상할 수 없다.

미래의 부름이 늘 이 정도로 명백한 건 아니다. 그토록 명확하고 구체적인 미래 비전이 눈에 띄는 일은 흔치 않다. 하지만 땅에 계속해서 귀를 대고 있다면 즉, 변화의 신호를 찾고 미래력을 따를 경우 미래의 부름이 들릴 것이다. 그 부름에 응답할지 결정하는 일은 우리에게 달려 있다.

여러분은 모험의 부름에 응답했다. 이제 뒤바뀐 세상으로 정신의 시간 여행을 떠나려 한다. 그곳에서 마주할 위기에 더 잘 대처하기 위해 무엇을 가져갈 것인가? 미래를 형성하는 데 기여할 수 있는 나의 놀라운 힘을 파악하기 위해 미래에 가져갈 짐 싸기라는 짧은 연습부터 해보자.

신화와 전설에서 모든 영웅은 주어진 문제를 해결하는 데 도움이 되는 기술, 장점, 지식, 도구를 갖고 있다. 여러분 역시 미래에 다른 이들에게 도움이 될지도 모르는 나만의 장점을 지니고 있다. 저자이자 리더십 코치인 타라 모르는 이렇게 말했다.

"세상은 우리의 모양을 한 구멍으로 만들어졌다 / 그 점에서 우리는 중요하다 / 그 점에서 우리는 세상을 만들기 위해 존재한다 / 그 점에서 우리는 부름을 받았다."[9]

그러니 물어보자. 나는 무엇을 잘하는가? 무엇에 대해 잘 아는가? 어떠한 커뮤니티에 속하는가? 다른 사람보다 더 열정을 갖고 있는 분야는 무엇인가? 어떠한 장애물이나 난관에 마주하더라도 나를 앞으로 나아가게 만드는 가치는 무엇인가? 나는 여러분이 이 질문에 대한 답을 찾도록 도와줄 것이다. 하지만 우선 열린 마음으로 이 질문들에 답해보기 바란다.

미래 위기에 관해서라면 특정한 장점과 능력이 다른 능력보다 도움이 되는 것처럼 보일지도 모른다. 시나리오에 따라 핵심적인 능력은 의료 기술, 번역하는 능력, 집회를 조직하는 능력, 모금 활동을 하는 능력, 자료를 모델화하는 능력, 전력망을 작동하는 능력 등이 될 수 있다. 이 핵심적인 기술이 부족할 경우 정말로 중요한 일을 할 자격이 되지 않는 기분이 들지도 모른다. 하지만 미래에 무엇이 필요할지 생각할 때에는 열린 태도를 지녀야 한다.

패션 감각, 성경 공부, 그룹에 오랫동안 함께한 경험, 총기 안전 지식, 만화 그리기 기술, 이웃의 이름 전부 알기, 시기적절하게 감사 노트 쓰는 습관, 하늘의 별자리를 파악해 이야기하는 능력, 최고의 부모 되기에 전념하는 태도, 매일 만보 걷겠다는 굳은 의지, 모험적인 식습관 등 미래에서 다른 누군가에게 도움이 되기에 너무 사소하거나 별 볼일 없는 기술이나 장점은 없다.

그러니 짐을 쌀 때 이 기술들이 중요하지 않다고, 이 지식들이 사소하다고, 이 커뮤니티가 필수적이지 않다고, 이 장점들이 도움이 되지 않는다고 속단하지 말기 바란다. 미래에 가져갈 모든 것의 목록을 작성한 뒤 우리는 미래 시나리오로 여행을 떠날 것이다. 나만의 장점으로 무엇을 할 수 있을지 창의적으로 생각할 기회를 얻게 될 것이다. 우선 짐부터 싸자.

미래에 가져갈 짐을 싸는 법은 다음과 같다.

나는 여러분의 기술, 능력, 지식, 열정, 커뮤니티, 가치에 관해 몇 가지 질문을 던질 것이다. 빈 종이에 답을 적어두면 도움이 된다. 미래 상상에 영감이 되도록 이 목록을 어딘가에 붙여놓아도 좋다. 각 질문에 최소한 한 가지 답을 적어보려고 노력하자(질문 하나당 아이디어가 한 가지 이상 떠오를 경우 전부 적어보자! 아이디어가 많을수록 상상이 즐거워진다).

다른 이들과 답을 비교할 경우 이 과정이 즐겁고 신선하게 다가올지도 모른다. 답을 떠올릴 수 없을 때에는 친구나 가족에게 도움을 청해보자. 다른 이들은 우리가 알아채지 못하는 나의 기량이나 장점을 알아보기 마련이다.

1. **기술과 역량**: 나는 무엇을 잘하는가? 내가 아는 지식 중 많은 이들이 모르는 지식이 뭐가 있는가?

여기에는 전문적인 기술, 삶의 기술, 취미, 돈을 받고 하는 일, 즐거움 때문에 하는 일 등이 포함될 수 있다. 학교나 직장에서 배운 것, 특별 훈련을 받은 것도 있다. 위기에 유용할 수 있을 거라 생각되는 부분으로 한정하지는 말자. 무엇이든 될 수 있다. 가령 나는 이렇게 썼다. 새로운 게임 만들기, 여행 계획하기, 비전문가에게 과학 연구 설명하기, 산길 뛰기, 집 안에서 산불 연기 빼기 등이다. 미래에 당도하면 이러한 기술과 역량이 내가 어떠한 도움이 될지를 보여주는 확실한 단서가 될 것이다.

2. **심층 지식과 열정**: 내가 대부분의 사람보다 많이 아는 주제나 활동

은 무엇인가? 내가 대부분의 사람보다 많이 생각하는 분야는 무엇인가?

다음과 같은 예가 있다. 개 민첩성 훈련, 영양, 할리우드 영화, DIY 핼러윈 의상, 군대 역사, 페르시아 전통 음식, 줌바 춤, 프로젝트 관리, 에니어그램 성격 유형, 극기주의 철학, 인공 지능 윤리, 파티 플래닝, 자기관리, 디지털 사진 등이다.

3. 커뮤니티: 나는 어떠한 커뮤니티에 속하는가? 어떠한 그룹의 회원인가? 이웃, 학교, 직장, 더 큰 산업, 종교 커뮤니티, 디아스포라, 지지 그룹, 정당, 음악 혹은 예술계, 운동이나 게임 커뮤니티, 환자나 의료 온라인 커뮤니티, 토론 포럼이나 채널, 활동하고 있는 사회 네트워크, 치유 단체, 아무 클럽이나 팀, 심지어(정체성에서 큰 부분을 차지한다면) 일가친척도 될 수 있다.

미래에 당도하면 여러분은 이 커뮤니티를 동원하거나 그들의 이익을 대변하거나 그들에게 계속해서 정보를 전달하는 중요한 역할을 할 수 있을지도 모른다.

4. 가치: 나의 핵심 가치는 무엇인가? 가치는 삶에 목적과 의미를 부여하는 존재 방식이다. 내가 전시하고 싶은 장점, 받들고 싶은 미덕, 구현하고 싶은 자질, 대의를 위해 봉사하는 존재 방식이다. 우리가 기릴 수 있는 가치의 예는 다음과 같다.

배움을 멈추지 않기, 최고의 부모 되기, 신체 한계에 늘 도전하고 다른 이들에게 영감주기, 친구들이 필요로 할 때마다 곁을 지키는 자상한 사람 되기, 자연과 연결되고 존중하기, 모든 것을 즐기기, 삶은 짧기에 절대 지루해하지 않기, 충실하게 신을 섬기기, 행동으로 타의 모범되기, 세상 전체 탐구하기, 최대한 많은 문화 이해하기, 다른 이들을 위해 나서며 정의를 위해 싸우기, 기회가 될 때마다 세상에 아름다움 퍼뜨리기, 진실을 기록하고 널리 전파하기(다음 문장을 채워보면 나의 핵심 가치를 파악할 수 있다: "나는 ……겠다고 맹세한다.", "내 목적은 ……이다.", "나는 ……에 시간과 에너지를 쓸 때 최고의 내가 된 기분이다.").

미래에 당도하면 이 가치들이 우리의 행동을 인도하며 힘든 시기에 의욕을 갖고 회복력을 잃지 않는 데 집중하도록 도울지도 모른다.

슈퍼스트럭트와 이보크 플레이어들은 이 같은 활동을 마쳤다. 시뮬레이션을 시작할 때마다 자신의 기술과 역량, 지식과 열정, 커뮤니티, 가치를 파악했다. 당시에 우리는 이 과정을 '힘이 샘솟는 희망적인 개인' 프로필 작성이라 불렀다. 가상의 미래 팬데믹이라는 영웅이 필요한 상황에 어떻게 맞설지 상상할 수 있으려면 이처럼 구체적인 장점을 반드시 나열해봐야 한다. 최근에 다시 연락이 닿은 한 플레이어는 이렇게 말했다.

"이 경험은 저에게 큰 영향을 미쳤어요. 가장 큰 영향을 미친 요인은 미래에 가져갈 수 있는 나의 기술이 무엇일지 상상한 경험이었죠. 수동적인 관찰자로서 시나리오를 상상하는 대신 제 자신이 미래에 어떠한 도움이 될지 구체적으로 상상해 본 결과 진짜 미래로 들어갈 용기와 자신감을 얻었습니다."

이제 가능한 미래 위기에 나의 장점을 활용할 차례다. 2035년 또 다른 팬데믹이 발발한다. 이 팬데믹은 우리가 경험한 것과는 차원이 다르다.

여러분은 이 부름에 응했다. 짐을 쌌다. 미래 시나리오가 기다리고 있다. 오늘날 존재하는 실제 질병을 바탕으로 한 이 시나리오를 읽어가는 동안 마음의 시동을 걸어보자. 방금 나열한 나만의 장점 가운데 어떠한 점이 이 시나리오에서 가장 큰 도움이 될까?

미래 시나리오 #10 알파-갈 위기

2035년.

오늘, 역사적인 뉴스 보도가 있었다. 알파-갈 증후군[AGS]이 미국인 5천만 명에게 영향을 미치고 있다. 이전에는 상상조차 하기 힘든 숫자다.

15년 전 코로나19 팬데믹이 발발한 이후 '생각조차 하기 힘든'이나 '상상조차 하기 힘든'이라는 단어를 이토록 많이 들어본 적이 없다.

여러분은 이제 AGS가 어떻게 작동하는지 안다. 매개체인 진드기가 사람을 물어 과당분자 갈락토오스-α-1, 3-갈락토오스, 즉 '알파-갈'을 주입한다. 알파-갈은 소나 양처럼 진드기가 무는 동물의 피에서 흔히 발견되는 물질이다. 그렇게 되면 그 사람의 면역 체계는 비정상적 행동을 보인다. 과당분자가 끔찍한 바이러스인 것 마냥 과잉 반응을 보이는 것이다. 이제 그 사람은 소, 돼지, 유제품, 치즈, 라드, 젤라틴 같은 대부분의 포유류 동물 제품에 치명적인 알레르기가 생긴다. 이제부터는 알파-갈 당에 노출되기만 해도 끔찍한 반응을 보일 수 있다.

건강하던 5천만 명의 미국인, 다시 말해 미국인 8명 중 1명이 이제는 온갖 종류의 동물 제품을 피해야 한다. 햄버거를 한 입만 먹어도, 곰 젤리를 한 줌만 먹어도, 커피에 귀리 우유 대신 소의 우유를 넣어 마시기만 해도 병원에 입원할 확률이 높다. 전부 진드기 물림 때문이다. 그릴에서 고기를 굽는 냄새만 맡아도 호흡 곤란이 오며 심장박동이 위험 수준에 이를 수 있다. AGS 위기가 발생하기 전에는 '공기 전염 육류'라는 말을 한 번도 들어보지 못했지만 이제 이 질병은 사람들이 피해야 하는 진짜 위협으로 자리 잡았다.

두 번이나 세 번 물릴 경우 AGS는 악화된다. 일상적인 가정용품에 피부가 닿기만 해도 치명적인 과민증 쇼크가 올 수 있다. 얼마나 많은 비식품류, 예를 들어 크레용, 화장지, 콘돔, 플라스틱 가방, 치약 등이 소 지방이나 젤라틴에 의해 뭉쳐지거나 부드럽게 만들어지는지 우리는 전혀 몰랐다. 고기는 어디에나 있다 캠페인의 일환으로 진행된 CDC의 공공서비스 발표 덕분에 이제는 모두가 안다.

위기가 발생한 이후 미국에서 알레르기 반응으로 인한 응급실행이 1년 사이 125,000건에서 천만 건으로 증가했다. 정말로 상상조차 하기 힘든 일이다. 친구가 가족 중 알파-갈 증후군을 앓는 사람이 얼마나 되는지 셀 수도 없다. 스무 명? 서른 명? 못해도 그 정도는 될 거다. 운이 좋게도 여러분은 아직 걸리지 않았다. 아직까지 알려진 치료법이나 치유법도 없다.

AGS가 드물었던 때를 기억한다. 당시에는 '강요된 채식주의자, 진드기 물림 때문에 붉은 고기에 알레르기가 생겼다고 밝히다.' 같은 기사가 '기이한 뉴스: 세상에서 일어나는 온갖 기이하고 생경한 일들의 출처'에 등장했었다. 2009년만 해도 감염자가 십 수 명밖에 되지 않았다. 하지만 2019년이 되자 미국에서 34,000명이 AGS 진단을 받았고 유럽, 호주, 사하라 사막 이남 아프리카 전역에서 수천 명이 더 감염되었다.[10] 갑자기 뉴스 기사는 덜 기이해졌고 더 긴급해졌다.

"희귀 진드기가 흔해지고 있다. 치명적인 육류 알레르기가 생길 수 있다."

"더 이상 단순한 숲이 아니다. 론 스타 진드기 개체가 기존에는 상상조차 하기 힘든 수준으로 급증하며 전 세계인의 건강을 위협하고 있다."

사람들은 거의 하룻밤 사이에 뉴욕 센트럴 파크에서, 서던 캘리포니아 해변에서 AGS에 걸리는 듯했다. 아이들은 50개 주 전체 축구 경기장에서 진드기에게 물리고 있었다. 머지않아 알파-갈 증후군은 남극을 제외한 모든 대륙에서 발견되었다.

2034년 전 세계적으로 2억 5천만 명 이상이 AGS에 감염되자 WHO는 AGS를 최초의 진드기가 옮기는 팬데믹으로 선언했다. 그때 이후로 상황이 급변하기 시작했다.

"전 세계인의 25퍼센트가 치명적인 육류 알레르기 때문에 올해 채식을 할 것이다. 육류 제조업체, 식품 및 레스토랑 산업은 상상조차 하기 힘든 변화의 시대에 직면했다."

"사람들이 올해 진드기를 피하기 위해 여름 내내 실내에 머문다는 생각조차 하기 힘든 행동을 계획함에 따라 아름다운 날씨에도 공원, 해안가, 운동장이 텅 비었다."

"개는 이렇게 사라지는 걸까? 애완동물 소유주들이 진드기에 노출되지 않도록 자신이 기르던 개를 엄청난 속도로 버리고 있다."

"온갖 종류의 치명적인 알레르기 반응을 막아주는 필수 의약품, 에피네프린이 동나고 있다. AGS 알레르기에 걸리지 않은 7억 명이 넘는 이들이 이제 위험한 상태다."

"SARS-CoV-2, 3, 4, 5의 가장 성공적인 치료법이었던 단일클론 항체는 AGS에 걸린 사람에게 더 이상 효과가 없다. 포유류 세포계에서 생명을 구제할 약을 찾아냈다. 현지 바이러스 발발 기간에 AGS에 걸린 사람들의 자발적인 록다운이 권고된다."

AGS이 팬데믹이 된 지금, 세상은 다섯 종류의 사람으로 나뉘는 듯하다.

1. AGS에 걸린 사람: AGS에 걸렸다면 어떻게든 알파-갈 분자를 피하는 방향으로 생활이 유지된다. 이제 이들은 좋든 싫든 거의 채식에 가까운 생활을 한다. 비건 휴지를 어디에나 들고 다니고 소고기 젤라틴과의 접촉을 피한다. 진드기에 특히 유의하는데 또다시 진드기에 물리면 빠르게 번지고 치유하기 힘든 알레르기 반응, 관절 통증, 심각한 복통, 뇌 흐림 등 증상이 더욱 악화되기 때문이다.

2. AGS에 걸릴까 봐 걱정인 사람: 이들은 바깥 활동을 두려워한다. 공원, 해안가, 경기장에 갈 때면 피부를 최대한 가린다. DEET를 비롯해 쉽게 구입 가능한 진드기 퇴치제를 듬뿍 뿌린다. 집 안에 들어갈 때마다 친구나 가족들에게 자신이 진드기에 물리지 않았는지 집중적인 전신 검색을 해달라고 요청한다. 이 새로운 의식은 코로나19 시대 어디에서나 이루어지던 체온 점검을 떠올리게 하지만 훨씬 더 오래 걸리며 보다 은밀하게 이루어진다.

3. AGS에 걸리지 않았지만 혹시 몰라 걸린 것처럼 생활하는 사람: 이들은 예방 차원에서 육류 섭취를 중단한다. 가정용품은 전부 비건용으로 구입하며 고기 냄새를 맡지 않으려 한다. 이러한 예방 조치를 취할 경우 AGS에 걸려도 심각한 위험에 처하지 않을 수 있다. 이러한 행동은 가족의 안전을 지키는 데에도 도움이 된다. 이러한 생활 방식은 마음에 평화를 안겨준다.

4. 바깥 생활과 육류 생활을 두 배로 늘리는 사람: 이들은 걱정할 일이 생기기 전까지는 걱정하지 않는다. 고기를 최대한 음미한다. 바깥에서 최대한 많은 시간을 보낸다. 할 수 있을 때 즐기는 편이 좋다는 주의다.

5. AGS가 사기라고 확신하는 사람: 이들은 AGS가 식물 기반 산업에서 수익을 늘리기 위해 퍼뜨린 거짓말이라 생각한다. 알파 갈스라는 '페미니스트로 이루어진 엄격한 채식' 비밀 단체(사람들을 겁줘 채식을 유도하고 붉은 고기 섭취량을 줄여 테스토스테론을 낮추게 만들려는 조직)의 활동이라고 보거나, 이유가 뭐든 간에 이들은 AGS가 위험하거나 광범위한 질병이 아니라고 생각한다. 겁을 먹어 외부 활동을 중단하는 일은 없다. 식단은 당연히 바꾸지 않는다. 가장 영향력 있는 AGS 부인자의 조언에 따라 사람들의 음료에 사골 국물을 타 사기 행각을 밝히고 이 질병이 전혀 위험하지 않다는 걸 입증하려 할지도 모른다.

내가 이 미래를 살아간다고 상상해 보자. 2035년에 모두가 각기 다른 생활을 하고 있을 것이다. 다른 마을이나 도시에 살고, 다른 일을 하고, 이제 막 결혼했거나 미혼이거나, 이제 막 부모가 되었거나 장성한 자녀가 있거나, 부를 쌓았거나 저축을 해뒀을지도 모른다. 2035년 나의 모습을 상상하며 그 사람이 오늘날의 나와 어떻게 다를지 생각해 보자. 이제 아래 질문에 답할 차례다.

✕ ✕ ✕

선택의 순간 >> 나는 AGS 위기에 어떻게 반응하게 될까? AGS에 걸릴까 봐 두려워하며 예방책을 전부 취할까? 아니면 순간을 살며 더 많은 고기를 먹고 더 많은 시간을 자연 속에서 보내며 할 수 있을 때 즐길까? 혹시 모르니 예방 차원에서 아니면 걸릴지도 모르는 가족을 보호하기 위해 큰 변화를 시도할까? 부인하는 이들의 물결에 동참할까? 또 어떠한 반응을 상상할 수 있는가? 가상의 AGS 위기를 견딜 구체적인 행동 계획을 세우기 바란다. 우선은 상상의 날개를 펼쳐 전반적인 반응이나 대응 양상을 생각해 보자(AGS는 전 세계적으로 수십만 명에게 영향을 미치는 진짜 증후군이기 때문에 여러분은 AGS와 이미 살고 있을지도 모른다. 그렇다면 나의 경험을 바탕으로 AGS 팬데믹에 코로나 팬데믹 때처럼 엄청난 규모로 대응하는 방법을 상상할 수 있는가?).

이제 이 가능성에 몰입할 기회를 얻었으니 이 미래에 긍정적인 변화를 가져올 기회를 감지하는 데 집중하자. 미래를 통제하는 느낌이 드는 데 그리고 실제로 그렇게 되는 데 기여하는 학습된 효능감을 촉발하기 위해 어떤 시나리오에서도 물을 수 있는 3가지 핵심 질문을 던져보자.

- 이 미래에 사람들은 무엇을 원하고 필요로 할까?
- 이 미래에는 특히 어떠한 사람들이 도움이 될까?
- 이 미래에 사람들을 돕기 위해 나만의 강점을 어떻게 이용할 것인가?

'알파-갈 위기' 시나리오를 갖고 위 질문에 대한 답을 브레인스토밍 해보자. 육류 제품에 치명적인 알레르기를 보이는 진드기 팬데믹이 발발한 세상에서는 무엇이 새로운 필수품으로 부상할까?

이 미래에 사람들은 무엇을 원하고 필요로 할까?

어떠한 제품, 어떠한 조언과 정보, 어떠한 종류의 지원이나 보호, 어떠한 새로운 방식이 필요할까? 다시 말해 이 새로운 세상에서 예전 방식이 더 이상 통하지 않아 다시 만들어야 하는 것은 무엇일까?

이는 브레인스토밍 질문이다. 답은 많을수록 좋다. 나의 제안을 읽기 전에 몇 가지 아이디어를 떠올려보자.

"알파-갈 위기 속에 살아가는 세상에서는……."

진드기 퇴치제의 수요가 급증할 것이다. 아나팔락시스 반응을 멈추게 하는 아피펜스, 식물성 대체육, 가금류, 해산물, 비건 화장지, 비건 가정용품, 물고기나 도마뱀처럼 진드기에 안전한 실내 애완동물의 수요 역시 증가할 것이다. 또 무슨 일이 일어날까?

사람들은 스스로와 애완동물을 철저하게 진드기 점검하는 방법을 배워야 할 것이다. 기타 유용한 정보로는 진드기에 물릴 가능성이 높은 곳을 표시한 지도, 아나팔락시스를 알아채 인명 구조용 에피펜을 투여하는 방법(알레르기가 없는 이들은 다른 이들을 돕기 위해 에피펜을 소지할 수 있다), AGS에 걸리거나 친구나 가족이 AGS에 걸릴 경우를 위해 채식 식단으로 바꿀 수 있는 요리 팁이나 영양학적 조언 등이 있다. 치약이나 비타민처럼 육류 재료가 숨겨진 제품에 관한 공공 인식 캠페인을 펼칠 수도 있다. 진드기 침입을 감지하는 저렴한 자가 방법, '진드기 방해물' 설치법에 관한 조언도 있다(소비자 보고서에 따르면 "가로 세로 13센티미터로 천을 잘라 45센티미터 기둥이나 막대기에 묶는다. 기둥을 잡은 채 길게 자란 잔디나 잡초, 특히 잔디밭의 끝을 따라 천을 묶는다. 진드기들은 보통 천 조각으로 이동하게 된다."[11]). 이 미래에 사람들이 알고 싶어 할 정보가 또 뭐가 있을까?

AGS를 달고 사는 불안감이나 AGS에 걸릴 두려움을 달래기 위해 어떠한 정신 건강 지원이 필요할까? 위험한 일을 하는 이들, 다시 말해 건설, 농장, 유전, 삼림, 전력선처럼 매개체 틱에 노출될 확률이 높은 분야에 종사하는 이들은 특별한 보호나 지원이 필요할 것이다. 한편 육류나 유제품 공장에서 일하는 이들은 육류와 유제품 소비가 극감하면서 이 산업이 위축될 경우 직업 훈련이나 대체 프로그램이 필요할지도 모른다. 지원이나 보호가 필요한 이들이 또 누가 있을까?

레크리에이션과 온갖 종류의 외부 활동은 재고되거나 임시로 재구성되어 진드기에 물릴 염려가 없는 실내로 옮겨야 할지도 모른다. 최대한 많은 활동을 바깥으로 옮겼던 코로나19 팬데믹 전략과는 정반대다. 레스토랑은 AGS에 걸린 이들을 위해 안전한 식사 방법을 고안할지도 모른다. 개털 깎기가 일상으로 자리 잡을지도 모른다. 털이 많은 개보다는 털을 민 개의 경우 진드기를 쉽게 찾아내고 제거할 수 있기 때문이다. 오늘날 고위험 지역이 산불 예방을 위해 이미 재설계되고 있는 것처럼 뜰, 잔디밭, 정원은 진드기 통제를 강화하도록 재설계될지도 모른다. 사회가 이 미래에 적응하는 동안 또 무엇이 극적으로 변할 거라 상상할 수 있는가?

이 질문과 관련된 사고를 확장하는 가장 좋은 방법은 다른 이들에게 이 미래에 무엇을 원하거나 필요로 할지 물어보는 것이다.

이 미래에는 특히 어떠한 사람들이 도움이 될까?

새로운 전문가는 누구인가? 필수 기술을 갖고 있는 이들은 누구인가? 누가 주위에 있으면 안심이 될까? 그 어느 때보다도 중요해질 서비스를 제공하는 이들은 누구인가?

나의 제안을 읽기 전에 몇 가지 아이디어를 떠올려보자.

"알파-갈 위기 속에 살아가는 세상에서 가장 유용한 사람은……."

치명적인 알레르기와 함께 사는 경험을 해 본 이들, 새롭게 진단받은 이들에게 조언을 제공할 수 있는 이들, 심각한 알레르기 반응을 치료할 수 있는 의료 전문가, 알레르기 반응을 찾아 응급의료진이 올 때까지 환자를 도울 수 있는 일반인, AGS에 걸린 이들이 새로운 식습관을 지니도록 도울 수 있는 오랜 채식주의자나 비건, 채식 요리사, 뜰, 잔디밭, 정원에서 진드기를 통제할 수 있는 모든 이, 진드기를 피하는 실질적인 방법을 알고 있는 야외 생활 선호자, 암벽 등반, 스핀 스튜디오, 실내 놀이터 같은 실내 스포츠 활동 센터를 운영하는 이들, '알파 갈' 음모 이론과 역정보 문제를 해결하기 위해 사람들이 가짜 음모 이론 중독이나 역정보 캠페인에서 벗어나도록 돕는 출구 지도원 혹은 전문가가 있겠다.

이 목록에 또 누구를 포함할 수 있을까?

이 미래에 사람들을 돕기 위해 나만의 강점을 어떻게 이용할까?

나만의 장점이라 생각하는 기술, 역량, 지식, 열정, 커뮤니티, 가치를 생각해 보자. 이 시나리오에서 행동에 나설 발판으로 삼을 만한 것을 한 개 이상 상상할 수 있는가?

이 질문에 답하려면 기존 두 질문보다 훨씬 큰 상상력이 필요하다. 특히 내가 지닌 장점이 이 미래에서 원하고 필요로 하는 사항과 직접적이거나 확실하게 연결되지 않을 경우에는 더욱 그렇다. 대부분 이 질문에 답하려면 시간이 걸린다. 그러니 억지로 하려 하지 말자. 시나리오를 몇 시간이나 며칠 동안 품고 있다가 생각지도 않은 순간 떠오르는 아이디어를 살피면 된다. 내가 이 시나리오를 시험 삼아 돌려봤을 때 사람들이 떠올린 아이디어를 참고 삼아 공유한다.

"저는 패션에 열정을 느껴요. 저는 독특한 양식에 도전하고 인스타그램에 매일 제가 입은 옷을 올리죠. 이 미래에서 저는 진드기를 예방하는 패션을 선보일 수 있을 거예요. 바지를 양말 안에 넣어 입는 것처럼 말이죠. 오늘날에는 쿨해 보이지 않지만 멋지게 보이게 만들면 새로운 트렌드를 만들어낼 수 있지 않을까요?"

"공공정원 커뮤니티는 안전하고 아름다운 실내 정원을 만드는 데 도움이 될 수 있어요. 옥외 정원처럼 우리의 영혼을 살찌우지만 진드기로부터 안전한 장소죠."

"이건 좀 이상한 아이디어일 수 있는데 저는 우리 동네의 넥스트 도어 커뮤니티에서 활동하고 있어요. 그곳에서 저는 5G에 관해 음모 이론을 퍼뜨린 사람들이 코로나19와 백신에 관해 역정보를 퍼뜨린 사람이라는 걸 알게 되었죠. 새로운 음모 이론이 유행하기 전에 그들에게 알파-갈 신드롬에 관한 제대로 된 정보를 알릴 수 있을 거예요. 남들보다 일찍 진실을 알게 될 기회를 주고 이 정보를 퍼뜨리는 데 도와 달라고 하면 그들도 소속감을 느끼지 않을까요?"

"저는 어시스턴트 축구 코치예요. 선수들이 육류나 육제품 알레르기 반응을 보이면 근육을 키우고 체질량을 늘리는 다른 전략이 필요해질 거예요. 제가 도울 수 있지 않을까요? 'AGS 선수'를 위한 새로운 운동이 생길지도 모르겠네요."

"사냥을 하는 사람이라면 이 미래에서는 사슴과 토끼 개체수를 줄여야 한다고 말할 거예요. 이들 개체수가 많을수록 진드기 수도 많아질 테니까요. 저는 사냥 자격증을 늘리고 사냥 시즌을 연장하기 위해 커뮤니티 차원에서 노력을 펼치도록 도울 거예요. 이 문제를 그런 식으로 해결할 수 있는지 지켜봐야겠죠."

"작은 일이지만 기업가로서 저는 새로운 라인의 에피펜 권총집을 출시할지도 모르겠네요. 이미 존재하지만 다양하지는 않죠. 모두가 에피펜을 소지할 경우 옵션이 있다면 좋지 않을까요? 자신을 표현할 수 있는 재미있는 방식 말이에요. 다채롭고 보기에도 흥미롭다면 AGS의 상황은 물론 알레르기 충격을 경험하는 이들을 돕는 법에 관한 대중의 인식도 향상될 수 있겠죠."

"프리스쿨 교사들은 아이들에게 진드기 점검과 관련된 새로운 노래를 가르칠 수 있어요. '머리, 어깨, 무릎, 발, 무릎, 발' 같은 노래 가사에 진드기가 숨기 좋아하는 장소를 넣는 거죠. '두피, 목, 겨드랑이, 무릎 뒤, 무릎 뒤'처럼 말이에요."

감이 오는가? 다른 이들을 도울 수 있는 나만의 방식은 우리가 이미 알고 사랑하고 수행하고 있는 일에서 기인할 수 있다. 글로벌 위기가 닥치면 거의 모든 커뮤니티, 산업, 이웃, 사회 의식, 일상 활동이 영향을 받을 것이다. 이 미래에 유용하도록 나를 재창조할 필요는 없다. 나에게 자연스러운 방향을 취하면 된다. 그렇기는 하지만 위 3가지 질문에 답해볼 경우 미래에 가져갈 짐에 몇 가지 기술이나 지식 주제를 추가할 수 있다. 이 같은 시나리오가 정말로 일어날 때 더 준비가 되어 있기 위해 손쉽게 취할 수 있는 방법은 무엇일까? 진드기 검사법을 배우고 진드기 방해물을 설치하고 아나필락시스 증상을 알아채고 에피펜을 이용하고 좋아하는 요리의 채식 버전을 즐기는 일은 전부 이 미래에 발생하는 일을 보다 효과적으로 통제할 수 있게 해주는 등 즉각적인 성과를 안겨줄 것이다.

'알파-갈 위기' 같은 시나리오가 정말로 일어날 수 있을까? 물론이다. 이 미래를 상상하고 준비할 만하게 만드는 미래력을 살펴보자.

알파-갈 신드롬[AGS]은 실제로 전 세계적으로 증가하고 있는 추세다.[12] 가장 큰 성장세는 미국에서 목격된다. 일반인을 상대로 한 알레르기 혈액 검사 결과 미국 인구의 10퍼센트가 이미 알파-갈 과당분자에 갈수록 심각한 알레르기 반응을 보이고 있는 것으로 나타났다. 단 한 번만 진드기에 물려도 알레르기 반응을 보인다. 알파-갈 매개체 물림이 보다 흔한 미국 동남부에서는 이 숫자가 훨씬 높다.

이곳에서는 20퍼센트가 과당분자에 민감하게 반응한다. 애완동물 소유주와 옥외 활동을 즐기는 이들이 가장 위험하다. 전 세계 일부 지역에서, 그리고 특정 직업군에서 AGS 민감도는 현재 심각한 수준이다. 독일 사냥꾼과 삼림 노동자 가운데 35퍼센트가, 에콰도르 에스메랄다스 주에서는 전체 인구의 37퍼센트가, 케냐 시골마을 카바티에서는 인구의 76퍼센트가 알파-갈에 민감하게 반응한다.[13]

다행히 단 한 번 진드기에 물려 알레르기 반응을 보이는 이들 모두가 심각한 AGS를 경험하지는 않는다. 대부분 아무런 증상이 없으며 9퍼센트만이 중증 과민 반응을 보인다. 하지만 의학자들이 지적하듯 상황이 바뀌고 있다. 알파-갈 분자 함유율이 높은 식품을 계속해서 섭취할 경우 별로 예민하지 않았던 사람도 심각한 알레르기 반응을 보일 수 있다. 게다가 매개체 진드기에 한 번 더 물리면 그 후 심각한 반응을 보일 확률이 높다.[14] 대략 33백만 명의 미국인이 이미 알파-갈에 반응을 보이고 있기에 앞으로도 많은 이들이 인생을 바꿀 만한 AGS에 걸릴 거라 상상할 수 있다.

　기후 변화로 전 세계 진드기 개체수가 극적으로 증가함에 따라 알파-갈에 반응을 보이는 사람 역시 증가할 것이다. 한편 삼림황폐화 때문에 사슴이나 토끼처럼 진드기가 먹이로 삼는 동물과 사람 간의 접촉이 잦아지고 있다.[15] 진드기는 도시 공원이나 해안가 같은 새로운 장소에도 출몰하고 있다. 2019년 질병관리예방센터에서 발표한 한 연구에 따르면 뉴욕의 다섯 자치구 내 24개 공원 가운데 17곳에서 질병을 옮기는 진드기가 발견되었다고 한다.[16] 또 다른 연구에 따르면 진드기 물림 5건 가운데 1건이 현재 도심 지역에서 발생한다고 한다.[17]

　캘리포니아에서는 해수욕장을 찾는 이들에게 진드기의 40퍼센트가 질병을 옮기는 종이며 해안 관목의 진드기 개체수가 사상 최고치라 경고하고 있다.[18] 그리하여 온갖 종류의 진드기 전염병이 증가하고 있다. AGS뿐만 아니라 라임병, 바베스열원충증, 아나플라스마증, 로키산열 역시 증가 추세다. 향후 10년 동안 진드기 물림 예방 조치에 관한 우려가 증식될 것이다. 사람들이 진드기를 피하도록 돕는 방법을 파악하는 일은? 창의력, 연구, 혁신이 필요한 주요 분야가 될 것이다.

　하지만 이 시나리오에서 상상한 것 같은 극단적인 위기는 피할 수 있을 거라 본다. 초기 연구에 따르면 발병한 지 2년에서 3년 동안 알파-갈 분자에 노출되는 일을 완전히 막으면 일부 경우 AGS에서 원상회복이 가능할지도 모른다. 연구진들은 브루톤의 타이로신 키나아제 억제제[BTKis]라는 신종 의약품 개발에서 상당한 진전을 보이고 있기도 하다. 알레르기 유발 항원에 노출되기 직전에 이 약을 먹을 경우--치명적인 알레르기가 있는 사람조차-알레르기 반응을 완전히 막을 수 있다. AGS에 시달리는 사람들에게 이 약은 이따금 먹는 붉은 고기의 자유 섭취권이 될 수 있다. 심지어 알레르기로부터 자유로운 삶을 살기 위해 이 약을 매일 섭취할 수도 있다. 물론 만성적인 복용으로 인한 부작용은 있을 수 있다. 마지막으로, 진드기 연구 분야에서 질병 예방과 진드기 통제와 관련된 새로운 아이디어가 빠른 속도로 생성되고 있다.

2020년 기준, 동료 평가 과학 논문이 만 건이 넘게 출간되었다. 관련 정보를 더 많이 접하고 이 분야의 발전에 참여하고 싶은 사람을 위해 틱 앱(thetickapp.org)이라는 앱도 있다. 미국에 살고 있다면 진드기 인구가 어떻게, 어디에서 증가하고 있는지 파악하는 데 기여하도록 진드기 목격 사례를 보고하고 사진을 제출할 수 있다. 틱앱에 가입하면 과학자들이 진드기 전염 팬데믹을 예방하는 데 도움을 줄 수 있다. 긍정적인 변화를 꾀하는 데 2035년까지 기다릴 필요가 없다.

그렇다, 전 세계적인 알파-갈 위기는 일어날 수 있다. 이 시나리오를 유념한 상태에서 이 미래력에 주의를 기울일 경우 우리는 AGS를 비롯해 목숨을 위태롭게 하는 진드기 전염병의 위험을 낮출 수 있다. 알파-갈 증후군이 수많은 과학자들의 예측처럼 정말로 널리 퍼진다면? 우리는 충격을 받지 않을 것이다. 이 미래를 알아차릴 것이다. 자신과 타인을 재빨리 도울 수 있을 것이다. 내가 속한 커뮤니티나 삶에서 전개될 위기를 보다 잘 통제할 수 있을 것이다.

이 미래에서 다른 이들을 돕기 위해 나만의 장점을 어떻게 이용할 것인가? 라는 질문에 답함으로써 우리는 또 다른 이점을 누릴 수 있다.

도움이 되는 나를 상상할 경우 미래의 나에게 더욱 공감할 수 있다.

챕터 8에서 살펴본 미래 자아 연속성 질문지를 기억하는가? 심리학자들이 개발한 도구로 미래 자아, 혹은 10년 후 나에게 얼마나 공감하는지를 3가지 차원에서 측정하는 질문지다. 미래의 나를 얼마나 생생히 상상할 수 있는지, 미래의 내가 지금의 나와 얼마나 비슷하다고 느끼는지, 미래의 나를 얼마나 좋아하는지. 내가 도움이 될 수 있는, 심지어 영웅이 될 수 있는 온갖 방식을 상상하면 미래의 나에게 더 호감이 생긴다. 미래 시나리오에서 긍정적인 일을 할 수 있는 자신을 상상할 경우 미래의 나와 지금의 나 사이에 긍정적인 정서 유대감이 형성된다. 그렇게 되면 우리의 뇌는 미래의 나를 낯선 이, 내가 잘 모르며 전혀 신경 쓰지 않는 사람이 아니라 내가 잘 알며 사랑하는 사람으로 받아들이게 된다.

✕ ✕ ✕

"미래의 나는 굉장해요!" 온타리오주 윈저 마을의 연구 사서이자 십대 자녀 둘을 둔 미타 윌리엄스는 미래의 소셜 시뮬레이션에 자주 참여하는 이유를 이렇게 설명한다. 나는 2007년 전 세계 석유 위기를 상상하도록 도운 시뮬레이션에서 그녀를 처음 만났다. 그 후 미래 연구소에서 2008년 팬데믹을 시뮬레이션할 때 그녀를 다시 만났고 극단적인 기후와 대규모 전력망 붕괴 같은 연속적인 위기 상황을 그린 세계은행 시뮬레이션에서 또다시 만났다. 우리는 최근 그녀가 계속해서 미래를 찾게 만드는 요인에 대해 얘기 나눴다. 그녀를 모험의 부름에 응답하게 만드는 요인에 대해 얘기를 나눴다.

"사람들은 묻죠. '미타, 스트레스받지 않아? 왜 이러한 일을 생각하는 걸 즐겨?' 하지만 저는 미래의 제가 정말 좋아요. 그렇게밖에 설명할 수가 없어요. 미래의 저는 중요한 문제를 해결하는 데 발 벗고 나서요. 미래의 저는 타인을 돕죠. 그리고 그 경험이 저를 정말로 바꾸었어요. 이제 저는 과거와는 달리 참여하는 사람이에요."

미타는 가상의 글로벌 위기에 어떠한 도움을 제공할 수 있을지에 관해 얘기 나눈 덕분에 새로운 정체성을 얻게 되었다고 설명했다.

"저는 제 자신을 무언가를 하는 사람, 개인을 넘어선 보다 큰 문제를 바라보며 '내가 어떻게 도울 수 있지?'라고 묻는 사람으로 보기 시작했어요. 저는 이 세상에서 가장 영향력 있는 사람은 아닐지 모르지만 가족과 친구, 이웃, 도시를 위해 무얼 할 수 있을지 생각하기 시작했답니다."

미타는 최근에 취한 활동을 예로 들었다. 상상 속 미래가 아니라 현재 그녀가 속한 동네에서 한 일이었다.

"저희 동네에서는 제인스 워크라는 연례 행사가 열려요. 현지 커뮤니티에서 가이드의 안내에 따라 무료 산책을 하는 행사죠. 누구라도 자원해서 산책을 이끌고 이웃의 이야기를 전하거나 이 동네에 관해 사람들이 모르는 흥미로운 사실을 알려줄 수 있어요."

제인스 워크 축제는 매해 5월 전 세계 수백 개 도시에서 열린다. 도시계획 전문가이자 활동가인 제인 제이콥스를 기리기 위한 축제로 그녀는 활기차고 건강한 도시를 이루는 요소에 관한 선구적인 작업으로 유명하다. 올해 미타는 극단적인 기후와 기후 변화로 인한 전력망 붕괴 같은 도전적인 미래 시나리오에서 영감을 받아 제인스 워크에 참여하기로 했다.

"저는 전력 관련 기반 시설을 방문했어요. 전문가는 아니었지만 연구를 조금 했죠."

물론 그녀는 연구를 조금 했을 테다! 그녀가 이 이야기를 하는 동안 나는 생각했다. 그녀는 연구 사서 아니던가. 이는 이 위기에 기여할 수 있는 그녀만의 장점이다.

미타는 '전력망 붕괴: 원저의 전력망 투어'라는 안내 투어를 발명했다. 투어 초대장에는 "여러분이 사용하는 전기가 어디에서 오는지, 여러분의 집에 연결된 전선이 어디까지 이어지는지 알고 있나요? 우리에게 전기를 공급하는 눈에 보이지 않지만 어찌 보면 빤히 보이는 전력망을 거시적인 관점으로 바라보세요."라고 쓰여 있었다. 코로나19 때문에 온라인으로 이루어진 그녀의 투어에 163명이 참여했다.

"우리가 사용하는 전력이 어디에서 오는지 알려주는 건 제가 속한 커뮤니티가 회복력을 높이는 데 기여할 수 있는 저만의 작은 방법입니다."

미타는 이렇게 말했다.

"미래의 당신은 정말 굉장하지만 현재의 당신도 굉장해요."

나는 그녀에게 말했다.

미타의 활동은 나에게 영감을 준다. 나도 제인스 워크에 참여하고 싶다. 미래 연구소 연구진들이 미래 시나리오를 이용해 안내 투어를 이끌면 어떨까? 우리는 학생들에게 최소한 한 명의 이웃을 이 안내 투어에 데리고 가서 이 미래 시나리오가 현지 커뮤니티에서 어떻게 펼쳐질지 얘기 나눠보라고 독려할 수도 있다. 나는 정말 해보고 싶다. 가상의 알파-갈 위기를 바탕으로 하이킹 프로그램을 만들 수 있을지도 모른다!

이제 나는 내가 취할 수 있는 새로운 행동에 관한 아이디어를 얻었다. 학습된 효능감이란 바로 그런 것이다. 이 감정은 전염성이 있다. 용기, 창의력, 주체성은 전파되기 마련이다. 누군가 자신의 미래력을 찾는 과정은 다른 이들이 자신의 힘을 찾도록 영감을 준다.

나는 왜 우리가 마주한 진짜 문제를 찾아 지금 당장 누군가를 돕지 않느냐는 질문을 자주 받는다. 미래의 난제를 상상하는 일에는 왜 그토록 마법과도 같은 효과가 있을까? 최근에 나는 이보크를 함께 만든 로버트 호킨스에게 같은 질문을 던졌다. 오늘날 이 세상이 직면한 문제를 해결하는 데 전념하는 단체가 미래를 상상하도록 돕는 그는 이 사안에 관해 독특한 관점을 지니고 있다.

호킨스는 세계은행의 기술 및 교육 혁신 담당자다. 2010년 미래 연구소에서 처음으로 전 세계적인 게임을 진행한 이후 호킨스는 새로운 미래 시나리오를 바탕으로 현지 버전의 이보크를 주도하며 게임이 남아프리카, 브라질, 멕시코, 콜롬비아에 미치는 영향을 연구하고 있다. 그는 가상의 미래 시나리오에서 자신이 어떠한 도움이 될지 상상할 경우 특히 자원과 기회가 드문 커뮤니티에서 오늘날 나에 대한 생각이 어떻게 바뀔 수 있을지 직접 목격했다.

"이 커뮤니티의 젊은이들은 미래를 생각할 수 있게 되면서 제한된 현실에서 벗어날 수 있습니다. 제한된 기대, 낮은 자존감, 한정된 기회에서 벗어날 수 있죠. 10년 후를 바라보는 일은 대안적인 시나리오를 상상하는 데 도움이 됩니다. 오늘날의 내가 누구인지 분석할 수 있을 뿐만 아니라 어떠한 내가 될지 상상할 시간과 창의력, 자유와 해방감을 얻게 되죠."

"콜롬비아 게임에 참여한 젊은 여성은 이보크를 '나의 한계와 잠재력 사이에 다리를 놓는 일'이라 묘사했습니다. 저는 이 시뮬레이션이 행동에 나설 기회를 보여주는 방식이라고 생각해요. 극복할 수 없고 압도적이며 개인이 해결할 수 없어 보이는 이 위대한 위기들 사이에 다리를 놓고 사람들이 스스로 이 문제를 해결할 수 있다고 느끼도록 돕는 거죠."

그는 이보크가 남아프리카 플레이어들에게 미친 영향을 살펴본 연구를 언급했다. 이보크의 영향을 살펴본 최초의 연구였다. 연구 결과 플레이어의 60퍼센트에게서 게임이 개인의 정체성에 강한 영향을 미친 것으로 나타났다. 다시 말해 그들은 다음 진술에 동의할 확률이 높았다.

"나는 이 미래를 진지하게 생각하는 사람이다."

"나는 새로운 시도를 하는 나를 상상할 수 있다."[19]

이러한 속담이 있다.

"나의 이야기에서 내가 영웅이 아니면 나에게 잘못된 이야기를 전하고 있는 것이다."

나는 여기에 이렇게 덧붙이고 싶다.

"나의 미래에서 내가 영웅이 아니면 잘못된 미래를 상상하고 있는 것이다."

미래에 모두의 영웅이 될 필요는 없다. 하지만 누군가의 영웅은 되어야 한다. 내가 속한 커뮤니티에 봉사하든, 내가 살고 있는 동네를 안전하게 만들든, 내 가족의 성공을 위해 노력하든, 다른 이들이 진실을 저해할 때 진실을 퍼뜨리든, 무언가를 하는 새로운 방법을 개발하든, 고통스러울 단한 명을 돕든, 우리가 미래의 부름에 응할 대상은 많다.

미래를 향한 정신의 시간 여행을 통해 우리는 나의 도움이 시급해지기한참 전에 행동을 취할 기회를 얻을 수 있다. 어떤 시나리오에서든 나의 힘을 알 수 있으며 충격받거나 무기력해지는 일을 피할 수 있다. 그리하여 그 미래가 당도할 때 창의적으로, 정신적으로 중요한 일을 수행할 준비가 되어 있을 것이다.

상상력 트레이닝

규칙 10 _____ **모험의 부름에 응답하기**

미래 시나리오를 내가 중요한 일을 수행하는 모습을 상상하도록 권유하는 초대장처럼 생각하자. 행동을 취할 기회를 더 잘 간파하기 위해 다음의 3가지 질문을 던지면 좋다. 이 미래에 사람들은 무엇을 원하고 필요로 할까? 이 미래에는 특히 어떠한 사람들이 유용할까? 이 미래에서 다른 이들을 돕기 위해 나만의 어떠한 유일무이한 장점을 사용할까?

나만의 기술, 역량, 지식을 이용해 유용한 행동을 취할 방법을 찾자. 내가 소중하게 생각하는 가치가 나를 어떻게 동기부여시켜 힘든 일을 하도록 만들지 생각해 보자. 이 시나리오가 정말로 일어날 때 내가 속한 커뮤니티에 봉사하거나 이 커뮤니티를 동원할 방법을 생각해 보자. 어떠한 미래를 상상하든 누군가의 영웅이 되자.

| | | | | | | |

| | | | | | | |

| | | | | | | |

| | | | | | | |

Chapter 11

다양한 관점에서
미래 현실을 구축하라

팬데믹에서 얻은 교훈이 있다면 앞을 내다보는 일의 중요성이다.
변화가 일어나기 전에 변화의 경험을 만들어냄으로써
우리는 계획을 세울 수 있고 심지어 미래에 영향을 미칠 수 있다.

필립보 커티카, 디자이너이자 예술가

잠을 잘 때 우리는 왜 그토록 기이한 꿈을 꿀까? 철학자, 예술가, 심리학자들은 오랫동안 이 질문을 던졌다. 보다 최근에는 과학자들 역시 이 질문을 던지기 시작했다. 그런데 알고 보니 인간만 잠자는 동안 꿈을 꾸는 게 아니었다. 지난 20년 동안 과학자들은 고양이, 개, 새, 도마뱀, 심지어 갑오징어에게서조차 인간이 꿈꾸는 것과 흡사한 뇌 활동을 발견했다.[1] 인간의 뇌가 작동하는 방식의 우연한 부산물로 치부하기에 꿈은 생명체 사이에서 굉장히 흔한 현상이다. 다양한 종들에게서 특정한 현상이 반복적으로 일어날 때 이는 진화적으로 굉장한 이점으로 작용한다. 하지만 그 이점이 도대체 무엇일까? 꿈은 우리의 생존에 어떠한 도움이 될까?

시뮬레이션이 지닌 뇌 훈련 역량

컴퓨터 과학자들에게서 답을 얻을 수 있을지도 모른다. 그들은 기계가 인간다운 지능을 갖추도록 효과적으로 가르치려면 컴퓨터 프로그램에 자체적인 꿈을 심으면 된다는 사실을 알아냈다. 잡음 주입이라 불리는 이꿈은 프로그램의 사고방식을 보다 유연하고 적응력 있게 만든다. 잡음 주입이 작동하는 방식은 다음과 같다. 첫째, AI 프로그램에 분석하고 해석할 실시간 자료를 주입한다. 프로그램은 이 자료를 바탕으로 정확한 예측결과를 처리하고 생성하는 법을 학습한다. 이 프로그램이 잘 작동하면 이제 같은 자료를 의도적으로 기이하게 바꾼 결과를 주입한다. 이 새로운 자료는 일부러 애매모호하게 만든다.

컴퓨터 과학에서 잡음 자료는 의미 없는 자료, 기계가 쉽게 이해하거나 제대로 해석할 수 없는 자료를 의미한다. 잡음 주입은 AI 프로그램을 놀라게 하고 일시적으로 혼란스럽게 만들도록 설계된 실시간 정보를 무작위로 왜곡하고 재결합한다. 이 정보는 프로그램이 한 번도 본 적 없는 자료, 말이 되지 않는 자료를 보여준다. 이 기이한 자료는 기존 자료보다 성기다. 필수 기준점이 없기 때문에 프로그램은 빈칸을 채우려고 안간힘을 써야 한다.

잡음 주입의 목적은 AI 프로그램이 한 번도 본 적 없는 자료, 이해하기 쉽지 않은 자료를 처리하는 법을 학습하게 하는 것이다. AI 프로그램이 미래의 실시간 자료가 이미 본 것과 늘 동일하다고 가정하지 않게 하기 위함이다. 다시 말해 미래 충격으로부터 기계를 보호하는 것이다. AI 프로그램이 예상치 못한 결과를 예상하고 한 번도 본 적 없는 자료가 주입될 때 작동을 멈추지 않도록 가르치는 것이다. 연구 결과에 따르면 잠음 주입은 굉장히 효과적이라고 한다. 잠음 주입 훈련을 받은 프로그램은 실시간 자료만으로 훈련받은 프로그램보다 훨씬 더 빠르게 학습하고 업무를 수행한다.

최근 들어 터프스 대학교 신경과학자 에릭 홀은 이 기계 학습 기술이 초현실적이고 해석하기 힘든 인간의 꿈과 얼마나 비슷한지 알아냈다.[2] 홀은 자료 과학 저널 〈패턴스〉에 공개한 2021년 논문에서 꿈을 꾸는 건 뇌에 잠음 주입이 되는 것과 비슷한 느낌이라고 말한다. 우리의 꿈이 실시간 경험의 정확한 세부 사항을 반복하는 일은 드물다. 꿈은 실제 사람, 장소, 경험, 사건을 기이하고 무작위한 방식으로 재결합한다. 인간의 꿈 역시 잠음 주입처럼 성기며 자료가 부족하고 흐릿하다. 꿈을 다른 사람에게 설명하려는 순간, 우리는 일관적인 세부 사항이 부족하다는 걸 알아챈다. 말이 되지 않음을 깨닫는다.

홀은 이 연구를 바탕으로 꿈에 관한 새로운 보편 이론을 제안한다. 그는 꿈은 기이할 수밖에 없다고 상정한다. 모든 뇌는 이 기이함에서 독특하고 동일한 방식으로 이득을 보기 때문이다. 인간의 뇌든 동물의 뇌든, 컴퓨터 기반 인공 신경 네트워크든 동일하다. 직접 경험한 적 없거나 전에 상상조차 해보지 않은 무언가를 꿈에서 반복적으로 접할 경우 우리의 뇌는 과거에 경험한 구체적인 세부 사항에서 벗어나 보다 유연하게 사고하기 때문에 미래에 아무리 기이한 새로운 일이 닥치더라도 준비가 더 잘 된 상태가 된다. 꿈은 뇌가 본래 지닌 중요한 역할인 진화적 적응을 상쇄하는 기발한 방법일지도 모른다. 진화적 적응은 정상화 편견, 다시 말해 미래가 현재와 대체로 비슷할 거라 기대하게 만드는 패턴 인지 능력이다.

정상화 편견은 평상시에는 도움이 된다. 정상화 편견 덕분에 우리는 무언가를 파악하는 과정에서 정신의 에너지를 아낄 수 있다. 그리하여 예측 가능한 사건에 빠르게 대응할 수 있다. 상황이 계속해서 정상적으로 돌아가는 한 정상화 편견은 꽤 유익하다. 하지만 환경이나 정황이 크게 변할 때 정상화 편견은 굉장히 해로울 수 있다. 정상화 편견은 우리를 옛 사고방식에 가둬 새로운 환경에 적응하기 힘들게 만든다. 그러니 인류가 생존하려면 이 편견을 상쇄하는 꿈이 반드시 필요할지도 모른다. 꿈의 진화적 목적은 우리가 정상이 아닌 일을 받아들이고 이해할 줄 아는 상상력을 갖게 만드는 것일지도 모른다.

홀의 가설은 신경과학자와 AI 연구진들의 큰 관심을 받고 있다. 미래학자이자 게임 디자이너인 나는 다른 이유에서 이 가설에 끌린다. 나는 이 가설이 미래 시나리오와 미래의 정신 시뮬레이션, 특히 소셜 시뮬레이션이 지닌 독특한 뇌 훈련 역량을 설명해준다고 본다.

미래 시나리오는 가능한 미래에 관한 낯선 사실들을 나열한다. 좋든 싫든 이 미래에서 한 번도 일어난 적 없는 일이 일어나는 장면을 상상하게 만든다. 정신 시뮬레이션은 이 미래에 잠시 살아보라는 초대와도 같다. 가능한 세상을 머릿속으로 방문해 1인칭 경험에 몰입하는 것이다. 우리는 다음과 같은 질문에 답한다. 이 미래에서 나는 어떠한 기분이 들까? 나는 무엇을 할까? 나는 무엇이 필요할까? 다른 이들을 어떻게 도울까?

미래로의 여행이 짧은 생각 실험이었다면 정신 시뮬레이션은 몇 분 넘게 지속될 수 있다. 몇 시간, 며칠, 몇 주에 걸쳐 펼쳐질 수 있다. 머릿속에서 뿐만 아니라 다른 이들과의 대화를 통해서도 가능하다. 슈퍼스트럭트나 이보크처럼 내가 전문으로 하는 소셜 시뮬레이션이 그렇다. 나는 이번 챕터에서 여러분을 바로 그러한 시뮬레이션에 초대하고 싶다. 이 같은 시뮬레이션은 우리의 의식적이고 깨어 있는 정신에 투여하는 잡음 주입과도 같다.

장기적인 미래 시뮬레이션에서 우리는 일상을 살아가는 동안 머릿속에서 대안적인 현실을 펼친다. 상상 속 미래를 현실 사건에 포갬으로써 미래 시나리오에서 우리가 하고 생각하고 느끼고 원하고 필요로 하는 것들을 선명하게 상상한다. 오늘 학교에 간다면 이 미래 시나리오에서 학교가 어떻게 달라질지 상상한다. 직장에 가면 일자리가 어떻게 달라질지 상상한다. 내가 속한 커뮤니티 사람들이 굶주리는 것을 볼 경우 미래 시나리오에서 이 문제가 어떻게 해결될지 혹은 악화될지 상상한다. 커피를 사러 가거나 파티에 갈 때, 개를 산책시키거나 도서관에 책을 가지러 갈 때 병원에 가거나 돈 걱정을 하거나 사랑하는 이를 위로할 때 우리는 미래 시나리오가 현실이 될 경우 이 모든 일들이 어떻게 달라질지 상상할지도 모른다.

시뮬레이션은 이런 식으로 현재 삶과 상상 속 세계 간의 경계를 일부러 흐릿하게 만든다. 시뮬레이션은 가상의 가능성으로 일상의 사실을 왜곡하고 기이하게 만든다. 이 사실과 가능성들은 한데 뒤섞여 새로운 조합을 만들어낸다. 우리는 무엇이 정상인지에 관한 나의 기대에도 불구하고 이 조합을 이해하고 서사 상의 간극을 채우려고 노력해야 한다. 시나리오는 우리의 정신을 과거의 패턴에서 벗어나게 하며 우리의 뇌에 예상치 못한 일을 마주하는 연습을 할 기회를 준다. 꿈이 그렇듯 말이다.

다시 말해 정신 시뮬레이션은 가능한 미래에 관한 백일몽이다.

앞장에서 살펴본 '알파-갈 위기' 시나리오를 시뮬레이션한다고 치자. 이 가능한 미래에서는 최초의 진드기 감염 팬데믹으로 수억 명이 붉은 고기를 비롯한 기타 육류 제품에 치명적인 알레르기 반응을 보인다. 이 가상의 미래를 염두에 둔 채 현재 세상을 어떻게 새롭게 경험할 수 있을까? 우리는 아직 오지 않은 이 일상에서 무엇을 보고 듣고 마주하게 될까?

예를 들어 현실에서 비건 카페를 지나칠 경우 2035년의 관점에서 이 장면을 상상해 볼 수 있다. 채식 수요가 급증하면서 오늘날에는 한산한 이 카페에서 사람들이 마구 쏟아져 나온다. 우리는 현실에 존재하는 장소들을 다른 관점으로 바라보게 될지도 모른다. 미래 상상에 이용할 수 있는 자원으로 말이다.

시위대가 같은 카페의 입구를 차단하는 장면을 상상할 수도 있다. 이들은 비건 마피아라고 소리치며 근거 없는 음모 이론을 홍보하는 사인을 들고 있다.

"직감을 믿자! 알파-갈 증후군은 진짜가 아니다!"

우리는 현실에 존재하는 장소들을 이 미래에 충돌이 일어날 수 있는 장소로 재구성할지도 모른다. 바비큐 파티에 참석할 경우 대기 중에 떠다니는 고기 냄새를 맡지 않기 위해 손님들이 N95마스크를 쓴 모습을 상상할 수도 있다. 알파-갈 증후군에 시달릴 경우 손님들이 모임이나 식사 자리를 어떻게 느낄지 잠시 생각해 볼지도 모른다. 파티 분위기가 어떻게 달라질지, 이 미래에서 그러한 모임에 참석하기나 할지 궁금할 수도 있다.

이 같은 가상의 장면은 우리 머릿속에만 존재한다. 빠르게 일어나는 정신 시뮬레이션이다. 이 과정은 우리가 이미 느끼고 경험한 것마냥 시나리오에 생생하고 현실적인 세부 사항을 제공한다. 미래의 환각처럼 느껴지지만 나의 상상으로 통제하고 총괄할 수 있는 미래다.

몇 주 동안 지속되는 '알파-갈 위기' 시뮬레이션 기간에 우리는 또 무엇을 상상할 수 있을까? 어느 날 아침 옷을 입을 때 에피펜 권총집을 부착하는 모습을 상상할 수도 있다. 어떠한 스타일을 골랐는가? 권총집은 어떠한 소재인가? 무슨 색인가? 팔에 차는가, 허리에 차는가, 허벅지에 차는가? 머릿속에 이미지를 심기 위해 나중에 살짝 그려볼 수도 있다. 이 시나리오를 오롯이 느껴보고 싶다면 바지를 양말에 넣어본 뒤-진드기 예방 패션으로 상상 속 미래에서 유행할 스타일이다-실제로 하루 종일 그렇게 입고 다닐 수도 있다. 사소한 세부 사항일 뿐이지만 이 미래를 느끼는 데 굉장히 효과적인 방법이다.

주식 시장을 주시하고 있다면 금융 뉴스를 확인할 때 시장이 알파-갈 위기에 어떻게 반응할지 생각해 볼 수도 있다. 이 미래에서는 어떠한 주식이 오르고 어떠한 주식이 내릴까? 광고 분야에서 일한다면 통근 시간을 이용해 함께 일하게 될 새로운 유형의 고객이나 이 위기에 맞춰 기존 고객을 위해 개발할 새로운 캠페인을 상상해 볼지도 모른다. 출판 분야에 종사한다면 현 베스트셀러 목록을 살핀 뒤 10년 후 베스트셀러들을 상상해 볼 수도 있다. 제목이 무엇이고 장르는 무엇이며 어떠한 작가가 쓴 책일까?

깨어 있는 시간 내내 시나리오를 의식할 경우 언제든 가능한 미래를 살짝 엿볼 수 있다. 의사와의 정기 진료를 생각해 보자. 기다리는 동안 잠시 현실의 대안적인 미래 버전을 머릿속에 펼쳐볼 수 있다. 여러분은 알파–갈 민감도가 있는지 알아보려고 혈액 검사를 하러 왔다. 결과를 기다리는 48시간 동안 어떠한 감정을 느낄지 상상해 볼 수 있지 않을까.

여러분은 실제로 독감 예방주사를 맞으러 갈지도 모른다. 시나리오를 염두에 둔다면 독감 예방주사가 아니라 알레르기 반응을 없애는 브루톤의 타이로신 키나아제 억제제를 투여 받는다고 상상할 수 있다. 72시간 유효한 고기 자유 섭취권을 받을 수 있는 주사를 맞으려고 방금 100달러를 지불했다고 잠시 상상해 보는 것이다. 잠시 잠깐의 이 같은 생각은 훗날 큰 이야기, 미래의 빈칸을 채울 수 있는 기회가 될 수 있다. 나는 왜, 언제 BTKi 주사를 맞을까? 72시간 고기 자유 섭취권으로 정확히 무엇을 할 것인가?

아무리 작은 일도 미래 시나리오를 현실화할 기회가 될 수 있다. 예를 들어 요리 프로그램이나 〈탑 셰프〉의 에피소드를 볼 경우 알파–갈 위기에서 이 프로그램이 어떻게 달라질지 상상해 볼 수 있다. 국제 뉴스를 읽는다면 진드기 감염 팬데믹에 각 국가의 반응을 다룬 미래 뉴스 헤드라인을 적어볼 수도 있다. 소셜 미디어 피드를 살피는 사람이라면 이 미래의 페이스북 포스트나 트위터를 작성해보고 싶을지도 모른다. 알파–갈 위기에 어떠한 도움이나 정보를 요청하거나 제공하겠는가? 저녁 식사를 준비하는 사람이라면 가족이나 친구가 AGS을 앓을 경우 내가 만드는 요리가 어떻게 달라질지 궁금할지도 모른다. 이는 우리가 함께하는 일에 어떠한 변화를 가져올까?

일상적인 삶 위에 대안 현실을 투영하며 돌아다니는 일은 다소 비현실적으로 들릴지도 모른다. 이는 정말로 비현실적이다. 꿈처럼 초현실적이고 굉장히 창의적인 면이 있기 때문이다. 우리는 꿈과 동일한 신경학적 이득을 얻을 수 있을지도 모른다. 주위 세상이 변할 수 있는 기이한 방식을 적극 상상할 경우 충격에 조금 더 의연해지고 실제 변화에 보다 유연하게 반응하도록 뇌를 훈련할 수 있다. 적극적인 상상을 잘 하지 않는 사람이라면 장기적인 소셜 시뮬레이션을 하고 난 뒤에는 바뀔 것이다.

시뮬레이션에 몰입하다 보면 보다 직접적인 방식으로 시나리오에 생명을 불어넣고 싶어질지도 모른다. 우리는 상상 속 세계에서 사용되는 실제 물건, 다시 말해 미래학자들이 '미래의 유물'이라 부르는 것을 만들 수 있다. 사인, 포스터, 가정용품, 의류처럼 미래 시나리오에 존재할지도 모르는 일상적인 사물이다.

만든 사물은 미래의 시각적이고 촉각적인 단서로서 내 주위 환경에, 심지어 공공장소에도 심을 수 있다.

가령 '진드기 확인 방법' 포스터를 다운받아 출력한 뒤(오늘날 인터넷에서 쉽게 찾을 수 있다) 상단에 붉은색 매직펜으로 "당신은 현재 알파-갈 최초 전염지에 있습니다. 들어가기 전에 검사를 하세요."라고 쓰면 미래의 유물이 완성된다. 이 사인을 정문에 세워두면 이 시나리오에 몰입하는 데 도움이 된다. 시위 사인을 만들 수도 있다. 여러분은 목숨을 살리는 의약품에 높은 가격을 매기는 제약 회사의 횡포에 저항하고 싶을지도 모른다. 그렇다면 "모두를 위한 에피펜! 목숨을 구하는 일은 무료다.", "나의 위기에서 이득을 취하지 마라!"라고 적힌 시위 사인을 만들어보자. 가상 시나리오를 위해 실제 시위를 조직할 필요는 없지만 머릿속에서뿐만 아니라 실제로 이 미래를 그려볼 수 있는 장소를 찾아갈 경우 소셜 시뮬레이션의 '백일몽' 효과가 강화된다.

또 어떠한 유물을 만들 수 있을까? 미래의 스티커나 라벨을 붙이면 일상적인 가정용품을 미래화할 수 있다. 가령 개봉하지 않은 화장지 패키지에 "AGS 알레르기 경고! 이 제품에는 부드럽게 만들기 위한 용도로 소고기 젤라틴이 함유되어 있습니다."라고 쓴 라벨을 붙일 수 있다. 흰색 티셔츠에 이 시나리오의 감정이나 논쟁점을 포착한 슬로건을 적어볼 수도 있다. 알파-갈 위기에서 과당분자에 양성 반응을 보인 사람들은 "나는 민감합니다."라고 과감하게 주장함으로써 오명을 벗고 싶을지도 모른다. 여러분은 "나는 민감합니다."라고 적힌 티셔츠를 만들어 입은 뒤 질문을 받으면 이 시나리오를 설명하는 모습을 상상할 수 있는가?

모두가 미래의 대사관을 꿈꾸는 건 아니다. 하지만 자신이 알게 된 사실을 타인과 공유하고 싶다면 사인, 포스터, 스티커, 티셔츠 같은 유물을 이용하자. 이 같은 사물은 미래 시나리오와 이에 영감을 주는 변화의 신호를 둘러싼 대화의 문을 여는 훌륭한 장치다. 나의 꿈같은 미래 아이디어를 기록하고 타인과 공유할 때, 그리고 그들이 자신의 백일몽을 우리에게 공유할 때 시뮬레이션의 마법이 시작된다.

미래는 공유할 때 보다 현실적으로 느껴진다. 우리가 함께 방문하는 세상이 된다. 6주짜리 시뮬레이션이었던 슈퍼스트럭트가 종료될 무렵 한 플레이어가 토론 포럼에 이러한 글을 남겼다.

"꿈에서 깬 기분이다. 수천 명의 낯선 이와 함께 꾼 꿈이다."

어떠한 시나리오를 시뮬레이션할지 선택함으로써 우리는 어떠한 미래를 꿈꿀지 선택한다. 소셜 시뮬레이션을 선택할 때 우리는 함께 미래를 꿈꾸게 된다. 함께 미래를 꿈꾸려면 상상한 내용을 기록하고 공유해야 한다. 이는 소셜 시뮬레이션에서 가장 중요한 부분이다. 우리는 머릿속으로 떠올린 기이한 일들을 전부 기록하며 초현실적인 생각과 상상에 서사를 부여해야 한다. 두 사람이 각자의 노트에 수기로 일기를 적어 내려갈 수 있다. 각자 매일 몇 가지 생각을 적은 뒤 시뮬레이션이 끝날 때 일기를 교환해 서로가 꿈꾼 미래를 비교하면 된다. 단체 이메일을 보낼 수도 있다. 모든 참여자가 매일 혹은 일주일에 한 번 이 시나리오에서 무슨 일이 일어날지, 걱정되는 부분은 무엇일지, 어떠한 도움이 될 수 있을지에 관해 새로운 생각을 교환하는 것이다.

온라인 토론 포럼도 가능하다. 수백 명 심지어 수천 명의 사람이 동일한 미래 시나리오를 상상하며 각기 다른 이야기와 가능성을 공유하고 서로의 생각에서 아이디어를 얻는 것이다. 미래 연구소의 용어를 빌리자면 야생의 형태도 가능하다. 참여자들이 이 시나리오가 그들의 삶과 커뮤니티에 어떠한 영향을 미칠지에 관한 자신의 생각과 이야기를 트위터, 페이스북, 인스타그램, 틱톡, 유튜브, 미디엄, 트위치 등의 온라인 플랫폼에 공유하며 알파 갈 위기 같은 시나리오 해시태그를 포함하는 것이다.

이 과정을 거쳐 이야기는 널리 퍼진다. 미래가 인터넷에 흩뿌려지는 것이다. 앞서 인용한 윌리엄 깁슨의 말, "미래는 이미 와 있다. 단지 널리 퍼져 있지 않을 뿐이다."가 떠오르지 않는가. 이 시뮬레이션은 동료 미래 여행가와 그들의 이야기를 찾아 소셜 미디어 플랫폼을 뒤지는 일종의 물건 찾기 게임이다. 개개인이 상상하고 공유한 작고 개인적인 순간에서 완전히 새로운 우주가 탄생할 수 있다.

사회 기록은 어떠한 형태든 우리가 나의 상상을 다시 찾아 반추함으로써 나의 통찰력이 헛되지 않았음을 깨닫게 해준다. 동일한 시나리오에 관한 다른 사람의 경험을 살펴봄으로써 그들의 관점에서 이 미래를 상상하게 해준다. 우리는 나의 뇌가 절대로 떠올릴 수 없는 가능성을 접하게 된다. 다른 뇌와 다른 삶의 경험에서 수집한 자료로 나의 백일몽에 기하급수적인 잡음 투입을 하는 셈이다.

지금까지 미래 연구소에서 진행한 시뮬레이션의 사상 최고 기록은 이틀에 걸쳐 진행된 시뮬레이션에서 9천 명에 달하는 참여자들이 공유한 64,000개가 넘는 이야기와 아이디어다. 그토록 큰 규모의 시뮬레이션에서는 그 누구도 모든 콘텐츠를 취할 수 없다. 그보다는 거대한 아이디어의 흐름에 몸을 맡긴 채 나의 호기심을 따르는 수밖에 없다. 이 자료에 포함된 모든 콘텐츠를 수집해두면 훗날 이를 분석해 트렌드와 패턴을 구축할 수 있다. 미래 연구소에서 하는 일이 바로 그것이다. 하지만 나는 늘 이렇게 말한다. 이 시뮬레이션의 경험이 가장 중요한 부분이라고. 가장 값진 결과물은 시뮬레이션이 참여자들의 상상력을 키우고 생각조차 하기 힘든 변화에 적응하는 실질적인 기술을 쌓게 해주는 방식이다. 소셜 시뮬레이션에서 어떠한 연구 결과를 얻든, 어떠한 예측을 하는 데 도움을 받았든, 보너스에 불과하다.

소셜 시뮬레이션에 더 많은 사람이 참여할수록 집단 상상력을 더 크게 키울 수 있다. 하지만 그렇게 큰 규모로 시나리오를 굴릴 필요는 없다. 두 명이 며칠이나 몇 주에 걸쳐 스토리를 공유하고 아이디어를 주고받기만 해도 정신의 우주를 창조할 수 있다.

아직도 다소 추상적으로 들리는가? 그렇다면 이번 챕터에서 이 과정을 보다 구체적으로 보여주겠다. 나는 소셜 시뮬레이션을 설계하는 나만의 창의적인 과정을 낱낱이 분해해 장기적인 소셜 시뮬레이션을 구축하고 구현하기 위한 여섯 단계를 소개할 것이다. 이 방법을 알아두면 클럽이나 직장, 지원 단체, 온라인 커뮤니티, 수업, 콘퍼런스, 이웃 전체, 특별 이벤트에서 아무 때고 시뮬레이션을 돌려볼 수 있다.

하지만 확실히 알 것 같다면, 지금 당장 시작할 준비가 된 기분이라면 마지막 챕터로 곧장 가서 〈미래에서 열흘 보내기〉 게임을 해봐도 좋다. 그곳에서 여러분은 3가지 미래 시나리오를 만날 것이다. 그중 하나를 골라 그 시나리오를 머릿속에 담은 채 일상을 살아가기 바란다. 여러분은 미래 시나리오가 현실이 될 때 실제 삶에서 우리가 방문하는 장소, 우리가 하는 활동, 우리가 다른 사람과 교류하는 방식이 어떻게 달라질지 상상하게 될 것이다. 노트, 이메일, 영상 일기, 음성 녹음, 소셜 미디어 포스트, 스케치, 구글이나 워드 문서 등 선호하는 방식을 이용해 내가 생각하는 가장 기이한 일들, 온갖 놀라운 상상을 기록한 '미래 일기'를 써보자. 최소한 한 명의 상대에게 이 경험을 공유해 미래를 함께 꿈 꿔 보면 더욱 좋다.

자, 이제 다음 챕터로 가서 시뮬레이션 안내사항을 읽은 뒤 열흘 동안

할 수 있는 각기 다른 상상 아이디어를 제안한다. 함께 미래를 시뮬레이션할 상대를 골라보자. 한 가지 시나리오를 선택해 함께 생각해 보면 된다. 서로의 생각과 이야기를 공유하자. 얼마나 많은 일상의 위기를 해결할 수 있는지 알아보자.

작게 시작하기 바란다. 한 명의 상대 혹은 북클럽 크기의 그룹에서 시작하면 좋다. 재미가 붙으면 조금 더 큰 그룹을 초대하자. 욕심이 생기거든 나만의 시나리오를 만들거나 나만의 대규모 시뮬레이션을 돌려봐도 좋다. 이번 챕터에서 알려주는 정보가 도움이 될 것이다.

준비가 되었으면 이번 챕터의 나머지 부분을 건너뛴 뒤 2033년에서 만나자. 그 미래에서 함께 열흘을 보내보자.

원하는 미래를 시뮬레이션하는 여섯 단계

나만의 시뮬레이션을 계획하려면 다음 사항을 결정해야 한다.

- 어떠한 시나리오를 시뮬레이션하고 싶은가?
- 누구를 초대할 것인가?
- 언제 이 시뮬레이션을 시작하고 끝낼 것인가?
- 어디에서 사회적 공유가 일어날 것인가?
- 어떻게 미래의 다른 측면들을 살펴볼 것인가?
- 왜 이 미래를 시뮬레이션하는가?

이제부터 미래 연구소에서 만든 실제 소셜 시뮬레이션의 사례를 통해 이 여섯 단계를 상세히 살펴보겠다. 2016년 역사와 우리 자신 마주하기라는 비영리 교육 단체와의 제휴로 고등학생들을 위해 만든 시뮬레이션이다.

먼저 어떠한 시나리오를 시뮬레이션하고 싶은가?'다. 소셜 시뮬레이션의 중심에는 우리가 언젠가, 보통 지금으로부터 10년 후 깨어날 구체적인 세상을 기술하는 미래 시나리오가 있다. 다른 이들과 상상하고 싶은 미래를 고르는 것이다. 2016년 역사와 우리 자신 마주하기라는 단체와의 공동 작업에서 우리는 사회 기술의 미래를 살펴보고 싶었다. 우리는 궁금했다. 소셜 미디어의 다음 버전은 어떠한 모습일까? 미래에는 오늘날 우리가 공유할 수 없는 무엇을 온라인에서 공유하게 될까?

미래 시나리오 #11 감정을 공유하는 필댓 네트워크

2026년.

10억 명이 넘는 사람이 필댓이라는 새로운 소셜 네트워크에 가입했다. 다른 소셜 네트워크와 비슷하지만 이곳에서는 글이나 그림, 영상을 공유하는 대신 신체 감각과 감정을 공유한다.

필댓 네트워크 회원들은 생체표지추적, 호르몬 감지, 신경 감지 장치를 착용한다. 심장 박동수, 스트레스 수치, 신체 에너지, 감정, 옥시토신 수치가 전부 친구나 팔로워에게 실시간으로 전달된다. 필댓은 진짜 나를 온라인에서 공유하는 가장 진실된 방법으로 여겨진다. 어떠한 검열도, 여과도 없다.

내가 어떠한 감정을 느끼든 필댓 네트워크에 있는 팔로워들 역시 느낄 수 있다. 신경 자극 장치를 착용하기만 한다면 말이다. 미주신경과 감정 제어에 관여하는 뇌 부위를 자극하는 비외과적 장치로 '정말로 느끼기' 버튼을 누르면 나의 에너지와 감정이 내가 팔로우하는 혹은 느끼는 사람들과 가깝게 바뀐다. 아직 완벽하지는 않지만 인류가 지금껏 개발한 기술 중 마인드 맬딩에 가장 가까운 기술이다.

원한다면 나의 감정에서 벗어나 감정과 스트레스, 사랑, 에너지가 이웃과 도시 전체에 퍼지는 모습을 지켜볼 수 있다. 학교나 직장, 가족, 이웃 사이에서 '유행하는 감정'을 살필 수도 있다. 회원수가 10억 명이 넘어가는 필댓 네트워크가 사회에 미치는 가장 큰 영향이라면 수많은 회원이 긍정적인 감정을 전파하고 신체 에너지를 높여주며 사랑과 신뢰 호르몬인 옥시토신의 분비를 촉진하는 사람과 장소를 찾고 그 가운데서 더 많은 시간을 보내려 한다는 것이다. 스트레스 수치를 높이고 신체 에너지를 소진시키며 부정적인 감정을 퍼뜨리는 사람과 장소를 피하는 회원이 늘고 있다.

모두가 이 네트워크를 이러한 식으로 사용하지는 않는다. 일부 회원은 동병상련을 느끼고 싶어서든 타인의 기분을 좋게 만들고 싶어서든, 슬프거나 걱정이 많은 사람, 에너지가 낮고 옥시토신 분비가 적은 사람, 스트레스를 많이 받는 사람과 장소를 일부러 찾는다.

× × ×

선택의 순간 >> 필댓 네트워크에 가입하겠는가? 왜 그러겠는가? 혹은 왜 그러지 않겠는가?

우리는 간략한 시나리오에 더해 가상의 필댓 네트워크를 이용하는 방법을 보여주는 10분짜리 영상을 제작했다. 참여자들이 미래에 더욱 몰입하도록 돕기 위해서였다. 미래 연구소의 유튜브 채널에서 미래 마주하기라는 제목을 찾으면 신경 자극 장치를 언박싱 하고 실연하는 모습이 담긴 이 영상을 볼 수 있다.

우리는 현재 개발 중인 신경 감지, 생체표지추적, 신경 자극 기술을 설명하는 십 수 개의 뉴스 기사 링크도 공유했다. 이 시나리오를 있음직하게 만드는 신호의 변화였다. 어떠한 시나리오를 선택하거나 작성하든, 변화의 신호를 찾아내 다른 참여자들과 공유하기 바란다. 그들이 이 시나리오가 왜 있음직하고 상상할 가치가 있는지 이해하는 데 도움이 될 것이다.

첫째, 나는 어떠한 미래에 다른 이들을 초대하고 싶을까? 소셜 시뮬레이션을 처음 접하는 사람이라면 이 책에서 소개하는 시나리오 중 하나를 고르기 바란다. 비상업적인 목적이라면 원하는 대로 수정해도 좋다. 익숙해진 뒤에는 나만의 시나리오를 작성해보자. 이번 챕터 끝에 관련 팁을 몇 가지 담았다.

둘째, 누구를 초대할 것인가? 소셜 시뮬레이션은 두 사람 사이의 경험처럼 친밀할 수도 있지만 참여자 수천 명의 협력처럼 거창할 수도 있다.

작게 시작하는 편이 확실히 쉽다. 첫 시뮬레이션에서는 참여자를 3명에서 30명으로 제한하자. 북클럽, 업무 팀, 모임, 수업 정도의 규모가 좋다. 나중에 회사나 학교 전체, 콘퍼런스, 이벤트, 도시, 전 세계 대중을 상대로 한 것처럼 보다 큰 규모의 시뮬레이션을 돌리면 된다.

미래 연구소에서 진행하는 시뮬레이션은 상당수가 대중에게 완전히 개방된다. 하지만 '그 미래 느껴보기'에서 우리는 제휴 단체와 협력해 참여자를 대부분 미국 고등학생들로 제한했다. 이 시뮬레이션에서는 누구를 대상으로 하는지가 특히 중요했다. 2가지 이유 때문이었다. 사회적 영향 측면에서 우리는 사회의 미래에 관한 대화에서 너무 자주 소외되는 청년들에게 미래 사고 기술을 가르치고 싶었다. 연구 측면에서 우리는 필댓 네트워크 같은 기술이 정말로 가능해질 때 무슨 일이 일어날지 살펴보고 싶었다.

인기 있는 신기술의 경우 보통 젊은이들이 일찌감치 채택해 사용 방법에 관한 규범과 문화적 기대를 설정하기 마련이다. 우리는 신경감지, 생체표지추적 사회 네트워크가 가능할 10년 후에 스물세 살에서 스물여덟 살이 될 이들을 참여시키기 위해 열세 살에서 열여덟 살 사이의 참여자들을 이 시나리오에 초대했다. 이 기술의 사용법에 관한 의견과 행동을 통해 이 부상하는 기술이 가능한 미래를 형성하기에 제격인 세대였다.

소셜 시뮬레이션에 익숙하지 않을지도 모르는 이들을 초대할 때에는 공유할 만한 글을 써보면 좋다. 교사와 학생들을 '감정을 공유하는 필댓 네트워크' 시나리오에 초대할 때 연구소에서 작성한 글은 다음과 같다.

이 시나리오는 아이디어, 희망, 우려, 예측을 담은 게임이다. 이 게임에서 여러분은 필댓 네트워크라는 신기술이 심신의 상태에 관한 정보를 추적하고 공유하는 세상을 상상하게 될 것이다. 필댓 네트워크는 다른 소셜 네트워크와 비슷하지만 글이나 사진, 영상을 공유하는 대신 신체 감각과 정서를 공유한다. 이 시나리오는 허구다. 오늘날 개발 중인 실제 기술을 바탕으로 하지만 상상 속 미래에서 일어난다.

이 게임을 하려면 필댓 네트워크가 가능해질 때 개인적으로 무슨 일을 할지에 관해 생각한 뒤 공유하면 된다. 이 네트워크에 가입하겠는가? 누구와 친구를 맺겠는가? 누구를 차단하겠는가? 누구를 팔로우하겠는가? 이 기술이 가능해질 때 기대되는 부분은 무엇일까? 걱정되는 부분은 무엇일까? 인스타그램, 스냅챗, 페이스북, 트위터 대신 필댓 네트워크에 접속할 경우 나의 하루는 어떻게 펼쳐질까? 수업 시간에 이러한 질문들을 논한 뒤 글로벌 온라인 토론장에 나의 생각을 보태보자.

이 미래에 이 사회 기술을 어떻게 사용할지 다 같이 상상해 보자. 무엇이 가능할지 생각해 보자. 세상이 어떻게 변할지, 나는 어떻게 반응할지, 어떻게 준비할지, 혹은 이 발전에 어떠한 영향을 미치려 할지 전 세계인과 애기 나눠보자.

총 8,500명이 넘는 고등학생과 300명이 넘는 교사들이 실시간 글로벌 시뮬레이션에 참석했다. 역사와 우리 자신 마주하기는 시뮬레이션의 현지 버전을 진행하기 위해 전 세계 교육자나 청년 단체가 이용할 수 있는 시나리오와 토론 주제를 제안하기도 했다(이 시뮬레이션을 함께 해보고 싶은 청년들이 있다면 다음 사이트를 방문하자. http://www.facinghistory.org/facefuture-game-videos).

소셜 시뮬레이션에 누구를 초대할지에 관해 한 가지 팁을 더 제안하고 자 한다. 가능한 미래에 관해 다양한 버전을 창조하려면 다양한 소셜 그룹이나 연령대의 사람들과 함께, 혹은 다른 국가나 커뮤니티에서 동일한 소셜 시뮬레이션을 여러 번 돌려봐도 좋다.

셋째, 언제 이 시뮬레이션을 시작하고 끝낼 것인가? 소셜 시뮬레이션은 몇 시간 정도로 짧게 진행될 수도 있고 훨씬 더 긴 시간 동안 진행될 수도 있다. 나는 최소한 이틀에서 삼일 동안 이어지는 시뮬레이션을 선호한다. 시나리오가 충분히 이해되어 무의식이 작동할 만한 기회가 주어질 때 미래에 관한 창의적인 아이디어가 보다 쉽게 떠오른다. 나는 참여자들에게 시간을 갖고 신중하게 생각할 기회를 주고 싶다. 정말로 놀라운 아이디어가 떠오르기까지 보통 며칠이면 충분하다.

이 시뮬레이션은 이틀에 걸쳐 진행된 실시간 경험이었다. 우리는 학생과 교사들에게 일주일 전에 시나리오를 전달해 이 시나리오를 상상 속에서 충분히 굴려본 뒤 대화에 참여하도록 했다. 반면 슈퍼스트럭트는 6주에 걸쳐 진행되었고 이보크는 10주 동안 진행되었다. 내가 가장 선호하는 기간은 열흘이다. 시나리오를 잠시 생각하는 게 아니라 실제로 살아보는 느낌을 경험해 보기에 열흘이면 충분하다. 열흘은 더 많은 이들이 하루에 최소한 10분 동안 처음부터 끝까지 시나리오를 플레이할 수 있을 만큼 짧은 시간이기도 하다. 플레이라 함은 못해도 하루에 한 번 이 시나리오를 적극적으로 상상한 뒤 짧은 이야기를 전하거나 이 시나리오에 개인적으로 어떠한 영향을 받을지 생각해 본 뒤 다른 이들에게 공유한다는 의미다.

많은 참여자들이 하루에 10분 이상 플레이를 한다. 특히 다른 이들의 이야기나 아이디어를 듣고 지속적인 토론에 참여할 경우에는 10분을 넘기는 경우가 많다. 분석 자료에 따르면 '그 미래 느끼기' 참여자들은 글로벌 온라인 토론 포럼에서 하루 평균 30분을 보냈다고 한다.

열흘 이상 시뮬레이션을 돌려야 하는 데에는 이유가 있다. 가령 동일한 그룹과 여러 개의 시나리오를 살펴보고 싶을 때가 있다. 우리는 슈퍼스트럭트에서 6주에 걸쳐 5개의 시나리오를 살펴봤으며 이보크에서는 10주에 걸쳐 10개의 시나리오를 살펴보았다. 이 긴 기간 동안 참여자들은 매주 한 가지 이야기나 아이디어를 공유했다.

장기 시뮬레이션의 가장 큰 장점은 참여자들이 시나리오를 굴려보는 연습을 할수록 시나리오에 보다 편안해지고 상상력이 풍부해진다는 점이다. 그들은 자신의 상상이 보다 현실적이고 설득력 있어지도록 이 시나리오와 관련된 변화의 신호를 자세히 살펴보는 데 더 많은 시간을 할애하기도 한다. 장기 시뮬레이션은 긴밀한 커뮤니티를 형성하며 참여자에게 심리적으로 더 큰 영향을 미치기도 한다. 이틀에 걸쳐 진행한 시뮬레이션이 인생을 바꿀 만했다고 얘기한 사람은 없었지만 수주에 걸쳐 진행한 시뮬레이션에서는 그렇다고 말한 이들이 많았다. 자신이 미래에 정말로 하고 싶은 일이나 해결에 기여하고 싶은 글로벌 난제를 파악하는 데 도움이 되었기 때문이었다.

넷째, 어디에서 사회적 공유가 일어날 것인가? 소셜 시뮬레이션을 돌리려면 참여자들이 생각과 이야기를 공유할 장소가 필요하다. 어떠한 그룹을 초대하는지에 따라 온라인이나 오프라인, 혹은 둘을 혼합한 형태가 될 수 있다.

단 한 명의 상대를 초대할 경우 시나리오를 함께 이해하기 위한 대화에서부터 시작하자. 미래에 관한 아이디어나 개인적인 이야기를 서로에게 매일 하나씩 보내보자. 이메일이나 문자를 보내거나 직접 대화를 나눠도 좋다. 운이 좋게 미래를 시뮬레이션하는 상대와 함께 살고 있다면 저녁 식사를 하면서 일상적인 이야기를 공유하거나 산책을 하는 동안 오늘 상상한 내용을 얘기 나눠볼 수 있다. 매일 이러한 이야기를 나누는 일이 너무 친밀하게 들린다면 열흘 혹은 자신이 정한 기간이 끝날 무렵 완성한 미래 일기를 교환해도 좋다. 시뮬레이션이 끝날 때에는 반드시 마지막 대화를 나누자. 이 경험에서 가장 놀랍거나 흥미로운 부분은 무엇이었나? 이 시나리오가 현실이 될 때 보다 준비된 느낌을 받기 위해 행동을 취할 생각인가?

조금 더 큰 시뮬레이션을 돌릴 경우, 가령 30명 정도 초대할 경우 최소한 한 번은 실시간 모임을 가져야 한다. 실시간 모임은 클럽 미팅, 해피아우어, 주간 업무팀이나 학급회의의 형태가 될 수 있다. 돌아가면서 자신이 가장 좋아하는 상상 속 미래 순간을 공유하자.

대화를 유도하는 이러한 활동은 "그러한 일이 일어나면 ……가 도움이 될 것이다."라는 식의 결론을 내리는 데 도움이 된다. 참여자들이 이 시나리오와 관련된 변화의 신호를 제안하거나 이 미래에 대비하기 위해 취할 수 있는 작은 행동을 공유하도록 장려할 수도 있다. 시뮬레이션을 진행하는 그룹과 기간에 따라 이러한 모임을 한 번 이상 가지고 싶을지도 모른다. 나는 개인적으로 매주 시뮬레이션 모임을 계획하는 걸 좋아한다!

　모임 외에도 시뮬레이션에 관한 아이디어와 이야기를 공유할 수 있는 이메일 리스트, 페이스북 그룹, 슬랙 채널, 디스코드 채널, 소셜 미디어 해시태크, 온라인 토론 포럼을 운영해도 좋다. 이러한 플랫폼에서는 보다 깊이 있는 토론이 가능하며 서로가 다른 이들의 생각을 엿볼 수 있다. 무엇보다도 이러한 플랫폼에서는 온갖 콘텐츠를 수집할 수 있다. 우리는 이 콘텐츠를 선별해 광범위한 커뮤니티와 공유하거나 분석해서 트렌드나 패턴을 뽑아내거나 그저 다시 찾아볼 수도 있다.

　대규모 시뮬레이션에서는 대부분의 활동이 온라인 플랫폼에서 이루어지지만 참여자들끼리 소규모 현지 모임을 가질 수도 있다. 최고의 온라인 플랫폼을 찾으려고 너무 애쓸 필요는 없다. 나에게 이미 익숙한 수단, 다수나 대부분의 참여자들이 편안하게 느낄 수단을 고르면 된다. 나는 온갖 종류의 플랫폼을 시도해봤는데 어떠한 플랫폼을 이용해야 할지 확신이 들지 않는다면 참여자들에게 선호하는 플랫폼을 직접 묻기 바란다.

　며칠에 걸친 콘퍼런스나 행사에서 시뮬레이션을 돌릴 경우 이벤트 기간에 서너 차례 개인적인 모임을 가지고 항시 아이디어를 나누며 스토리텔링할 수 있도록 소셜 미디어 해시태그나 토론 포럼을 제안하면 좋다.

　'감정을 공유하는 필댓 네트워크'의 경우 교사들이 개인적으로 학급 토론이나 방과 후 토론을 조직한 반면, 미래 연구소에서는 학생들 모두가 서로의 아이디어를 공유하고 의견을 나눌 수 있는 글로벌 온라인 토론을 주최했다.

　한 가지 중요한 팁을 더하자면 나는 시뮬레이션을 주최하거나 조직하는 이들에게 자신이 가장 좋아하는 아이디어나 스토리를 선별한 뒤 강조하라고 장려한다. 가장 흥미로운 이야기와 가장 놀라운 아이디어를 모두가 볼 수 있도록 말이다. 가장 단순한 방법은 매일 또는 매주 '미래의 순간'을 하나 골라 이메일이나 포스트, 소셜 미디어를 통해 모든 참여자와 공유하는 것이다. 이는 그룹 내에 공통의 서사와 보편적 경험을 구축하는 데 도움이 된다. 그날의 이야기나 아이디어로 선택받기를 원하는 사람이라면 경쟁력을 키워야겠다고 자극받을지도 모른다. 빈칸을 채우지 못하거나 아이디어가 바닥난 참여자 역시 도움을 받을 수 있다. 다른 이들의 창의력에서 힌트를 얻을 수 있기 때문이다.

가령 이 시나리오를 살피는 동안 우리는 전체 그룹에 다음과 같은 아름다운 메시지를 중점적으로 전달했다.

"필댓 네트워크에서 우리는 감정을 기록해 다음 세대에게 전해줄 수 있다. '할머니가 너를 자랑스러워했단다, 느낄 수 있니?', '너는 엄마를 기억 못할지 모르지만 엄마가 너를 사랑했단다'처럼 말이다."

그리고 난 뒤 우리는 참여자들에게 이 아이디어를 바탕으로 다음 질문을 생각해 보도록 요청했다. 여러분이 다음 세대에게 전해주고 싶은 감정은 무엇인가? 여러분은 과거의 어떠한 감정을 전달받고 싶은가?

마지막으로, 온라인 그룹의 규모에 따라 우리는 게시글과 답글의 적극적인 중재자가 되어야 할 수도 있다. 수천 명이 참여하는 공공 시뮬레이션에서 나는 다섯 명에서 열 명의 파트타임 온라인 중재자를 둔다. 그 누구도 괴롭힘이나 모욕을 당하거나 스팸 메일을 받는 등 부정적인 방식으로 사회 경험을 하지 않도록 하기 위함이다. 이들은 우리가 가장 흥미로운 이야기와 놀라운 아이디어를 찾아내 더 큰 그룹과 공유하도록 도울 수도 있다. 참여자들이 하루에 수백 개나 수천 개의 아이디어와 이야기를 공유하는 대규모 시뮬레이션에서 반드시 필요한 일이다.

가령, '그 미래 느끼기' 기간에 고등학교 학생들과 교사들은 이틀 만에 64,012개의 아이디어와 이야기를 쏟아냈다. 그렇게 많은 상상이 그렇게나 짧은 시간에 도출될 경우 개개인이 이 모든 내용을 따라잡기란 불가능에 가깝다. 그렇기 때문에 반드시 팀을 결성해 참여자들이 가장 좋아하는 내용을 선별하고 강조해야 한다. 시나리오를 마칠 무렵 미래 연구소는 가장 흥미로운 주제와 아이디어를 담은 20페이지에 달하는 요약본을 출간했다. 시뮬레이션이 끝날 때 여러분도 흥미로운 아이디어, 내가 가장 좋아하는 이야기, 가장 놀라운 예측, 나의 생각을 다른 참여자들과 공유하고 싶을지도 모른다.

이 같은 활동은 참여자들이 자신의 개인적인 경험에서 벗어나 큰 그림을 이해하는 데 도움이 된다. 시나리오에 참여하지 않은 이들에게 우리가 집단으로 발견한 내용을 알릴 기회이기도 하다.

다섯째, 어떻게 미래의 다른 측면들을 살펴볼 것인가? 최고의 소셜 시뮬레이션에는 리듬, 일종의 부르고 응답하는 분위기가 있다. 참여자들은 몇 시간, 며칠, 몇 주에 걸쳐 새로운 생각과 깊어진 통찰력을 장착한 채 시나리오를 여러 번 다시 찾는다. 참여를 유도하려면 모두의 상상력을 새롭게 하고 참여자들이 새로운 방식으로 시나리오를 살펴보도록 이끌 토론 질문이나 창의적인 아이디어를 마련하는 편이 좋다.

이를 테면 이틀 동안 진행된 '그 미래 느껴보기' 시나리오에서 우리는 대화가 다른 방향으로 계속 흘러가도록 하기 위해 1시간마다 온라인 토론 포럼에 지침이 되는 새로운 질문을 올렸다. 가족과 부모들은 필댓을 어떻게 이용할 것인가? 교육에서 필댓이 어떻게 이용될 것인가? 정책과 사법 제도에서 필댓이 어떻게 이용될 것인가? 선거, 정치 행동, 민주주의에서 필댓이 어떻게 이용될 것인가? 예술, 스토리텔링, 오락에서 필댓이 어떻게 이용될 것인가? 로맨틱하거나 기타 친밀한 관계에서 필댓이 어떻게 이용될 것인가? 우리는 50개에 달하는 이 질문들을 교사들에게 미리 전달해 수업 시간에 원하는 질문을 이용할 수 있도록 했다. 여러분이 이 책에서 소개하는 시뮬레이션을 시뮬레이션에 사용한다면 토론 질문은 이미 제공되었다. 여기에 나만의 질문을 자유롭게 추가하기 바란다!

짧은 시뮬레이션에서는 매시간 새로운 아이디어를 제안할 경우 에너지가 계속해서 높은 수준으로 유지되며 참여자들이 현 상황을 점검해볼 의욕이 생긴다. 긴 시뮬레이션에서는 매일 혹은 일주일에 한 번 새로운 상상 아이디어를 제안하는 편이 좋다.

미래의 각기 다른 차원을 살펴보는 또 다른 방법은 함께 난제를 해결하도록 사람들을 부추기는 것이다. 시뮬레이션에서 내가 가장 좋아하는 그룹 난제는 다음과 같다. 사람들이 이 미래에서 도와야 할 100가지 일은 무엇일까? 사람들이 이 미래에서 서로를 도울 수 있는 100가지 방법은 무엇일까? 참여자들이 집단 영감에 기여할 기회를 준 뒤 얼마나 다양한 아이디어가 나올지 알아보자. 이 아이디어를 바탕으로 훗날 내가 좋아하는 100가지 아이디어를 조직하거나 선별할 수 있다. 소셜 시뮬레이션에서 통찰력을 얻지 못하더라도 이 2가지 목록만으로도 여러분은 충분히 강력하고 고무적인 결과물을 얻을 수 있다.

여러분은 미래의 유물, 이 시나리오에 생명을 불어넣을 물건을 이용하고 싶을지도 모른다. 슈퍼스트럭트 기간에 한 모임의 참여자들은 손수 만든 사인으로 벽을 도배했다. 미래 정부가 가상의 바이러스를 제대로 제어하지 못해 장기 버전의 가상 호흡기 질환을 앓고 있는 이들에게 보다 많은 경제 지원을 제공할 것을 요구하는 사인이었다. 가상의 필맷 네트워크 세상에서 "감정을 공유하지 말자", "나를 느끼자@[사용자 이름]" 티셔츠가 인기를 끌었다. '감정 공유하기' 기간에 일부 참여자들은 미래 셀피를 공유했다. 신경 감지와 정서 자극 기술이 구현된 2026년을 떠올릴 수 있도록 수제 헤드폰을 쓰고 손목대를 찬 자신의 모습을 찍어 올렸다. 슈퍼스트럭트 참여자들은 다양한 사회 상황에서 마스크를 쓴 사진을 찍었다. 여러분이 시뮬레이션하는 시나리오만의 물건과 분위기를 포착하기 위해 참여자들은 어떠한 셀피를 찍을 수 있을까?

얼마나 멀리까지 가고 싶은지에 따라 이 시나리오에 생명을 부여할 창의적이고 사회적인 방법은 넘쳐난다. 미래 시나리오에서 영감을 받은 메뉴로 저녁 만찬을 열어보면 어떨까. 이 미래에 시작할 새로운 사업을 설명하기 위해 파워포인트로 스타트업 '프리젠테이션'을 제작할 수도 있다. 이 미래에 유행할지도 모르는 새로운 시위 음악을 작곡하고 녹음할 수도 있으며, 이 미래에 존재할지도 모르는 새로운 제품의 광고를 설계할 수 있다.

기후 위기 이민자를 위한 새로운 환영식이나 정전 기간에 상할 냉장고 속 음식들을 전부 먹어치우는 포트럭 파티 등 새로운 의식이나 전통을 만들어 시행할 수도 있다. 가령 2007년에 진행한 소셜 시뮬레이션, 기름 없는 세상에서 샌프란시스코 미대 학생들은 에너지 위기 기간에 부상할지도 모르는 아이들의 새로운 운동장 게임을 만들었다. 그들은 1665년 런던의 대역병 기간에 탄생한 동요, "장미꽃 주위를 돌자, 약초로 가득한 주머니, 애취, 애취, 우리 모두 쓰러지네."의 스토리에서 영감을 받아 전력이나 에너지가 불안정한 상황에서 자라는 아이들이 이 경험을 어떻게 의식이나 놀이로 치환할지 상상해 보았다. 그들은 작은 운동장 축제를 연 뒤 다른 이들에게 자신들이 만든 새로운 게임을 가르쳤다.

다시 말해 소셜 시뮬레이션은 영감을 받은 어떠한 방식으로도 놀고 창조할 수 있는 기회이다. 예를 들어 시위 사인 만들기, 티셔츠 제작하기, 미래에서 온 듯한 셀피 찍기 등이다.

여섯째, 왜 이 미래를 시뮬레이션하는가? 친구나 동료를 시뮬레이션에 초대할 계획이라면 그저 즐거운 시간을 보내거나 새로운 기술을 배우거나 호기심을 따르거나 창의적인 일을 하고 싶어서일 수 있다. 그것 또한 수천 명의 사람들을 미래 시뮬레이션에 초대할 만한 충분한 이유가 될 수 있다! 하지만 커뮤니티나 조직, 행사를 위해 누구나 온라인으로 참석 가능한 대규모 시뮬레이션을 계획하고 싶다면 더 큰 목표를 생각하기 바란다.

시뮬레이션의 큰 목표를 한두 가지 규정해 두면 참여자의 기대를 구축하고 흥을 돋우는 데 도움이 된다. 사람들은 알고 싶을 것이다. 내가 무얼 하고 있으며, 무엇을 얻을 수 있으며, 여기에 참여함으로써 대의에 어떻게 기여할 수 있는지에 대해서 말이다. 내가 대규모 소셜 시뮬레이션을 진행하기로 결정한 이유는 다음과 같다.

- 가능한 미래 위기를 진지하게 살펴봄으로써 실제로 그러한 위기가 닥쳤을 때 나 자신과 타인을 돕도록 준한다.
- 제안된 정책이나 새로운 법이 나의 삶에 미치는 영향을 살펴봄으로써 이 정책이나 법을 지지할지 보다 공감적인 태도로 명료하게 판단할 수 있게 한다.
- 사람들이 미래 기술을 어떻게 이용할지 알아내도록, 군중의 지혜를 이용해 잠재적 위험, 의도치 않은 피해, 윤리적 딜레마를 예측하게 한다.
- 소외 계층이나 커뮤니티에 이 미래에 대한 그들의 희망과 두려움을 공유할 기회는 물론 이 미래가 펼쳐지는 과정에서 더 많은 발언권을 준다.
- 특정한 위기나 비상사태 기간에 사람들이 얼마나 놀라운 일을 할지, 비이성적인 행동이 얼마나 정상적인 일이 될지 파악함으로써 미래 사건의 예측하기 힘든 사회적 결과를 더 잘 예측하도록 한다.
- 기후 변화처럼 최악의 시나리오를 염려하는 사람들이 긍정적인 태도로 참여할 기회를 줌으로써 우리에게 닥칠 미래를 해결할 창의적인 방안을 고안하도록 한다.
- 집단 창의력의 기회, 다시 말해 다른 이들이 함께 이야기 나누고 공공 예술의 한 형태로 미래 비전을 공유하는 방법을 창안하도

록 한다.

- 더 나은 방향으로 변화를 유도하는 아이디어에 대해 안정성 테스트를 하게 한다.
- 이 미래에서 어떠한 일도 일어날 수 있다고 믿게끔 집단 상상력을 키움으로써 지금 당장 변화를 꾀할 수 있는 나 자신의 힘을 발견하게 한다.

'감정을 공유하는 필댓 네트워크'에서 우리는 젊은이들이 자신의 미래를 더 잘 통제한다는 기분을 느끼기를 바랐다. 하지만 연구 차원에서는 또 다른 목표가 있었다. 신경 감지 및 신경 시뮬레이션이 정상적인 사회 활동이 될 확률을 알아내는 것이었다. 우리는 젊은이들이 이러한 기술을 사용하고 싶어 할지, 그렇다면 그 기술로 무엇을 할지 알아내고 싶었다. 그들은 친밀한 생물학적, 신경학적 자료를 공유하려 할까, 아니면 이를 사생활 침해로, 심지어 반이상향적이거나 위험한 가능성으로 볼까? 놀랍게도 젊은 참여자들은 필댓 네트워크에 꽤 개방적이었다. 잠재적인 위험과 해악을 이해했지만 새로운 형태의 개인적인 표현, 예술, 활동주의, 자원봉사, 과학 연구, 사회 경험과 관련해 신나는 아이디어를 수없이 쏟아내기도 했다.

미래 시나리오를 더욱 그럴듯하게 만드는 요소 중 하나는 높은 수준의 우호적 관심이다. 그러한 미래가 일어나기를 정말로 원하고 그렇게 되는 데 기여하고 싶어 하는 수많은 이들이다. 마찬가지로 대부분의 사람이 적극 피하고 싶어 하는 듯할 때 미래 시나리오의 타당성은 낮아진다. 이 시뮬레이션을 하기 전이었다면 나는 신경 감지와 신경 시뮬레이션 사회 기술이 널리 받아들여질 것 같지 않다고 말했을 것이다. 하지만 이 시뮬레이션을 하고 나자 내가 언젠가 이러한 미래에 살게 될 거라고 충분히 기대할 수 있게 되었다.

재미와 학습, 호기심, 창의성, 준비성은 미래 시뮬레이션의 핵심 목표다. 사람들을 한데 모아 가능한 미래에서 무엇을 생각하고 느끼고 할지 함께 상상하는 과정에 있어 이보다 더 큰 미션이나 연구 질문, 목표가 있다면 나에게 알려주기 바란다.

이제 시뮬레이션을 계획하는 여섯 단계를 공유했으니 몇 가지 조언을 더 제공하겠다. 소셜 시뮬레이션은 더 나은 세상으로 향하는 디딤돌이다. 이 시뮬레이션의 일차적인 목적은 사람들에게 이 미래에 대한 상상력을 키우고 자신감을 쌓을 기회를 주는 것임을 잊지 말자. 이는 '생각조차 하기 힘든' 사건에 정신적으로 대비하고 충격에 더 잘 대응하며 자신과 타인을 도울 준비를 하기 위해 오늘 당장 할 수 있는 작은 일들을 발견하는 방법이다. 나에게 특정한 시뮬레이션의 결과가 무엇인지 묻는 사람들은 대부분 다음 질문의 답을 원한다. 우리가 무엇을 알아냈나? 이 미래에 관해 자신 있게 예측할 수 있는 부분은 무엇인가? 하지만 나는 언제나 시뮬레이션의 결과는 새로운 힘으로 무장한 희망적인 개인들이라고 답한다. 소셜 시뮬레이션의 긍정적인 영향이 무엇이든 가장 중요한 점은 다가올 미래를 향한 참여자 개개인의 우다다다 낙관론과 준비성이 향상되는 것이다.

소셜 시뮬레이션의 두 번째 목적은 참여자들에게서 배우는 것이다. 해당 미래 시나리오가 실제로 일어날 경우 무슨 일이 발생할지 알려주는 집단의 지혜를 창조하고 이 미래에 관해 대부분의 사람이 어떠한 희망과 두려움을 내비칠지 알아내는 것이다.

참여자들에게서 배우려면 공유된 이야기와 아이디어를 이해하는 방법을 찾아야 한다. 분석적인 태도와 인내심이 필요한 쉽지 않은 연구 활동이다. 모두가 할 수 있는 일이 아니다! 여러분은 참여자들에게 이 미래에서 어떠한 행동을 취할 거라 예측했는지, 어떠한 욕구를 느낄지 묻는 설문지를 보내는 방법을 선호할지도 모른다. 이 미래를 생각했을 때 가장 큰 희망은 무엇인가? 가장 큰 우려 사항은? 상상 속 미래에 더 준비가 되어 있기 위해 오늘 하나의 행동을 취해야 한다면 뭐가 있을까? 구글 포럼이나 서베이멍키 같은 온라인 설문 도구는 특별 연구 팀의 도움 없이 이 결과를 수집하고 분석하며 공유하는 데 도움이 된다.

내가 전하고 싶은 마지막 조언은 미래 소셜 시뮬레이션은 비교적 새로운 개념이라는 사실이다. 나는 늘 새로운 방법을 시도한다. 내가 생각하는 최고의 방법은 계속 바뀐다. 사실 나는 동일한 방식으로 시뮬레이션을 두 번 돌린 적이 없다. 내가 공유하는 정보에서 여러분이 영감을 받기를 바라지만 나와 같은 방법으로 시뮬레이션에 접근할 필요는 없다. 여러분은 여러분만의 비전, 다양한 양식, 소셜 시뮬레이션을 각기 다른 목적에 이용할 방법을 알고 있을지도 모른다. 자신만의 방식을 따르기 바란다! 미래에서는 무슨 일이든 달라질 수 있다. 우리가 미래를 시뮬레이션하는 방법도 마찬가지다. 나만의 규칙을 자유롭게 만들어보자.

새로운 시나리오 구축을 위한 팁

첫째, 내가 가장 좋아하는 변화의 신호와 미래력 몇 가지에 집중하자. 여러분의 시나리오는 오늘날 이미 일어나고 있는 실제 사건에서 영감을 받아야 한다. 내가 정말로 기대되거나 걱정되는 변화의 신호나 미래력을 찾아보자. 그래야 여러분이 만든 시나리오가 그럴듯하고 상상할만 해질 것이다.

시나리오를 브레인스토밍하려면 질문을 던져보면 된다. 이 신호가 널리 퍼지고 일상적이 될 때 세상은 어떠한 모습일까? 이 신호가 글로벌 트렌드가 될 때 무엇이 뉴 노멀이 될까? 이 미래력이 가져올 가장 큰 긍정적인 변화는 무엇일까? 이 미래력이 가져올 최악의 결과는 무엇인가? 옳거나 그른 답은 없다. 나의 상상력, 직감, 독특한 관점을 이용하자. 다양한 가능성을 몇 가지 제시한 뒤 한 가지 이상 골라 설득력 있는 시나리오를 작성해 보자.

어떠한 미래가 상상하기 가장 즐거운지, 가장 시급한 준비를 요하는지 살펴보자. 확실한 신호와 최소한 한 가지 강력한 미래력이 있다면 이를 이용해 원하는 만큼 극적인 시나리오를 만들 수 있다. 해당 시나리오가 충분히 놀랍거나 자극적이지 않을 경우 더 큰 변화나 위기를 구상해보자. 놀라운 미래 세상을 마음껏 창조하자. 무언가를 금해보자. 무언가가 완전히 사라진 세상을 상상하자. 최소한 10억 명이 새로운 기술을 사용하거나 기이한 행동을 하기 시작하거나 새로운 운동에 가담한다고 선언하자.

오늘날 정치적으로 생각조차 하기 힘들다고 여겨질지도 모르는 급진적인 법을 통과시키자. 여러분이 상상할 수 있는 가장 충격적인 버전의 미래 위기를 설정하자. 무엇을 하든 처음에는 말도 안 되어 보이는 상상을 하자. 상상력을 기르려면 호기심, 경탄, 공포, 희망, 경이 같은 격한 감정이 수반되어야 하기 때문이다.

둘째, 원형을 하나 고르자. 4개를 골라도 좋다. 미래에 관해 어떠한 이야기를 하고 싶은가? 미래학자들은 시나리오를 4가지 이야기나 원형으로 분류한다. 성장, 제한, 붕괴, 변형이다.[3] 나만의 시나리오를 만들 때에는 내가 가장 큰 영감을 받는 이야기에서 시작하면 좋다. 성장은 무언가가 더 많이 일어나는 이야기다. 성장 시나리오에서는 현 트렌드와 상태가 좋든 안 좋든 과거에서와 마찬가지로 지속되지만 성장 속도가 더 빠르다. 진드기 전염 팬데믹인 '알파-갈 위기'는 기존 건강 및 환경 트렌드의 극적인 가속화다. 이는 성장 시나리오다. '음식이 약이다' 같은 현지 프로그램이 국가 전체로 확대될 때 일어날 일을 상상하는 '약 바구니' 역시 마찬가지다.

제약은 새로운 한계를 받아들이는 이야기다. 제약 시나리오에서 우리는 새로운 제약이나 새로운 종류의 한계에 동의함으로써 위협이나 문제에 대응한다. 제약 시나리오는 다급한 조치, 조직적이고 세계적인 노력, 우선 사항의 재정리를 요하는 긴급한 상황을 다룬다. 다시 말해 대의를 위해 개인이 희생하는 이야기다. 케이프타운의 물 위기 시나리오는 극심한 물 제한에 어떻게 적응할지 생각해 볼 수 있게 해주는 제약 시나리오다. 프리즐리 베어에서 영감을 받은 시나리오 역시 마찬가지다. 살기 안전한 장소에 관한 새로운 한계를 상상하는 이 시나리오에서는 20억 명이 폭염과 높아지는 해수면에 적응하기 위해 이동하는 삶을 산다.

붕괴는 갑작스러운 차단이나 비극적인 실패에 관한 이야기다. 우리가 당연하게 여긴 무언가가 더 이상 신뢰할 수 없게 되거나 사용할 수 없어지면서 충격이나 혼돈을 몰고 오는 시나리오다. 붕괴 시나리오에서는 주요 사회 제도가 한계점을 넘어서며 새로운 차원의 고통이나 사회 혼란이 야기된다. 정부가 시행한 인터넷 차단 시나리오, 전면적인 인터넷 차단은 필수 시설들이 하룻밤 사이에 사라질 때 무슨 일이 일어나는지 살펴본 붕괴 시나리오다.

변형은 세상을 바꾸는 혁신이나 개혁에 관한 이야기다. 이러한 시나리오는 우리의 상상력을 키워준다. 가정에 이의를 제기하고 한때 불가능했던 것이 이제 현실이 될 수 있음을 보여준다. 변형은 개인과 사회 모두를 위한 새로운 방향을 제시하기에 보통 염원적이다. 보편적 현금 지급을 필수 노동자를 위한 감사 표시와 결합한 경제 활성화 정책, '감사의 날'은 급진적인 정책 실험이다. 이는 변형 시나리오다. 변형적인 기술이 대규모로 채택되는 미래를 상상한 '더블 달러(중앙 정부 디지털 화폐) 캐시백 프로그램'과 '감정을 공유하는 필댓 네트워크(생체표지추적 및 신경 시뮬레이션 기술)' 역시 마찬가지다.

어떠한 미래 주제도 이 4가지 원형의 관점에서 살펴볼 수 있다. 신발의 미래를 상상할 때 신발 문화나 신발 산업에 관한 성장 이야기, 제약 이야기, 붕괴 이야기, 변형 이야기에 영감을 줄지도 모르는 변화의 신호를 찾아볼 수 있다. 미래학자들은 다양하게 발산하는 가능성을 살펴보고 염두에 두기 위해 보통 동일한 주제에 관한 4가지 대안 시나리오를 전부 작성한다. 나의 선택지를 생각해 보자. 어떠한 원형이 기존에는 상상조차 하기 힘들거나 생각하기조차 힘든 이야기를 전하는 데 도움이 될지 살펴보자.

셋째, 먼저 피드백을 받자. 나는 새로운 시나리오를 만들 때면 더 큰 그룹을 참여시키기 전에 최소한 몇 명의 사람들에게 이 시나리오를 공유해 중요한 피드백을 받는다. 새로운 시나리오를 작성할 때 내가 사람들에게 묻는 질문은 다음과 같다.

- 이 시나리오가 개인적으로 얼마나 흥미롭게 느껴지는가? 1에서 10으로 대답하기 바란다.
- 이 시나리오에서 혼란스럽거나 이해가 되지 않는 부분이 있는가?
- 보다 잘 설명하거나 보다 구체적으로 설명하고 싶은 부분이 있는가?
- 나의 삶이 이 시나리오에서 영향을 받을 최소한 한 가지 방식을 떠올릴 수 있는가?
- 이 시나리오가 향후 10년 동안 정말로 일어날 확률이 얼마나 된다고 생각하는가? 1에서 10으로 대답하기 바란다.

시나리오가 대부분의 사람에게 흥미롭지 않을 경우 나는 이 시나리오를 중단한 뒤 새로운 아이디어에서 다시 시작한다. 혼란스러운 부분이 있을 경우 명확하게 만든다. 사람들이 더 잘 이해하고 싶어 하는 부분이 있을 경우 설명을 보탠다.

사람들이 해당 시나리오에 잘 공감하지 못할 경우 우리의 삶과 사회에 미치는 영향이 보다 명확해지도록 시나리오를 수정한다. 역으로 이 시나리오가 자신의 삶에 미치는 영향에 관해 사람들이 다양한 답을 내놓을 때면 정말로 신이 난다. 다양한 사람들이 각기 다른 장면을 상상할 때 시나리오는 더욱 흥미롭고 생산적이 된다.

타당성 점수가 낮아도 괜찮다. 좋은 시나리오는 처음에는 보통 말도 안 되어 보인다. 하지만 그럴 때면 나는 더 많은 사람들에게 공유하기 전에 이 시나리오에 수많은 변화의 신호와 미래력을 추가한다. 사람들이 언젠가 이 같은 세상을 정말로 맞이할지도 모른다는 가능성을 믿기를 바라기 때문이다.

상상력 트레이닝

⚡

규칙 11 _____ **원하는 미래 시뮬레이션하기**

공통의 꿈이 될 때 미래는 개인의 상상력을 키우는 일 이상을 해낸다. 집단 상상력을 확장시키는 것이다. 다른 누군가나 팀, 커뮤니티 전체를 초대해 몇 시간, 며칠, 몇 주 동안 미래 시나리오를 함께 적극적으로 생각해 보자. 모두가 이 시나리오로부터 어떠한 영향을 받을지 기술하도록 장려하자. 어떠한 감정이 들까? 어떻게 행동하게 될까? 무엇이 필요할까? 어떻게 타인을 도울 수 있을까? 온갖 아이디어와 이야기를 모아 다양한 관점에서 탄생한 대안 현실을 구축하자.

Chapter 12

| | | | | | |

| | | | | | |

| | | | | | |

| | | | | | |

**우리는 정신을 자유로이 놀려 한 번도 일어난 적 없는 일을
상상하고 사회적 소설을 써야 한다.**
———
무하마드 유누스, 사회 기업가이자 노벨 평화상 수상자

10년 후 세상은
어떤 미래가 펼쳐질까?

2033년에 온 것을 환영한다. 기이한 일들이 일어나고 있는 미래다. 기이한 기후 패턴, 기이한 정치 동맹, 기이한 행동 등 다른 사람들뿐만 아니라 여러분 역시 절대로 생각하지 못한 일들을 하고 있다. 사람들이 2030년대를 '생각조차 하기 힘든 30년대'라고 부르는 것도 당연하다. 2030년이 시작되는 순간, 전 세계가 무언가 다른 것을 시도하려고 결심한 것만 같다.

글로벌 위기들에 대한 이 온갖 해결책들은 기존에는 전부 너무 급진적이고 너무 이상하고 너무 비싸고 너무 달라서 시행하기 힘들다고 여겨진 것들이다. 그 일들이 지금 일어나고 있다. 미래에는 사람들이 2033년을 인류 역사의 전환점으로 회고할 것이다. 더 나은 방향으로의 전환이기를 바란다. 물론 인류가 시도하는 온갖 기이한 일들 때문에 의도치 않은 결과가 발생하기도 한다. 여러분은 시류를 따르기 위해 최선을 다하고 있다. 이 세상에 적응하기 위해, 이 세상을 최대한 이용하기 위해, 어떠한 기회가 오든 맞이할 준비가 되어 있기 위해, 여러분은 지금의 생각과 감정, 경험을 잊지 않기 위해 일기를 쓴다. 세상이 2033년에 일어난 모든 일에 경탄하는 날이 올 때 여러분은 자신의 이야기가 그 일부가 되기를 바란다.

미래에서 열흘을 보내는 법

전부 2033년으로 설정된 앞으로 살펴볼 3가지 시나리오는 허구이지만 그럴듯하다. 진짜 변화의 신호와 오늘날 이미 존재하는 미래력에 바탕한다. 극단적이거나 처음에는 말도 안 되게 들릴지도 모른다. 충격적이고 상상하기 힘들며 '생각조차 하기 힘든' 가능성들로 가득 차 있을지도 모른다. 일부러 그런 것이다.

　이 시나리오들은 여러분이 생각조차 하기 힘든 일을 생각하고 상상조차 하기 힘든 일을 미리 더 잘 상상하도록 돕기 위해 설계되었다. 여러분이 어떠한 미래 위기에도 보다 창의적이고 전략적으로 상상할 수 있도록 말이다.

　이 가상의 미래는 다소 혼란스러우며 불확실성이 가득하다. 과도기를,

우리가 원하는 미래에 당도하기 위해 헤쳐나가야 할지도 모르는 세상을 살펴본다. 해피 엔딩처럼 보이지는 않을지도 모른다. 실제로도 해피 엔딩이 아니다. 미래는 종착지가 아니기 때문이다. 미래는 계속해서 펼쳐지는 과정이다. 가장 긍정적인 비전을 얻으려면 힘든 시기를 겪어내야 할지도 모른다.

다음의 시나리오들을 찬찬히 읽어보자. 다른 이들과 얘기 나눠보자. 여러분이 이 미래에서 생각하고 느끼고 할 일들에 관해 이야기해보자. 미래에서 열흘을 보내는 법은 다음과 같다.

첫째, 2033년 시나리오 중 시뮬레이션할 시나리오를 하나 고른다. 가장 흥미로운 시나리오부터 시작하자.

둘째, 미래 일기를 적을 방법을 결정한다. 나의 생각과 아이디어를 어디에 어떻게 담을지 결정한다. 노트, 친구에게 보내는 이메일, 컴퓨터 문서, 영상 일기, 온라인 토론 포럼 등 가장 편한 수단을 고르자.

셋째, 시뮬레이션 시작 날짜를 선택한다. 모든 시뮬레이션은 시작부터 끝까지 열흘이 걸린다. 해당 시나리오에서 무엇을 생각하고 느끼고 행동하고 경험할지 상상하고 미래 일기에 자신이 상상한 내용을 담는 데 하루에 최소한 10분을 쓸 계획을 세우자. 이 책에서 제공할 창의적인 아이디어를 참고하기 바란다. 열흘 연속으로 일기를 쓸 필요는 없다. 열흘 일기를 완성하는 데 2주나 한 달이 걸려도 괜찮다.

넷째, 이 미래에 누군가를 데려간다. 혼자서도 이 미래를 시뮬레이션할 수 있지만 최소한 한 명 정도는 이 미래에 초대하기 바란다. 자신이 상상한 내용을 공유할 경우 재미있을 뿐만 아니라 배움을 얻을 수도 있다. 우리는 타인의 관점에서 이 미래를 보게 되기 때문이다. 나의 미래 일기를 다른 이들과 매일, 혹은 최소한 열흘의 시작과 끝에만, 혹은 원하는 만큼 자주 공유하자.

이제 기이한 신세계로 여행을 떠날 준비를 마쳤다. 이 시나리오를 살피는 동안 2033년을 실감나게 그려 볼 여러분만의 아이디어가 떠오를지도 모른다. 내가 제안한 내용에 국한되지 말고 자신만의 위기를 마음껏 만들어보기 바란다.

현재로 돌아오는 방법

열흘 동안 미래를 기록했으면 이제 현재로 돌아올 차례다. 나의 여정을 뒤돌아보는 데 도움이 되는 재순화 활동들은 다음과 같다.

- **변화의 신호를 찾는다**: 이 시나리오에서 기술한 세상이 가능함을 보여주는 사건이나 뉴스 표제는 뭐가 있을까? 뉴스와 소셜 미디어에서 단서를 찾아보자. 이 시나리오와 관련된 변화의 신호를 최소한 3가지 찾아보자(미래 시나리오의 단서를 찾는 방법에 관해서는 6장을 참고하기 바란다).
- **미래력을 추적한다**: 각 시나리오는 오늘날 가능한 일을 바꾸고 있는 진짜 미래력에서 영감을 받았다. 이 시나리오에서 소개하는 힘 가운데 하나를 골라 다음 해에 이 힘에 대해 자세히 알아보

자. 그 미래력에 관해 알 수 있는 책이나 팟캐스트 에피소드, TED 연설, 다운로드할 수 있는 트렌드 보고서, 구독 가능한 뉴스레터를 찾아보자(미래력을 추적하는 방법에 관해서는 7장을 참고하기 바란다).

- **작은 행동을 계획한다**: 이 시나리오가 현실이 되었을 때 조금 더 준비가 된 기분을 만끽하려면 무슨 일을 할 수 있을까? 향후 몇 주 후에 현실적으로 취할 수 있는 행동을 선택하자. 작을수록 방해 요인이 없기 때문에 좋다.

- **다른 이들과 공유한다**: 같은 미래를 여행한 이들과 나의 경험을 얘기 나눠보자. 이 경험에서 가장 흥미로운 부분은 무엇이었나? 가장 힘든 부분은 무엇이었나? 가장 큰 깨달음의 순간은 언제였나? 이 시나리오를 상상하기 전보다 지금 더 걱정되는 부분은 무엇인가? 전보다 더 희망을 품게 된 부분은 무엇인가? 변화의 신호를 수집하거나 작은 행동을 계획했다면 다른 이들과 공유해보자. 1대 1로 얘기 나누거나 그룹 대화를 시도하자.

또 다른 미래로 떠날 준비가 되었다면 다른 시나리오를 골라 위 과정을 반복하면 된다. 2033년 시뮬레이션을 끝냈으면 이 책에서 소개된 시나리오로 돌아가 나만의 미래 일기 아이디어를 생각해 봐도 좋다. 여러분은 곧 나만의 시나리오를 만들어 내가 창조한 미래에 다른 이들을 초대하게 될 것이다. 시나리오를 만들고 나만의 시뮬레이션을 설계하는 방법에 관해서는 챕터 11을 참고하기 바란다.

2033년으로 여행하기 전에 미래의 나에 관한 짤막한 프로필을 작성하자. 2033년의 나는 누구일까? 오늘날과는 다른 2033년의 삶을 최대한 자유롭게 상상해 보자. 현실적이고 진실되게 느껴지기만 하면 된다. 2033년에도 나는 나이다. 허구의 나를 창조하지는 말자.

- 2033년에 나는 몇 살인가?
- 어디에 살고 있는가?
- 누구와 살고 있는가?
- 하루를 어떻게 보내는가?
- 나의 열정과 관심사는 무엇인가?

세부 사항을 최대한 많이 포함하자. 이 질문에 대한 답을 떠올리는 데서 그치지 말자. 나의 프로필을 미래 일기 맨 앞장에 적어보자. 미래에 무엇을 가져갈지 결정하자. 2033년에도 유용할 나의 장점과 인맥을 적어보자. 그리고 필요할 때 참고할 수 있도록 미래 일기에 이 목록을 적어두자.

- **기술과 역량**: 나는 무엇을 잘하나? 내가 잘하는 것 중 많은 이들이 할 줄 모르는 것이 뭐가 있을까? 2033년에는 이 기술과 역량이 자신과 타인을 돕는 방법에 관한 단서가 될지도 모른다.
- **풍부한 지식과 열정**: 대부분의 사람들보다 내가 훨씬 많이 아는 주제나 활동은 무엇인가? 나는 대부분의 사람보다 무엇을 생각하는 데 많은 시간을 보내는가? 2033년에 나의 지식과 열정을 긴

급한 위기와 창의적으로 연결할 수 있을지도 모른다.

- **커뮤니티**: 나는 어떠한 커뮤니티에 속해 있는가? 2033년에 우리는 이 그룹을 동원하거나 그들의 이익을 옹호하거나 그들에게 정보를 알리는 데 중요한 역할을 수행할 수 있을지도 모른다.
- **가치**: 나의 핵심 가치는 무엇인가? 가치는 내가 보여주고 싶은 장점, 지키고 싶은 미덕, 구현하고 싶은 자질, 대의에 기여하는 방식이다. 2033년에 이 가치들은 나의 행동을 인도하며 힘든 시기에 우리가 의욕을 잃지 않고 회복력 있게 행동하게 만드는 요소에 집중하는 데 도움이 될 것이다.

미래 시뮬레이션 #1   제로포리아로 가는 길

"이 지구에서 잘 지내려면 단 한 가지만 하면 된다. 그렇게 많이 낭비하지 않아야 한다."

로버트 쿤지그라는 과학 기자가 한 말이다. 오늘날 우리는 쓰레기를 처리해야 한다. 가장 기본적이고 보편적인 현실 중 하나다. 하지만 오늘날 진실로 받아들여지는 모든 사실이 그렇듯 미래에는 이 사실을 뒤집을 수 있다. 처음에는 말도 안 되어 보이는 한 가지 가능성을 생각해 보자. 쓰레기가 시대에 뒤쳐진 단어가 되는 세상이다.

이러한 미래를 상상할 수 있는가? 일회용 포장은 더 이상 없다. 대부분의 사람이 몇 주, 심지어 몇 달 동안 아무것도 버리지 않는다. 아이들은 쓰레기를 버리는 일이 어떤 건지 모른다. 집에 더 이상 쓰레기통도 없다.

물건을 계속 아무 생각 없이 쌓아두는 일은 이제 끝이다. 사람들은 대부분의 돈을 물건이 아니라 경험에 쓴다. 일시적으로 무언가를 소유한 다음에는 필요한 또 다른 사람에게 재빨리 넘겨준다. 아니면 재활용이 가능하도록 그 물건을 판 기업에 돌려보낸다.

제로 웨이스트는 기분 좋은 뉴 노멀이다. 굉장히 좋아서 심리학자들은 '제로포리아'라는 새로운 단어를 만들기까지 했다. 제로 웨이스트 사회에서의 삶을 규정하는 긍정적인 감정을 기술하는 용어다. 제로포리아는 기쁨과 자부심, 충만함이 혼재된 감정이다. 아무것도 낭비하지 않고 아무런 흔적도 남기지 않는 데서 오는 가벼움이다. 이 새로운 감정은 기후 변화 불안감을 달래준다. 정부가 매년 쓰레기를 묻거나 태우는 데 사용한 수조 달러는 이제 교육, 의료 서비스, 기반 시설, 보편적 기본 소득 등 더 바람직한 일에 쓰인다.

내가 진심으로 맞이하고 싶은 미래다. 하지만 그러한 세상을 맞이하려면 어떻게 해야 할까? 시스템에 어떠한 갑작스러운 '충격'을 가해야 할까? 과도기를 겪어내는 기분은 어떠할까? 우리는 서로를 어떻게 도울 수 있을까? 제로포리아는 정확히 언제부터 시작될까?

'제로포리아로 가는 길'에서 우리는 이 질문들에 답할 것이다. 그럼 시작해보자.

오늘 쓰레기 차량이 쓰레기를 수거해갔다. 재활용품 용기도 가져갔다. 남아 있는 거라고는 퇴비통뿐이다. 동네 주민들은 얼이 빠진 채로 도로 경계석에 서서 멀어지는 트럭을 바라보았다. 연방 정부가 지난해 이 사실을 발표했을 때만 해도 불가능한 일처럼 들렸다. 하지만 이제 정말로 현실이 되었다.

우리가 아는 쓰레기는 끝이다. 쓰레기 매립지는 꽉 찼다. 폐기물을 에너지로 바꾸는 공장은 문을 닫았다. 쓰레기를 태우는 일은 너무 많은 이들을 병들게 만드는 것으로 밝혀졌다. 재활용 제도는 제대로 시행되지 않았다. 사람들이 재활용함에 넣는 쓰레기의 절반도 안 되는 양만이 재활용되었는데 그중 플라스틱 재활용률은 10퍼센트도 안 되었다. 미국은 쓰레기의 80퍼센트를 쓰레기 매립지 공간에 여유가 있는 다른 국가로 보냈다. 중국, 필리핀, 인도네시아, 케냐는 지난 수십 년 동안 돈을 받고 미국 쓰레기를 받아들였다. 하지만 이 국가들은 전 세계의 쓰레기를 묻거나 태우는 일이 장기적으로 자신들의 건강에 해롭다는 사실을 하나둘 깨닫기 시작했다.

그들은 플라스틱 병이나 낡은 옷으로 가득한 거대한 선적 컨테이너를 미국 해안가로 돌려보냈다. 대통령은 국가 비상사태를 선포했다. 환경보호청이 연방 정부의 시 쓰레기 수거를 통제했지만 이제는 아예 모든 수거 시설을 닫았다. 새로운 규칙은 메일과 마을 회의, 실시간 공개 연설, 모두의 핸드폰으로 보내진 무선 비상사태 경계령 문자, 심지어 스타들이 대거 등장하는 TV 특별 프로그램을 통해서도 수없이 설명되었다.

포스트 웨이스트 사회의 규칙은 다음과 같다.

첫째, 쓰레기나 재활용품은 더 이상 수거되지 않을 것이다. 다른 누군가 나의 쓰레기를 대신 처리해주는 시대는 끝났다.

둘째, 공공장소, 학교, 직장, 소매점에서 쓰레기통은 전부 사라질 것이다. 이제부터는 어디에 가든 "흔적을 남기지 마시오.", "쓰레기, 남은 음식은 전부 가져가시오." 같은 국립 공원 규칙이 시행된다. 그렇다. 쓰레기는 전부 가져가야 한다.

셋째, 정말로 무언가를 버려야 한다면 쓰레기 종량제 센터에 가져갈 수 있다. 100달러를 주고 쓰레기 봉투를 살 수 있는데 이 봉투는 식료품 종이 봉투만큼이나 작다. 정부는 우리가 더 이상 아무것도 버리지 않기를 바란다. 만약 쓰레기를 버린다면 그 혜택을 위해 엄청난 돈을 지불해야 한다.

넷째, 퇴비로 만들 수 없고 처리가 불가능한 포장 용기에는 이제부터 1,000퍼센트의 판매세가 붙는다. 일회용 컵에 담긴 2달러짜리 커피를 원할 경우 새로운 세금 때문에 커피값이 22달러가 될 것이다. 아마존에서 주문한 10달러짜리 책은? 퇴비로 만들 수 없는 수송재를 사용해 배달할 경우 가격은 110달러로 훌쩍 뛸 것이다. 정부의 이론은 다음과 같다. 지속가능성을 달성하는 최고의 방법은 상의 하달식 규제다. 지속가능한 제품과 서비스에 관한 소비자 수요를 이용하는 방법이다. 대통령은 "소비자가 요구할 경우 기업은 적응할 것이다. 그러니 우리는 수요를 창출할 것이다."라고 말했다.

다섯째, 채찍만 있는 건 아니다. 당근도 있다. 연말까지 국내에서 배출되는 연간 쓰레기를 80퍼센트 낮추거나 1인당 발생하는 쓰레기를 1960년대 수준으로 낮출 경우 아이들을 포함한 모든 거주민이 10,000달러의 현금을 지급받는다. 대통령은 "쓰레기 중독에서 확실히 벗어나는 데 3.4조 달러가 든다 할지라도 지구의 건강과 인류의 웰빙을 위하는 장기적인 관점에서 봤을 때 이는 작은 대가에 불과할 것이다."라고 말했다. 돈은 60일 내에 사용하지 않으면 만기되는 디지달러로 지급될 것이다. 우리는 인정해야 한다. 전 국민이 10,000달러를 마음껏 쓰게 된다면 정말 신나지 않을까?

기이하게도 많은 사람이 이 같은 시나리오에 정말로 짜릿해 하는 듯했다. 전 세계가 환경 문제에 발 벗고 나서기를 기다려온 젊은 세대의 경우 특히 그러했다. 정부가 재활용 사업에서 손을 떼자 기업가들이 공백을 메우기 위해 나섰으며 다행히 퇴비는 여전히 매주 수거된다. 여러분은 '퇴비로 만들 수 있는 100가지 기이한 것' 목록에 포함된 대상을 이미 전부 외워두었다. 모피, 머리카락, 판지 상자, 진공 청소기 잔해, 먼지 등이다.

하지만 모두가 이 프로그램에 동참하는 것은 아니다. 사람들은 이미 쓰레기를 변기에 버려 물을 내리거나 쓰레기 처리를 미루거나 퇴비통에 숨기는 방법을 찾고 있다. 시위대는 모닥불에 쓰레기를 태울 생각을 하고 있다. 기업들은 허점을 찾고 있다. 어떤 사람들은 백만장자들은 쓰레기를 우주로 보낼 거라고 농담을 던진다.

하지만 농담이 아닐지도 모른다. 불법 폐기와 투기는 확실히 문제가 될 것이다. 새로운 규칙이 시행될 경우 드론, 안면 인식 시스템, 기타 감시 기술이 시험대에 오를 것이다. 하지만 10,000달러를 받고, 물론 지구를 구하고 싶어 하는 이들이 충분히 많아질 경우 사회 통념이 빠르게 바뀔 것이다. 환경학자 빌 맥키번이 말했듯 정말로 변할 거라면 조만간 정말로 변화를 꾀해야 한다.[1]

그리고 색다른 일을 시도하면 기분이 좋을지도 모른다. 우리는 이제 막 문을 연 포장 용기 없는 식료품점에서 장을 보기 시작할지도 모른다. 이

곳에서 장을 보려면 재활용 가능한 용기를 가져가야 할지도 모른다. 하지만 놀랍게도 모든 것을 낱개 포장할 때보다 가격이 저렴하다. 우리는 동네에 새로 생긴 중고품 가게를 둘러볼지도 모른다. 사람들은 재활용이 불가능한 필요하지 않은 물건을 다른 이들이 무료로 가져갈 수 있도록 이곳에 두고 간다. 우리는 오래된 물건을 다른 목적에 맞게 사용하는 방법에 관해 창의적인 아이디어를 제공하는 '업사이클링 컨설턴트'가 될지도 모른다.

새로운 세상이다. 우리는 습관을 바꿔야 한다. 다른 이들이 포스트 웨이스트 사회에 적응하도록 돕기 위한 새로운 방법을 생각할 수 있다. 아니면 저항 세력에 동참해 새로운 시스템이 무효하도록 만들 수 있다. 개혁가가 되어 보다 쉽게 따를 수 있는 공정한 규칙을 만드는 방법을 제안할 수도 있다. 여러분에게 달려 있다.

이 시나리오를 처음 접했을 때의 나의 반응을 기록하거나 친구들과 얘기 나눠보자. 이 미래에 관해 처음으로 나누는 대화에서 논하거나 일기장에 적어보고 싶을지도 모르는 질문들을 준비했다.

- 내가 느끼는 감정을 한마디로 표현하면 무엇인가?
- 새로운 규칙을 받아들이는 동안 어떠한 생각이 드는가?
- 허락되는 일과 허락되지 않는 일에 대해 어떠한 의문이 생기는가?
- 내가 바꿀 수 있는, 쓰레기를 당장 줄일 만한 한 가지 습관은 뭐가 있을까?
- 포기나 변화를 상상하기 쉽지 않은 일은 무엇인가?

- 다른 이들이 어떻게 반응할 거라 예측하는가? 가족은? 친구는? 이웃은?
- 이 새로운 현실에서 흥미롭게 다가오는 부분이 있는가?
- 이 미래 순간에서 가장 걱정되는 부분은 무엇인가?

✕ ✕ ✕

선택의 순간 >> 포스트 웨이스트 사회에서 나는 새로운 시스템을 받아들이고 이 사회에 적응하기 위해 최선을 다할까? 아니면 이 시스템에 저항할 생각인가? 개혁을 꾀하는가? 그 이유는 무엇인가? 나의 답이나 이 시나리오에 대한 전반적인 생각을 미래 일기에 적어보자.

기록하기 아이디어

여러분은 이 미래의 일상에 관해 총 10개의 일기를 작성해야 한다. 최대한 생생하고 구체적으로 상상해 보자. 내 삶은 어떻게 변하고 있는가? 내가 다르게 하고 있는 일은 무엇인가? 어떤 좋은 일이 일어나고 있는가? 어떠한 문제가 발생하는가? 내가 아는 장소, 내가 함께 시간을 보내는 사람, 내가 하는 일과 활동, 내가 관심 있는 대의, 내가 소속된 커뮤니티 등에 관해 반드시 나만의 관점에서 적어보자.

이 미래에서 기록해 볼 만한 아이디어를 여럿 제안하니 이 중 끌리는 아이디어를 골라보자. 이 아이디어들이 정말로 마음에 들 경우 스토리를 살짝 비틀어 여러 번 적어볼 수도 있다. 이 아이디어들에만 한정될 필요는 없다. '제로포리아로 가는 길'에서 영감을 받은 어떠한 아이디어도 좋다!

1. 기자가 되어 오늘날 내가 시간을 많이 보내는 장소에서 2033년에 일어날 일을 기록한다. 공원, 학교, 직장, 예배당, 대중교통, 가게, 체육관, 레스토랑이나 커피숍, 자원봉사 장소 등이 있을 수 있다. 이 시나리오는 이 장소에서 어떠한 모습으로 펼쳐지는가? 2033년 나는 오늘날과는 다르게 무엇을 보고 듣고 느끼고 마주하고 경험하는가? 포스트 웨이스트 사회 규칙이 성공적으로 시행되었을지도 모른다. 어떻게 그렇게 되었을까? 아니면 이 규칙들은 그다지 잘 시행되지 않고 있을지도 모른다. 어떠한 문제가 발생하는가? 생각하고 있는 장소에 실제로 있을 경우 더 쉽게 상상할 수 있다.

2. 시나리오가 드러날 수 있는 일상의 소소한 순간을 찾는다. 2033년에는 새로운 포스트 웨이스트 규칙 때문에 그 순간이 어떻게 달라질까? 이는 일상의 습관, 식사, 잡일이나 심부름, 위생 절차, 자기 관리 활동, 엄마에게 거는 전화처럼 아주 소소한 순간일 수 있다. 오늘날 일상적으로 하는 일을 고른 뒤 2033년 포스트 웨이스트 세상의 새롭거나 다른 부분이 드러나도록 일기장에 그 순간을 적어보자.

3. 소셜 미디어에서 일어나는 일을 상상한다. 이 미래에서는 어떠한

주제나 해시태그가 유행하는가? 인플루언서가 어떠한 제품을 홍보하는가? 어떠한 메시지를 올리겠는가? 어떠한 견해를 표출하겠는가? 어떠한 분통을 터뜨리거나 불만을 표하겠는가? 어떠한 정보, 조언, 도움을 요청하겠는가? 어떠한 굉장한 뉴스나 행복한 생각을 공유하겠는가? 친구나 가족, 팔로워들과 생각, 감정, 뉴스를 공유하듯 이 미래에 올릴 만한 나만의 소셜 미디어 포스트를 작성해보자.

4. 제로 웨이스트 사고방식을 시험한다. 이 시나리오가 나에게 얼마나 큰 영향을 미칠지 감을 잡기 위해 앞으로 24시간 동안 오늘날 내가 실제로 쓰레기통에 넣는 모든 것들의 목록을 작성한 뒤 전부 합쳐보자. 나는 오늘 얼마나 많은 것을 버렸는가? 미래에 이것들을 버리지 않으려면 나의 습관, 기업이 제품을 포장하고 판매하는 방식, 사회가 작동하는 방식이 어떻게 바뀌어야 할까? 변화가 가능하다고 느껴지는 것, 불가능해 보이는 것들을 적어보자.

5. 2033년 중고품 가게에 가는 느낌을 적어본다. 나는 그곳에 무엇을 두고 오며 그곳에서 무엇을 찾기를 바라는가?

6. 창의적인 업사이클링과 재사용 방법을 연습한다. 집 안에서 조만간 버리고 싶은 물건을 찾아보자. 버리는 것이 더 이상 불가능해질 경우 이 물건으로 어떤 창의적인 일을 할 수 있을까?

7. 미래의 유물을 만든다. 오늘날 존재하지 않지만 이 미래에서는 존재할 일상의 사물이 뭐가 있을까? 이 미래를 미리 느껴보는 데 도움이 될 만한 물건을 이용해 시나리오에 생명을 불어넣자. '경

고: 일회용 컵에 담긴 음료에는 20달러의 추가 요금이 부과됩니다.'와 같은 일회용 컵에 붙일 수 있는 스티커는 어떠할까? 현금 보너스를 받기 위해 연간 쓰레기를 80퍼센트 줄이도록 사람들을 부추기는 티셔츠도 있다. 정면에는 팀 10,000달러, 후면에는 "나는 오늘 아무것도 버리지 않았다. 당신은 어떠한가?"라고 적혀 있는 티셔츠다. 새로운 규칙에 맞서기 위해 쓰레기 태우기 행사를 알리는 현지 유인물도 있다.

"이웃들이여 쓰레기를 모으자! 정부의 도를 넘는 제안에 맞서 싸우자. 쓰레기를 가져와라! 우리가 대신 태우겠다!"

미래의 유물을 만드는 일은 뇌의 정상화 편견을 손쉽게 깨는 입증된 방법이다. 추상적이고 가상적인 가능성을 유형적이고 상상할 수 있는 것으로 바꿔준다. 우리가 이 시나리오를 떠올리고 계속해서 상상력의 불을 지피도록 일상의 물리 환경에 단서를 심어준다. 포스트 웨이스트 세상에 무엇이 존재한다고 상상하든 이 새로운 물건을 정말로 만들어 자주 보이는 곳에 놓아두자.

8. 기대되는 특별한 날을 상상한다. 가장 좋아하는 휴일, 가족 전통, 재미있는 휴가, 중요한 예배가 있는 날, 연례 스포츠 행사, 파티나 축하, 공연, 테마 파크 나들이, 큰 축제나 컨벤션 가운데 하나를 골라 상상해 보자. 포스트 웨이스트 규칙은 이 특별한 행사에 어떠한 영향을 미칠까? 2033년 나는 이 규칙에 어떻게 적응할까?

9. 나의 기술, 지식, 열정을 사용한다. 이 미래에 무슨 일을 해야 할 것 같은 기분인가? 무엇을 만들거나 창조할 수 있을까? 어떠한

사업이나 서비스를 시작할 수 있을까? 내가 속한 커뮤니티를 어떻게 동원하겠는가? 다른 이들에게 무엇을 가르칠 수 있을까? 이 미래를 더 낫게 만들려면 어떠한 아이디어를 구상해야 할까?

10. 미래 난제를 찾는다. 이 새로운 세상에 적응하는 데 힘들어하는 이는 누구인가? 사람들이 새로운 포스트 웨이스트 사회 규칙을 준수하기 어렵게 만드는 불평등이나 부당함은 무엇인가? 사람들이 이 새로운 시스템에 저항하게 만들 만한 개인적인 요인과 사회적인 요인은 무엇인가? 포스트 웨이스트 사회 규칙을 보다 공정하고 대중적이며 효과적이고 채택하기 쉽게 만들 수 있는 방법을 제안하자.

11. 원하는 만큼 멀리 이 미래로 여행을 떠난다. 새로운 규칙이 시행된 지 1년 정도 지났을 때 이 사회나 나의 삶에 일어난 가장 큰 긍정적인 변화는 무엇인가? 포스트 웨이스트 규칙을 보다 공정하거나 채택하기 쉽게 만들기 위해 어떠한 변화가 일어났는가? 대기업은 업무 관행을 완전히 바꾸기 위해, 사람들이 제로 웨이스트 라이프스타일에 더 쉽게 적응하도록 만들기 위해 어떠한 조치를 취했는가?

12. 긍정적인 결과를 기꺼이 받아들이고 축복한다. 연말까지 쓰레기를 80퍼센트 줄여 모두가 10,000달러 보너스를 받는 날을 상상하자. 사람들은 이 날을 어떻게 기릴까? 나는 10,000달러를 어떻게 쓰는가? 60일 내에 쓰지 않으면 사라진다는 사실을 잊지 말자. 이 미래 세상에서 새로운 긍정적인 감정, 제로포리아를

느끼는 순간을 기술하자. 어디에서 왜 이 감정을 느꼈는가? 어떠한 경험이었나?

기록하기 팁

- 여러분은 창의적인 영감을 받아 열흘 내내 한 가지 아이디어 혹은 몇 가지 아이디어만 깊이 살펴보고 싶을지도 모른다. 좋다! 열흘 내내 이 미래에서 시간을 보내며 집안의 물건을 창의적으로 재사용하거나 미래의 유물을 만들거나 소셜 미디어에 올릴 인기 있는 주제를 상상하거나 이 미래를 보다 공정하고 공평하게 만들 아이디어를 자유롭게 떠올리기 바란다. 재미있고 흥미로우며 나에게 의미 있는 일을 하는 것이 미래에서 열흘을 보내는 가장 훌륭한 방법이다.
- 하루에 최대 한 가지 아이디어만 살펴보자. 시나리오가 나의 상상력에 자리 잡아 발아할 시간을 충분히 확보하기 위해 최소한 열흘 동안 시뮬레이션을 하기 바란다.

이러한 미래가 실제로 일어날 수 있을까? '제로포리아로 가는 길' 시나리오를 탄생시킨 변화의 신호와 미래력을 살펴보자. 이 시나리오에 영감을 준 문제는 확실히 존재하며 점차 심각해지고 있다. 하지만 다행히 잠재적인 해결책도 있다.

전 세계 쓰레기 위기를 살펴보자. 현재 전 세계적으로 매년 20억 톤의 쓰레기가 배출된다. 20억 톤의 쓰레기로 가득 찬 쓰레기통을 줄 세워 보면 4만 킬로미터에 달할 것이다. 지구 둘레보다도 큰 수치다. 우리가 매년 그렇게나 많은 쓰레기를 양산한다. 세계은행에 따르면 이 수치는 25년 후 2배가 될 거라고 한다.[2] 이 쓰레기를 처리하는 일은 전 세계 기후 변화와 건강 문제의 주요 원인이 되고 있다.

썩어가는 쓰레기는 전 세계 탄소 배출량의 5퍼센트를 차지한다. 항공, 철도, 선박 산업에서 발생하는 탄소보다도 많은 양이다.[3] 쓰레기 매립장의 쓰레기가 썩을 때 메탄과 이산화탄소가 나오기 때문이다. 더 많은 쓰레기를 버릴수록 해수면 증가 속도가 빨라지고 폭염의 피해 지역이 더 광범위해진다.

연구 결과에 따르면 쓰레기 매립지 근처에 살 경우 쓰레기 매립지에서 멀리 떨어져 사는 사람보다 천식이나 암, 만성 피로를 비롯한 장기적인 건강 문제에 시달릴 확률이 높다고 한다. 화학물질, 유독 가스, 먼지에 계속해서 노출된 결과다.[4] 더 많은 쓰레기를 묻을수록 우리는 더 병드는 것이다.

한편, 우리가 매해 배출하는 플라스틱의 절반에 가까운 양을 계속해서 버릴 경우 2050년에는 대양에 물고기보다 플라스틱이 더 많아질 것으로 예상된다. 폐기된 플라스틱의 독소는 오늘날 이미 대양의 먹이 사슬에 침투해 매년 백만 마리가 넘는 물고기, 거북이, 새, 해수류의 목숨을 앗아가고 우리의 건강과 전 세계 식품 체계를 위협하고 있다.[5]

쓰레기를 매립할 장소가 부족해지자 수많은 국가가 환경에 미치는 영향을 최소화하기 위해 쓰레기를 태워 연료를 얻는 폐기물 에너지 공장을 세우고 있다. 소각된 쓰레기가 땅에서 썩거나 대양에 떠다니지 않는다는 장점이 있지만 이 공장들이 대기를 오염시키고 납, 수은, 유해한 재를 인근 커뮤니티에 쏟아낼 수 있다는 단점이 있다. 쓰레기 매립지가 양산하는 건강 문제처럼 이 문제들은 불공평하게 배분된다. 폐기물 에너지 공장은 소수 인종 비율이 높은 저소득 커뮤니티에 위치하는 경향이 있다.[6] 쓰레기를 태워 연료를 얻는 방법은 단기적으로는 실행 가능할지 몰라도 장기적으로는 지속가능하지도, 공평하지도, 대부분의 커뮤니티에서 용인되지도 않는다.

마지막으로, 그토록 많은 쓰레기를 처리하는 데에는 큰 비용이 든다. 고소득 국가에서는 시정부 예산의 5퍼센트가 쓰레기 처리에 이용된다. 중소득 국가에서는 10퍼센트, 저소득 국가에서는 20퍼센트다. 이 예산 가운데 일부를 절약할 수 있다면 의료 서비스, 교육, 기반 시설, 기후 적응에 더 많은 예산이 투입될 수 있을 것이다. 쓰레기를 버리는 것보다는 나은 일이다.[7]

전 세계 쓰레기 위기가 절정에 달한 곳이 있다면 바로 미국이다. 미국인들은 단연 가장 많은 쓰레기를 양산한다. 1인당 매일 평균 2킬로그램이 넘는 쓰레기를 배출한다.[8] 미국은 지난 수십 년간 비용을 지불해가며 다른 국가들이 이 쓰레기를 처리하도록 했다. 최근 몇 년 동안 매달 만 개의 선적 컨테이너가 쓰레기로 가득했다. 2018년 말까지 미국은 재활용 가능한 플라스틱과 종이의 절반 이상을 중국으로 보냈다.

알고 보니 우리가 중국으로 보내는 쓰레기의 약 1/3이 음식 찌꺼기 때문에 너무 오염되어 재활용이 불가능한 상태였다. 이 쓰레기들은 쓰레기 매립지로 보내지거나 태워야만 했다. 2018년 중국은 이 쓰레기를 수입하는 데서 발생하는 수익이 환경이나 건강을 희생할 만한 가치가 없다고 판단해 국제 쓰레기가 들어오는 국경을 봉쇄했다.[9] 곧이어 대표적인 쓰레기 수입국인 말레이시아, 인도네시아, 베트남, 필리핀, 인도도 뒤따라 쓰레기 수입을 금지하거나 받아들이는 쓰레기의 양을 대폭 낮췄다. 그리하여 미국, 일본, 독일, 영국 같은 국가들은 쌓여가는 자국의 쓰레기를 점차 스스로 처리해야 하는 상황에 처했다.

이것이 이 위기의 현 상태다. 쓰레기는 굉장히 현실적이며 날이 갈수록 심각해지는 미래 위험이다. 전 세계 쓰레기 위기에 대응하는 우리의 미래 해결책은 '제로포리아로 향하는 길'에서 상상한 극단적인 조치와 조금이라도 비슷할까? 우리가 채택하는 실제 정책이 그렇게 극단적이지는 않을지 몰라도 그렇다고 답할 수 있다. 이 가상 시나리오에서 기술한 쓰레기 관리 방법은 대부분 오늘날 이미 시행되고 있다.

가령 쓰레기 종량제 프로그램은 많은 나라에서 이미 시행 중이다. 한국에서는 음식물 쓰레기는 전부 다른 쓰레기와 분리해 저울과 무선 주파수 인식 리더기가 장착된 스마트 쓰레기통에서 무게를 달아야 한다. 무선 주파수 인식 카드를 스캔한 쓰레기통을 열어 쓰레기를 버려야 하며 쓰레기 0.45킬로그램당 자동으로 비용이 청구된다.

그리하여 한국은 이제 음식물 쓰레기를 95퍼센트나 재활용하고 있다. 1995년의 2퍼센트에서 엄청난 발전이다. 타이베이 같은 곳에서 시행 중인 다른 쓰레기 종량제의 경우 파란색 봉지에 담긴 쓰레기만 버릴 수 있다. 쓰레기를 버리고 싶으면 이 봉지를 구입해야 한다. 봉지 하나당 일정한 비용이 청구되기 때문에 사람들은 최대한 많은 쓰레기를 우겨 넣으려는 경향이 있다. 타이베이시는 1999년 이 프로그램으로 전환한 뒤 쓰레기를 35퍼센트나 줄였다. 전 세계 공공장소에 놓인 쓰레기통이 전부 이런 식으로 설계되고 무언가를 버릴 때 늘 비용이 청구되는 모습을 상상할 수 있는가?

미국에서조차 시정부의 대략 10퍼센트가 이미 가변적인 요금 설정 프로그램을 시행하고 있다. 주민들에게 쓰레기통의 크기를 선택할 수 있게 하고 큰 쓰레기통에 매달 더 높은 수거비용을 청구하는 프로그램이다. 연구 결과에 따르면 이러한 프로그램들은 쓰레기의 양을 평균 10퍼센트에서 15퍼센트 정도 줄여주는 것으로 나타났다.[10] 미래에는 가변적인 요금 설정이 작은 쓰레기통에도 적용될 거라 상상해도 무리가 아니다. 올바른 경제 유인책이 제공될 경우 여러분은 현재 쓰레기통을 신발 상자 크기만 한 쓰레기통으로 바꾸겠는가?

현존하는 쓰레기 종량제 프로그램 가운데 2033년 시나리오에서 상상한 것처럼 터무니없는 비용을 청구하는 경우는 없다. 하지만 쓰레기 처리비를 수도나 전기처럼 이용하는 만큼 지불하는 프로그램은 이미 충분히 시험된 아이디어다. 세계적인 쓰레기 위기에 직면한 지금, 쓰레기 처리에 드는 평균 비용은 폭발적으로 증가할 수 있다.

제로 웨이스트 커뮤니티가 되겠다는 목표하에 이보다 엄격한 쓰레기 정책을 수립한 정부도 있다. 일본 가미카스 마을에서는 주민들이 모든 쓰레기를 커뮤니티 분류 처리장으로 가져가 5개의 쓰레기통에 분리수거해야 한다. 이러한 방법으로 이 마을은 45개의 금속, 플라스틱, 종이, 음식물 쓰레기를 회수해 쓰레기의 81퍼센트를 재활용한다. 쓰레기를 더욱 줄이기 위해 주민들이 제로 웨이스트 라이프스타일을 보다 쉽게 채택하도록 관련 제품을 무료로 제공하기도 한다. 가령 이제 막 부모가 된 이들은 천 기저귀를 무료로 받는다. 가미카스 마을 중앙에는 중고품 가게도 있다. 주민들은 재활용할 수 없는 필요하지 않은 물건을 다른 이들이 무료로 가져갈 수 있도록 그곳에 놔둔다.[11] 2033년, 중고품 가게가 전 세계적으로 일상의 중요한 부분으로 자리 잡는 것을 상상할 수 있는가?

넥스트 도어나 페이스북 같은 소셜 미디어 플랫폼에서는 이웃들이 나눠주고 싶은 물건을 올리고 필요한 물건을 요청할 수 있는 '아무것도 사지 말자Buy Nothing' 그룹이 증가하고 있다. 페이스북에는 이러한 그룹이 6천 개가 넘는다. 최소한 44개 국가에서 4백만 명이 활발히 참여하고 있는 것으로 추정된다. 게다가 2021년에는 최초의 '아무것도 사지 말자' 앱이 공식 출시되었다. 이러한 비공식적인 현지 기프팅 네트워크는 포스트 웨이스트 세상에서 필수적인 기반 시설이 될 것이다.[12]

정부가 개입하지 않더라도 제로 웨이스트 라이프스타일은 앞으로 10년 동안 점차 인기를 끌지도 모른다. 오늘날 소셜 미디어는 이미 최선을 다해 제로 웨이스트 삶을 살고 있는 인플루언서들로 가득하다. 수많은 팔로워를 거느린 제로 웨이스트 인플루언서들은 미국이나 영국처럼 쓰레기가 넘쳐나는 국가에 살고 있음에도 개인 쓰레기를 1년에 봉투 하나 혹은 그 이하로 낮춘다.

그들은 다른 이들에게 영감을 주기 위해 놀라울 정도로 적은 연간 쓰레기, 4인 가족의 쓰레기를 유리 용기에 우겨 넣은 모습을 사진 찍어 올린다. 고잉 제로 웨이스트, 제로 웨이스트 패밀리, 트래쉬 이즈 포 토서스 같은 사이트에 제로 웨이스트 요리, 청소, 여행, 양육, 미용, 패션을 위한 실용적인 팁을 공유하기도 한다.[13]

오늘날에는 제로 웨이스트 라이프스타일을 누리려면 특권이 필요하다. 덜 편리하고 포장이 덜 된 방식으로 무언가를 하려면 자유 시간이 많아야 한다. 하지만 미래에는 특히 제로 웨이스트 기반 시설이 보다 흔해질 경우-가령 새로운 식료품점이 등장할 경우-보다 쉽게 채택할 수 있는 라이프스타일이 될 것이다. 충분히 상상할 수 있는 미래다. 라이브 제로라는 홍콩 식료품점에서는 포장 용기에 넣지 않은 제로 웨이스트 대용량 식품과 청소 제품만을 판매하며, 브루클린, 시칠리아, 말레이시아, 남아프리카에서도 비슷한 가게가 존재한다.[14] 이러한 가게들은 오늘날 작은 실험에 불과하다. 하지만 10년 후에는 제로 웨이스트 식료품점의 성공적인 첫 글로벌 체인이 등장하지 않을까?

미래의 홀 푸드와 월마트가 포장 용기를 전혀 사용하지 않을 경우 주거 및 상업 쓰레기에 가해지는 엄격한 제한이 보다 쉽게 준수될 것이며 정책은 보다 평등해질 것이다. 인기 있는 새로운 법안 덕분에 포장 용기를 사용하지 않는 쇼핑이 훨씬 더 흔해질지도 모른다. 2021년 메인 주와 오리건 주는 미국 최초로 제조업자가 현지 정부와 계약을 맺은 비영리 '생산자 책임 단체'에 수수료를 지급함으로써 포장 용기의 재활용 비용을 부담하게 만드는 법안을 통과시켰다.[15]

수수료는 기업이 시장에 내놓은 포장 용기의 총 용적톤수에 따라 결정된다. 개인에게 쓰레기 비용을 청구하는 프로그램과는 다르지만 쓰레기를 만들었으면 그 대가를 지불해야 한다라는 차원에서 비교할 만하다. 이 같은 법안은 유럽 연합, 일본, 한국, 캐나다 일부 지역에서 이미 인기를 끌고 있다. 중국을 비롯한 다른 국가들이 전 세계 쓰레기를 더 이상 수입하지 않으려 하자 이들 국가에서는 보다 유연한 재활용 프로그램을 시행하고 있다. 기업은 비용을 지불하느니 포장 용기를 덜 생산하는 편을 선택할지도 모른다.

다른 종류의 사업 역시 2033년까지 주요한 변화에 기여할 수 있는 크고 작은 방식으로 오늘날 제로 웨이스트 모델을 시험하고 있다. 이 변화의 신호를 추가로 살펴보자.

- 2020년, 스타벅스, 맥도날드, 버거킹은 재사용 가능한 커피 컵과 햄버거 포장 용기를 시험하기 시작했다. 시범 운영 기간 동안 소비자들은 5일 내에 QR 코드가 적힌 재사용 가능한 용기를 반납해야 한다. 5일 내에 용기를 반납하지 않은 소비자에게는 15달러의 소유 벌금이 자동 청구된다. 지금까지 용기 회수율은 90퍼센트에서 95퍼센트에 이른다.[16]
- 패션 유통업체 에일린 피셔는 상태에 관계없이 중고 에일린 피셔 옷을 5달러에 재구입해 재판매하거나 미술 재료로 재사용하거나 필요한 여성에게 기부할 것이다.[17] 이케아는 최근 스톡홀름에 처음으로 중고 가게를 열었다.[18] 대표적인 브랜드와 유통업체는 이처럼 제품의 수명을 늘리는 방법을 실험할 것이다.

- 전자 기기 역시 갈수록 재사용되고 있다. 미국 기업 HYLA 모바일은 통신 회사와 협력해 매일 2만 개가 넘는 보상 판매되거나 낡거나 망가진 핸드폰을 수거한다. 지금까지 쓰레기 매립지로 갈 뻔한 1억 개의 핸드폰이 수거되었다. HYLA 모바일은 이 핸드폰을 수리해 개개인이 핸드폰을 살 여력이 되지 않는 신흥 시장에 다시 나눠주고 있다.[19]
- 호주 기업 클로즈 더 룹은 낡은 프린터 카트리지를 재활용한다. 프린터 카트리지를 아스팔트와 섞어 보다 견고한 도로 표면을 만드는 것이다. 새롭게 깔린 도로 1마일에는 재활용된 프린터 카트리지의 다 쓴 토너가 20,000개 들어간다.[20]
- 2022년, 스위스 신발 기업 온 러닝은 세계 최초로 피마자로 만든 100퍼센트 재활용 가능한 스니커즈를 출시할 계획이다. 소비자는 이 신발을 살 수 없으며 구독만 할 수 있다. 신발이 닳으면 재활용하기 위해 다시 기업에 보내면 되는데 그러면 새로운 신발을 받을 수 있다.[21] 우리는 이 신발을 소유하거나 버릴 수 없을지도 모른다.

이러한 혁신의 추동 인자는 순환 경제라는 개념이다. 순환 경제에서 자원과 제품, 재료는 전부 최대한 오래 사용되며 절대로 버려지지 않는다. 대부분의 대기업은 10년에서 20년 내에 순환 경제가 표준으로 자리 잡을 거라 예측하며 이미 순환 경제를 향해 나아가고 있다. 어느 날 '제로포리아로 향하는 길' 같은 세상을 맞이하더라도 우리는 이 세상에 어떻게 적응할지 알아낼 필요가 없다. 수많은 기업이 우리 모두가 쓰레기 없는 삶을 살 수 있도록 관련 전략을 시행할 것이다.

쓰레기를 줄이겠다는 야심찬 목표를 이 프로그램이 시행된 첫 해 말에 달성할 경우 모든 시민에게 10,000달러의 현금을 지급하겠다는 아이디어는 어떠한가? 그것조차 생각보다 그리 터무니없는 생각은 아닐지도 모른다. 10,000달러는 매년 보편적 기본 소득 프로그램을 통해 지급될 금액과 동일하다. 세계 곳곳에서 대중의 지원을 받으며 정치적인 견인력을 얻고 있는 아이디어다. 미래에 정부는 탄소 배출 줄이기, 보편적인 백신, 우리가 아는 쓰레기의 종말 같은 다른 조치의 사회적 진척 여부에 따라 그러한 프로그램을 채택할 수 있을 것이다. 여러분은 정부가 건강하고 지속가능한 행동을 장려하기 위해 보편적인 현금을 비롯한 기타 보상을 제공하는 세상을 상상할 수 있는가? 나는 상상할 수 있다.

이 미래의 단서를 계속해서 찾아보자. 이 시나리오를 앞질러 보자. 소셜 미디어에서 팔로우할 전문가들을 찾고 아래 용어를 검색해 새로운 변화의 신호를 찾자.

- 순환 경제
- 쓰레기 종량제 프로그램
- 세계적인 쓰레기 위기
- 제로 웨이스트 운동

기후 이주 위기는 날이 갈수록 심각해지고 있다. 그렇다면 우리의 사고방식을 뒤집어 보면 어떨까? 처음에는 말도 안 되어 보이는 또 다른 가능성을 상상해 보자. 기후 이주가 더 이상 거대한 위기가 아니라 다급한 해결책으로 여겨지는 세상이다.

이 미래에서는 대부분의 사람이 그곳에서 태어났다는 이유만으로 평생 한 국가에 사는 것이 더 이상 말이 되지 않는다. 이동할 자유는 기본적인 인권으로 인정되고 국경 안에 사람들을 가두는 것은 야만적이며 시대에 뒤떨어진 관행으로 취급받는다. 기후 변화 때문에 이주해야 하는 사람이라면 누구든 재정 지원을 받을 수 있다.

형평성의 문제만은 아니다. 이는 경제 성장과 혁신을 꾀하는 방법이기도 하다. 이주가 증가할수록 더 많은 사람이 잠재력을 극대화하고 사회에 가장 크게 기여할 수 있는 곳으로 가게 된다. 게다가 대부분의 국가가 더 많은 노동자를 필요로 한다. 이 새로운 세상에서 정부는 더 이상 이주를 제한하는 방법을 묻지 않는다. 이주로 인한 이익을 극대화하는 방법을 꾀할 뿐이다.

세상에서 가장 현명하고 창의적인 이들이 대량 이주 실행 계획에 에너지를 쏟고 있다. 수억 명이 더 행복하고 건강해질 수 있는 곳으로 빠르게 이동하려면 어떻게 해야 할까? 어떠한 장소가 기후 위기에서 가장 안전할까? 우리 모두를 위한 장소를 어떻게 마련할 수 있을까?

이 미래에 모두가 이동하는 것은 아니다. 이동하지 않는 이들은 다른 이들이 새로운 장소에서 환영받는 기분을 느끼고 편안하게 지내려면 어떻게 해야 할지 배우고 있다. 환영 기술은 이제 컴퓨터 프로그래밍, 자료 과학, 심지어 의료 서비스를 앞질러 온라인 학습자들 사이에서 가장 유용하고 바람직한 실용 기술로 자리 잡았다. 이 미래에서는 소프트 스킬이 가장 필수적인 기술일지도 모른다.

이 미래에서 이주는 더 이상 개인이 부담해야 하는 위험하고 불법적인 여정이 아니다. 미래의 이주는 단합되고 의도적이며 전략적인 즉, 전 세계가 협력해 활기 넘치고 번성하는 사회를 구축한다. 내가 택한 기후 여정은 미래 세대를 위해 가족의 새로운 역사를 쓰게 될 것이다.

위기가 해결책이 되는 이 같은 세상에 우리는 어떻게 당도하게 될까? 어떠한 정치 활동과 사회 운동이 우리를 그곳으로 이끌까? 단합되고 의도적인 대량 이주의 첫 물결을 살아가는 기분은 어떠할까? 전 인류가 기후 위기에서 벗어날 수 있도록 이 힘겨운 선택을 하겠다고 결심할 경우 우리는 어떻게 행복과 위안, 회복력을 꾀할 수 있을까?

'환영당'에서 우리는 이 질문들에 답할 것이다. 그럼 시작해보자.

인류 역사상 처음으로 40억 개가 넘는 핸드폰이 동시에 울렸다. 지금부터 12시간 후 지구 반대편에 해가 뜨자마자 또 다른 40억 개가 넘는 핸드폰이 울릴 것이다. 80억 개의 핸드폰이다. 지구상에 존재하는 모든 핸드폰은 아니지만 대부분에 해당한다. 여러분은 자신의 핸드폰을 내려다본다. 비상경계 공지문이다. 하지만 당황하지 않는다. 예상했기 때문이다. 여러분은 이것이 진짜 비상사태가 아님을 알고 있다. 최소한 우리가 알고 있는 감각으로는 말이다. 긴박한 위험은 없다. 지금으로부터 10년 후 일어날 거라 예상되는 일에 대한 비상경계다. 그렇다, 수많은 이들이 10년 경고는 전 세계 무선 비상경계 시스템을 사용하기에 적합하지 않다고 주장해왔다. 그들의 말도 일리가 있다. 하지만 지난 수십 년 동안 기후 위기에 대해 수없이 떠들어 대고도 별 다른 효과가 없는 지금, 이를 진짜 위기로 취급하는 것이 그다지 안 좋은 생각은 아닐지도 모른다.

　문자를 보낸 곳은 환영당이다. 제목은 '파티 시간!'이다. 그다지 불길하게 들리지 않는다. 하지만 온갖 신문 기사에서 이 사건을 크게 다루고 있다. '파티 시간!'은 전 세계 수천 명의 정치 후보자가 새로운 환영당 연합 플랫폼의 일환으로 내건 슬로건이었다. 그들은 목표를 달성했다. 전 세계 입법의 힘을 이용해 기후 이주의 증가하는 수요에 대한 종합적이고 인도주의적 반응을 이끌어냈다. 3년간 이어진 지칠 줄 모르는 시위와 '미래에 우리는 전부 이민자다' 운동에서 비롯된 파업의 공이 크다.

　이 비상경계에 어떻게 대응할지 우리가 내리는 선택은 수십억 명의 운명을 결정하는 데 도움이 될 것이다. 보다 길어지고 심각해진 폭염, 더욱 자주 발생하는 전력난과 수도난 등 우리가 살고 있는 곳에서 일어나는 일을 고려할 때 이 선택이 우리의 운명을 결정할지도 모른다.

비상 경보, '파티 시간'

당신은 기후 위기 관용 및 이주 사유에 관한 최초의 글로벌 설문조사에 참여하게 되었다. 지금으로부터 10년 후 전례 없는 규모의 이주가 시작될 것이다. 10억 명에 달하는 이들이 기후 변화의 피해가 큰 지역에서 이주를 요청할 것으로 예상된다. 33개 집권당 연합인 환영당은 빠른 인구 유입에 대비해 이주 경로를 짜고 기후 탄력성을 갖춘 목적지를 마련하기 위해 모델과 예측을 준비하고 있다.

다음 10가지 질문에 대한 여러분의 답은 자료 모델에 반영될 것이다. 이 자료를 바탕으로 우리는 기후 이주 요청의 위치와 시기를 보다 정확하게 예측할 수 있을 것이다.

열흘 내에 응답지를 제출하면 된다. 가족이나 친구, 이웃들과 의논해도 좋다. 응답에 따라 초기 이주 기회와 재정 지원을 제공받을 수도 있다. 수집된 자료를 바탕으로 미국, 캐나다, 중국, 일본, 러시아, 호주, 뉴질랜드, 영국을 비롯해 유럽 경제 지역EEA에 속한 33개 국가는 새로운 주민을 기후 위기에서 가장 안전한 지역으로 이주시키기 위한 준비를 시작할 것이다.

설문지를 작성하려면 다음 페이지를 보면 된다. 여러분은 그들이 원하는 정보를 가늠하기 위해 질문지를 빠르게 본다. 생각할 시간은 열흘이다. 어떠한 질문에는 어떻게 대답해야 할지 아예 감이 오지 않을 수도 있다. 여러분은 찬찬히 답을 생각해 보기 바란다.

1. 필요할 경우 기후 위기로부터 안전한 지역으로 자유롭게 이동할 수 있습니까? 1부터 10까지로 답하세요.

   (전혀 불가능하다) 1 2 3 4 5 6 7 8 9 10 (완전히 가능하다)

2. 기후 위기로부터 전혀 안전하지 않더라도 현재 집에 머물 만한 이유가 있습니까? 해당되는 이유에 전부 표시하세요.

   ☐ 이동할 경제적 여건이 되지 않는다.

   ☐ 어디로 갈지 모르겠다.

   ☐ 가족들이 떠나고 싶어 하지 않을 경우 그들을 두고 가지 않을 것이다.

   ☐ 이 공동체와의 역사가 깊어서 두고 떠날 수 없다.

   ☐ 이주자를 상대로 한 폭력과 차별이 우려된다.

   ☐ 기술의 발전으로 어떠한 곳에서도 살 수 있는 방법이 있을 거라 본다.

   ☐ 다른 곳에 사는 삶을 상상할 수 없다.

   ☐ 기타 _____

3. 안전하지 않은 기후 때문에 현재 집을 떠나야 할 경우 기후 위기에서 안전한 곳 중 선호하는 장소가 있습니까? 어디로 가고 싶습니까? 다른 국가나 국내 다른 지역, 다른 나라의 특정 도시가 될 수 있습니다. 최소한 3개 선택지를 적어주세요.

   첫 번째 선택 _____

   두 번째 선택 _____

   세 번째 선택 _____

4. 계절 이주나 영구 이전 중 무엇을 선호합니까? 계절 이주를 하려면 매년 폭염, 폭풍, 홍수 등을 피해 '떠나는 시즌'에 해당하는 몇 개월 동안 대피해야 합니다. 영구 이전은 새로운 곳에 아예 둥지를 트는 것을 의미합니다.

5. 심각한 폭염(43도 이상)이 연간 며칠 이상 지속되면 기후 위기에서 안전한 목적지로 이동하겠습니까?

6. 심각한 대기 오염(AQI 200 이상으로 바깥 공기나 여과되지 않은 공기를 5분 이상 들이마시면 건강에 해롭다)이 연간 며칠 이상 지속되면 기후 위기에서 안전한 목적지로 이동하겠습니까?

7. 물 없이 살거나 굉장히 적은 양의 물을 배급 받으며(한 명당 하루에 25리터) 살아야 하는 날이 며칠 이상 지속되면 기후 위기에서 안전한 목적지로 이동하겠습니까?

8. 극단적인 기후 기간에 불안정한 전력망 때문에 전기나 인터넷 없이 살아야 하는 날이 며칠 이상 지속되면 기후 위기에서 안전한 목적지로 이동하겠습니까?

9. 증가하는 해수면, 홍수, 극단적인 날씨로 인해 여러분이 살고 있는 곳의 기반 시설(건물, 도로, 다리)이 붕괴될까 봐 걱정됩니까? 얼마나 긴박한 위험 속에 살고 있다고 느낍니까? 1에서 10까지로 답하세요.

(전혀 위험하지 않다) 1 2 3 4 5 6 7 8 9 10 (굉장히 위험하다)

10. 현재 여러분이 살고 있는 곳이 기후 회복력이 있다면 새로운 이주자를 얼마나 환영하겠습니까? 1에서 10까지로 답하세요.

(전혀 환영하지 않는다) 1 2 3 4 5 6 7 8 9 10 (굉장히 환영한다)

기록하기 아이디어

인류는 이주하는 종이다. 아프리카에서 시작한 인류는 이제 지구 곳곳에서 살고 있다. 당시에는 아무도 우리를 막지 않았다. 이제 우리는 서로를 제지해야 한다. 수천 년의 역사를 보면 인류의 이동은 자연적이며 생존에 이로운 것을 알 수 있다. 오늘날 우리는 폭염, 가뭄, 무자비한 폭풍, 증가하는 해수면, 홍수를 뒤로 한 채 다시 이동하고 있다. 우리만 그런 건 아니다. 새, 개구리, 나비, 무스, 곰, 상어, 균류, 나무 등 과학자들은 지구에 살고 있는 종의 50퍼센트가 기후 변화 때문에 안전한 거처를 찾아 한 번도 살아본 적 없는 곳에 터전을 일구기 시작한 것을 발견했다.

기후 변화로부터 안전한 곳으로 인류가 이동하는 것을 막을 수는 없으며 이는 두려워할 일도 아니다. 우리는 지금이 지상으로 나오기 위해 '기후 지하 철도 조직'을 마련할 때라고 본다. 환영당 연합 회원으로서 우리는 끔찍한 위험에서 달아나고 생활에 적합한 환경을 찾을 기본 인권을 증진하고 보호할 것을 맹세한다.

우리는 일부 국가가 다른 국가보다 많은 양의 탄소를 배출했으며 그렇기 때문에 기후 변화에 더 많은 책임이 있음을 인정한다. 이 국가들은 기후 배상금의 형태로 다수의 기후 이민자를 받아들일 도덕적 책임이 있다. 지난 300년 동안 탄소 배출의 25퍼센트에 기여한 미국은 33개 회원국을 위해 2억 5천만 명의 기후 이민자를 받아들이도록 장려될 것이다. 중국(15퍼센트)은 1억 5천만 명, 일본(4퍼센트)은 4천만 명이다.

우리는 앞으로 10년 동안 기후 탄력성 있는 목적지 도시의 기반 시설을 구축할 것이다. 미리 계획하고 준비하면 대량 이전이 시행될 때 사회가 충격을 덜 받고 더 많은 경제 성장을 이뤄낼 것이다.

오늘 우리는 모든 이들에게 촉구한다. 이주할 준비를 하라. 오늘날 기후 변화에서 안전해 보이는 장소일지라도 향후 10년 동안 전혀 다른 곳으로 변할지도 모른다. 우리는 떠나야 할 때 떠날 수 있도록 스스로를, 가족을, 공동체를 현실적이고 정신적으로 준비시켜야 한다.

환영할 준비를 하라. 여정을 떠나는 동안 서로를 어떻게 대하는지에 따라 우리가 다음 세기에 평화롭게 살지 쓸데없는 고통을 겪을지가 판가름 날 것이다. 당장 준비하자. 현지 지식을 공유하고 우리가 할 수 있는 도움을 제공하며 새로운 이주자를 따뜻하게 환영하자. 누구든 미래에는 기후 이주민이 될 수 있다.

이 시나리오를 처음 읽었을 때의 나의 반응을 일기에 적어보거나 친구들과 얘기 나눠 보자.

- 이 질문지를 받았을 때 든 감정을 한마디로 표현할 수 있는가?
- 이 시나리오를 읽는 동안 어떠한 생각이 드는가?
- 이 질문에 답할 준비가 얼마나 되었다고 느끼는가?
- 다른 이들이 이 질문지에 어떻게 반응할 거라 예상하는가?
- 이 미래 순간에서 흥미롭게 다가오는 부분은 무엇인가?
- 이 미래 순간에서 가장 걱정되는 부분은 무엇인가?
- 10억 명의 이주를 돕기 위한 환영당의 실행 계획에 어떠한 의문이 드는가?

선택의 순간 >> 이 일이 정말로 일어날 경우 다른 이의 관점과 조언을 듣고 답변을 비교하거나 함께 계획을 세우기 위해 응답지를 제출하기 전 누구와 가장 얘기 나누고 싶을까? 그 이유는 무엇인가? 나의 답을 비롯해 이 시나리오에 대한 전반적인 반응을 미래 일기에 적어보자.

기록하기 팁

환영당의 세상에서 열흘을 보내는 동안 기록하면 좋을 아이디어를 제시한다. 이 중 마음에 드는 아이디어를 자유롭게 고르기 바란다. 아니면 호기심과 창의성이 이끄는 대로 나만의 아이디어를 발명해도 좋다.

첫째, 시간을 갖고 환영당의 기후 위기 관용과 이주 사유에 관한 최초의 글로벌 설문조사지를 살펴본다. 하루에 한 가지 질문에만 답해보자. 미래의 내가 되어 답을 작성하는 것을 잊지 말자. 2033년에 내가 어디에 살고 있을지, 누구와 살고 있을지, 삶의 정황이 어떠할지 기억하자. 오늘날과 같을 수도 있고 전혀 다를 수도 있다. 내가 찾은 정보나 각 질문에 대한 답을 찾기 위해 다른 누군가와 나눈 대화를 일기장에 적어보자. 왜 그러한 답을 했는지에 관해 짤막한 생각을 공유하자.

둘째, 목적지를 고른다. 정말로 위험한 기후 변화를 피해 내가 원하는 목적지로 이주할 경우 삶이 어떻게 달라질지 구체적으로 상상하자. 기후 변화로 가장 큰 위험에 처할 나라나 도시를 예측한 실제 결과를 찾아보면 도움이 될지도 모른다. 성모 마리아 글로벌 적응 이니셔티브 국가 인덱스는 회복력을 증진하기 위한 각국의 의지와 기후 변화 취약성을 보여준다. 2021년 상위 10개 국가는 노르웨이, 뉴질랜드, 핀란드, 스위스, 스웨덴, 호주, 덴마크, 아이슬란드, 싱가포르, 독일이었다.

시티스 앳 리스크는 다양한 환경 및 기후 관련 위협에 노출될 가능성에 따라 전 세계 576개 도심지의 순위를 매긴다. 2021년 기준, 위험도가 가장 낮은 도시, 장기적인 이주에 가장 적합한 도시는 시베리아 크라스노야르스크, 스코틀랜드 글래스고, 캐나다 오타와였다. 회복력이 높은 다른 도시로는 멤피스, 몬테비데오, 카이로가 있었다. 아시아에서 위험도가 가장 낮은 도시는 몽골의 울란바토르와 일본의 시즈오카였다. 온라인에서 '베리스크 메이플크로프트 환경 위험 전망' 보고서를 찾으면 더 많은 결과를 알 수 있다.

셋째, 나의 집을 규정한다. 오늘날 나의 '집'을 규정하는 장면과 소리, 냄새, 맛, 경험, 전통, 사람, 장소는 무엇인가? 기후 변화 때문에 이주해야 할 경우 그것들을 어떻게 갖고 갈 것인가? 미래에 이동할 때 집을 가져갈 수 있는 아이디어를 브레인스토밍하자.

넷째, 새로운 문화에 적응하는 법을 연습하다. 새로운 곳에서 편안하게 지내려면 어떻게 해야 할지 상상하자. 언어를 배우거나 새로운 요리법을 개발하거나 이름을 바꾸거나 새로운 스포츠의 팬이 되거나 의견이 맞지 않아도 참여할 수 있는 현지 행사나 예술 단체에 가입할 수도 있다. 내가 무엇을 할지 이야기해보자.

다섯째, 누군가를 환영한다. 기후 이민자들이 우리 동네, 학교, 직장, 집에서 환영받는 기분이 들게 하려면 어떻게 할 수 있을까? 과거에 새로운 곳에서 내가 환영받는 기분을 느끼게 만든 활동은 무엇이었나? 기후 이민자들을 위해 비슷한 일을 할 수 있는가? 내가 취할지도 모르는 행동과 관련된 아이디어를 브레인스토밍하거나 이야기해보자.

여섯째, 미래의 유물을 만든다. 이 시나리오에 존재하는 일상의 사물 중 오늘날 존재하지 않는 것이 뭐가 있을까? 2033년 기후 위기에 안전하지 않은 날을 기록해 정문이나 냉장고에 붙여둔 수제 점수 기입 용지, 점수 기록 카드는 어떨까? 대기질이 안전하지 않은 날이 며칠이나 될까? 기온이 안전하지 않은 날은? 전력난이 발생한 날은? 현지 주민이나 기업이 기후 이주민을 따뜻하게 맞이하기 위해 창문에 붙여둔 사인이나 시각 상징물도 있다. 환영당에 가입하기를 촉구하는 티셔츠도 있다. 미래에 우리 모두는 이민자다 시위에서 이용하는 포스터도 좋다. 기후 회복력이 있는 새로운 도시에 온 우리를 환영해 이웃들이 쓴 카드가 될 수도 있다. '환영당' 세상에 어떠한 물건이 존재할 거라 상상하든 현실로 소환하자. 그다음에는 상상력에 계속해서 불을 지피기 위해 자주 보이는 곳에 이 새로운 사물을 놓아두자.

일곱째, 계절 이주에 관한 이야기를 한다. 세계 각지에서 떠나는 시즌이 뉴 노멀이 된다고 상상하자. 여러분이 사는 곳도 예외는 아니다. 폭염, 폭풍, 홍수, 산불 연기, 물 제한, 전력난을 피하기 위해 일 년에 몇 달 동안 여력이 되는 이들은 기후가 안전한 곳으로 이주한다. 상황이 보다 안정적이고 온화한 세 계절 동안에는 모두가 원래 살던 곳으로 돌아가 일상적인 삶을 산다. 모두가 이주할 수는 없지만 대부분이 그렇게 한다. 떠나는 시즌에 짐을 싸 이주하는 삶은 어떠할까? 어디로 가겠는가? 누구와 함께 하겠는가? 비용은 어떻게 부담하겠는가? 원격 근무나 학습이 가능할까, 아니면 객지에서 임시직을 찾아야 할까? 매 시즌마다 같은 곳으로 돌아 가겠는가, 다른 곳으로 가겠는가? 떠나는 시즌마다 도움 없이는 안전하 게 이동할 수 없는 이들을 위해 어떠한 서비스와 지원 시스템이 필요할 까? 여러분은 〈뉴욕 타임스〉에서 만든 대화형 지도, "모든 국가가 자국만 의 기후 문제를 지니고 있다. 당신의 문제는 무엇인가?"를 찾아 인터넷을 검색할지도 모른다. 피해야 하는 대상을 파악할 수 있도록 홍수, 열 압박, 가뭄, 산불, 허리케인, 해수면 증가 위험 지역을 표시한 지도다.[22]

여덟째, 이 미래에 관해 상상의 나래를 마음껏 펼쳐보자. 수십억 명이 기후 위기 관용과 이주 사유에 관한 최초의 글로벌 설문조사에 답한 결 과 어떠한 일이 일어나기를 바라는가? 상상할 수 있는 최고의 결과는 무 엇인가? 수십억 명이 이주를 계획하고 글로벌 환영당이 마침내 창설되는 2043년, 최고의 시나리오에서 볼 수 있는 뉴스 헤드라인은 무엇일까? 혹 시 대규모 기후 이주를 불필요하게 만드는 일이 일어났을까? 여러분이 아끼는 도시나 고향의 기후 회복탄력성은 지금과 그때 사이에 향상되었 을까? 내가 맞이하고 싶은 세상을 기술한 기후 이주나 기후 회복력에 대 해 이야기해보자.

이러한 미래가 정말로 일어날 수 있을까? 환영당 시나리오를 낳은 변 화의 신호와 미래력을 살펴보자.

기후 이주는 금세기 가장 큰 미래력 중 하나다. 전문가들은 기후 변화로 2100년까지 2억 명에서 150만 명의 사람들을 국경 너머로 강제 이주하게 될 거라 예측한다.[23] 이 이주는 상당수가 폭염과 가뭄, 이러한 기후 변화가 전력난, 수도 공급, 기반 시설에 미치는 영향에 기인할 것이다. 국립과학원회보에 공개된 한 주요 연구에 따르면 2070년까지 30억 명이 인류가 생활하기 부적합한 환경에서 살게 될 거라 한다.[24] 이 수치를 고려하건데 전 세계 지도자들이 최소한 10억 명을 기후 회복력 있는 지역으로 이동시키기 위해 사전 대책에 나설 거라고 생각해 볼 수 있다.

이 같은 이주 계획은 2가지 형태를 취할 수 있다. 가장 가능성 높은 해결책은 하버드 법대, 예일대 법대, 인권 추구 대학 네트워크의 전문가들이 최근에 추천한 방법으로 기후 위기로 갈 곳을 잃은 이들을 위해 입법자들이 임시 비자를 만들어 그들이 영주권이나 시민권을 받을 수 있도록 하는 것이다.[25] 십 수 개 국가에서 그러한 프로그램을 시행할 경우 동남아시아, 중앙 및 남아프리카, 사하라 사막 이남 아프리카 등 기후 위기가 가장 심각한 지역에 살고 있는 전례 없을 정도로 많은 이들이 국경 너머로 이동해 국적을 바꿀 수 있는 10년 한정 기회를 누리게 될지도 모른다.

이러한 대규모 이주 계획을 다룬 정책서에서 기후 배상이라는 용어가 보다 자주 등장하고 있다. 탄소 배출 기여도가 높은 국가가 기후 이주민을 그만큼 많이 받아들여야 한다는 주장이다. 배상을 하는 국가는 정착비도 지불해야 할 것이다. 국경 통제가 강화되고 우파의 반 이주자 감정이 증식되는 지금, 이 아이디어는 정치적 가능성이 없어 보일지 모른다. 하지만 이 사안에 관해 세대적 변화가 일어날 수 있다. 서른다섯 살 미만의 미국 거주민들은 정부가 노예제, 경제 착취 및 식민지, 기후 피해 등 과거

에 저지른 부당한 행위를 배상한다는 아이디어를 반기기 때문이다.[26]

심각한 인도주의적 위기와 지정학적 안정 및 글로벌 경제에 미치는 파급 효과가 고스란히 드러남에 따라 기후 배상은 정당에 관계없이 널리 받아들여지는 도덕적 책임이 될지도 모른다. 2020년 전 세계적으로 기후 변화로 인한 극단적인 기온 때문에 500만 명이 사망했다는 사실에 주목하자. 비교해 보자면 같은 해 코로나19로 인한 사망자는 350만 명이었다.[27] 기후 변화가 전 세계 건강에 더욱 큰 위협이 되고 있는 지금, 세상이 이 난국에 대처해 사람들을 더 이상 국경 안에 가두지 않기로 결심할 거라 희망할 수 있지 않을까.

기후 배상보다 더 급진적인 해결책도 있다. 기본적인 인권 차원에서 영구적으로 전 세계 국경을 개방하자는 정치 운동이 속도를 내고 있다. 국경 개방을 지지하는 이들은 범죄자 신원 조회를 통과할 경우 누구나 한 국가에서 다른 국가로 자유롭게 이동할 수 있는 제도를 제안한다. 미국에 사는 사람이라면 누구나 한 주에서 다른 주로 이동할 수 있는 것처럼 말이다. 사람들은 시민권에 관계없이 어디에서든 일하고 교육이나 기본 의료 서비스 같은 사회 서비스를 보장받을 수 있을 것이다. 물론 일부 권리나 서비스-투표나 보편적 기본 소득-는 시민에게로 한정되겠지만 말이다. 일부 경제학자들은 국경 개방 정책은 인권과 평등성의 문제만은 아니라고 주장한다. 이는 전 세계 생산성과 부의 증가에도 기여할 것이다. 잠재력을 최대한 발휘해 사회에 가장 크게 기여할 수 있는 곳으로 사람들을 이동시키기 때문이다.

임시 비자나 완전히 개방된 국경은 오늘날 이미 고려 대상 중인 아이디어다.[28] 어떠한 정책이든 인류 이주는 두려워할 위기보다는 해결책으로 취급될 것이다. 고령화 인구, 사망률이 출산율보다 높은 수많은 국가인 미국, 일본, 중국, 러시아, 영국 등은 이주자를 두고 경쟁하게 될 텐데 그 대상이 비단 숙련된 이주자만은 아니다. 이 국가들은 젊은이들에게 교육과 기술 훈련과 무료 숙소를 기꺼이 제공할 것이다. 젊은 이주자들이 대거 이주해 노동력을 채우고 나이든 사람을 돌보지 않을 경우 이 국가들은 현재 생활 수준을 유지할 수 없을 것이기 때문이다.[29]

이를 위해 일부 지도자들은 몹시 야심찬 이주 목표를 촉구하고 있다. 업계, 학계, 자선 등 다양한 분야로 이루어진 캐나다의 초당파 네트워크, 센츄리 이니셔티브는 캐나다의 혁신, 경제 안정성, 전 세계 무대에서의 영향력을 높이려면 2100년까지 캐나다 인구가 3,800만 명에서 1억 명으로 3배가 늘어나야 한다고 주장한다.[30] 베스트셀러 역시 이 같은 사고 전환을 지지한다. 매튜 이글레시아스의 《One Billion Americans: The Case for Thinking Bigger》는 미국이 글로벌 경쟁력을 높이려면 국경을 개방해 700만 명의 새로운 이주민을 받아들여야 한다고 제안한다. 소니아 샤의 《인류, 이주, 생존》은 모든 생명체는 환경 압박에 대응해 이동하며 인류는 기후 변화를 해결하는 과정에서 이 같은 진화적 적응성을 전적으로 수용해야 한다고 주장한다.[31] 대량 이주에 관한 이 같은 새로운 사고방식은 환영당의 플랫폼에 고스란히 반영되어 있으며 앞으로 주류 관점으로 자리 잡을 것이다.

기후 위기 관용과 이주 사유에 관한 최초의 글로벌 설문조사는 최근 전 세계적으로 나타나는 현상에서 영감을 받았다. 살기에 부적합한 날씨가 자신의 삶에 영향을 미치리라고는 상상도 못한 많은 이들이 자신이 처한 위험을 받아들이기 시작하고 있다. 2021년에 발생한 끔찍한 열돔 현상으로 태평양 연안 북서부 주민들은 이전에는 그 지역에서 상상도 못할 기온(일부 지역에서는 며칠 내내 49도에 달했다)이 가능할 뿐만 아니라 미래에는 이러한 현상을 더 자주 경험할 것임을 온몸으로 자각했다. 가족들과 잠시 오리건주 포틀랜드로 달아난 한 친구는 이러한 문자를 보냈다.

"이제부터 이렇게 살아야 되는 거야? 언제든 떠날 준비를 해야 할까?"

한 캘리포니아 주민은 〈가디언〉지와의 인터뷰에서 폭염이 지속되는 날이 갈수록 길어지는 상황에 대해 이렇게 말했다.

"모든 게 땀으로 축축해요. 이따금 머리가 아프기 시작하고 어지러워지죠. 그럴 때면 의심이 들어요. 우리가 도대체 왜 여기에 있는지 온갖 의문이 드는 거죠."[32]

향후 10년 동안 전 세계적으로 수억 명이 이 같은 상황을 얼마나 더 견딜 수 있을지 헤아리게 될 것이다. 미국에서는 9,300만 명이 사람이 살 수 없을 정도로 심각한 기후 위기를 경험할 것으로 예측된다.[33] 그들은 이주에 관한 전략적인 계획을 세워야 할 것이다.

한편, 기후 미래학자 알렉스 스테펜은 이렇게 주장한다.

"행성이 위기에 직면한 지금, 이주는 피난이 아니다."

그의 말에는 일리가 있다.[34] 기후 위기에서 안전한 지역을 예측하는 일은 헛된 노력일지도 모른다. 안전하다고 여겨진 장소가 새로운 위험에 처할 수 있고 한 지역의 위기가 미치는 파급효과는 전 세계로 퍼져나가기 때문이다. 2021년 여름, 오리건주의 독성 산불 연기가 수천 킬로미터 떨어진 중서부와 북동부 지역의 하늘, 기후 위기에서 안전하다고 여겨진 동네의 하늘을 가득 메웠던 때를 떠올려보자. 산불 발생 위험이 전혀 없던 도시의 대기가 세상에서 가장 오염되었던 때를 말이다. 그렇다 할지라도 이동할 경제 자원과 자유가 있는 이들은 위험을 앞지르려고 애쓸 것이다. 대량 이주는 기후 변화에서 벗어나는 장기적인 해결책이 될 수 없을지 모른다. 특히 세계적인 지속가능성을 꾀할 근본적인 방법이 없는 상황에서는 더욱 그러하다. 하지만 일어날 수밖에 없다는 사실은 분명하다.

자원이나 법적인 선택권이 부족할지라도 떠날 수밖에 없다고 결론 지은 이들을 위해 얘기하자면 기후 지하 철도 조직은 오늘날 정말로 존재한다. 이는 사람들을 국경 너머로 빠르게 이동시키며 추방이나 반 이주자 폭력 같은 위험에 노출된 이들을 지원하고 숨겨주기 위해 고안된 인도주의적 지원과 활동주의의 한 형태다. 활동주의자들이 자신의 업적을 기술하기 위해 사용한 이 이름은 19세기 미국 지하 철도, 다시 말해 노예 흑인들이 북부 주와 캐나다로 달아나도록 도운 비밀 경로 네트워크와 안전한 거처를 의미한다.

이주학자 모리스 스티얼은 이렇게 말한다.

"마찰, 박해, 빈곤, 환경 파괴로 인한 대량 이주는 엄격한 비자 발급, 국경 통제 강화와 동시다발적으로 일어나고 있다. 이에 대응하기 위해 이주자를 위한 다양한 지원과 보호구역이 확산되고 있다……."

오늘날, 지하 철도 조직의 정신은 셀 수 없이 많은 방식으로 존재한다. 지중해, 미국 국경을 따라 이어진 소노라 사막, 아프리카 사하라 사막 같은 위험한 국경 지역에의 직접적인 개입에서부터 이주를 도모하는 이들을 안내하는 일에 이르기까지 다양하다. 반 추방, 반 감금 캠페인, 새로운 장소에 도착한 이들을 위한 피난처와 도시를 구축하는 네트워크 역시 이러한 정신의 일환이다.[35]

정부가 살기에 부적합한 환경에서 고통받는 이들을 돕기 위해 대량 이주를 꾀하지 않을 경우 기후 지하 철도 조직은 블랙 라이브스 매터와 비슷하게 가공할 만한 세계적인 사회 운동으로 발전할 수 있다.

그러한 사회 운동은 어떠한 모습일까? 그러한 거대한 지하철 네트워크로는 애리조나 피닉스에 위치한 총원 AZ 봉사 단체가 있다. 이 단체는 미국 이민 세관 단속국에서 체포되거나 억류된 뒤 법원 심리를 기다리는 동안 잠시 석방된 이주 가족을 위해 거주지, 음식, 의복, 이동 수단을 조율한다. 단체장은 언론 인터뷰에서 혐오 메시지와 살인 협박을 받고 있다며 젠이라는 이름으로만 신원을 밝혀달라고 요청했다.

그들은 시위대의 공격을 피하기 위해 이주 가족들을 대피시킨 장소를 비밀에 부치고 비밀번호를 매일 계속해서 바꾼다. 이 단체에는 500명의 자원봉사자가 소속되어 있는데 대부분 수백 명의 이민자 가족을 자신의 집에 기꺼이 받아들인다. 이 가족들이 앞으로의 계획을 생각하는 동안 자신의 집에 하루 이틀 묵을 수 있게 한다.[36] 미래에 이러한 봉사 활동이나 환영당의 규모가 확대되어 지상으로 나오는 날을 상상할 수 있는가? 기후 이민자들이 조언과 자원, 따뜻한 환대를 제공할 준비가 된 호스트 가족과 만나는 것이다.

2033년 세상에서 상상한 세계적인 사회 운동, '미래에 우리는 모두 이민자다'는 실재하지 않지만 미래 연구소의 전무 마리나 고르비스가 쓴 에세이에서 영감을 받았다. 마리나 역시 구소련에서 미국으로 넘어온 이민자다.

"미래에 우리는 모두 이민자입니다. 이 땅의 원주민은 아무도 없습니다. ……사회와 제도의 기반-일하는 방식에서부터 가치를 창출하고 통치하고 거래하고 배우고 혁신하는 방식에 이르기까지-이 엄청나게 달라지고 있습니다. ……우리 모두는 새로운 땅으로 이주하고 있습니다. 우리 앞에 나타난 새로운 풍경을 이민자처럼 바라봐야 합니다. 새로운 언어, 새로운 방식을 배울 준비를 하고 흥분 가득한 마음으로 새로운 시작을 기대해야 합니다. 살짝 두려울지라도 말이지요."[37]

정해진 미래는 없지만 그녀가 그린 세상은 우리가 상상할 수 있는 미래에 가장 가깝다. 우리는 언젠가 생경하고 어색하게 느껴지는 세상을 맞이할 것이다. 미래란 그런 것이기 때문이다. 기후 이민자가 되지 않더라도 우리는 미래가 우리에게 안겨줄 충격 속에서 배우고 적응하고 도움을 요청하고 서로를 도와야 한다. 환영당은 대부분의 사람이 이제 자신이 도움을 요청할 차례임을 겸손하게 인정하는 세상을 상상한다. 여러분은 이러한 미래를 상상할 수 있는가?

계속해서 단서를 찾자. 이 시나리오를 앞지르자. 소셜 미디어에서 전문가를 팔로우하고 아래 용어를 검색해 새로운 변화의 신호를 찾자.

- 기후 이주
- 기후 배상
- 기후 지하 철도

- 기후 회복력이 높은 도시

10년 겨울

오늘날 지구 온난화는 우리가 마주한 가장 큰 기후 난제다. 하지만 거꾸로 지구 월동기에 들어간 미래가 찾아오면 어떻게 될까? 상상해 보자. 이 미래에서는 태양 광선을 일부 차단해 지구를 식힐 수 있는 혁신적인 지구공학 기술이 가능하다. 이 기술은 지난 수십 년의 지구 온난화를 뒤바꿀 수 있을지도 모른다. 100퍼센트 재활용 가능한 에너지로 전환할 시간을 벌어줄지도 모른다. 하지만 이 기술을 시행하면 굉장히 적은 일광 속에서 몇 년을 살아야 한다. 비는 더 많이 내리고 홍수도 잦아질 것이다. 이 기술이 세계적인 규모로 사용된 적은 한 번도 없다. 지구가 정확히 얼마나 차가워지거나 축축해질지, 혹은 이 기술을 중단하고 다시 햇빛을 들일 때 어떠한 합병증이 발생할지 아무도 모른다.

과학자들은 긍정적이다. 그들은 정부와 국제 연합에 전면적인 월동기를 승인할 것을 촉구하고 있다. 이제 기후 악몽이 종식되고 기후 치유가 시작될 수 있다. 하지만 이 같은 극단적인 지구공학적 결정을 내릴 법적, 도덕적 권한이 누구에게 있을까? 평범한 사람들은 이 과정에서 어떠한 목소리를 낼 수 있을까? 과학은 대중에게 어떻게 전달될 수 있을까? 과학은 대중의 신뢰를 받을까? 대부분의 사람이 위험을 감수하려 할까, 아니면 위험에 반대할까? 최소한 10년 동안 지구 월동기를 살아내는 기분은 어떠할까?

여러분은 밤새 화면을 응시하고 있다. 새로고침 버튼을 100번도 넘게 눌렀다. 여전히 '결과 미정'이라는 같은 말만 나온다. 드디어 결과가 나왔다.

'찬성'

그렇다. 하는 것이다. 전 세계가 찬성에 표결했다. 지구 차광화에 동의했다. 지구공학을 이용해 기후 위기에서 벗어나자는 데 찬성했다. 2016년에는 브렉시트가 있었다. 2029년에는 칼렉시트가 있었다. 2033년인 지금은 선 엑시트다. 압도적 다수가, 60퍼센트의 동의가 필요한 결정이었다. 사람들의 동의 없이 성층권에 황산 분자를 주입하는 엄청난 일을 시행할 수는 없기 때문이다. 아슬아슬했다. 결과 페이지에 따르면 투표한 71억 명 가운데 62퍼센트가 찬성했고 38퍼센트가 반대했다.

찬성을 이끌어내기까지 거의 1년이 걸렸다. 그 자체만으로 역사적인 성과물이다. 민주주의 역사가 없는 곳, 아이들에게도 투표권이 있는 곳 등 200개에 달하는 국가에서 표결을 이끌어냈다.

이제 화면에는 카운트다운이 시작되고 있다. 10년 겨울은 열흘 후에 시작된다.

물론 사람들은 저항할 것이다. 해커들은 태양 복사 관리 시스템을 무너뜨릴 것이다. 하지만 이 표결에는 법적 구속력이 있다. 전 세계 기후 과학자와 기술자 연합은 UN 총회가 2027년 최초의 지구 차광화 시험을 승인한 후 직접 시뮬레이션 했으며 위험을 완화한 계획을 시행할 것이다.

그들은 황산 입자가 화산 폭발 효과를 모방해 햇빛을 우주로 도로 반사할 거라고 말한다. 찬성 캠페인은 이렇게 설명했다.

"자연적인 과정입니다. 우리가 기술로 도울 뿐이죠. 지구를 식히는 과정에서 사람들을 병들게 하는 해로운 재는 발생하지 않습니다."

하지만 밝고 푸른 하늘과 피부에 닿는 태양의 감촉을 좋아한다면 앞으로 10년 동안은 즐길 수 없을 것이다. 하늘은 회색이 될 것이다. 비는 자주 내릴 것이고 더 오래 내릴 것이다. 기온은 충분히 낮아질 것이다. 대부분의 장소에서 새로운 평균 최고기온은 기존의 평균 최저기온이 될 것이다. 20도 정도의 기온 하강 효과를 누릴 수 있다. 관련 대화가 이제 막 궤도에 오르기 시작했던 21세기 초에 지구공학자들이 언급했던 것보다 훨씬 극적인 개입이다. 하지만 NASA 기후 시뮬레이션 센터에서부터 지구 예측 혁신 센터, 에너지부의 에너지 엑사급 지구 시스템 모델에 이르기까지 가장 강력한 기후 슈퍼컴퓨터들이 대부분의 장소를 거주가능한 곳으로 유지하려면 이러한 조치를 취할 수밖에 없다고 예측했다.

다행히 영구적인 겨울은 아니다. 2043년 무렵이면 종료될 것이다. 지구가 극심한 가뭄, 폭염, 끝도 없는 산불에서 회복하자마자 지구공학자들은 구름에 황산을 뿌리는 일을 중단할 것이다. 2030년대 초 이 모든 현상들은 가장 암울한 기후 예측에서 내놓은 예상보다도 훨씬 더 안 좋은 상태였고 훨씬 더 빠르게 진행되었다. 조금만 덜 심각했더라면 지구공학 기술은 고려되지 않았을 것이다.

하지만 선 엑시트가 승인되기 전까지 '이 방법 아니면 화성 이주'라는 인기 있는 농담이 나돌 정도였다. 만 명 중 한 명만이 살아생전 화성 이주를 바랐다. 대부분 지구에서 보내는 10년 겨울을 3억 7천600만 킬로미터 떨어진 새로운 행성에 정착하는 것보다 훨씬 더 나은 대안으로 받아들였다.

한편 인류는 여전히 지속가능성을 추구하는 활동을 꾀해야 한다. 여러분은 "지구공학은 탄소 배출의 대안이 아니다. 귀중한 시간을 버는 방법이다."라는 말을 귀에 못이 박히도록 듣는다. 찬성 캠페인은 이 시간을 현명하게 사용하겠다고 약속했다.

"10년 겨울은 청정 에너지로의 완전한 이전을 꾀하고, 최종적으로 인류의 탄소 배출을 종식하기까지 충분한 시간을 벌어줄 것이다."

태양이 온전히 회복할 때쯤이면 각국의 재생 에너지 사용 비율이 90퍼센트에 달할 것이다. 화석 연료는 끝, 태양열 발전소와 풍력 원동기의 시대다. 파력 발전기는 태양의 움직임에서 발생하는 에너지를 이용할 것이다. 화산, 간헐 온천, 온천에서 나오는 열은 추출되어 난방에 사용될 것이다. 항공 산업은 음식물 쓰레기나 휘발성 지방산으로 연료의 70퍼센트를 충당할 것이다.[38] 육류와 유제품 섭취량을 절반으로 낮추지 않는 국가에는 무역 제재가 가해질 것이다. 마지막까지 버티는 국가들은 재생 가능한 에너지 자원으로 전력이 100퍼센트 공급되지 않는 차량을 제작하거나 판매할 수 없을 것이다. 인류가 지구를 또다시 덥힌다면 태양을 차단하는 10년이 무슨 소용이란 말인가?

이 방법은 효과가 있을까? 안전할까? 과거에 실제로 발생한 화산 폭발로 2년에서 3년 동안 지구의 기온이 16도나 하강했다. 1815년, 인도네시아 탐보라 화산의 폭발은 '여름 없는 1년'을 초래했다.[39] 작물 손실로 기근이 발생했고 전 세계적인 홍수로 질병이 발발했으며 끝도 없는 어둠 때문에 사람들의 정신 건강이 악화되었다. 하지만 찬성 캠페인의 주장에 따르면 우리의 수송, 식품, 인도주의적 기반 시설은 1800년대 초보다 훨씬 발전했다. 농업과 식품 사슬을 재구축하고, 고위험 지역을 홍수의 위험에서 안전하게 지키고, 모두에게 무료로 비타민 D 보충제를 지급하고, 인공 조명 테라피를 제공하는 글로벌 네트워크, 태양 센터를 구축하기 위한 계획이 수립되었다. 모두가 자진해서 서로를 돕도록 요청받을 것이다. 여름 없는 10년을 견디려면 엄청난 희생과 회복력이 필요하다.

표결 결과가 나온 지금 소셜 미디어에서는 이미 수많은 감정이 나돌고 있다. 반대한 이들이 표출하는 분노, 지구가 타도록 내버려두지 않기 위해 인류가 힘든 선택을 내렸다는 찬성한 이들이 표출하는 감사, 이 방법이 정말로 효과가 있을 경우 지구가 자급자족할 수 없을 거라는 혼란, 황산 입자 때문에 의도치 않은 건강상의 부작용이 발생할 거라는 우려, 아이들이 자연적인 기후를 느끼지 못한 채 10년을 맞이할 거라는 슬픔, 향후 10년 동안 서로를 돕기 위한 커뮤니티를 재구성하려는 광적일 정도로 창의적인 에너지, 세상이 10년 겨울을 잘 지낼 수 있을 거라는 지구가 치유될 거라는 희망이다.

더 이상의 토론은 없다. 더 이상의 캠페인은 없다. 선 엑시트는 기정사실이다. 대기에 씨를 뿌리기까지 우리에겐 열흘이 있다. 이 열흘 동안 계획을 세우고 물자를 확보하고 타인을 돕는 법을 파악하고 태양을 즐겨야 한다. 이 시나리오를 처음 읽었을 때의 나의 반응을 일기에 적어보거나 친구들과 얘기 나눠 보자. 미래 일기나 이 미래에 관한 대화에서 얘기 나눠보고 싶을지도 모르는 질문들을 준비했다.

- 선 엑시트 투표에서 어디에 표를 던졌는가?
- 표결이 나올 때 어떠한 감정이 드는가?
- 어떠한 생각이 드는가?
- 앞으로 일어날 일에 대해 어떠한 의문이 드는가?
- 다른 이들이 어떻게 반응할 거라 보는가? 가족은? 친구는?
- 결과를 알자마자 어떠한 행동을 취하는가?

✖ ✖ ✖

선택의 순간 >> 선 엑시트 투표에서 어디에 표를 던졌는지, 결과를 듣고 나서 어떠한 반응을 보였는지 얘기해보자. 미래 일기장에 적어보자.

기록하기 팁

'10년 겨울' 세상에서 열흘을 보내는 동안 일기장에 적어볼 만한 아이디어를 제안한다. 이 중 마음에 드는 아이디어를 자유롭게 고르기 바란다.

1. 선 엑시트 결과가 발표되자마자 소셜 미디어에서 무슨 일이 일어날지 상상한다. 사람들은 어떻게 반응하는가? 어떠한 주제와 해시태그가 유행하는가? 사람들은 어떠한 정보를 요구하는가? 나는 어떠한 메시지를 올리는가? 2033년 나의 생각과 감정, 뉴스를

친구와 가족, 팔로워와 공유하는 양 나만의 소셜 미디어 포스트를 작성해보자.

2. 겨울을 맞이할 준비에 대해 이야기한다. 선 엑시트 표결 결과로 태양이 차단되기까지 남은 열흘 동안 나는 무엇을 하는가? 앞으로 일어날 일에 대해 누구와 얘기 나누는가? 남은 시간 동안 무슨 경험을 하려 하는가? 나와 가족, 커뮤니티를 10년 겨울에 준비시키기 위해 내가 지금 당장 시행할 실용적인 일들을 상상해보자. 상상한 내용을 일기장에 적어보자.

3. 내가 살고 있는 곳의 새로운 기후에 대해 설명한다. 이 시나리오가 나에게 어떠한 영향을 미칠지 제대로 이해하려면 내가 살고 있는 곳의 평균 최고기온과 최저기온을 찾아보면 좋다. 10년 겨울 동안 목격될 새로운 평균 최고기온은 오늘날 평균 최저기온이 될 것이다. 여러분이 찾은 정보와 이 새로운 현실에 대한 생각을 일기장에 적어보자. 시원하고 축축하고 우중충한 10년 날씨를 미리 내다본 기분이 어떠한가? 나는 무엇을 그리워하게 될까? 무엇을 더 많이 할까? 내가 어떻게 대처할 거라 예상하는가?

4. 미래의 유물을 만든다. 이 시나리오에 존재하는 일상의 사물 중 오늘날에는 없는 것은 무엇인가? 태양 지구공학 원리를 설명하는 전단지는 어떠할까? '10년 겨울' 세상에 무엇이 존재한다고 상상하든 상상력에 계속해서 불을 지피자. 내가 만든 것, 그것을 둔 장소를 일기장에 적어보자.

5. 기자가 되어 2033년에 일어나는 일을 보고한다. 10년 겨울이 사

람들이 특정한 장소에서 하는 일에 어떠한 영향을 미칠지 상상하자. 오늘날 내가 많은 시간을 보내는 장소를 고르자. 공원, 학교, 직장, 예배당, 대중교통, 식료품점이나 기타 가게, 체육관, 레스토랑이나 커피숍, 자원봉사 하는 곳 등이 될 수 있다. 이 장소에서 이 시나리오는 어떻게 펼쳐지는가? 오늘날과는 다른 2033년, 나는 무엇을 보고 듣고 느끼고 마주하고 경험하는가? 상상하는 장소에 실제로 있을 경우 보다 쉽게 상상할 수 있을지도 모른다.

6. 10년 겨울에 사람들이 무엇을 필요로 하고 원할지 목록을 작성한다. 사회가 새로운 현실에 적응하는 동안 지구공학은 전 세계에 영향을 미치기 시작한다.

   - 어떠한 문제가 잦아질까?

   - 사람들은 어떠한 도움이나 지원을 요청할까?

   - 사람들은 어떠한 정신 건강 문제를 겪게 될까?

   - 사람들은 어떠한 정보를 찾을까?

   - 무엇이 필수품이 될까?

   - 갑자기 무엇이 동이 날까?

   - 10년 겨울 동안 적응에 애를 먹는 이들이나 더 큰 고통에 시달릴 이들은 누구일까?

   - 추가 도움이 필요한 커뮤니티나 단체가 있을까?

   이 목록을 일기에 적어보자. 도움이 될 만한 행동이나 정책을 자유롭게 브레인스토밍 해보자. 영감을 받았거든 10년 겨울 기간에 나 자신이나 가족에게 발생할 새로운 문제나 요구에 관해 짧은 이야기를 나눠보자.

7. 나만의 독특한 기술, 지식, 열정을 이용한다. 이 새로운 세상에서 잠시 시간을 보내본 결과 이 미래에서 무엇을 해야 할 것 같은 기분이 드는가? 나는 무엇을 만들거나 창조할 수 있을까? 어떠한 사업이나 서비스를 시작할 수 있을까? 커뮤니티를 어떻게 동원하겠는가? 다른 이들에게 무엇을 가르칠 수 있을까? 이 미래를 더 발전시킬 수 있는 어떠한 아이디어가 있는가?

8. 10년 겨울의 중간쯤인 2038년에서 현재로 보내는 편지를 쓴다. 월동기의 절반을 살아냈다고 상상하자. 나는 어떻게 적응하고 있는가? 다른 사람들은 어떻게 적응하고 있는가? 남은 5년을 내다볼 때 어떠한 감정이 드는가? 현재의 나, 가족 구성원이나 사랑하는 사람, 혹은 세상 전체를 대상으로 편지를 써보자. 지구공학으로 바뀐 세상에 대해 그들이 무엇을 알기를 바라는가? 이 같은 미래에 그들이 어떻게 준비하도록 장려하겠는가? 2038년의 관점에서 어떠한 지혜나 조언의 말을 건넬 수 있을까?

9. 미래를 마음껏 상상한다. 10년 겨울의 최상의 결과는 무엇일까? 이 10년 동안 세상을 보다 지속가능하고 기후 회복력 있게 만들기 위해 어떠한 발전이 이루어졌는가? 이 미래의 희소식은 무엇인가? 기술의 시행이 중단되고 햇빛이 복구되는 날을 어떻게 기릴 것인가? 이 미래를 향한 가장 큰 희망은 무엇인가?

이 같은 미래가 실제로 일어날 수 있을까? '10년 겨울' 시나리오를 낳은 변화의 신호와 미래력을 살펴보자.

한때 터무니없는 생각으로 치부된 지구공학은 이제 하나의 과학 분야로 확실히 자리 잡았다. 옥스퍼드 지구공학 프로그램은 이를 '기후 변화를 막기 위해 자연계에 가하는 의도적인 대규모 개입'이라 정의한다.[40] 지난 5년 동안 지구과학 아이디어에 관한 동료 평가 과학 논문이 13,500건 넘게 출간되었다.[41] 궤도로 거대한 거울을 보내 우주로 햇빛 반사하기, 유전자 조작된 대장균 박테리아를 이용해 이산화탄소를 덜 해로운 물질로 바꾸는 효소 생산하기, 소금물을 바다 위 구름에 분사해 구름을 지구의 특정 부분만 식힐 수 있을 만큼 크고 밝게 만들기 등의 제안이 있었다.[42]

지금까지 가장 큰 발전을 이루었으며 앞으로 가장 큰 영향을 미칠 지구공학 아이디어는 태양 복사 관리[SRM]다. '10년 겨울'에서 묘사한 것처럼 대기에 황산 입자를 뿌리는 기술이다. '지구 차광화'라고도 불리는 이 기술은 과학계에서 점차 큰 지지를 받고 있다. 2021년 3월, 미국 국립 과학 공학 의학 학술원은 미국 정부가 태양 지구공학을 연구하도록 2억 달러의 연방 연구 프로그램을 신설할 것을 권고했다.[43]

태양 복사 관리 통제 이니셔티브는 또 다른 신호다. 이 프로그램은 기후에 가장 취약한 남반구 국가들에서 지구공학 연구를 홍보하고 자금을 댄다. 2018년 이래로 8개 국가에서 50만 달러에 달하는 SRM 연구에 자금을 지원했다. 아르헨티나, 방글라데시, 베냉, 인도네시아, 이란, 코트디부아르, 자메이카, 남아프리카공화국이다.[44] 한편 실리콘 밸리에서 가장 큰 스타트업 육성기관, 와이 콤비네이터는 지구공학에 주력하는 스타트업에 제안서를 보낼 것을 요청한다.[45] 2021년 여름, 공학과 응용과학에 주력하는 세상에서 가장 큰 전문 단체 IEEE의 주력 매거진이자 웹사이트인 IEEE 스펙트럼은 다음과 같은 제목의 기사를 출간했다.

"공학자: 당신은 기후 변화를 막을 수 있다. 탈탄소, 탄소 포착, 태양 복사 관리는 향후 수십 년의 일거리가 될 것이다."

SRM이 더 이상 혁신적인 아이디어가 아니라 경력으로 삼을 만한 꽤 괜찮은 아이디어임을 보여주는 또 다른 확실한 신호다.[46]

그렇기는 하지만 각국 정부는 지구공학 활동을 규제하고 조율하는 방법을 이제 겨우 파악하기 시작한 단계다. 2015년 생물학적 다양성을 논하는 UN 컨벤션에서 이루어진 지구공학 활동 중단 선언에 196개 국가가 서명했다. 건강이나 환경에 미치는 의도치 않은 영향 같은 잠재적인 문제와 더불어 한 국가가 지구의 기후를 일방적으로 바꾸는 일이 지닌 도덕적 위험성이 이유로 언급되었다. 무엇보다도 SRM은 결과가 마음에 들지 않는다고 취소할 수 있는 활동이 아니다.

하지만 특정한 과학 자료를 수집할 필요가 있거나 환경에 미치는 잠재적인 영향에 관해 철저한 사전 평가가 이루어진 소규모 과학 연구는 활동 중단에서 제외되었다.[47] 2020년 그러한 연구가 처음으로 진행되었다. 성층권 제한 교란 실험을 진행 중인 하버드 대학교 과학자들은 스웨덴 최북단에 위치한 마을로 실험 풍선을 날려 보낼 계획을 세웠다. 대기에 입자를 주입하는 데 필요한 풍선이었다. 이 실험의 목적은 무거운 하중이 실린 풍선이 얇은 대기에서 얼마나 잘 작동할지 알아보는 것이었다. 효과가 있을 경우 실험 풍선은 광물성 먼지를 대기에 흩뿌리고 태양을 차단하는 최초의 SRM 구름(길이 1킬로미터에 지름 100미터)을 생성하는 데 이용될 터였다. 하지만 환경주의자들의 반대에 직면하는 바람에 잠재적인 위험에 관한 추가 연구가 가능할 때까지 실험은 연기되었다.[48]

뉴욕에 기반한 변호 단체, 카네기 기후 통제 이니셔티브(C2G)는 2023년 UN 총회에서 다시 한번 태양 지구공학이 논의되도록 힘쓰고 있다. 이 단체는 대규모 전략적 실험을 승인하고 이에 따른 위험을 완화하는 체제를 수립하고자 한다. 성층권 주입에 관한 선언문에서 C2G는 이렇게 제안한다.

"지구공학은 비교적 저렴하며 빠르게 수행할 수 있는 기술이다. 하지만 큰 위험도 수반된다. 이를 통치할 효과적인 글로벌 시스템도 없다. 우리에게는 낭비할 시간이 없다. 가능한 모든 도구를 살펴보는 효과적인 관리 방식을 마련할 기회는 사라질지도 모른다. ……우리는 문제가 닥치기 전에 더 많이 알아내 관리 방식을 정립해야 한다."[49]

한 가지 중요한 사실을 언급해야 할 것 같다. '10년 겨울'에서 묘사한 급진적인 지구 차광화 계획은 SRM 연구진들이 오늘날 제안하는 것보다 훨씬 더 극단적이라는 사실이다. 나와 대화를 나눈 이 분야 전문가들은 이 같은 조치가 빛과 기후에 미칠 영향은 훨씬 더 미비할 거라 말했다. 잘 제어된 SRM이라 봤자 기온은 20도가 아니라 1도에서 2도 정도밖에 바뀌지 않을 것이다.

그러한 면에서 2033년 시나리오는 지구공학자들의 계획이 실행될 때 정말로 일어날 거라 생각되는 바와는 큰 차이가 있는 다소 판타지에 가까운 시나리오다. 최고의 시나리오에서조차 SRM은 지구를 엄청나게 식혀주지는 않을 것이다. 다른 장기적인 지속가능성 조치들이 취해지는 가운데 지구 온난화가 악화되는 것을 임시로 막아줄 뿐이다. 그러니 이 미래에 준비하는 모습을 생각할 때 시나리오의 드라마에서 한발 물러나 훨씬 더 미약한 태양 차단 효과를 상상해 볼 수 있다. 기후공학자들이 계속해서 보수적인 기후 개입을 요구하는 한 그것이 보다 그럴듯한 미래다.

하지만 SRM의 권고 사항은 계속해서 바뀔 것이다. 2021년, 독일에서 유례없는 가뭄이, 미국 태평양 연안 북서부에서 기록을 깨는 더위가 발생하자 일부 기후 과학자들은 이 분야가 예측과 권고를 내놓는 과정에 덜 보수적인 관점으로 접근해야 한다고 제안하기도 했다. 로렌스 버클리 국립 연구소에서 극단적인 기후를 연구하는 마이클 웨너는 온라인 간행물 악시오스에서 기후 과학자들은 불필요한 우려를 야기하는 사람으로 보이지 않으려고 '예상과 귀인 진술'에서 지나치다 싶을 정도로 조심하는 경향이 있다고 말했다. 하지만 그 역시 기후 위기가 악화되면서 그들의 보수 성향이 약화되었을지도 모른다고 덧붙였다.[50]

물론 10년 동안 햇빛을 최대한 차단하는 일이 지구를 살리기 위해 반드시 필요하다고 정말로 생각했을지라도 인류는 지난 수십 년 동안 기후로 인해 온갖 고통을 겪어온 뒤에야 그러한 시도를 하겠다는 데 동의했다. 이 시나리오가 그럴듯해지려면 2033년은 너무 이를지도 모른다. 하지만 2043년이라면? 2053년이라면? 그렇게 먼 미래를 상상하면 이 아이디어는 그다지 터무니없어 보이지 않는다. 가능성을 고려해볼 만한 가치가 있어진다.

과학자들은 '10년 겨울'에서 기술한 것 같은 극적인 지구공학 노력에 착수할 때임을 어떻게 알까? 이 시나리오에서 언급된 기후 슈퍼컴퓨터는 진짜로 존재하며 더 많이 개발되고 있다. 초당 수십억 개의 셈을 할 수 있기 때문에 일반 컴퓨터가 산출하는 데 거의 150년이 걸릴 결과를 몇 시간 만에 내놓는다. 지구의 기후 변화를 엄청나게 구체적으로 시뮬레이션할 수 있는 것이다. 대양, 대기, 육지는 25킬로미터 구간마다 실시간 측정점이 다르다. 슈퍼컴퓨터는 수천 개의 동적이고 가변적인 변수 가운데 기온 변화, 대기 가스, 햇빛, 파도의 움직임을 반영한 정교한 모델을 결합해 이 측정점 간의 온갖 상호작용을 동시다발적으로 분석한다.[51]

AI에 의해 작동되는 이 시뮬레이션은 지구의 복잡한 시스템이 장기적으로, 파멸적인 방식으로 소통할 방법에 관해 놀라운 예측을 내놓는다. 향후 10년 동안 대중은 슈퍼컴퓨터 시스템이 내놓은 예측 결과를 이해하고 신뢰해야 할 것이다. 대부분의 사람이 오늘날 얼마나 편안하게 행동에 나설지는 설명하기 어려운 슈퍼컴퓨터 자료 모델에 기반하게 될까? 두고 볼 일이다. 편파적인 미디어와 소셜 미디어 음모론 때문에 온갖 종류의 과학적 합의를 향한 저항이 거세지고 있다. 미래에는 슈퍼컴퓨터와 이들이 내리는 초 예측이 역정보와 당파적 분열의 새로운 도메인이 될 것이다. 나는 이 슈퍼컴퓨터를 정말로 신뢰하는가? 나의 직감에 반할지라도 이 컴퓨터의 권고 사항대로 행동할 것인가? 미래에는 이러한 논쟁이 벌어질 것이며 연구진과 정부는 슈퍼컴퓨터의 신뢰도를 높이고 향후 10년 동안 이 기술을 평범하게 만들기 위해 단합된 노력을 펼칠 것이다.

지구공학은 '10년 겨울' 시나리오에서처럼 표결에 부쳐질까? 위급한 행성 문제와 관련해 글로벌 민주주의 표결을 시도하기 위한 메커니즘이 현재 가동 중이라는 얘기는 들어보지 못했다. 하지만 인류의 장기적인 운명에 영향을 미칠 수 있는 생소한 과학 활동을 추진하기 위해, 대중의 동의를 얻기 위한 새로운 방안을 꾀하는 전문가가 점차 늘고 있다. 가령 일각에서 코로나19 발발의 원인으로 손꼽는 '기능획득 연구' 바이러스 연구는 까다로운 윤리적 문제를 낳을 수 있다. 이러한 연구는 인간이 새로운 병에 걸리는 원인을 파악한다는 명목 하에 자연 발생적인 동물 바이러스의 유전자를 바꾸는 바람에 바이러스의 전염성과 발병률을 높인다. 미래 팬데믹을 예방하기 위한 연구이건만 아이러니하게도 질병을 유발하는 원인이 될지도 모른다. 그토록 위험한 과학이 정말로 필요할까? 신종 바이러스를 낳은 실험실 사고가 전 세계에 미칠 결과를 고려할 때, 세상 사람들이 이 같은 연구의 잠재적인 혜택이 잠재적인 위험보다 클지 판단할 수 있는 방법이 있어야 하지 않을까?[52]

마찬가지로 CRISPR 유전자 변형 기술은 그것이 인류에게 의미하는 바를 바꿀 수 있다. 어떠한 실험이나 변형을 우리가 편안하게 받아들일지, 어떠한 실험이나 변형이 도덕적 한계를 넘어설지 판단할 기회가 소수의 과학 단체나 정부 관료에게로 국한되어서는 안 되지 않을까?[53]

외계지적생명체탐색[SETI]의 업적과 이 단체에서 파생된 외계지적생명체에게 메시지 보내기[METI]를 생각해 보자. 소규모 과학자 연합인 METI는 우주에 존재하는 다른 생명체를 인류에게 유리한 방향으로 바꾼다는 희망을 가지고 심우주에 이미 메시지를 보내기 시작했다. 하지만 그러한 메시지의 금지를 요구하는 천체물리학자와 윤리학자들이 증가하고 있다. 최소한 인류가 이 사안에 집단으로 동의할 때까지라도 말이다. 그들은 우리가 외계인에게 인사를 건네기 전에 다음과 같은 질문에 답해야 한다고 주장한다. 우리는 인류보다 훨씬 더 진보했을지도 모르며 우리에게 호의적이지 않을지도 모르는 외계 사회와 접촉해야 할까? 그렇다면 인류를 대변해 누가 말을 건넬 것인가? 우리가 받을 외계 메시지에 뭐라고 답할지 누가 결정할 것인가?[54]

이러한 논의는 전 지구적인 문제를 해결할 새로운 통치 제도를 향한 높아지는 관심을 반영한 다. 오늘날 이러한 일을 전담하는 단체로는 UN, 국제형사재판소, 세계무역기구, 세계보건기구, 세계은행이 있다. 하지만 문제와 잠재적인 해결책이 행성 규모로 확대된다면 쉽지 않은 결정을 내리고 대중에게 발언권을 줄 수 있는 보다 포괄적인 신 제도가 필요하다. 앞으로 수십 년 동안 정치, 경제, 사회, 환경 분야의 협력을 위해 또 어떠한 제도가 탄생할 거라 상상할 수 있는가? 확실히 짚고 넘어가자면 근거 없는 음모이론의 단골 소재인 '단일 세계 정부'의 부상을 얘기하는 것이 아니다. 하지만 확실히 미래에는 특히 한 국가의 행동이 전 세계에 영향을 미칠 경우, 국경을 초월해 민주적인 투표가 진행될 수 있을 것이다.

2016년, 글로벌 투표라는 온라인 프로젝트에서 이 아이디어를 시험해 보았다. 소속 국가에 관계없이 아무나 이 가상 투표에 초대해 영국이 유럽 연합 회원으로 남을지를 결정하는 국민투표(브렉시트), 힐러리 클린턴과 도널드 트럼프 사이에서 벌어진 미국 대통령 선거에 표를 던지게 했다. 149개 국가에서 참여한 만 명이 넘는 투표자들은 이 결과가 자신의 삶에 어떠한 영향을 미칠지 생각한 뒤 실제 선거가 있기 몇 주 전 가상 온라인 투표를 했다. 글로벌 투표가 진행된 가상 현실에서는 영국이 유럽 연합에 남았고 클린턴이 대통령이 되었다.[55]

'10년 겨울'은 10년 후 우리 모두 근본적으로 다른 행성에 살게 될 것이며 그 결과 완전히 다른 삶을 살게 될 것임을 깨닫게 해주었다는 점에서 가장 그럴듯할 것이다. 기후 미래학자 알렉스 스테펜은 뉴스레터 〈더 스냅 포워드〉에서 이렇게 말했다.

"기후 변화가 하나의 문제가 아니라 한 시대라고 말하는 것이 무슨 의미인지 처음 깨닫는 순간, 우리는 현기증 때문에 어지러울 수 있다. 우리가 한때 알던 행성에 더 이상 살지 않는다고 말하는 것은 우리가 한때 살던 삶을 더 이상 살지 않는다는 의미이기도 하다."[56]

실제 기후 미래가 어떻게 펼쳐지든, 그 결과를 지구공학으로 바꾸든 그렇지 않든, 시나리오를 상상하는 일은 그 현기증을 미리 느껴보는 연습과도 같다. 우리 자신이 '10년 겨울' 같은 극적인 시나리오를 살아내는 모습을 상상하는 것은 인류가 한 번도 경험하지 않은 세상을 향해 보다 자신 있게 나아가는 법을 배우는 방법이다.

계속해서 이 미래의 단서를 찾아보자. 이 시나리오를 앞지르자. 소셜 미디어에서 전문가를 찾거나 아래 검색 용어를 통해 새로운 변화의 신호를 찾을 수 있다.

- 태양 복사 관리
- 기후 슈퍼컴퓨터
- 세계 통치 제도
- 지구공학 윤리학

우리는 2033년에 일어날 수 있는 3가지 시나리오를 살펴보았다. 첫째, 쓰레기가 거의 하룻밤 사이에 불법이 되는 세상, 우리가 아는 쓰레기 처리 방식이 공식적으로 종식된 세상이었다. 둘째, 지구에서 가장 부유한 국가들이 10년 프로젝트에 착수하는 세상이었다. 10억 명의 기후 난민을 국경 너머 기후 위기로부터 안전한 곳으로 신중하고 사려 깊으며 평등한 방식으로 이주시키는 프로젝트였다. 마지막으로, 전례 없는 지구공학 노력에 전 세계가 승인하면서 인류가 10년 겨울에 자발적으로 들어가는 세상을 살펴봤다.

이러한 미래를 진지하게 예측하는 미래학자는 없다. 예측이 무언가가 일어날 거라고 자신 있게 선언하는 일이라면 말이다. 이러한 미래를 예측할 수 없을지라도 어쨌든 상상은 해야 한다.

2033년을 시뮬레이션하는 일은 구체적인 위기에 준비하는 일이 아니다. 이는 상상조차 하기 힘든 일이 일어날 때를 대비해 정신의 회복탄력성을 강화하고 심리적 유연성을 높이며 학습된 효능감을 기르는 일이다. 신경과학자 에릭 홀은 《과적합된 뇌 The Overfitted Brain》에서 인간이 그토록 기이하고 환각적인 꿈을 꾸는 이유에 관해 AI에서 영감을 받은 설명을 제시한다.

"역설적으로 들리겠지만 날아다니는 꿈은 우리가 계속해서 반듯하게 뛰는 데 실제로 도움이 됩니다."[57]

불가능한 미래를 머릿속으로 시뮬레이션하는 일 역시 우리가 실제 미래 충격 앞에 침착하고 안정적인 태도로 우다다다 낙관론을 유지하는 데 도움이 될지도 모른다. 2033년을 실제로 맞이할 때 우리는 묘한 데자뷰를 느낄지도 모른다. '제로포리아로 가는 길', '환영당', '10년 겨울' 시나리오를 살펴본 결과다. 이 시나리오가 실제로 펼쳐졌기 때문이 아니라 우리가 미래의 감각을 알아챌 것이기 때문일 것이다. 다른 선택이 없는 사회가 극단적인 행동에 돌입할 때 겪는 갑작스러운 휘청임, 해결책이 우리에게 있다는 희망과 정말로 효과가 있을지를 둘러싼 불확실성, 전 인류에 영향을 미치는 중대한 결정이 한두 국가의 소수 과학자나 선출된 공무원의 기분에 좌우되어서는 안 되며 전 세계적인 공개 토론과 투표가 이루어져야 한다는 새로운 인식, 장기적인 집단 희생이 지니는 부담감, 힘들더라도 올바른 일을 하고 있다는 데서 느껴지는 평화와 관용 등 말이다.

새로운 난제에 마주할 때 느끼는 데자뷰는 바람직하다. 예지의 경험은 자신감을 높여준다. 본 적 있어. 느껴본 적 있어. 우리는 영웅을 찾는 부름에 응해 나 자신과 타인을 도울 준비가 된 기분이다.

어떠한 미래든 우리가 전에 살았던 곳과는 다를 것이다. 그건 피할 수 없는 사실이다. 하지만 이 마지막 3가지 시나리오와 이 책에서 소개한 다른 시나리오들을 살펴보면서 우리는 온갖 종류의 기이한 신세계를 진지하고 생생하게 상상하게 될 것이다. 다른 이들과 함께 꿈꿀 것이다. 자신의 뇌를 이 가능한 환경에 적응시킬 것이다.

그러니 스스로에게 미래 시뮬레이션이라는 선물을 주자. 어떠한 세상을 맞이하든 우리는 예전 방식에 더 이상 얽매이지 않게 될 것이다. 다른 것을 시도할 준비가 될 것이다.

| | | | | |
| | | | | |

미래에는 모든 것이
달라질 수 있다

우리가 떠난 정신의 시간 여행, 우리가 살펴본 시나리오, 우리가 떠올린 처음에는 말도 안 되어 보이는 아이디어, 우리가 수집한 변화의 신호, 우리가 추적한 미래력, 우리가 연습한 소셜 시뮬레이션 기술은 전부 우다다다 낙관론의 핵심 구성 요소다. 그러니 이제 잠시 우다다다 낙관론을 느껴보고 키워보자. 그렇다, 10년 후에는 엄청난 난제와 위험이 우리를 기다리고 있다. 하지만 우리는 이 난제와 위험을 맞이하는 방식에 큰 보탬이 될 수 있다. 생각조차 하기 힘든 어떤 일이 일어나더라도 다른 이들을 도울 준비가 되어 있다. 나만의 독특한 재능과 기술, 삶의 경험을 이용해 살고 싶은 세상을 창조할 주체성과 역량이 있다.

이 책의 앞부분에서 여러분은 미래 사고 방식에 관한 3가지 질문에 답했다. 극적인 변화를 생각하는 경향이 최소한 1점은 높아졌으며, 향후 10년이 펼쳐지는 방식을 낙관적으로 바라보는 태도가 최소한 1점은 상승했으며, 앞으로 일어날 일에 대해 느끼는 통제력이 최소한 1점은 상승했을 거라 기대한다. 여러분은 미래를 상상하는 일 이상을 해냈기 때문이다. 여러분은 어둠 속에서 앞을 내다보는 법을 배웠다.

우리는 미래가 밝다고 종종 말한다. 희망적인 이유가 넘쳐나기 때문이다. 하지만 미래는 어둡기도 하다. 예견할 수 없고, 알 수 없다. 그건 경이로운 일이다. 미래가 어떨지 정확히 알 수 없을 경우 어떠한 미래도 맞이할 수 있기 때문이다. 우리는 미래를 바꿀 수 있고 형성할 수 있으며 상상하는 대로 적극 창조할 수 있다.

미래를 예측하려는 행동은 미래가 우리에게 줄 수 있는 혜택을 낭비하는 일이다. 미래가 우리에게 주는 진짜 선물은 창의성이다.

이 세상이 직면한 가장 큰 난제를 개인적으로, 집단으로 해결하려 할 때 우리는 오늘날 정상적이거나 합리적으로 보이는 것들에 얽매이고 싶지 않을 것이다. 우리가 미래로 정신의 시간 여행을 떠나고 미래 소셜 시뮬레이션을 시행하는 이유다. 새로운 것을 만들거나 변화를 꾀하려면 먼저 상황이 어떻게 달라질지 상상할 수 있어야 한다.

✕ ✕ ✕

마지막으로 10년 후 미래로 한 번 더 짧은 여행을 떠나자.

2033년 9월 29일 목요일이다. 우리는 온라인 북클럽 모임에 로그인한다. 단순한 북클럽 모임이 아니다. 《어떻게 불안의 시대를 대비해야 하는가》의 공식적인 북클럽으로 내가 주최한다. 2033년 9월 29일은 여러분과 내가 다시 만나 서로에게 이렇게 말하는 날이다.

"잘했어요. 우리는 생각조차 하기 힘든 10년을 통과했어요. 단순히 우리에게 변화가 일어나지만은 않았습니다. 우리는 매 순간마다 변화를 예측하고 형성하고 변화에 영향을 미쳤습니다."

이 북클럽 모임을 최대한 생생하게 상상하자. 이 모임에 로그인할 때 나는 정확히 어디에 있을까? 어떠한 방에 있거나 어떠한 외부 공간에 있는가? 어떠한 기술을 이용하고 있나? 누구와 함께일까? 날씨는 어떠한가? 북클럽 모임에 참석하기 전에 무엇을 하고 있었나? 이 모임에 참여하는 기분을 한마디로 어떻게 표현하겠는가?

어떠한 상상을 하든, 실제 2033년의 기록과 비교할 수 있도록 미래의 기억으로 저장해두자. 2033년 9월 23일에는 정말로 《어떻게 불안의 시대를 대비해야 하는가》의 공식적인 북클럽 모임이 열릴 것이기 때문이다. 내가 주최하는 이 모임에 여러분 모두가 초대받았다. 당신은 사이트에 들어가 초대장에 응답하면 된다. 여러분이 구글이나 애플, 아웃룩 캘린더에 추가할 수 있도록 공식적인 《어떻게 불안의 시대를 대비해야 하는가》 북클럽 행사를 기획해 두었다. 10년 후 계획을 세우려면 우다다다 낙관론이 조금 필요하기는 하다. 하지만 이 같은 행사를 계획하는 일은 재미있는 아이디어에 불과하지 않다. 여기에는 나름의 목적이 있다. 미래의 구체적인 이벤트를 기획할 경우 미래의 나와 더욱 연결된 기분을 느낄 수 있다. 누구든 미래의 내가 낯선 이처럼 느껴지기를 바라지 않을 것이다.

2033년 북클럽에서 다시 만날 때 2가지 질문을 던지겠다. 지금 이 질문에 대한 답을 상상해도 좋다.

1. 일어날 줄 알았으며 맞이할 준비가 되어 있는 놀라운 일은 무엇인가? 한 가지만 꼽아보자.
2. 내가 나의 삶이나 커뮤니티, 세상에서 이루거나 이루는 데 기여한 중요한 변화는 무엇인가? 한 가지만 꼽아보자.

여러분이 들려줄 이야기가 기대된다. 나 또한 여러분에게 들려줄 최고의 이야기를 마련하기 위해 최선을 다하겠다.

그때까지 세상이나 타인의 삶에서 변화를 꾀하고 싶거든 미래 시나리오를 계속 굴려보기 바란다. "변화를 꾀한다."는 말은 새로운 것을 시도한다는 의미임을 잊지 말자. 여러분이 자신의 상상력으로 입증했듯 미래에는 무엇이든, 혹은 100가지 일이나 모든 것이 달라질 수 있다. 오늘날 변화가 불가능해 보이는 일조차 말이다.

참고문헌

| | | | |
| | | | |

머리말―상상조차 하기 힘든 사건과 생각조차 하기 힘든 변화의 시대

1 2020년 3월, 2021년 9월 사이에 "생각조차 하기 힘든"과 "상상조차 하기 힘든"이라는 단어가 포함된 구글 뉴스 검색 결과

2 Joni Sweet, "결혼식은 왜 슈퍼전파자 행사가 되고 있는가", 2020년 11월 25일, 헬스라인 , http://www.heathline.com/health-news/why-weddings-are-becoming-suerspreader-events, 클리브랜드 클리닉, "슈퍼전파자' 행사는 무엇이며 우리는 왜 이러한 행사를 피해야 하는가?", 헬스 에센셜스, 2020년 11월 17일, http://www.health.clevelandclinic.org/coronavirus-covid-19-superspreaders-pandemic/, "슈퍼전파자 행사를 파악하는 법", 네브라스카 메디슨, 2020년 11월 9일, http://www.nebrastamed.com/COVID/what-do-covid-19-super-spreader-events-have-in-common.

3 Megan Cerullo, "3백만 명에 달하는 미국 여성, 지난해 노동 시장에서 빠져나가다", CBS 뉴스, 2021년 2월 5일, http://www.cbsnews.com/news/covid-crisis-3-milion-women-labor-force/.

4 Rabail Chaudhry 외, "정부 활동, 국가 준비성, 사회경제 요소가 코로나19 사망률과 관련 건강 문제에 미치는 영향을 측정한 국가 수준 분석", 이클리니컬메디슨 25(2020년 8월 1일): 100464, http://doi.org/10.1016/j.eclinm.2020.100464.

5 Bryan Walsh, "사스 덕분에 홍콩과 싱가포르, 코로나 바이러스에 대비하게 되다", 악시오스, 2020년 3월 25일, http://www.axios.com/sars-hong-kong-and-singapore-ready-for-covid-19-46444868-2550-4d90-ab92-a3cc90635cb4.html.

6 Karen Attiah, "아프리카, 코로나19 최악의 시나리오를 견뎌내다. 놀랄 일이 아니다." 워싱턴 포스트, 2020년 9월 22일, http://www.washingtonpost.com/opinions/2020/09/22/aftica-has-defied-covid-19-nightmare-scenarios-we-shouldnt-be-surprised/.

7 Alvin Toffler, 《미래의 충격》 (뉴욕: 랜덤하우스, 1970년).

8 Arundhati Roy, "팬데믹은 포털이다", 파이낸셜 타임스, 2020년 4월 3일, http://www.ft.com/content/10d8f5e8-74eb-11ea-95fe-fcd274e920ca.

9 Barbara Freeman, Robert Hawkins, "이보크-세상에서 가장 복잡한 문제 해결을 위해 청소년들의 기량 키우기: 무작위 충격 평가 결과", 세계은행 교육, 기술, 혁신: SABER-ICT 기술 논문

시리즈 no.19 (워싱턴 DC: 세계은행, 2017년), http://openknowledge.worldbank.org/handle/10986/29167.

Chapter 01—10년 후 세상은 무엇이 달라질까

1   Elain Wethington, "심리학적 성장 기회로서의 터닝 포인트", 번영: 긍정 심리학과 유복한 삶에서, Corey L. M. Keyes, Jonathan Haidt 편집 (워싱턴 DC: 미국 심리학 협회, 2003년), 37-53, Anat Bardi 외, "스스로 선택한 인생 전환 기간의 가치 안정성과 변화: 자기 선택 vs. 사회화 효과", 성격 및 사회 심리학지, 106, no.1 (2014년 1월): 131-147, http://doi.or/10.1037/a0034818, Claudia Manzi, Vivian L, Vignoles, Camillo Regalia, "새로운 정체성 수용: 두 생애 전이 내 내 가능한 자아, 정체성 변화, 웰빙", 유럽 사회 심리학지 40, no.6 (2010년 10월): 970-984, http://doi.org/10.1002/ejsp.669, Sharan B. Merriam, "성인의 생애 전이는 어떻게 학습과 발전을 촉진하는가", 성인을 위한 새로운 지침과 평생 교육, 2005년, no.108 (2005년 11월): 3-13, http://doi.org/10.1002/ace.193

2   Hal E. Hershfield, Daniel M. Bartels, "미래의 나", 미래 사고 심리학에서, Gabriele Oettingen, A. Timur Sevincer, Peter M. Gollwitzer 편집 (뉴욕: 길포드 프레스, 2018년), 89-109.

3   Joan Meyers-Levy, Rui Zhu, "충고의 영향: 높이가 사람들의 사고방식에 미치는 영향", 소비자 연구지 34, no.2 (2007년 8월): 174-186, http://doi.org/10.1086/519146, Trine Plambech, Cecil C. Koniijnendijk Van Den Bosch, "자연이 창의력에 미치는 영향: 덴마크의 창의적인 직업을 대상으로 한 연구", 도시 삼림 & 도시 녹화 14, no.2 (2015년): 255-263, http://doi.org/10.1016/j.ufug.2015/02/006.

4   Ginger L. Pennington, Neal J. Roese, "조절 초점과 시간적 거리", 실험 사회 심리학지 39, no.6 (2003년 11월): 563-576, https://doi.org/10.1016/S0022-1031(03)00058-1.

5   Carol Kaufman-Scarborough, Jay D. Lindquist, "시간 부족 경험 이해하기", 시간과 사회 12, no. 2-3 (2003년 3월): 349-370, https://doi.org/10.1177/0961463X030122011, John De Graaf 외, 《시간을 되찾자: 미국의 과로와 시간 부족에 맞서기》 (샌프란시스코, 캘리포니아: 베렛-코헬러, 2003년).

6   Jane McGonigal, 《미국의 미래 격차》(미래 연구소: 팰로앨토, 캘리포니아, 2017년 4월 13일), https://www.iftf.org/americanfuturegap.

7   C. Neil Macrae 외, "나를 나로 바꾸기: 미래의 나 상상하기", 의식과 인지 37 (2015년 1월): 207-213, https://doi.org/10.1016/j.concog.2015.09.009.

8   Ethan Kross, "자아가 타인이 될 때", 뉴욕 과학 아카데미 연보 1167, no. 1 (2009년 6월): 35-40, https://doi.org/10.1111/j.1749-6632.2009.04545.x, Yaacov Trope, Nira Liberman, "심리적인 거리라는 해석 수준 이론", 심리학 리뷰 117, no. 2 (2010년 4월): 440-463, https://doi.org/10.1037/a0018963, Valeria I, Petkova, Mehmoush Khoshnevis, H. Henrik Ehrsson, "관점은 중요하다! 자기중심적인 참조 프레임의 다감각 통합이 전신의 소유권을 결정한다", 심

리학 개척자 2, no. 35 (2011년 3월), https://doi.org/10.3389/fpsyg.2011.00035, Emily Pronin, Lee Ross, "특성 자아 귀속의 시간적 차이: 자아가 타인으로 보일 때", 성격 및 사회 심리학지 90, no. 2 (2006년 2월): 197-209, https://doi.org/10.1037/0022-3514.90.2.197, Cheryl J. Wakslak 외, "근미래와 먼 미래의 자아 묘사", 성격 및 사회 심리학지 95, no. 4 (2008년 10월): 757-773, https://doi.org/10.1037/a0012939; Michael Ross와 Fiore Sicoly, "가능성과 속성에서의 자아중심 편향", 성격 및 사회 심리학지 37, no. 3 (1979): 322-336, https://doi.org/10.1037/0022-3514.37.3.322.

9 Scott F. Madey, Thomas Gilovich, "시간적 초점이 기대에 일치하거나 기대에 불일치하는 정보의 소환에 미치는 영향", 성격 및 사회 심리학지 65, no. 3 (1993년 10월): 458-468, https://doi.org/10.1037/0022-3514.65.3.458.

10 Yosef Sokol, Mark Serper, "시간적 자아 평가와 지속적인 정체성: 우울증, 절망감과의 관계", 정동장애지 208 (2017년 1월): 503-511, https://doi.org/10.1016/j.jad.2016.10.033.

11 Brandon Schoettle, Michael Sivak, "최근 들어 미국 청년층 가운데 운전면허증 소지자가 감소한 이유", 교통사고 예방 15, no. 1 (2014년): 6-9. doi: 10.1080/15389588.2013.839993. PMID: 24279960.

12 Edie Meade, "미국 10대는 운전을 덜한다, 경제적인 이유 때문만은 아니다", 2020년 1월 13일, https://medium.com/swlh/american-teens-are-driving-less-and-the-reasons-are-more-than-economic-4cf6217375a1

Chapter 02—앞으로 경험할 일을 미리 상상하라

1 Howard Ehrlichman, Dragana Micic, "사람들은 생각할 때 왜 눈을 움직일까?", 심리 과학의 현 방향 21, no. 2 (2012년 3월): 96-100, https://doi.org/10.1177/0963721412436810, Joshua M. Ackerman, Christopher C. Nocera, John A. Bargh, "부수적인 촉각은 사회적 판단과 결정에 영향을 미친다", 과학 no. 5986 (2010년 6월): 1712-1715, https://doi.org/10.1126/science.1189993.

2 David Stawarczyk, Arnaud D'Argembeau, "삽화적 미래 사고와 멍 때리기 내내 일어나는 개인적인 목표 처리의 신경 상호 연결성: ALE 메타 분석", 인간 뇌 매핑 36, no. 8 (2015년 8월): 2928-2947, https://doi.org/10.1002/hbm.22818.

3 Brittany M. Christian 외, "미래의 형태: 목표 지향적 전망 살펴보기", 의식과 인지 22, no. 2 (2013년 3월): 471-478, https://doi.org/10.1016/j.concog.2013.02.002, Pennington, Roese, "조절 초점과 시간적 거리", 563-576.

4 Emily A. Holmes, Andrew Mathews, "정서와 정서 장애의 정신 이미지", 임상 심리학 리뷰 30, no. 3 (2010년 4월): 349-362, https://doi.org/10.1016/j.cpr.2010.01.001, Janie Busby Grant, Neil Wilson, "미래 사고의 수가 조작하기: 효과에 미치는 영향", 심리학 보고서 124, no. 1 (2020년 2월): 227-239, https://doi.org/10.1177/0033294119900346, Torben

Schubert 외, "개인의 미래 시나리오를 상상하는 일이 효과에 영향을 미치는 방식: 체계적 문헌 고찰 및 메타 분석", 임상 심리학 리뷰 75 (2020년 2월): 101811, https://doi.org/10.1016/ j.cpr.2019.101811.

5 2000년과 2021년 사이 "삽화적 미래 사고"(4,310)와 "삽화적 예지력(831)"이라는 용어가 포함 된 과학 논문 구글 학술용 검색 결과

6 Andrew K. MacLeod, "예측, 웰빙, 기억", 기억력 연구 9, no. 3 (2016년 6월): 266-274, https://doi.org/10.1177/1750698016645233, Beyon Miloyan, Nancy A. Pachana, Thomas Suddendorf, "미래는 와 있다: 불안감과 우울증의 예지력 제도 검토", 인지와 감정 28, no. 5 (2014년): 795-810, https://doi.org/10.1080/02699931.2013.863179, Anne Marie Roepke, Martin E. P. Seligman, "우울증과 예측", 영국 임상 심리학지 55, no. 1 (2016년 3월): 23-48, https://doi.org/10.1111 /bjc.12087.

7 Cristina M. Atance, Daniela K. o'Neill, "삽화적 미래 사고", 인지 과학 트렌드 5, no. 12 (2001년 12월): 533-539, https://doi.org/10.1016/S1364-6613(00)01804-0, David J. Hallford 외, "정신병리학과 삽화적 미래 사고: 특수함과 삽화적 세부 사항의 체계적 문헌 고찰 과 메타 분석", 행동 연구와 테라피 102 (2018년 3월): 42-51, https://doi.org/10.1016/ j.brat.2018.01.003; Jordi Quoidbach, Alex M. Wood, Michel Hansenne, "미래로 돌아가기: 매일 떠나는 정신의 시간 여행이 행복과 불안감에 미치는 영향", 긍정 심리학지 4, no.5 (September 2009): 349-355, https://doi.org/10.1080/17439760902992365, David J. Hallford 외, "주요 우울증에서 나타나는 삽화적 미래 사고 능력 결여와 기대적 즐거움", 정동장 애지 260 (2020년 1월): 536-543, https://doi.org/10.1016/j.jad.2019 .09.039, David J. Hallford, Manoj Kumar Sharma, David W. Austin, "삽화적 미래 사고 강화를 통해 주요 우 울증의 기대적 즐거움 향상: 무작위 단일 사례 시리즈 실험, 정신병리학과 행동평가 42, no. 4 (2020년 1월): 751-764, https://doi.org/10.31234/osf.io/9uy42.

8 Jan Peters, Christian Büchel, "삽화적 미래 사고는 전두엽-중측두부 상호작용 강화를 통해 보 상이 늦어지는 활동을 감내하게 만든다", 뉴런 66, no. 1 (2010년 4월): 138-148, https://doi. org/10.1016/j.neuron.2010.03.026, Sara o'Donnell, Tinuke oluyomi Daniel, Leonard H. Epstein, "목표와 관련된 삽화적 미래 사고는 보상이 늦어지는 활동을 감내하게 만드는 효과가 있을까?", 의식과 인지 51 (2017년 5월): 10-16, https://doi.org/10.1016/j.concog. 2017.02.014, Lars M. Göllner 외, "만족 지연, 보상이 늦어지는 활동 무시, 연령과의 관계, 삽화 적 미래 사고, 미래 시간 관점과의 관계", 심리학 개척자 8 (2018년 1월): 2304, https://doi. org/10.3389/fpsyg.2017.02304, Fania C. M. Dassen 외, "미래에 집중: 삽화적 미래 사고는 간식 섭취를 줄여준다", 식욕 96 (2016년 1월): 327-332, https://doi.org/10.1016/j.appet. 2015 .09.032, Jillian M. Rung, Gregory J. Madden, "보상이 늦어지는 활동 무시와 충동적인 선택의 실험적 감소: 체계적 문헌 고찰과 메타 분석", 실험 심리학지: 일반 147, no. 9 (2018년 9월): 1349-1381, https://doi.org/10.1037/xge0000462, Pei-Shan Lee 외, "삽화적 미래 사 고를 이용해 기후 변화를 미리 경험해보면 친환경적인 행동을 자주 하게 된다", 환경과 행동 52, no. 1 (2020년 1월): 60-81, https://doi.org/10.1177 /0013916518790590, Hal E.

Hershfield, "미래 자아 연속성: 미래 자아에 대한 개념이 시점 간 선택을 어떻게 바꾸나", 뉴욕 과학 아카데미 연보 1235, no. 1 (2011년 10월): 30-43, https:// doi.org/10.1111/j.1749-6632.2011.06201.x, Brent A. Kaplan, Derek D. Reed, David P. Jarmolowicz, "삽화적 미래 사고가 무시에 미치는 영향: 노화를 보여주는 맞춤형 사진은 장기적으로 건강에 해로운 결정을 내리지 않는 데 도움이 된다", 응용행동 분석지 49, no. 1 (2016년 3월): 148-169, https://doi.org/10.1002/jaba.277, Jessica o'Neill, Tinuke oluyomi Daniel, Leonard H. Epstein, "삽화적 미래 사고는 푸드코트 식사를 줄여준다", 섭식 행동 20 (2016년 1월): 9-13, https://doi.org/10.1016/j.eatbeh.2015.10.002.

9   Reece P. Roberts, Donna Rose Addis, "확산적 사고와 미래 상상을 관리하는 일반적인 처리 모드", 《창의성의 신경과학에 관한 케임브리지 핸드북》에서, Rex E. Jung, oshin Vartanian 편집 (뉴욕: 케임브리지 대학교 편집부, 2018년), 211-230, https://doi.org/10.1017/9781316556238.013, Daniel L. Schacter, Roland G. Benoit, Karl K. Szpunar, "삽화적 미래 사고: 메커니즘과 기능", 행동 과학의 여론 17 (2017년 10월): 41-50, https://doi.org/10.1016/j.cobeha.2017.06.002, Jens Förster, Ronald S. Friedman, Nira Liberman, "시간 해석이 추상적이고 구체적인 사고에 미치는 영향", 성격 및 사회 심리학지 87, no. 2 (2004년 8월): 177-189, https://doi.org/10.1037/0022-3514.87.2.177, Fa-Chung Chiu, "미래 사고와 창의적인 상상에 관한 미래 지향 간의 적합도", 사고력과 창의력 7, no. 3 (2012년 12월): 234-244, https://doi.org/10.1016/j.tsc.2012.05.002.

10 Thomas Suddendorf, Jonathan Redshaw, "정신 시나리오 구축과 삽화적 예지력", 뉴욕 과학 아카데미 연보 1296, no. 1 (2013년 8월): 135-153, https://doi.org/10.1111/nyas .12189.

11 Janani Prabhakar, Judith A. Hudson, "미래 사고 구축: 미래 목표를 달성하기 위해 사건 순서를 구성하는 어린이의 능력", 실험 아동 심리지 127 (2014년 11월): 95-109, https://doi.org/10.1016/j.jecp.2014.02.004, Cristina M. Atance, "어린이의 미래 사고", 심리과학의 현 방향 17, no. 4 (2008년 8월): 295-298, https://doi.org/10.1111 /j.1467-8721.2008.00593. x, Tessa R. Mazachowsky, Caitlin E. V. Mahy, "어린이의 미래 사고 질문지 작성: 어린이의 미래 중심적인 인지력을 측정하는 믿을 만하고 유효한 방법", 발전 심리학 56, (2020년): 756-772, http://www.brockdmclab.com/uploads/3/7/8/2/37821089/mazachowsky_mahy_cftq_final.pdf.

12 Beyon Miloyan, Kimberley A. McFarlane, "삽화적 예지력 측정: 평가 도구의 체계적 고찰", 피질 117 (2019년 8월): 351-370, https://doi.org/10.1016/j.cortex.2018.08.018.

Chapter 03 — 해결 불가능한 미래의 사건은 없다

1   Michael Dimock, Richard Wike, "미국의 정치 분열은 세계 최고다", 퓨 리서치 센터, 2020년 11월 13일, https://www.pewresearch.org/fact-tank/2020/11/13/america-is-exceptional-in-the-nature-of-its-political-divide/.

2   John R. Allen, "화해하고 치유하는 미국", 브루킹스 연구소, 2021년 2월 8일, https://www. brookings.edu/president/reconciling-and-healing-america/, Rachel Kleinfeld, Aaron Sobel, "정치 양극화를 낮추는 7가지 아이디어. 미국을 스스로에게서 구하자", 카네기 국제 평화 재단, 2020년 7월 23일, https://carnegieendowment.org/2020/07/23/7-ideas-to-reduce-political-polarization.-and-save-america-from-itself-pub-82365; Lee De-Wit, Sander Van Der Linden, Cameron Brick, "정치 양극화의 해결책은 무엇일까", 공익 매 거진, 2019년 7월 2일, https://greatergood.berkeley.edu/article/item/what_are_the_ solutions_to_political_polarization.

3   Kristina Cooke, David Rhode, Ryan McNeil, "자격 없는 빈민", 애틀랜틱, 2012년 12월 20일, https://www.theatlantic.com/business/archive/2012/12/the-undeserving-poor/266507/.

4   NASA 제트 추진 연구소, "보초: 지구 충격 감시", 지구 인근 물체 연구 센터, https://cneos.jpl. nasa.gov/sentry/.

5   Francesco Bassetti, "환경 난민: 2050년까지 10억만 명", 예견: 기후 정책과 미래에 관한 CMCC 관측소, 2019년 5월 22일, https://www.climateforesight.eu/migrations-inequalities /environmental-migrants-up-to-1-billion-by-2050/, John Englander, 《높은 땅으로 이동: 높아지는 해수면과 대책》 (보카 라톤, 플로리다: 과학 책장, 2021년), Chi Xu 외, "인간 기후 틈새의 미래", 국립 과학 아카데미 회보 117, no. 21 (2020년 5일): 11350-11355, https:// doi.org/10.1073/pnas.1910114117.

6   Clara Chaisson, "화석 연료 대기 오염으로 5명 중 1명 사망", 천연자원 보호협회, 2021년 2월 19일, https://www.nrdc.org/stories/fossil-fuel-air-pollution-kills-one-five-people, Nita Bhalla, "UN, 2050년까지 환경 파괴로 수백 건의 조기 사망 경고", 2019년 3월 13일, https://www.reuters.com/article/us-global-environment-pollution/u-n-warns-of-millions-of-premature-deaths-by-2050-due-to-environmental-damage-idUSKCN1QU2WD.

7   UN, "글로벌 이슈: 물", https://www.un.org/en/global-issues/water, 세계보건기구, "자료 표: 교통사고 부상", https://www.who.int/news-room/fact-sheets/detail/road-traffic-injuries

8   세계보건기구, "WHO, 국가별 대기 오염 노출과 건강 영향 예측 발표", 2016년 9월 27일, https://www.who.int/news/item/27-09-2016-who-releases-country-estimates-on-air-pollution-exposure-and-health-impact.

Chapter 04 — 미래 상상력을 새로운 차원으로 이끌어라

1   Jessica Hamzelou, "단독: 세계 최초로 '세 부모' 기술로 탄생한 아기", 신 과학자, 2016년 9월 27일, https://www.newscientist.com/article/2107219-exclusive-worlds-first-baby-

born-with-new-3-parent -technique/#ixzz6rkYu5Kjl.

2   Shami Sivasubramanian, "유전적 아버지가 둘인 아이? 가능하다", SBS, 2016년 7월 14일, https://www.sbs.com.au/topics/science/humans/article/2016/07/13/children-two-genetic-fathers-its-possible.

3   Maya Wei-Haas, "동성 부모, 유전자 편집을 통해 출산하다", 내셔널 지오그래픽, 2018년 10월 11일, https://www.nationalgeographic.com/science/article/news-gene-editing-crispr-mice-stem-cells.

4   Elie Dolgin, "아기 만들기: 난자나 정자 없이 인간 배아를 만드는 법", 신 과학자, 2018년 4월 11일, https://www.newscientist.com/article/mg23831730-300-making-babies-how-to-create-human-embryos -with-no-egg-or-sperm/#ixzz6rkam5LuX.

5   Gina Kolata, "과학자들, 인공 자궁에서 쥐 배아를 기르다", 뉴욕 타임스, 2021년 3월 17일, https://www.nytimes.com/2021/03/17/health/mice-artificial-uterus.html.

6   Elizabeth Chloe Romanis, "인공 자궁 기술과 인류 번식 개척자: 개념 차이와 잠재적 영향," 의학 윤리 저널 44, no. 11 (2018년 11월): 751-775, http://dx.doi.org/10.1136/medethics-2018-104910.

7   Shanna H. Swan, Stacey Colino, 《카운트 다운: 현대 사회가 정자 수를 위협하고, 남성과 여성의 번식 체제를 바꾸며 인류의 미래를 저해하는 방식》 (뉴욕: 시몬 앤 슈스터, 2021년)

8   Lixiao Zhou 외, "PM2.5에 노출되면 NALP3 염증조절복합체와 쥐의 FOXO1를 겨냥하는 miR-183/96/182 클러스터에 의존하는 고환 손상으로 정자 질이 감소한다", 환경독소학과 환경 안전 169(2019년 3월): 551-563, https://doi.org/10.1016/j.ecoenv.2018 .10.108.

9   NASA, "NASA, 달, 화성 기술을 발전시키기 위한 미국 산업 제휴 발표", 언론 보도 no. 19-063, 2019년 7월 30일, https://www.nasa.gov/press-release/nasa-announces-us-industry-partnerships-to -advance-moon-mars-technology.

10 Elon Musk, 2019년 3월 25일, 트위터 @elonmusk. https://twitter.com /elonmusk/status/1110329210332053504

11 Justin Bachman, "달과 화성에 가기 위한 새로운 우주 경쟁 시도, 예산 한정: 신속한 조치", 워싱턴 포스트, 2021년 2월 21일, https://www.washingtonpost.com/business/new-space-race-shoots-for-moon-and-mars-on-a-budget-quicktake/2021/02/18/661c1c0a-7243-11eb-8651-6d3091eac63f_story.html, Dave Mosher, "일론 머스크, 6년 내에 사람들을 화성으로 실어 나르기 위한 스페이스X가 제대로 진행되고 있다고 말하다-화성 이주를 위한 그의 계획 일정 공개", 비즈니스 인사이더, 2018년 11월 2일, https://www.businessinsider.com/elon-musk-spacex-mars-plan-timeline-2018-10, "아랍에미리트, 2117년까지 화성에 인류 정착지를 구축하는 것을 목표로 하다", 스페이스워치닷글로벌, 2017년 2월, https://spacewatch.global/2017/02/uae-aims-establish-human-settlement-mars-2117/.

12 "통치 제도 미래 연구소-시민사회 재창조", 미래 연구소, 2021년 8월 27일 방문, https://www.iftf.org/govfutures/.

---

13 Alan Taylor, "고비 사막의 화성", 애틀랜틱, 2019년 4월 17일, https:// www.theatlantic. com/photo/2019/04/photos-mars-gobi-desert/587353/.

14 Jason Pontin, "화성에 적합한 사람을 만드는 유전학(그리고 윤리학), 와이어드, 2018년 8월 7일, https://www.wired.com/story/ideas-jason-pontin-genetic-engineering-for-mars/.

15 Swan,《카운트 다운》, 2-3.

16 Nathaniel Scharping, "정자 수가 감소하고 있다. 인류는 위험한가?", 디스커버, 2012년 5월 1일, https://www.discovermagazine.com/health/sperm-counts-are-on-the-decline-is-the-human-race-in-danger.

17 Marion Boulicault 외, "정자의 미래: 전 세계 정자 수 트렌드를 이해하기 위한 생물변이성 체제", 인간 번신력(2021년): 1-15, https://doi.org/10.1080/14647273.2021.1917778.

18 "고충격 저가능성(HILP)", 자산 통찰력, 2013년, https://www.assetinsights.net/Glossary/G_High_Impact_Low_Probability_HILP.html.

19 "우리의 비전, 강령, 핵심 목표", 프로즌 아크, 2021년 8월 27일 방문, https://www.frozenark.org/vision-and-mission-statement.

20 "밀레니엄 시드 뱅크", 큐 왕립 식물원, 2021년 8월 27일 방문, https://www.kew.org/wakehurst/whats-at-wakehurst/millennium-seed-bank, Karin Kloosterman, "노아의 산호 아크의 청사진", 녹색 선지자, 2020년 11월 17일 방문, https://www.greenprophet.com/2020 /11/living-coral-biobank/.

21 Angus Fletcher,《원더웍스: 문학 역사에서 가장 획기적인 발명품 25》(뉴욕: 시몬 앤 슈스터, 2021년), 22-24.

Chapter 05—현재의 진실이 미래에는 뒤집어진다면?

1 Sam Byford, "핏빗, 싱가포르 공중 보건 프로그램에 '무료' 추적기 제공", 버지, 2019년 8월 22일, https://www.theverge.com/2019/8/22/20827860/fitbit-singapore-healthcare-free-fitness-tracker-deal.

2 Heidi Shierholz, "저임금과 적은 혜택 때문에 수많은 식당 근로자들 겨우 먹고 산다", 2014년 8월 21일, 경제 정책 연구소, https://www.epi.org/publication/restaurant-workers/.

3 One Fair Wage, Raise, 식당을 재창조하기 위한 로드맵: 코로나19 이후의 새로운 대책, 2020년 5월, http://www.highroadrestaurants.org/wp-content/uploads/2020/06/RoadmapToReimagineRestaurants.pdf.

4 Emma Belcher, "말도 안 되는 아이디어로 핵가족의 미래 바꾸기", 핵 과학자 협회 76, no. 6 (2020년): 325-330, https://doi.org/10.10 80/00963402.2020.1846420.

5 Jamais Cascio와 N Square, "갈림길: 핵무기 종식을 위한 5가지 시나리오", 핵 안보 혁신 저널 (2015년 3월 20일): 1-21, https://issuu.com/nsquarecollab/docs/nsquare_crossroads.

6   Elisabeth Eaves, "미국은 왜 천억 달러나 드는 핵무기를 구입하는가?", 핵 과학자 협회, 2021년 2월 8일, https://thebulletin.org/2021/02/why-is-america-getting-a-new-100-billion-nuclear-weapon/, Kingston Reif, "CBO: 1조 2천억 달러나 드는 핵 무기고", 군비통제협회, 2017년 12월, https://www.armscontrol.org/act/2017-12/news/cbo-nuclear-arsenal-cost-12-trillion.

7   Terence Babwah 외, "건강 센터 만성 질환 클리닉을 다니는 정주성 환자에게 지역 보건의가 내린 운동 처방-운동 습관을 바꾸는 아주 간략한 해결책", 가정의학과 1차 진료지 7 (2018년 11월): 1446-1451, https://doi .org/10.4103/jfmpc.jfmpc_84_18, Falk Müller-Riemenschneider 외, "신체 활동을 촉진하는 해결책의 장기적인 유효성: 체계적 문헌 고찰", 예방 의학 47, no. 4 (2008년 10월): 354-368, https://doi.org/10.1016/j.ypmed.2008.07.006.

8   Scott H. Kollins 외, "소아 ADHD(STARS-ADHD)의 강도를 크게 낮추는 새로운 디지털 해결책): 무작위 통제 시험, 랜싯 디지털 건강 2, no. 4 (2020년 4월): e168-178, https://doi.org/10.1016/S2589-7500(20)30017-0.

9   Sujata Gupta, "마이크로바이옴: 퍼피 파워", 네이처 543 (2017년 3월 30일): S48-S49, https://doi.org/10.1038/543S48a.

10   Genevieve F. Dunton, Margaret Schneider, "신체 활동을 위한 걷기의 알려진 장애물", 만성 질환 예방 3, no. 4 (2006년 10월), https://www.ncbi.nlm.nih.gov/pmc/articles/PMC1779280/, Kristen A. Copeland 외, "플립플롭, 드레스는 되지만 코트는 안 된다: 정성 연구에서 밝혀진 보육 시설에서 아이들의 신체 활동을 가로막는 옷", 행동 영양 및 신체 활동 국제지 6, no. 74 (2009년), https://doi.org/10.1186/1479-5868-6-74.

11   Katie Garfield 외, 〈주류 편입이 처방을 낳는다: 정책 전략 보고서〉(하버드 법대와 록펠러 재단 건강법 및 정책 혁신 센터) 1, https://www.chlpi.org/wp-content/uploads/2013/12/Produce-RX-March-2021.pdf.

12   Yujin Lee 외, "메디케어와 메디케이드를 이용해 식단 및 건강 증진을 꾀하는 금융 혜택의 비용 효과", PLOS 메디슨 16, no. 3 (2019년 3월): e1002761, https://doi.org /10.1371/journal.pmed.1002761.

Chapter 06—세상을 움직일 변화의 신호에 집중하라

1   Tate, Lyle Sugars, the Future Laboratory, "미래의 케이크: 전체 보도", 2021년 8월 27일, https://www .wearetateandlylesugars.com/cakes-future-full-report.

2   Peter Holley, "로봇 사제, '민다르'를 만나다", 워싱턴 포스트, 2019년 6월 22일, https://www.washingtonpost.com/technology/2019/08/22/introducing-mindar-robotic-priest-that-some-are-calling-frankenstein -monster/.

3   Sam Keen, 《뱃속의 불: 사람이 된다는 것》 (뉴욕: 반탐 북스, 1991년) 132.

4   Alan Watts, 《불안감의 지혜: 불안한 시대를 위한 메시지》 (뉴욕: 빈티지, 20111년) 43.

5   Beth DeCarbo, "드론, 집 디자인을 재구성하다", 월스트리트 저널, 2020년 12월 5일, https://
    www.wsj.com/articles/drones-are-poised-to-reshape-home-design-11607194801.

6   Ben Turner, "'프리즐리' 베어, 기후 변화 때문에 북극 전역에 퍼지다", 라이브 사이언스,
    2021년 4월 23일, https://www.livescience.com/pizzly-bear-hybrids-created-by-
    climate-crisis.html, Moises Velasquez-Manoff, "프리즐리 베어를 두려워해야 할까?", 뉴욕
    타임스, 2014년 8월 14일, https://www.nytimes.com/2014/08/17/magazine/should-
    you-fear-the -pizzly-bear.html.

7   Chi Xu 외, "인류 기후 틈새의 미래", 국립 과학 아카데미 회보 117, no. 21 (2020년 5월): 11350-
    11355, https://doi .org/10.1073/pnas.1910114117.

8   Eric Kaufmann, "'문제는 인구학이야: 인종 변화와 이민 반대", 정치 계간지 85, no. 3 (2014년
    10월): 267-276, https://doi.org/10.1111/1467-923X.12090, James Laurence, Katharina
    Schmid, Miles Hewstone, "인종 다양성, 인종 위협, 사회 응집: 공동체 인종 다양성과 내부 공
    동체 응집의 관계에서 외집단 위협과 편견의 역할 (재)평가", 윤리 이주학 저널, 45, no. 3
    (2019년): 395-418, https://doi.org/10.1080/1369183X.2018.1490638, Sjoerdje van
    Heerden, Didier Ruedin, "이민자를 향한 태도는 어떻게 주거적 맥락에서 형성되나: 인종 다
    양성 역학과 이민자 가시성의 역할", 도시학 56, no. 2 (2019년): 317-334, https://doi.
    org/10.1177/0042098017732692, Lindsay Pérez Huber, "'미국을 다시 위대하기 만들자!':
    도널드 트럼프, 미국 인구가 변화하는 가운데 인종 차별주의와 백인 우월주의를 향한 맹렬한
    집착", 찰스턴 법학 잡지 (2016년): 215-248, Brandon Hunter-Pazzara, "총기 소유권 투자:
    총기의 물질적, 사회적, 인종적 분석을 향해", 팔그레이브 커뮤니케이션스 6, no. 79 (2020년),
    https://doi.org/10.1057/s41599-020-0464-x.

9   "세계 라디오의 날 2013: 청년에 관한 통계", 유네스코, 2021년 8월 27일에 이용, http://www.
    unesco.org/new/en/unesco/events/prizes-and -celebrations/celebrations/international-
    days/world-radio-day-2013 /statistics-on-youth/, "미국 인구 통계", 인포플리즈, 2021년
    8월 27일에 이용, https://www.infoplease.com/us/census /demographic-statistics.

10 옥스팜 인터내셔널, "기후 재앙, 전 세계적으로 1년에 2천만 명이 넘는 이들을 강제 이주시키는
    내부 이동의 주요 이유", 2019년 12월 2일, https://www.oxfam.org/en /press-releases/
    forced-from-home-eng.

11 Alex Wigglesworth, "한 세대의 바닷새, 드론 때문에 전멸하다. ……과학자들, 그들의 미래를
    걱정하다", 로스앤젤레스 타임스, 2021년 6월 7일, https://www.latimes.com/california/
    story/2021-06-07/thousands-of-eggs -abandoned-after-drone-crash-at-orange-
    county-nature-reserve.

12 Zach Urness, "드론이 오리건 해안가에 둥지를 튼 새들을 괴롭히고 있다. 드론을 막을 방법이
    있다", 스테이츠맨 저널, 2021년 6월 30일, https://www.statesmanjournal.com/story/
    news/2021/06/30/oregon-coast-drones-nesting-birds-endangered-oystercatcher/
    5351369001/.

Chapter 07 — 나의 인생을 책임질 미래력을 지녀라

1   Joe Myers, "가장 젊은 국가 20곳 중 19곳이 아프리카에 있다", 세계 경제 포럼, 2019년 8월 30일, https://www.weforum.org/agenda/2019/08/youngest-populations-africa/.

2   Jay L. Zagorsky, "결혼하는 이들이 왜 줄어드는가?", 대화, 2016년 6월 1일, https://theconversation.com/why-are-fewer-people-getting -married-60301.

3   Dane Rivera, "2021년 모든 패스트 푸드 체인과 식물성 대체육을 판매하는 식료품점", 업록스, 2021년 12월 14일, https://uproxx.com/life/fast-food-chains-serving-plant-based-meat-2021/.

4   "팬데미알: 잃어버린 기회의 시대를 사는 청년", 세계 경제 포럼, 2021년 8월 27일, https://reports.weforum.org/global-risks-report-2021/pandemials-youth-in-an-age-of-lost-opportunity/, 세계 위험 보고서 2021년, 16호(스위스, 제네바: 세계 경제 포럼, 2021년), 88, http://www3.weforum.org/docs/WEF_The_Global_Risks_Report_2021.pdf.

5   Jamie Ducharme, "코로나19, 미국의 외로움 팬데믹을 악화시키고 있다", 타임스, 2020년 5월 8일, https://time.com/5833681/loneliness -CoVID-19/, Philip Jefferies, Michael Ungar, "젊은이들의 사회 불안: 7개 국의 유병률 연구", 플로스 원 15, no. 9 (2020년): e0239133, https://doi.org/10.1371/journal.pone.0239133, "코로나19가 정신 건강 도움이 필요한 청년에게 미치는 영향", 2020년 여름 설문조사, 영 마인즈, 2012년 8월 27일에 방문, https://youngminds.org.uk/about-us/reports/coronavirus-impact-on-young-people-with-mental -health-needs/.

6   Haim omer, Nahman Alon, "연속성 원리: 재앙과 트라우마를 바라보는 통일된 접근법", 미국 커뮤니티 심리학 저널 22 no. 2 (1994년 4월): 273-287, https://doi.org/10.1007/BF02506866.

7   Mark Murphy, "리더십 IQ 연구: CEO 해고 사유 가운데 관리 부실과 안일한 행실", 씨전, 2005년 6월 21일, 2005, http://www.prweb.com/releases/2005/06/prweb253465.htm.

8   Ann Garrison, "캘리포니아는 분리 독립해야 할까? 데이비드 스완슨과의 인터뷰", 프리 프레스, 2017년 2월 12일, https://freepress.org/article/should-california-secede-interview-david-swanson.

9   John S. Carroll, "사건 상상이 사건 예측에 미치는 영향: 가용성 추단법 관점에서의 해석", 실험 사회 심리학지 14, no. 1 (1978년 1월): 88-96, https://doi.org/10.1016/0022-1031(78) 90062-8.

10 Steven J. Sherman 외, "상상이 병에 걸릴 가능성을 높이거나 낮출 수 있는가: 이미지의 매개 효과", 성격 및 사회 심리학 회보 11, no. 1 (1985년): 118-127, https://doi.org/10.1177/0146167285111011.

11 이 분야의 연구에서 자주 인용되는 다른 논문은 다음과 같다. Richard J. Crisp, Rhiannon N. Turner, "상상된 교류가 긍정적인 인식을 낳을 수 있을까", 미국 심리학자 64, no. 4 (2009년 5월): 231-240, https://doi.org/10.1037 /a0014718, Maryanne Garry 외, "상상력 팽창: 어린 시절 사건을 상상할 경우 실제 그 일이 일어났다고 확신하게 된다", 심리학 회보 및 평가 3,

no. 2 (1996년): 208-214, https://doi.org/10.3758/BF03212420, Scott Eidelman, Christian S. Crandall, Jennifer Pattershall, "존재 편향", 성격 및 사회 심리학지 97, no. 5 (2009년 11월): 765-775, https://doi.org/10.1037/a0017058, Hazel Markus, Paula Nurius, "긍정적인 자아", 미국 심리학자 41, no. 9 (1986년 9월): 954-969, https://doi.org/10.1037/0003-066X.41.9.954, Shelley E. Taylor 외, "상상 이용하기: 정신 시뮬레이션, 자기 규제와 대처", 미국 심리학자 53, no. 4 (1998년): 429-439, https://doi.org/10.1037/0003-066X.53.4.429, Gillian Butler, Andrew Mathews, "불안의 인지 과정", 행동 연구와 테라피의 발전 5 no. 1 (1983년): 51-62, https://doi.org/10.1016/0146-6402(83)90015-2.

12 Lisa Bulganin, Bianca C. Wittmann, "보상과 참신함은 동기부여-삽화 네트워크에서 미래 사건의 상상력을 높여준다", 플로스 원 10, no. 11 (2015년 11월): e0143477, https://doi.org/10.1371 /journal.pone.0143477.

13 Pema Chödrön, 《두려움 앞에 웃기》, 최고의 법문 2012 (콜로라도, 볼더: 샴발라, 2012년).

14 상동.

15 국가 정보 위원회, 〈글로벌 트렌드 2040: 보다 경쟁적인 미래〉, 2021년 3월, https://www.dni. gov/files/oDNI/documents/assessments/GlobalTrends_2040.pdf.

16 이 미래력들에 대해 보다 많이 배울 것을 권고: Antonio Regalado, "메신저 리보 핵산 관련 다음번 활동은 코로나 백신보다 클 수 있다", MIT 기술 비평, 2021년 2월 5일, https://www. technologyreview.com/2021/02/05/1017366/messenger-rna-vaccines-CoVID-hiv/, Bill McKibben, "재생 가능한 에너지, 갑자기 굉장히 저렴해지다", 뉴요커, 2021년 4월 28일, https://www.newyorker.com/news/annals-of-a-warming-planet/renewable-energy-is-suddenly-startlingly-cheap, Kaitlin Love, "코로나 팬데믹 이후 대다수가 경제 성장보다 사회 성장을 선호하다", 입소스, 2020년 9월 10일, https://www.ipsos.com/en-us/news-polls/Majority-Favors-Social –Progress-over-Economic-Growth-in-the-Wake-of-the-Coronavirus –Pandemic, Matthew Shaer, "머지않아 의사들은 필요에 따라 인간 장기를 찍어낼 수 있다", 스미소니언 잡지, 2015년 5월, https://www.smithsonianmag. com/innovation/soon-doctor-print-human-organ-on-demand-180954951/, Amos Zeeberg, "벽돌이 살아 있다! 과학자들, 살아 있는 콘크리트를 만들다", 뉴욕 타임스, 2020년 1월 15일, https://www.nytimes.com/2020/01/15/science/construction-concrete-bacteria-photosynthesis.html, Ron Lieber, "나보다 돈이 필요한 이들에게 돈을 건네는 법", 뉴욕 타임스, 2020년 5월 30일, https://www.nytimes.com/2020/05/30/your-money/philanthropy-charity-giving-coronavirus.html, Azeem Azhar, "고기의 미래", 2021년 4월 21일, 기하급수적인 관점, 시즌 5, 에피소드 26, 37:56, 하버드 비즈니스 리뷰 팟캐스트, https://hbr.org/podcast /2021/04/the-future-of-meat, Gov.UK, "수상, 정권 최초로 외로움 전략에 착수하다", 언론 보도, 수상 사무실, 2018년 10월 15, 2018, https://www.gov.uk/government/news/pm-launches-governments-first-loneliness-strategy, Katie Warren, "일본, 11년 만에 처음으로 자살률이 증가하자 '외로움 장관' 임명", 인사이더, 2021년 2월 22일, https://www.insider .com/japan-minister-of-loneliness-suicides-rise-

pandemic-2021-2, Udacity Team, "직장의 미래: 학위가 아니라 기량을 바탕으로 고용이 이루어질 것이다", 유다시티, 2020년 10월 20일, https://www.udacity.com/blog/2020/10/the-future-of-the-workforce-hiring-will-be-based-on-skills-rather-than-degrees.html, Sean Gallagher, "커뮤니티 대학을 디지털화 해야 한다", 에드서지, 2020년 8월 12일, https://www.edsurge.com/news/2020-08-12-it-s-time-to-digitally-transform-community-college, Nicholas St. Fleur, Chloe Williams, Charlie Wood, "우리가 200살까지 살 수 있을까?", 뉴욕 타임스, 2021년 4월 27일, https://www.nytimes.com/interactive/2021/04/27/magazine/longevity-timeline.html.

17 William Crumpler, "안면 인식 시스템은 얼마나 정확하며 왜 중요한가?", 전략 및 국제학 센터, 2020년 4월 14일, https://www.csis.org/blogs/technology-policy-blog/how-accurate-are-facial-recognition-systems---and-why-does-it-matter.

18 James Clayton, "안면 인식, 코로나 마스크 문제도 극복하다", BBC 뉴스, 2021년 3월 25일, https://www.bbc.com/news/technology-56517033.

19 "정부 연구 결과에 따르면 안면 인식에 인종 격차가 반영되다", BBC 뉴스, 2019년 12월 20일, https://www.bbc.com/news/technology-50865437, Alex Najibi, "안면 인식 기술에 반영된 인종 차별", 특별판: 과학 정책과 사회 정의(블로그), 하버드 대학교, 2020년 10월 24일, https://sitn.hms.harvard.edu/flash/2020/racial-discrimination-in-face-recognition-technology/.

20 Will Knight, "유럽의 AI 제한은 전 세계에 영향을 미칠 수 있다", 와이어드, 2021년 4월 20일, https://www.wired.com/story/europes-proposed-limits-ai-global-consequences/.

21 핌아이스, 2021년 8월 27일에 방문, https://pimeyes.com/en.

22 엑스프라이즈, 2021년 8월 27일에 방문, https://www.xprize.org/.

23 아프리카 리더십 대학, https://www.alueducation.com/

24 제인 맥고니걸, 《누구나 게임을 한다》 (알에이치코리아, 2012년)

Chapter 08—뇌의 공감력으로 관계를 강화하라

1 Hal E. Hershfield, "미래 자아 연속성: 미래 자아 인식이 시점 간 선택을 어떻게 바꾸는가", 뉴욕 과학 아카데미 연보 1235, no. 1 (2011년 10월): 30-43, https://doi.org/10.1111/j.1749-6632.2011.06201.x.

2 Pengmin Qin, Georg Northoff, "자아는 중간선 지역과 디폴트 모드 네트워크와 어떻게 연결되어 있나?", 뇌신경영상 57, no. 3 (2011년 8월): 1221-1233, https://doi.org/10.1016/j.neuroimage.2011.05.028.

3 Ed Yong, "자아 통제는 미래의 나를 향한 공감일 뿐이다", 애틀랜틱, 2016년 12월 6일, https://www.theatlantic.com/science/archive/2016/12/self-control-is-just-empathy-with-a-future-you/509726/, Cynthia Lee, "내 안의 낯선 이: 미래의 나와 연결되기", UCLA 뉴스

룸, 2015년 4월 9일, https://newsroom.ucla.edu/stories/the-stranger-within-connecting-with-our-future-selves.

4   Yosef Sokol, Mark Serper, "미래의 자아 연속성 질문지 개발과 타당성 확인: 예비 보고", 성격 평가지 102, no. 5 (2019년 5월): 677-688, https://doi.org/10.1080/002238 91.2019.1611588.

5   Adam Smith, "인간 행동 및 진화의 인지 공감과 정서 공감", 심리학 기록 56, no. 1 (2006년): 3-21, https:// doi.org/10.1007/BF03395534, Simone G. Shamay-Tsoory, Judith Aharon-Peretz, Daniella Perry, "공감의 두 체제: 하전두회 vs. 복내측시상하핵 전전두엽 피질에서 정서 공감과 인지 공감 간의 이중 해리", 뇌 132, no. 3 (2009년 3월): 617-627, https://doi.org/10.1093/brain/awn279.

6   Andrew Reiljan, "유럽 정당 노선 간의 공포와 혐오: 유럽 정당 제도의 당파 간 양극화", 유럽 정치 연구 저널 59, no. 2 (2020년 5월): 376-396, https://doi.org/10.1111 /1475-6765. 12351, Shanto Iyengar 외, "미국의 당파 간 양극화의 기원과 결과", 정치 과학 검토 연보 22 (2019년): 129-146, https://doi.org/10.1146/annurev-polisci-051117-073034, Shanto Iyengar, Gaurav Sood, Yphtach Lelkes, "이념이 아니라 감정: 양극화에 관한 사회 정체성 관점", 여론 계간지 76, no. 3 (2012년 9월): 405-431, https://doi.org/10.1093/poq/nfs038.

7   Levi Boxell 외, "당파 간 양극화, 코로나 팬데믹 기간에 심화되지 않았다", 조사 보고서, no. 28036 (october 2020년 10월), 전미경제조사위원회, https://doi.org/10.3386/w28036.

8   Sebastian Jungkunz, "코로나19 팬데믹 기간의 정치 양극화", 정치 과학 개척자 3 (2021년 3월): 622512, https://doi.org/10.3389/fpos.2021.622512, Hunt Allcott 외, "양극화와 공중 보건: 코로나19 팬데믹 기간 사회적 거리두기에 관한 당파적 차이", 대중 경제학 저널 191 (2020년 11월): 104254, https://doi.org/10.1016/j.jpubeco.2020.104254, Christos Makridis, Jonathan T. Rothwell, "정치 양극화의 진짜 비용: 코로나19 팬데믹이 보여주는 증거", 2020년 6월 29일, SSRN에서 볼 수 있음, http://dx.doi.org/10.2139/ssrn.3638373, Ariel Fridman, Rachel Gershon, Ayelet Gneezy, "코로나19와 백신 거부: 종적 연구", 플로스 원 16, no. 4 (2021년 4월): e0250123, https://doi.org/10.1371/journal.pone.0250123, Wändi Bruine de Bruin, Htay-Wah Saw, Dana P. Goldman, "미국 거주민들의 코로나19 위험 인지에서 나타나는 정치 양극화, 정책 선호도, 보호적 행동", 위험 및 불확실성 저널 61 (2020년 11월): 177-194, https://doi.org/10.1007/s11166-020-09336-3.

9   Mark H. Davis, "공감, 온정, 사회 관계", 《온정 과학의 옥스퍼드 핸드북》에서, Emma M. Seppälä 외. 편집 (뉴욕: 옥스퍼드 대학교 편집부, 2017년), 299-316, Deborah R. Richardson 외, "대인 관계 공격성 억제제로서의 공감", 공격적인 행동 20, no. 4 (1994년): 275-289, https://doi.org/10.1002/1098-2337(1994)20:4〈275::AID-AB2480200402〉3.0.Co;2-4, Minet De Wied, Susan J. T. Branje, Wim H. J. Meeus, "청소년 친구 관계에서의 공감과 마찰 해결책", 공격적인 행동 33, no. 1 (2007년 1월): 48-55, https://doi.org/10.1002/ab.20166.

10   William J. Chopik, Ed o'Brien, Sara H. Konrath, "63개국에서 나타난 공감적 관심과 관점 수용의 차이", 비교문화 심리학 48, no. 1 (2017년 1월): 23-38, https://doi.org /10.1177/

0022022116673910.

11 Ellen Barry, "인도 시골의 젊은 여성, 대도시 꿈을 좇다", 뉴욕 타임스, 2016년 9월 24일, https://www.nytimes.com/2016/09/25/world/asia/bangalore-india-women-factories.html.

12 Nicholas Epley, "정신이 중요하다: 관점 수용 vs. 관점 획득", 행동 과학자, 2014년 4월 16일, https://behavioralscientist.org/be-mindwise-perspective-taking-vs-perspective-getting/, Tal Eyal, Mary Steffel, Nicholas Epley, "관점 오류: 다른 이의 마음을 정확히 이해하려면 관점을 수용하는 것이 아니라 관점을 획득해야 한다", 성격 및 사회 심리학지 114, no. 4 (2018년 4월): 547-571, https://doi.org/10.1037/pspa0000115.

13 C. Daniel Batson, Shannon Early, Giovanni Salvarani, "관점 획득: 다른 이들이 느끼는 감정 상상하기 vs. 내가 어떻게 느낄지 상상하기", 성격 및 사회 심리학 회보 23, no. 7 (1997년 7월): 751-758, https://doi.org/10.1177/0146167297237008.

14 Zaheer Cassim, "케이프타운, 세계 최초로 물이 바닥날 주요 도시가 될 수 있다", USA 투데이, 2018년 1월 19일, https://www.usatoday.com/story/news/world/2018/01/19/cape-town-could-first-major-city-run-out-water/1047237001/, Richard Poplak, "케이프타운의 물 위기 이유", 애틀랜틱, 2018년 2월 15일, https://www.theatlantic.com/international/archive/2018/02/cape-town-water-crisis /553076/, Geoffrey York, "케이프타운 주민들, 물 보존 캠페인으로 '세상의 기니피그'가 되다", 글로브 앤 메일, 2018년 3월 8일, https://www.theglobeandmail.com/news/world/cape-town-residents-become-guinea-pigs-for-the-world-with-water-conservationcampaign /article38257004/, Patricia de Lille, "데이 제로: 언제 시행되고, 무엇이며, 어떻게 피할 수 있을까?", 케이프타운 시, 2017년 11월 15일, https://www.capetown.gov.za/Media-and-news/Day%20Zero%20when%20is%20 it,%20what%20is%20it,%20and%20how%20can%20we%20avoid%20it.

15 Christian Alexander, "케이프타운의 '데이 제로' 물 위기, 1년 후", 블룸버그 시티랩, 2019년 4월 12일, https://www.bloomberg.com/news/articles/2019-04-12/looking-back-on-cape-town-s-drought-and -day-zero.

16 정부의 커뮤니케이션 차단에 관한 인식을 높이고 이에 대항하기 위한 #KeeIton 캠페인의 일환으로 액세스 나우가 수집하고 보고한 글로벌 통계, 엑세스나우닷오알지, 2021년 3월 21.일

17 Tom Wheeler, "도널드 트럼프는 인터넷 차단하기 위한 국가 안보 위협을 주장할 수 있을까?", 브루킹스 테크탱크, 2020년 6월 25일, https://www.brookings.edu/blog/techtank/2020/06/25/could-donald-trump-claim -a-national-security-threat-to-shut-down-the-internet/.

18 Berhan Taye, 《박살난 꿈과 잃은 기회: #KeepItOn을 위한 1년의 싸움》 (뉴욕: 액세스 나우, 2021년 3월), 28, https://www.accessnow.org/cms/assets/uploads/2021/03/KeepIton-report-on-the-2020-data_Mar-2021_3.pdf.

19 "S. 4646 (116th): 2020 인터넷 차단 스위치 플러그 뽑기법", 고브트랙, 2020년 11월 27일에 업

데이트 됨, 2020, https://www.govtrack.us/congress/bills/116/s4646/summary.

20 David E. Sanger, Clifford Krauss, Nicole Perlroth, "사이버 공격으로 미국 주요 수송관 차단", 뉴욕 타임스, 2021년 5월 8일, https://www.nytimes.com/2021/05/08/us/cyberattack-colonial-pipeline.html; Frances Robles and Nicole Perlroth, "'위험한 물건': 해커, 플로리다 마을의 수도에 독약을 타다", 뉴욕 타임스, 2021년 2월 8일, https://www.nytimes.com/2021/02/08/us/oldsmar-florida-water-supply-hack.html, Laura Dyrda, "2020년 의료 서비스에서 가장 대표적인 사이버 공격", 베커스 헬스 IT, 2020년 12월 14일, https://www.beckershospitalreview.com/cybersecurity/the-5-most-significant -cyberattacks -in-healthcare-for-2020.html.

21 Scott Ikeda, "아마존 사이드워크의 '스마트 이웃' 비전, 심각한 사생활 문제를 일으키다", CPO 잡지, 2021년 6월 29일, https://www.cpomagazine.com/data-privacy/amazon-sidewalks-smart-neighborhood -vision-raises-serious-privacy-concerns/.

22 Linda Howard, "사생활 보호를 위해 지금 당장 꺼야 하는 아마존 알렉사 기능", UK 데일리 레코드, 2021년 7월 12일, 2021, https://www.dailyrecord.co.uk/lifestyle/money/amazon-alexa-features-to-disable -24516564.

23 Christina Tobacco, "'사이드워크' 네트워크와 관련해 아마존을 상대로 한 소비자 소송", 법률가, 2021년 7월 9일, https://lawstreetmedia.com/tech/consumer-lawsuit-filed-against-amazon-over-new-sidewalk-network/.

24 "중요한 디지털 화폐", 이코노미스트, 2021년 5월 8일, https://www.economist.com/leaders/2021/05/08/the-digital-currencies-that -matter.

25 Cory Doctorow (@doctorow), "SF의 핵심 아이디어는 '모든 법은 지역적이며 얼마나 지역적인지는 어떤 법도 모른다'는 사실이다, 트위터, 2021년 5월 16일, 오후 12시 3분, https://twitter.com/doctorow/status/1393960274256822273.

Chapter 09—미래를 위협하는 거대 난제를 기억하라

1 Christine Caine (@ChristineCaine), "어둠 속에 있을 때 우리는 자신이 묻혔다고 생각하지만 실은 심어진 것이다. 우리는 살아날 것이다.", 트위터, 2015년 2월 28일, 오후 6시 27분, https://twitter.com/ChristineCaine/status/571814033780682752?s=20.

2 Lawrence G. Calhoun, Richard G. Tedeschi, 편집, 《외상 후 성장 핸드북: 연구와 실행》 (뉴욕: 루틀리지, 2014년)

3 Kai Yuan 외, "코로나19를 비롯한 21세기 전염병 팬데믹 이후 외상 후 스트레스 장애 유행: 메타 분석과 체계적 문헌 고찰", 분자 정신의학 (2021년 2월): https://doi.org/10.1038/s41380-021-01036-x.

4 상동.

5 Robert H. Pietrzak, Jack Tsai, Steven M. Southwick, "코로나19 팬데믹 기간 미 참전용사들

의 외상 후 스트레스 장애 증상과 외상 후 심리적 성장 간의 관계", JAMA 네트워크 오픈 4, no. 4 (April 2021년 4월): e214972, https://doi.org/10.1001/jamanetworkopen.2021.4972.

6   Leah Zaidi, "멋진 신세계 구축하기: 공상 소설과 이행 설계" (석사 논문, 온타리오 예술 디자인 대학, 2017년) 2, https://www.researchgate.net/publication/321886159_Building_Brave _New_Worlds_Science_Fiction_and_Transition_Design.

7   Zora Neale Hurston,《모세, 산의 남자》(1939년 재판, 뉴욕: 하퍼 퍼레니얼, 1991년), 194.

8   Marina Gorbis, Kathi Vian, "포스트 코로나19 미래: 글로벌 팬데믹 이후 우리는 무엇을 구축 할 수 있을까", 시급한 미래, 미래 연구소, 2020년 5월 6일, https://medium.com/institute -for-the-future/post-CoVID-19-futures-what-can-we-build-after-the-global- pandemic-3cac9515ef20.

9   "팬데믹 이후: 미래 난제", 미래 연구소, 2020년 9월 15일, https://www.iftf.org/ whathappensnext/.

10   Molly Kinder, Martha Ross, "미국 재개하기: 저임금 노동자, 코로나19로 큰 피해를 입었기에 정책 입안자들, 평등에 초점 맞춰야", 브루킹스 연구소, 2020년 6월 23일, https://www. brookings.edu/research/reopening-america-low-wage-workers-have-suffered- badly-from-CoVID-19-so-policymakers-should-focus-on-equity/, Alyssa Fowers, "결근 우려가 코로나 바이러스 백신 거부 사유일지도 모른다", 워싱턴 포스트, 2021년 5월 27일, https://www.washingtonpost.com/business/2021/05/27/time-off-vaccine-workers/.

11   옥스팜 인터내셔널,《불평등 바이러스: 공정하고 공평하며 지속가능한 경제를 통해 코로나 바 이러스로 분열된 세상 단합하기》(카울리, 옥스퍼드: 옥스팜 GB, 2021년 1월), https:// oxfamilibrary.openrepository.com/bitstream/handle/10546/621149/bp-the- inequality-virus-250121-en.pdf.

12   국제노동기구,〈ILO 모니터: 코로나19와 업무 세상〉, 5판, 2020년 6월 30일, COVID-19 https://www.ilo.org/wcmsp5/groups/public/---dgreports/---dcomm/documents/ briefingnote/wcms_749399.pdf, Courtney Connley, "새로운 분석에 따르면 1월 여성의 경 제 활동 참가율, 33년 최저", CNBC 메이크 잇, 2021년 2월 8일, https://www.cnbc.com/ 2021/02/08/womens-labor-force-participation-rate-hit-33-year-low-in-january -2021.html, Catarina Saraiva, "직장을 떠나는 여성들, 미국 일자리 회복의 고르지 않은 상황 을 반영하다", 블룸버그 뉴스, 2021년 5월 7일, https://www.bloomberg.com/news/ articles/2021-05-07/women-leaving-workforce-again-shows-uneven-u-s-jobs -recovery.

13   Till von Wachter, "잃어버린 세대: 코로나 위기가 실직자와 사회 초년생에게 미치는 장기적인 영향과 정책 선택", 재정 연구 41, no. 3 (2020년 9월): 549-590, https://doi.org/10.1111 /1475-5890.12247, Kenneth Burdett, Carlos Carrillo-Tudela, Melvyn Coles, "실직의 대 가", 경제 연구 검토 87, no. 4 (2020년 7월): 1757-1798, https://doi.org/10.1093/restud/ rdaa014.

14   "코로나19가 학생 평등성과 포용에 미치는 영향: 학교가 문 닫고 다시 문을 여는 동안 취약 계

측 학생들 지지하기", OECD, 2020년 11월 19일, https://www.oecd.org/coronavirus/
policy-responses/the-impact-of-CoVID-19-on-student-equity-and-inclusion-
supporting-vulnerable-students-during-school-closures-and-school-re-openings-
d593b5c8/.

15 "UN 보고서에 따르면 코로나19로 빈곤, 의료 제도, 교육 분야에서의 지난 수십 년의 발전이 도로
아미타불 되다", 유엔 경제사회사무국, 2020년 7월 7일, https://www.un.org/development/
desa/en/news/sustainable/sustainable-development-goals-report-2020.html, "미국
의 막대한 경제 부양책, 빈곤층에 놀라운 효과 보여" 이코노미스트, 2020년 7월 6일, https://
www.economist.com/united-states/2020 /07/06/americas-huge-stimulus-is-
having-surprising-effects-on-the-poor, Ian Goldin, Robert Muggah, "코로나19로 다양
한 종류의 불평등 가중되고 있다. 우리가 할 수 있는 일", 세계 경제 포럼, 2020년 10월 9일,
https://www.weforum.org/agenda/2020/10/covid-19-is-increasing-multiple-
kinds-of-inequality-here-s-what-we-can-do-about-it/.

16 Davide Furceri 외, "지난 팬데믹으로 판단하건대 코로나19는 불평등을 악화시킬 것이다",
VoxEu, 경제 정책 연구 센터, 2020년 5월 8일, https://voxeu.org/article/CoVID-19-will-
raise-inequality-if-past-pandemics-are-guide.

17 Goldin과 Muggah, "코로나19로 다양한 종류의 불평등이 가중되고 있다", https://www.
weforum.org/agenda/2020/10/covid-19-is-increasing-multiple-kinds-of-
inequality-here-s-what-we-can-do-about-it/.

18 Jack P. Shonkoff, Natalie Slopen, David R. Williams, "어린 시절 초기 역경, 극심한 스트레스,
인종 차별이 건강 기반에 미치는 영향", 공중 보건 연례 검토 42 (2021년 4월): 115-134, https://
doi.org/10.1146/annurev-publhealth-090419-101940, David R. Williams, Jourdyn A.
Lawrence, Brigette A. Davis, "인종 차별과 건강: 증거와 필요한 연구", 공중 보건 연례 검토 40
(2019년 4월): 105-125, https://doi.org/10.1146/annurev-publhealth-040218-043750,
Ralph Catalano, "경제 불안정이 건강에 미치는 영향", 미국 공중 보건 저널 81, no. 9 (1991년
9월): 1148-1452, https://doi.org/10.2105 /AJPH.81.9.1148, Barry Watson, Lars osberg,
"치유 혹은 붕괴?" 반복적인 경제 불안정이 정신 건강에 미치는 영향, 사회 과학 및 의학 188
(2017년 9월): 119-127, https://doi.org/10.1016/j.socscimed.2017.06.042, Evelyn
Kortum, Stavroula Leka, Tom Cox, "개발도상국의 심리사회적 위험과 업무 관련 스트레스:
건강 영향, 우선 과제, 장애물과 해결책", 직업병 의학과 환경 건강 국제지 23, no. 3 (2010년):
225-238, https://doi.org/10.2478/v10001-010-0024-5.

19 Alice Walker,《어머니의 정원을 찾아서: 우머니스트 산문 (뉴욕: 호튼 미플린 하코트, 2004년),
40.

20 세계보건기구,《모두의 일: 건강 결과를 개선하기 위해 의료 제도 강화하기》(스위스, 제네바,
WHO 프레스, 2007년), 2, https://www.who.int/healthsystems/strategy/everybodys_
business.pdf.

21 "의료 분야 종사자", 세계보건기구, 2020년 7월 7일에 방문, https://www.who.int/health-

topics/health-workforce#tab=tab_1, Jenny X. Liu 외, "2030년 전 세계 의료 종사자 노동 시장 전망", 의료 분야 인력 15, no. 11 (2017년 2월), https://doi.org/10 .1186/s12960-017-0187-2.

22 "코로나19 동안 의료 분야 종사자의 정신 건강", 정신 건강 미국(MHA), 2021년 8월 27일에 방문, https://mhanational.org/mental-health-healthcare-workers-CoVID-19.

23 Ehui Adovor 외, "의료 분야의 우수 인재 유출: 얼마나 많으며 어디로 가고 이유는 무엇인가?", 건강 경제학 저널 76 (2021년 3월): 102409, https://doi.org/10 .1016/j.jhealeco.2020. 102409, Natalie Sharples, "우수 인재 유출: 이민자는 NHS의 생명줄이다. 영국은 그들에게 비용을 지불해야 한다", 가디언, 2015년 1월 6일, https://www.theguardian.com/global-development-professionals-network/2015/jan/06/migrants-nhs-compensation-global -health-brain-drain.

24 "보편적 건강 보험(UHC)", 세계보건기구, 2021년 4월 1일, https://www.who.int/news-room/fact-sheets/detail/universal-health-coverage-(uhc), Megan Leonhardt, "미국인 4명 중 거의 1명이 비용 때문에 의료 서비스를 받지 않는다", CNBC 메이크 잇, 2020년 3월 12일, https://www.cnbc.com/2020/03/11/nearly-1-in-4-americans-are-skipping-medical-care-because-of-the-cost.html.

25 Emma Frage, Michael Shields, "전 세계, '백신 인종 차별'의 단계에 진입하다–WHO 수장", 로이터스, 2021년 5월 17일, https://www.reuters.com/business/healthcare-pharmaceuticals/world-has-entered-stage-vaccine-apartheid-who-head-2021-05-17/, "저임금 국가, 가능한 코로나 백신의 0.2퍼센트만 받다", 유엔, 2021년 4월 9일, https://news.un.org/en/story/2021/04/1089392.

26 "랜싯: 최근 전 세계 질병 추정치에 따르면 만성 질환 급증과 공중 보건 실패가 코로나19 팬데믹을 가속화한 것으로 추정된다", 의료 매트릭스와 평가 연구소, 2020년 10월 15일, http://www.healthdata.org/news-release/lancet-latest-global-disease-estimates-reveal-perfect-storm-rising-chronic-diseases-and, George Luber와Michael McGeehin, "기후 변화와 폭염", 미국 예방 의학지 35, no. 5 (2008년 11월): 429-435, https://doi.org/10.1016/j.amepre.2008.08.021.

27 Sriram Shamasunder 외, "코로나19로 부실한 의료 제도가 드러나다: 이 역사적인 순간에 전 세계 의료 제도를 다시 세워야 하는 이유", 글로벌 공중 보건 15, no. 7 (2020년 4월): 1083-1089, https://doi.org/10.1080 /17441692.2020.1760915, Lawrence o. Gostin, Suerie Moon, Benjamin Mason Meier, "코로나19 시대의 글로벌 건강 통치 제도 재구성", 미국 공중 보건지 110, no. 11 (2020년 11월): 1615-1619, https://doi.org/10.2105/AJPH.2020.305933, "코로나19, 이따금 의료 제도를 와해함으로써 의료 제도 개선 방법을 보여주다.", 빌 앤 멜린다 게이츠 재단, https://www.gatesfoundation.org/ideas/articles/health-systems-coronavirus-workers-women, Stuart M. Butler, "코로나19 이후: 의료 제도 운영 다르게 생각하기", JAMA 323, no. 24 (2020년 6월): 2451-2451, https://doi.org /10.1001/jama.2020.8484, Axel Baur 외, "의료보험 제공자: 코로나19 이후 넥스트 노멀에 대비하다",

맥켄지 앤 컴퍼니, 2020년 5월 8일, https://www.mckinsey.com/industries/healthcare-systems-and-services/our-insights/healthcare-providers-preparing-for-the-next-normal-after-covid-19.

28 Jill Kimball, "미국, 다른 민주주의 국가보다 빠르게 양극화되다", 브라운 대학, 2020년 1월 21일, https://www.brown.edu/news /2020-01-21/polarization.

29 Leonardo Bursztyn 외, "팬데믹 기간의 역정보" (조사 보고서 no. 2020-2044, 벡커 프리드먼 경제 연구소, 시카고 대학교, 2020년 9월), https://bfi.uchicago.edu/wp-content/uploads /BFI_WP_202044.pdf.

30 Danielle Ivory, Lauren Leatherby, Robert Gebeloff, "백신 접종률이 낮은 미국 카운티들의 공통점: 트럼프 지지자", 뉴욕 타임스, 2021년 4월 17일, https://www.nytimes.com/ interactive/2021/04/17/us/vaccine-hesitancy-politics.html.

31 "14개 선진국, 코로나19 대응에 대부분 승인" 퓨 리서치 보고서, 2020년 8월 27일, https:// www.pewresearch.org/global/wp-content/uploads/sites/2/2020/08/PG_2020 .08.27 _Global-Coronavirus_FINAL.pdf.

32 Simon ostrovsky, Charles Lyons, "돌봄의 불평등과 역정보, 빈곤한 브라질 원주민의 코로나 사망률을 높이다", PBS 뉴스 아우어, 2021년 5월 25일, https://www.pbs.org/newshour/ show/inequities-in-care-misinformation-fuel-CoVID-deaths-among-poor-indigenous-brazilians, Ruth Sherlock, "이민자, 사우디아라비아와 걸프만 국가들의 이민자, 코로나19로 가장 큰 피해를 입다", NPR, 2020년 5월 5일, https://www.npr.org/sections/ coronavirus-live-updates/2020/05/05/850542938/migrants-are-among-the-worst-hit-by-CoVID-19-in-saudi-arabia-and-gulf-countries, Pete Pattisson, Roshan Sedhai, "카타르의 이주민 노동자, 코로나 감염이 증가하면서 먹거리를 구걸하다", 가디언, 2020년 5월 7일, https://www.theguardian.com/global-development/2020/may/07/ qatars-migrant-workers-beg-for-food-as-covid-19-infections-rise, Ian Austen, "코로나 바이러스, 매니토바에서 기승을 부리며 원주민에게 가장 큰 피해를 입히고 있다", 뉴욕 타임스, 2021년 5월 26일, https://www.nytimes.com/2021/05/26/world/the-coronavirus-is-raging-in-manitoba-hitting-indigenous -people-especially-hard.html.

33 Rashawn Ray, "코로나19로 인한 사망률은 왜 흑인들 가운데 높을까?", 브루킹스 연구소, 2020년 4월 9일, https://www.brookings.edu/blog/fixgov /2020/04/09/why-are-blacks-dying-at-higher-rates-from-CoVID-19/, "흑인과 남아시아 사람들은 왜 코로나 19로 인해 가장 큰 피해를 입었을까?", 영국 통계청, 2020년 12월 14일, https://www.ons. gov.uk/peoplepopulationandcommunity/healthandsocialcare/conditionsanddiseases/ articles/whyhaveblackandsouthasianpeoplebeen hithardestbyCoVID19/2020-12-14, Alissa Greenberg, "인종 차별 스트레스가 건강에 미치는 해로운 영향과 코로나19와의 연관성", PBS, 2020년 7월 14일, https://www.pbs.org/wgbh/nova/article /racism-stress-covid-allostatic-load/.

34 William J. Hall 외, "의료 전문가의 인종 차별과 그러한 태도가 의료 서비스 결과에 미치는 영

492

향: 체계적 문헌 고찰", 미국 공중 보건 저널 105, no. 12 (2015년): e60-76.

35 Sonu Bhaskar 외, "코로나19의 진원지-전 세계 의료 용품 공급망의 비극적 붕괴", 공중 보건 개척자 24, no. 8 (2020년 11월): 562882, https://doi.org/10.3389/fpubh.2020.562882.

36 Peter S. Goodman, Niraj Chokshi, "모든 것이 어떻게 바닥났나", 뉴욕 타임스, 2021년 6월 1일, https://www.nytimes.com/2021/06/01/business/coronavirus-global-shortages.html.

37 Diane Brady, "코로나19와 공급망 회복: 미래 계획", 2020년 10월 9일, 맥킨지 팟캐스트에서, 29:09, https://www.mckinsey.com/business-functions/operations/our-insights/CoVID-19-and-supply-chain-recovery-planning-for-the-future.

38 Sarah Gibbens, "이 5가지 음식은 코로나 바이러스가 어떻게 공급망을 붕괴시켰는지 보여준다", 내셔널 지오그래픽, 2020년 5월 19일, https://www.nationalgeographic.com/science/article/covid-19-disrupts-complex-food-chains-beef-milk-eggs-produce, "식량 안보와 코로나19", 세계은행, 2021년 8월 17일, https://www.worldbank.org/en/topic/agriculture/brief/food-security-and-covid-19.

39 "번아웃, '직업 현상': 국제 질병 분류", 세계보건기구, 2019년 5월 27일, https://www.who.int/news/item/28-05-2019-burn-out-an-occupational-phenomenon-international-classification-of-diseases.

40 Jennifer Moss, "번아웃을 넘어", 하버드 비즈니스 리뷰, 2021년 2월 10일, https://hbr.org/2021/02/beyond-burned-out, Anitra Lesser, "코로나가 증가하는 번아웃률에 미치는 영향", 고용주 위원회, 2020년 10월 23일, https://blog.employerscouncil.org/2020/10/23/the-impacts-of-CoVID-on-rising-burnout-rates/.

41 "긴 업무 시간, 심장병과 뇌졸중으로 인한 사망 확률 높이다: WHO, ILO", 세계보건기구, 2021년 5월 17일, https://www.who.int/news/item/17-05-2021-long-working-hours-increasing-deaths-from-heart-disease-and-stroke-who-ilo.

42 Maria Cristina Rulli 외, "토지 이용 변화와 가축 혁신, 리놀로피드 박쥐로부터의 코로나 바이러스 감염 위험 높이다", 네이쳐 푸드 2(2021년 6월): 409-416, https://doi.org/10.1038/s43016-021-00285-x, "코로나 바이러스, 기후 변화, 환경: 하버드 챈 씨-챈스 관장, 애론 번스타인 박사와 함께 한 코로나19에 관한 대화", 하버드 T. H. 챈 공공 보건 대학, 2021년 8월 27일에 방문, https://www.hsph.harvard.edu/c-change/subtopics/coronavirus-and-climate-change/.

43 의학 및 국립 연구 의회 연구소, 《기능 획득 연구의 잠재적 위험과 혜택: 워크샵 요약》 (워싱턴 DC: 국립 학술원 출판부, 2015년), https://doi.org/10.17226/21666.

44 Andrea Pozzer 외, "지역적, 세계적 대기 오염이 코로나19로 인한 사망 위험에 미치는 영향", 심혈관 연구 116, no. 14 (2020년 12월): 2247-2253, https://doi.org/10.1093/cvr/cvaa288.

45 Dan Walto, Maarten van Aalst, 《기후 관련 극단적인 날씨와 코로나19: 교차 재앙의 영향을 받은 사람 수 처음으로 파악》 (스위스, 제네바: 국제 적십자 재단과 적십자사, 2020년 9월), https://media.ifrc.org/ifrc/wp-content/uploads/2020/09/Extreme-weather-events-and-CoVID-19-V4.pdf.

46 James M. Shultz, Craig Fugate, Sandro Galea, "2020년 북대서양 허리케인 시즌에 코로나19의 종속적 위험 기승", JAMA 324, no. 10 (2020년 8월): 935-936, https://doi.org/10.1001/jama.2020.15398.

47 Shanto Iyengar, Douglas S. Massey, "탈진실 사회의 과학적 의사소통", 국립 과학원 회보 116, no. 16 (2019년): 7656-7661, https://doi.org/10.1073/pnas.1805868115.

48 Kathi Vian, "깊고 긴 질병", 미래 연구소, 2020년 6월 10일, https://medium.com/institute-for-the-future/the-deeper-longer-disease-13e859de2d16.

49 "슈퍼스트럭트 슈퍼위협: 자가격리", 미래 연구소, 영상, 3:59, 2008년 9월 21일, https://www.youtube.com/watch?v=r_HxFSY581U&t=2s.

50 Ed Yong, "장기 후유증에 시달리는 이들, 코로나19를 재규정하다", 애틀랜틱, 2020년 8월 19일, https://www.theatlantic.com/health/archive/2020/08/long-haulers-CoVID-19-recognition-support-groups-symptoms/615382/, Shayna Skarf, "치료 부인, 코로나 장기 후유증에 시달리는 이들 가운데 일부는 평생 후유증에 시달릴 수 있다", STAT, 2021년 1월 28일, https://www.statnews.com/2021/01/28/stop-ignoring-undocumented-long-haulers/, Judy George, "연구 결과 '코로나 후유증' 기간 밝혀지다, 유병률-51 몇 개월 동안 지속되며 높은 빈도로 나타나는 쇠약", 메드페이지 투데이, 2021년 2월 19일, https://www.medpagetoday.com/infectiousdisease/CoVID19/91270, Alvin Powell, "코로나 장기 후유증을 경험하는 이들에게는 계속되는 팬데믹", 하버드 가제트, 2021년 4월 13일, https://news.harvard.edu/gazette/story/2021/04/harvard-medical-school-expert-explains-long-CoVID/, "20명 중 1명이 '코로나 후유증'을 경험할 확률이 높다. 하지만 그들은 누구인가?", 조 코로나 연구, 2020년 10월 21일, https://covid.joinzoe.com/post/long-covid.

51 Allison DeLong, Mayla Hsu, Harriet Kotsoris, "2016년과 2020년 미국 내 후처리 라임병 누적횟수 예측", BMC 공중 보건 19, no. 352 (2019년 4월), https://doi.org/10.1186/s12889-019-6681-9.

52 Sarah Fraser, "의학적 가스라이팅의 치명적인 권력 역학", 캐나다 가족 주치의 67, no. 5 (2021년 5월): 367-368, https://doi.org /10.46747/cfp.6705367, Maya Dusenbery, 《피해 입히기: 의학과 게으른 과학 때문에 여성이 묵살되고 오진 받으며 고통에 시달리는 과정의 진실》(뉴욕: 하퍼콜린스, 2018년), Rita Rubin, "숫자가 증가하면서 코로나 '장기 후유증을 앓는 이들' 전문가를 당황하게 만들다", JAMA 324, no. 14 (2020년 9월): 1381-1383, https://doi.org/10.1001/jama.2020.17709, Monica Verduzco-Gutierrez 외, "장기 후유증에 관해: 윤리학, 코로나19, 재활", PM&R 13, no. 3 (2021년 3월): 325-332, https://doi .org/10.1002/pmrj.12554.

53 "얼마나 많은 사람이 ME/CFS를 앓고 있나?", 미국 양성 근육통 뇌척수염과 만성 피로 증후군 협회, 2021년 8월 27일에 방문, https://ammes.org/how-many-people-have-mecfs/, Chris Ponting, "영국 바이오뱅크에 저장된 50만 명의 자료 분석 결과 ME/CFS의 유전 요소가 밝혀지다", ME/CFS 연구 (블로그), 2018년 6월 11일, https://mecfsresearchreview.me/2018/06/11/analysis-of-data-from-500000-individuals-in-uk-biobank-demonstrates

-an-inherited -component-to-me-cfs.

54 "나은 미래를 형성하기 위한 상상 기반 시설 구축", 스콜 세계 포럼, 영상, 49:56, 2021년 4월 15일, https://www.youtube.com/watch?v =gUQYwWwwUyw.

55 메리엄-웹스터의 정의, s.v. "울부짖기(동사)", 2021년 8월 27일에 방문, http://www.merriam -webster.com/dictionary/howl.

56 Paulina Cachero, "8시가 되면 고립된 미국인들, 코로나 바이러스와 싸우는 의료계 종사자를 위해 울부짖다", 인사이더, 2020년 4월 1일, https://www.insider.com/americans-in-isolation-howl-8-night-health-workers-solidarity-2020-4.

57 Will Schmitt, "노스 베이 주민들, 코로나 봉쇄 기간에 스트레스를 완화하고 응급 의료요원을 지지하기 위해 밤에 울부짖다", 언론 민주주의, 2020년 4월 10일, https://www. pressdemocrat.com/article/news/north-bay-residents-howl-into-the-night-to-release-stress-support-first-re/?sba=AAS.

58 Emiliana R. Simon-Thomas 외, "목소리에는 특정한 감정이 담겨 있다: 발성이 보여주는 증거", 감정 9, no. 6 (2009년 12월): 838-846, https://doi.org/10.1037/a0017810, Marc D. Pell 외, "인간의 비언어적 발성에서 느껴지는 감정의 우선적 해독 vs. 음성 운율", 생물 심리학 111 (2015년 10월): 14-25, https://doi.org/10.1016/j.biopsycho.2015.08.008, A. S. Cowen 외, "인간의 기본적인 발성에 담긴 24개 감정 매핑", 미국 심리학자 74, no. 6 (2019년 9월): 698-712, https://doi.org/10.1037/amp0000399, Disa A. Sauter 외, "비언어적 감정 발성을 통한 기본적인 감정의 비교 문화 인식", 국립 과학원 회보 107, no. 6 (2010년 2월): 2408-2412, https://doi.org /10.1073/pnas.0908239106.

59 Ocean Vuong, "오션 브엉: 숨 쉴 가치가 있는 삶", 크리스타 티펫과의 인터뷰, 존재에 대하여, 2020년 4월 30일, https://onbeing.org/programs/ocean-vuong-a-life-worthy-of-our-breath/#transcript.

60 Walidah Imarisha, "경찰과 감옥이 없는 미래를 구축하려면 우선 상상부터 해야 한다", 원제로, 2020년 10월 22일, https://onezero.medium.com/black-lives-matter-is-science-fiction-how-envisioning-a-better-future-makes-it-possible-5e14d35154e3.

Chapter 10—미래의 영웅이 될 준비가 됐는가?

1 M. E. Seligman, S. F. Maier, "트라우마적인 충격에서 벗어나기 못하기", 실험 심리학지 74, no. 1 (1967년 5월): 1-9, https://doi.org /10.1037/h0024514.

2 William R. Miller, Robert A. Rosellini, Martin E. P. Seligman, 우울: 학습된 무기력과 우울", 《정신병리학: 실험 모델》에서, J. D. Maser, M. E. P. Seligman 편집 (뉴욕: W. H. 프리먼, 1977년), 104-130, Lauren B. Alloy, Lyn Y. Abramson, "학습된 무기력, 우울, 통제의 환상", 성격 및 사회 심리학지 42, no. 6 (1982년): 1114-1126, https://doi.org /10.1037/0022-3514.42.6.1114, Steven F. Maier, "학습된 무기력과 동물 우울증 모델", 신경-정신 약리학과 생물학적 정신의학

의 진보 8, no. 3 (1984년): 435-446, https://doi.org/10.1016 /S0278-5846(84)80032-9.

3   Steven F. Maier, Martin E. P. Seligman, "학습된 무기력: 신경 과학에서 얻은 통찰", 심리학 검 토 123, no. 4 (2016년 7월): 349-367, https://doi.org/10.1037/rev0000033, Shelley E. Taylor 외, "스트레스에 대처하는 여성의 생물행동학적 반응: 투쟁 도피가 아니라 돌봄과 친화", 심리학 리뷰 107, no. 3 (2000년 7월): 411-429, https://doi.org/10.1037/0033-295X.107.3.411.

4   게임이 게임을 자주하는 이들의 태도, 일상 행동, 사회 교류 방식, 문제 해결 방식에 미치는 심 리적 영향에 관한 보다 자세한 연구는 다음을 참고, 제인 맥고니걸, 《누구나 게임을 한다》 (알에 이치코리아, 2012년), 제인 맥고니걸, 《슈퍼베터: 일상을 게임처럼 보내는 힘》 (뉴욕: 펭귄, 2015년)

5   Jari Kätsyri 외, "게임을 보는 것만으로는 충분하지 않다: 적극적인 게임, 간접적인 게임 플레잉 동안 선조체 뇌 활동 측정 보상, 비디오 게임의 성공과 실패에 반응하다", 인류 신경과학의 개척 자 7, no. 278 (2013년 6월), https://doi.org/10.3389/fnhum.2013.00278.

6   Joseph Campbell, 《천의 얼굴을 가진 영웅》, 3판(캘리포니아, 노바토: 신세계 도서관, 2008년), 41-48.

7   "코로나 팬데믹 기간 '10일 전 그들'을 위한 이탈리아인들의 메시지", A Thing By, 영상, 3:30, March 15, 2020, https://www.youtube.com/watch?v=o_cImRzKXos&feature=youtu. be&fbclid =IwAR1FCqCPhC0TvWY1KV—hl3uxKTLywTx8QDwQHRHPf5eR8wDsk- RpqWWBok, Ignacio Escolar, "생각: 나는 스페인에 있지만 이 메시지는 미래에서 왔다", 워 싱턴 포스트, 2020년 3월 16일, https://www.washingtonpost.com/opinions/2020/ 03/16/im-spain-this-is-message-future/, Jane McGonigal, "팬데믹 기간에 우리는 서둘 러 상상력을 늘려야 한다", 긴급한 미래, 미래 연구소, 2020년 3월 18일, https://medium. com/institute-for-the-future/during-a-pandemic-we-all-need-to-stretch-our- imagination-a9295cfcd1f8.

8   Ida Garibaldi, "이탈리아에서 보내는 안부. 당신의 미래는 생각보다 암울하다", 워싱턴 포스트, 2020년 3월 17일, https://www.washingtonpost.com/outlook/2020/03/17/hello-italy- your-future-is-grimmer-than-you-think/.

9   Tara Mohr, "우리의 모양을 한 구멍", 타라 모르(웹사이트), 2021년 8월 27일에 방문, https:// www.taramohr.com/inspirational-poetry/you-shaped-hole-2/.

10 "알파-갈 신드롬: 한 번도 들어본 적 없는 전염병", AGI: 알파-갈 정보, 알파-갈 신드롬 인식 캠 페인 프로젝트, 2021년 8월 27일에 방문, https://alphagalinformation.org/.

11 Paul Hope, "살충제를 뿌리지 않고 정원을 진드기로부터 보호하자", 소비자 보고서, 2021년 6월 5일, https://www.consumerreports.org/pest-control/tickproof-your-yard- without-spraying/.

12 "알파-갈 신드롬", 메이요 클리닉, 2020년 11월 19일에 업데이트, https:// www.mayoclinic. org/diseases-conditions/alpha-gal-syndrome/symptoms -causes/syc-20428608.

13 "부상하는 전염병", AGI: 알파-갈 정보, 2021년 8월 27일에 방문, https://alphagalinformation. org/what-is-ags/#An%20 Emerging%20Epidemic.

14 W. Landon Jackson, "진드기에 물린 뒤 생긴 포유류 고기 알레르기: 사례 보고서", 옥스퍼드 의학 사례 보고서 2018, no. 2 (2018년 2월): omx098, https://doi.org/10.1093/omcr/omx098, Scott P. Commins 외, "갈락토오스-알파-2,3-갈락토오스에 IgE 항체가 있는 환자가 붉은 육류를 섭취한 뒤 보이는 지연된 아나필락시스, 혈관부종, 두드러기", 알레르기 및 임상 면역학지 123, no. 2 (2009년 2월): 426–433, https://doi.org/10.1016/j.jaci.2008.10.052.

15 J. S. Gray 외, "기후 변화가 유럽에서 진드기와 진드기를 통한 질병에 미치는 영향", 전염병에 관한 학제 간 견해 2009, no. 593232 (2009년), https://doi.org/10.1155/2009/593232, Abdelghafar Alkishe, Ram K. Raghavan, Andrew T. Peterson, "의학적으로 중요한 진드기 종의 지리학적 분포 변화와 북아메리카의 기후 변화로 인한 진드기 관련 질병: 검토", 곤충 12, no. 3 (2021년 3월): 225, https://doi.org/10.3390/insects12030225, "올해 봄 진드기 다시 급증", 디트로이트 프리 언론, 2021년 5월 31일, https://www.freep.com/story/news/local/michigan/2021/05/27/tick-population-exploding-climate-change/7438784002/.

16 Katelyn Newman, "진드기와 라임병, 도시에서도 위협이다", 미국 뉴스와 세계 보고서, 2019년 5월 15일, https://www.usnews.com/news/healthiest-communities/articles/2019-05-15/lyme-disease-ticks-a-threat-for-cities-study-suggests.

17 "매년 도심에서 30만 건의 진드기 물림이 발생한다", RIVM: 국립 공중 보건 환경 연구소, 2017년 4월 19일, https://www.rivm.nl/en/news/every-year-300000-tick-bites-in-urban-areas.

18 Susanne Rust, "진드기들, 캘리포니아 해안가에서 피를 노리다. 라임병이 다시 증가하고 있나?", 로스앤젤레스 타임스, 2021년 6월 6일, https://www.latimes.com/california/story/2021-06-06/ticks-california-beaches-lyme-disease-unknown-carrier.

19 "프로젝트 평가: 이보크(세계은행이 의뢰한 공식 평가, Edmond Gaible, Amitabh Dabla)", 세계은행, https://www.worldbank.org/en/topic/edutech/brief/evoke-an-online-alternate-reality-game-supporting-social-innovation-among-young-people-around-the-world; Robert Hawkins, "이보크 영향: 세계은행의 온라인 교육 게임 결과 (2부)", 세계은행 블로그, 2010년 8월 20일, https://blogs.worldbank.org/edutech/evoke-reflections-results-from-world-bank-educational-game-part-ii.

Chapter 11—다양한 관점에서 미래 현실을 구축하라

1   Avery Hurt, "꿈꾸는 동물의 정신 속 엿보기", 디스커버, 2021년 1월 20일, https://www.discovermagazine.com/mind/a-glimpse-inside-the-mind-of-dreaming-animals, Liz Langley, "동물들은 꿈을 꾸나?", 내셔널 지오그래픽, 2015년 9월 5일, https://www.nationalgeographic.com/culture/article/150905-animals-sleep-science-dreaming-cats-brains; Jason G. Goldman, "동물들은 무슨 꿈을 꾸나?", BBC 뉴스, 2014년 4월 24일, https://www.bbc.com/future/article/20140425-what-do-animals-dream-about.

2   Erik Hoel, "과적합된 뇌: 일반화를 돕도록 진화된 꿈", 패턴스 2, no. 5 (2021년 5월): 100244;
    https://doi.org/10 .1016/j.patter.2021.100244.

3   Jim Dator, "마노아 대학의 대안적인 미래", 《짐 데이토, 시간 간파자》에서 (스위스, 챔: 스프린
    저, 2019년), 37-54.

Chapter 12—10년 후 세상은 어떤 미래가 펼쳐질까?

1   Bill McKibben, "우리는 정말로 주유소가 더 필요한가?", 뉴요커, 2021년 3월 24일, https://
    www.newyorker.com/news/annals-of-a-warming-planet/do-we-actually-need-
    more-gas-stations.

2   Silpa Kaza 외, 《얼마나 낭비인가 2.0: 2050년 고형 쓰레기 관리의 세계적 스냅숏》 (워싱턴
    DC: 세계은행, 2018년), https://datatopics.worldbank.org/what-a-waste/.

3   Hannah Ritchie, Max Roser, "이산화탄소와 분야별 온실 가스 배출", OWID, 2017년 5월, 수
    정본, 2020년 8월, https://ourworldindata.org/co2-and-other-greenhouse-gas-
    emissions.

4   M. Vrijheid, "해로운 쓰레기 매립지 인근에 사는 이들의 건강 영향: 전염병학 문헌 리뷰", 환경
    적 건강 관점 108, 보충 자료. 1(March 2000년 3월): 101-112, https://doi.org/10.1289/
    ehp.00108s1101, Francis o. Adeola, "위험에 처한 커뮤니티, 버티는 사람들: 해로운 오염, 건
    강, 현지 맥락에서의 적응 반응", 환경 행동 32, no. 2 (2000년 3월): 209-249, https://doi
    .org/10.1177/00139160021972504, olga Bridges, Jim W. Bridges, John F. Potter, "공기 전
    염이 건강에 미치는 위험과 도시 고형 쓰레기의 매립지와 소각로 처리가 건강에 미치는 위험의
    일반적인 비교", 환경주의자 20, no. 4 (2000년 12월): 325-334, https://doi.org/10.1023/
    A:1006725932558, Jean D. Brender, Juliana A. Maantay, Jayajit Chakraborty, "환경 위해물
    과의 주거 인접성과 건강에 미치는 해로운 영향", 미국 공중 보건 저널 101, no. S1 (2011년
    12월): S37-S52; https://doi.org/10.2105/AJPH.2011.300183.

5   "해양 오염의 사실과 수치", 유네스코, 2020년 8월 27일에 방문, http://www.unesco.org/
    new/en/natural-sciences/ioc-oceans/focus-areas/rio-20-ocean/blueprint-for-the-
    future-we-want/marine-pollution/facts-and-figures-on-marine-pollution/.

6   Marie Donahue, 〈쓰레기 소각: 미국이 재생 가능한 에너지를 규정하는 방식의 더러운 비밀(현
    지 자립 연구소, 2018년 12월)〉, https://ilsr.org /wp-content/uploads/2018/12/
    ILSRIncinerationFInalDraft-6.pdf.

7   Silpa Kaza 외, 《얼마나 낭비인가 2.0》, https://datatopics.worldbank.org/what -a-waste/.

8   "국민 심사: 물질, 쓰레기, 재활용의 사실과 수치", 미국 환경보호청, 2021년 7월 14일에 마지막
    으로 업데이트, https://www.epa.gov/facts-and-figures-about-materials-waste-and-
    recycling /national-overview-facts-and-figures-materials.

9   Ann Koh, Anuradha Raghu, "전 세계 20억 톤 쓰레기 문제, 더욱 심각해질 뿐", 블룸버그 뉴스,

2019년 7월 11일, https://www.bloomberg.com/news/features/2019-07-11/how-the-world-can-solve-its-2-billion-ton-trash-problem, Renee Cho, "미국의 재활용 시스템은 무너졌다. 어떻게 시정할까?", 콜롬비아 기후 학교, 2020년 3월 13일, https://news.climate.columbia.edu/2020/03/13/fix-recycling-america/.

10 Douglas Broom, "음식물 쓰레기의 2퍼센트만 재활용했던 한국, 이제 95퍼센트를 재활용하다", 세계 경제 포럼, 2019년 4월 12일, https://www.weforum.org/agenda/2019/04/south-korea-recycling-food-waste/, Hope Ngo, "쓰레기통 제거는 타이완이 도시를 청소하는 데 어떻게 도움이 되었나", BBC 뉴스, 2020년, 5월 27일, https://www.bbc.com/future/article/20200526-how-taipei-became-an-unusually-clean-city, Kristin Hunt, "이 미국 주는 쓰레기를 크게 줄이기 위해 쓰레기 종량제 프로그램을 실시하고 있다", 세계 경제 포럼, 2018년 11월 19일, https://www.weforum.org/agenda/2018/11/new-hampshires-pay-as-you-throw-programs-are-reducing-waste-by-50-percent/, Germà Bel, Raymond Gradus, "단위 당 가격 책정이 가정의 쓰레기 수집 요구에 미치는 영향: 메타 회귀 분석", 자원과 에너지 경제학 44 (May 2016년 5월): 169-182, https://doi.org/10.1016/j.reseneeco.2016.03.003.

11 "가미카스 마을 제로 웨이스트 캠페인: 작은 마을은 어떻게 최고의 재활용률을 달성했을까", 니폰닷컴, 2018년 7월 13일, https://www.nippon.com/en/guide-to-japan/gu900038/.

12 "자주 묻는 질문", 바이 낫싱, 2021년 4월 13일, https://buynothingproject.org/about/faqs/.

13 Stephen Leahy, "1년에 쓰레기 한 병만 만드는 법", 내셔널 지오그래픽, 2018년 5월 18일, https://www.nationalgeographic.com/science/article/zero-waste-families-plastic-culture, Peter o'Dowd, "이 병에는 가족의 1년치 쓰레기가 담겨 있다", WBUR, 2019년 5월 20일, https://www.wbur.org/hereandnow/2019/05/20/zero-waste-family.

14 Emily Matchar, "'제로 웨이스트' 식료품점의 부상", 스미소니언 잡지, 2019년 2월 15일, https://www.smithsonianmag.com/innovation/rise-zero-waste-grocery-stores-180971495/.

15 Winston Choi-Schagrin, "메인 주, 기업이 재활용 비용을 치르도록 만들 예정. 방식은 다음과 같다", 뉴욕 타임스, 2021년 7월 22일, https://www.nytimes.com/2021/07/21/climate/maine-recycling-law-EPR.html.

16 Mike Pomranz, "캘리포니아 커피숍, 스타벅스 같은 대기업이 지원하는 재사용 가능 용기를 시험하다", 푸드 앤 와인, 2020년 2월 20일, https://www.foodandwine.com/news/reusable-cup-trials-starbucks-mcdonalds-california, Mike Pomranz, "버거킹, 친환경적인 포장 용기를 시험하다", 푸드 앤 와인, 2021년 5월 4일, https://www.foodandwine.com/news/burger-king-loop-new-sustainable-packaging.

17 "다시 사용하기", 에일린 피셔, 2021년 8월 27일, https://www.eileenfisher.com/renew.

18 Anna Ringstrom, "이케아, 스웨덴에 파일럿 중고 가게를 열다", 세계 경제 포럼, 2020년 10월 30일, https://www.weforum.org/agenda/2020/10/ikea-opens-pilot-second-hand-store-sweden-circular-economy/.

19 "왜 HYLA인가? HYLA 모바일, 2021년 8월 27일, https://www.hylamobile.com/why-hyla/.

20 Alex Thornton, "11개 기업, 순환 경제로의 길에 앞장서다", 세계 경제 포럼, 2019년 2월 26일, https://www.weforum.org/agenda/2019/02/companies-leading-way-to-circular-economy/.

21 "이것이 사이클론이다", 2021년 8월 27일에 방문, https://www.on-running. com/en-us/cyclon.

22 Yaryna Serkez, "모든 국가가 자국만의 기후 문제를 지니고 있다. 당신의 문제는 무엇인가?", 뉴욕 타임스, 2021년 1월 28일, https://www.nytimes.com /interactive/2021/01/28/opinion/climate-change-risks-by-country.html.

23 Cecilia Tacoli, "위기인가 적응인가? 높은 이동성이라는 맥락에서의 이주와 기후 변화", 환경과 도심화 21, no. 2 (2009년 10월): 513-525, https://doi.org/10.1177/0956247809342182, Agence France-Presse, "가장 취약한 전 세계 도시 100곳 가운데 99곳이 아시아에 있다", 가디언, 2021년 5월 13일, https://www.theguardian.com/cities/2021/may/13/asia-is-home-to-99-of-worlds-100-most-vulnerable-cities.

24 Chi Xu 외, "인류 기후 틈새의 미래", 국립 과학 아카데미 회보 117, no. 21 (2020년 5월): 11350-355, https://doi.org/10.1073/pnas.1910114117.

25 Camila Bustos 외, 〈폭풍 피하기: 북부 삼각 지대의 기후 난민 문제를 해결하기 위한 정책〉 (대학 네트워크, 하버드 이민 난민 클리닉, 하버드 법대 이민 프로젝트, 예일대 이민자 정의 프로젝트, 예일대 환경법 협회, 2021년 4월), https://www.humanrightsnetwork.org/s/Shelter_Final.pdf.

26 Katrina M. Wyman, "기후 이민자를 위한 윤리적 의무", 《기후 변화, 이민, 법에 관한 연구 핸드북》에서, Benoît Mayer, François Crépeau 편집 (영국, 첼튼엄: 에드워드 엘가 출판, 2017년), 347-375, Joseph Nevins, "배상으로서의 이민", 《열린 국경: 자유로운 이동을 위해》에서 (조지아, 아테네: 조지아 대학교 출판부, 2019년), 129-140, Aaron Saad, "기후 이민과 이동을 이해하고 해결하기 위한 정의로운 체제를 향하여", 환경 정의 10, no. 4 (2017년 8월): 98-101, https://doi.org/10.1089/env.2016.0033, Jesse J. Holland, "여론 조사: 밀레니얼, 노예 보상 아이디어에 더욱 개방", AP 뉴스, 2016년 5월 11일, https://apnews.com/article/b183a0228 31d4748963fc8807c204b08, Alec Tyson, Brian Kennedy, Cary Funk, "Z세대, 밀레니얼, 기후 변화 활동주의, 소셜 미디어를 통한 활동을 지지하다", 퓨 리서치 센터, 2021년 5월 26일, https://www.pewresearch.org/science/2021/05/26/gen-z-millennials-stand-out-for-climate-change-activism-social-media-engagement-with-issue/.

27 Qi Zhao 외, "2000년에서 2019년 사이 비 최적화 주위 온도와 관련된 세계적, 지역적, 국가적 사망률: 3단계 모델링 연구", 란셋 행성 건강 5, no. 7 (2021년 7월): e415-e425, https://doi.org/10.1016/S2542-5196(21)00081-4.

28 "열린 국경: 사례", 열린 국경, 2021년 8월 27일에 방문, https://openborders.info/, 조이 여론 조사, "열린 국경의 사례", 뉴요커, 2020년 2월 20일, https://www.newyorker.com/culture/

annals-of-inquiry/the-case-for-open-borders, Ben Ehrenreich, "열린 국경은 기후 위기에 대한 반응이 되어야 한다", 네이션, 2019년 6월 6일, https://www.thenation.com/article/archive/climate-change-refugees-open-borders/.

29 Adrian Raftery, "미국 출생률 감소는 위기가 아니지만 이민 감소는 그럴지도 모른다", 대화, 2021년 6월 21일, https://theconversation.com/the-dip-in-the-us-birthrate-isnt-a-crisis-but-the-fall-in-immigration-may-be-161169, Damien Cave, Emma Bubola, Choe Sang-Hun, "세계 인구, 오랫동안 감소할 조짐이 있으며 이는 굉장한 파급 효과를 가져올 수 있다", 뉴욕 타임스, 2021년 5월 22일, https://www.nytimes.com/2021/05/22/world/global-population-shrinking.html.

30 "왜 1억인가", 센츄리 이니셔티브, 2021년 8월 27일, https://www.centuryinitiative.ca/why-100m.

31 Matthew Yglesias, 《10억 명의 미국인: 큰 생각이 필요한 사례》 (뉴욕: 포트폴리오, 2020년), Sonia Shah, 《차세대 이민: 이주하는 삶의 아름다움과 공포》 (뉴욕: 블룸스버리, 2020년)

32 Maanvi Singh, "캘리포니아, 폭염을 피할 수 없다: '우리는 도대체 왜 여기에 있는가'", 가디언, 2021년 7월 10일, https://www.theguardian.com/us-news/2021/jul/10/california-central-valley-extreme-heat-race.

33 Abrahm Lustgarten, "기후 변화로 새로운 미국 이민이 일어날 것이다", 프로퍼블리카, 2020년 9월 15일, https://www.propublica.org/article/climate-change-will-force-a-new-american-migration.

34 Alex Steffen (@AlexSteffen), "단절, 어떻게 행동하고 무엇을 기대할지에 관한 우리의 정신 모형을 무너뜨리다. 행성 위기 가운데 이주는 대피가 아니며 적응은 강건화가 아니다(이 주제에 관한 더 많은 의견은 다음 기사, 3부는 WSG 시리즈에서)", 트위터, 2021년 6월 29일, 오후 6시 32분, https://twitter.com/AlexSteffen/status/1410003337978679299?s=20.

35 Maurice Stierl, "이민자와 그들의 지지자, 19세기 지하 철도 조직의 신조를 부활하다", 대화, 2019년 12월 19일, https://theconversation.com/how-migrants-and-their-supporters-are-reviving-the-ethos-of-the-19th-century-underground-railroad-128445.

36 Jude Joffe-Block, "애리조나 자원봉사자, ICE에서 석방된 이주민을 수용하기 위해 '지하 철도 조직' 네트워크를 형성하다", 세계, 2019년 3월 26일, https://www.pri.org/stories/2019-03-26/arizona-volunteers-form-underground-railroad-house-migrants-dumped-ice.

37 Marina Gorbis, 《미래의 성격: 사회 구조화된 세상》 (뉴욕: 자유 언론, 2013년), 17.

38 "축축한 쓰레기에서 비행까지: 과학자들, 탄소 중립의 지속가능한 항공 연료를 위한 빠른 해결책을 발표하다", 재활용 가능한 에너지 국립 실험실, 2021년 3월 15일, https://www.nrel.gov/news/program/2021/from-wet-waste-to-flight-scientists-announce-fast-track-solution-for-net-zero-carbon-sustainable-aviation-fuel.html.

39 Jack Williams, "'여름 없는 해'로 이어진 거대한 화산 폭발", 워싱턴 포스트, 2016년 6월 10일, https://www.washingtonpost.com/news/capital-weather-gang/wp/2015/04/24/the-epic-volcano-eruption-that-led-to-the-year-without-a-summer/.

40 "왜 지구공학인가", 옥스퍼드 지구공학 프로그램, 2021년 8월 27일에 방문, http://www. geoengineering.ox.ac.uk/www.geoengineering.ox.ac.uk/what-is-geoengineering/ what-is-geoengineering/.

41 2016년에서 2021년 중반 사이에 출간된 과학 논문 중 키워드가 "지구공학"과 "기후 변화"인 논문 구글 검색 결과

42 Daisy Dunne, "설명자: 태양 지구공학으로 지구 온난화를 막는 6가지 아이디어", 탄소 브리프, 2018년 9월 5일, https://www.carbonbrief.org/explainer-six-ideas-to-limit-global-warming-with-solar-geoengineering; Aylin Woodward, "우리는 기후를 심각하게 바꾸고 있어 곧 종말론적 결과를 맞이할 것이다. 이 트렌드를 막도록 지구를 난도질할 10가지 최후의 방법이 여기 있다", 비즈니스 인사이더, 2019년 4월 20일, https://www.businessinsider.com/geoengineering-how-to-reverse-climate-change-2019-4.

43 Jeff Tollefson, "미국, 지구 온난화가 지속되자 태양 차광 연구에 투자할 것을 촉구하다", 네이처, 2021년 3월 29일, https://www.nature.com/articles /d41586-021-00822-5.

44 태양 복사 관리 통제 방식 이니셔티브, 2021년 8월 27일에 방문, https://www.srmgi.org/.

45 Dana Varinsky, "실리콘 밸리에서 가장 큰 엑셀러레이터, 탄소 흡착 기술을 추구하다. 가장 큰 기반 시설 프로젝트가 될 수 있는 기술도 여기에 포함되다", 비즈니스 인사이더, 2018년 10월 27일, https://www.businessinsider.com/silicon-valley-accelerator-y-combinator-startups-remove-co2-2018-10.

46 David Fork, Ross Koningstein, "공학자들: 당신은 기후 변화를 막을 수 있다", IEEE 스펙트럼, 2021년 6월 28일, https://spectrum.ieee.org/energy/renewables/engineers-you-can-disrupt-climate-change.

47 "기후 관련 지구공학과 생물다양성: CBD와 비교한 기후공학에 관한 기술적, 규제적 문제: COP 결정", 생물학적 다양성, 2017년 3월 23일, https://www.cbd.int/climate/geoengineering/.

48 Natalie L. Kahn, Simon J. Levien, "토착 집단, 논쟁의 여지가 있는 태양 차단 지구공학 프로젝트를 중단할 것을 하버드에 탄원하다", 하버드 크림슨, 2021년 6월 27일, https://www.thecrimson.com/article/2021/6/27/saami-council-petition-shut-down-scopex/.

49 "성층권 연무제 투입이 무엇이며 왜 이를 통제해야 하는가?", 카네기 기후 통치 제도 이니셔티브, 2021년 8월 27일에 방문, https://www.c2g2.net/wp-content/uploads/governing-sai.pdf.

50 Andrew Freedman, "종말론적 날씨의 여름, 기후 과학 맹점을 향한 우려 제기", 악시오스, 2021년 7월 19일, https://www.axios.com/extreme-weather-heat-waves-floods-climate-science-dba85d8a-215b -49a1-8a80-a6b7532bee83.html.

51 John Paulsen, "엑사급 슈퍼컴퓨터로 기후 위기를 해결하자", 시게이트 블로그, 2020년 7월 19일, https://blog.seagate.com/human/attack-the-climate-crisis-with-exascale-supercomputing/.

52 Zeynep Tufekci, "코로나 바이러스는 어디에서 왔을까? 우리가 이미 아는 것이 우려된다", 뉴욕 타임스, 2021년 6월 25일, https://www.nytimes.com/2021/06/25/opinion/

coronavirus-lab.html.

53 Michael Morrison, Stevienna de Saille, "맥락상 CRISP: 배아 편집에 관한 사회적으로 책임 있
는 대화를 향하여", 팔그레이브 커뮤니케이션 5, no. 110 (2019년 9월), https://doi.org/10.
1057/s41599-019-0319-5.

54 Mark Buchanan, "외계인과 접촉할 경우 지구 생명체가 전멸할 수 있다. 시도를 멈추자", 워싱
턴 포스트, 2021년 6월 10일, https://www.washingtonpost .com/outlook/ufo-report-
aliens-seti/2021/06/09/1402f6a8-c899-11eb-81b1-34796c7393af_story.html, Steven
Johnson, "반가워요, E.T. (우리를 죽이지 마세요)", 뉴욕 타임스, 2017년 6월 28일, https://
www.nytimes.com/2017/06/28/magazine/greetings-et-please-dont-murder-us.
html.

55 Simon Anholt, "세상 전체가 투표할 경우 클린턴이 미국 대통령이 되었을 것이다", 테드 아이
디어, 2017년 5월 11일, https://ideas.ted.com/if-the-whole-world-had-voted-
clinton-would-be-president-of-the-us/.

56 Alex Steffen, "**이 사실이 될 때. 1장: 이것이 단절된 당신 뇌의 모습이다", 스냅 포워드,
2021년 6월 28일, https://alexsteffen.substack .com/p/when-it-gets-real.

57 Erik Hoel, "과적합된 뇌: 꿈, 일반화를 돕도록 진화된 뇌", 패턴스 2, no. 5 (2021년 5월):
100244, https://doi.org/10.1016/j.patter.2021.100244.

옮긴이 **이지민**

번역가이자 작가. 책을 읽고 글을 쓰는 일을 하고 싶어 5년 동안 다닌 직장을 그만두고 번역가가 되었다. 고려대학교에서 건축공학을, 이화여자대학교 통번역대학원에서 번역을 공부했으며 현재 뉴욕에 살고 있다. 《귀한 서점에 누추하신 분이》, 《마이 시스터즈 키퍼》, 《영원히 사울 레이터》, 《근원의 시간 속으로》, 《사랑에 관한 오해》 등 70권가량의 책을 우리말로 옮겼으며, 저서로는 《브루클린 책방은 커피를 팔지 않는다》, 《그래도 번역가로 살겠다면》, 《어른이 되어 다시 시작하는 나의 사적인 영어 공부》가 있다.

어떻게 불안의 시대를
대비해야 하는가

1판 1쇄 인쇄 2023년 2월 17일
1판 1쇄 발행 2023년 2월 27일

지은이 제인 맥고니걸
옮긴이 이지민

발행인 양원석 **편집장** 정효진
디자인 장마 **영업마케팅** 양정길, 윤송, 김지현, 정다은, 박윤하

펴낸 곳 ㈜알에이치코리아
주소 서울시 금천구 가산디지털2로 53, 20층 (가산동, 한라시그마밸리)
편집문의 02-6443-8847 **도서문의** 02-6443-8800
홈페이지 http://rhk.co.kr
등록 2004년 1월 15일 제2-3726호

ISBN 978-89-255-7692-3 (03300)